유럽중심주의

Modernité, Religion et Démocratie:
Critique de l’eurocentrisme, critique des culturalismes

저자 소개

지은이 사미르 아민(Samir Amin, 1931~2018)

사미르 아민은 세계자본주의 체제를 비판한 마르크스주의 경제학자이자 정치학자이다. 1931년 이집트 카이로에서 태어났으며, 주변부의 저발전 문제를 파헤친 논문으로 1957년 파리대학에서 경제학 박사학위를 받았다. 그의 학문적 관심은 자본주의 체제가 중심부와 주변부 사이의 양극화를 초래했을 뿐만 아니라, 이들 사이의 지배와 종속, 착취와 수탈의 관계를 더욱 심화했다는 사실에 근거를 둔다. 정치학계에서 그의 학문은 특히 '유럽중심주의' 비판으로 더욱 잘 알려져 있다. 그에 따르면, 유럽중심주의는 단순한 유럽 중심의 세계관이 아니라, 자본주의의 기원을 유럽에서 찾으며 그 과정을 인류 문명의 보편사로 등재하기 위한 전 지구적인 차원의 정치·경제·사회·문화적 지배이데올로기, 요컨대 허구적이고 왜곡된 유럽 중심의 문화주의로 정의된다. 이러한 입장에서 그는 세계자본주의 체제가 궁극적으로 주변부를 근대화하고 중심부를 따라잡게 할 것이라는 유럽중심주의적 역사관을 신랄하게 비판한다. 1970년 제3세계 출신의 사상가 및 활동가를 중심으로 "제3세계포럼(Third World Forum)"을 창설했으며, 제3세계의 민중적 연대를 바탕으로 유럽 중심의 사회주의를 극복할 수 있는 새로운 형태의 사회주의 창설을 주장했다. 2018년 8월 12일 프랑스 파리에서 86세의 나이로 세상을 떠났다.

옮긴이 최일성, 조현수

최일성

프랑스 파리8대학에서 정치이론, 정치인류학, 정치철학으로 정치학 박사학위를 받았다. 현재 한서대 국제관계학과 및 자유전공학부 교수로 재직 중이다. 논문으로는 「역사유물론과 유럽중심주의: 사미르 아민의 유럽중심주의 비판을 중심으로」, 「상고르의 '아프리카 사회주의'와 권위주의」, 「'비서구 저항담론'으로서 세제르의 탈식민주의 비평, 그 가능성과 한계」, 「범아프리카주의, 사해동포주의에서 권위주의로」 등이 있으며, 저술로는 『남아프리카공화국의 역사』, 『말리의 역사』, 『세네갈의 역사(근간)』 외 다수가 있다. 최근에는 탈식민주의 정치학자의 정치사상을 재해석하는 작업에 몰두하고 있다.

조현수

독일 마부르크(Marburg) 대학에서 칼 마르크스의 정치이론, 정치사상, 정치경제학으로 정치학 박사학위를 받았다. 국민대와 인하대에서 연구교수 및 초빙교수를 역임했다. 논문으로는 「칼 폴라니와 프리드리히 하이에크의 '기획과 진화'」, 「로자 룩셈부르크의 정치이론에 관한 소고」, 「맑스에 있어서의 언어와 정치」, 「'노동'과 '잉여가치' 생산의 관점에서 본 Karl Marx의 '권력' 개념」, 『정치경제학 비판』의 사회적 소통구조에 관한 일고찰」, 「애덤 스미스와 '공감'의 정치」, 「소통담론의 관점에서 본 애덤 스미스의 '도덕'과 '정치경제학'」, 「도덕감정론과 국부론에 나타난 스미스의 정치이론에 관한 소고」 등이 있으며, 저서로는 『이기적인 개인과 공감적인 도덕』, 『맑스와 자본』, 『애덤 스미스의 도덕감정론』 등이 있다. 역서로는 『현대정치이론』, 『맑스와 정의: 자유주의에 대한 급진적 비판』, 『정치학: 현대정치의 이론과 실천』 외 다수가 있다. 줄곧 마르크스주의에 관한 연구를 진행하고 있다.

003

서강번역총서

유럽중심주의

Modernité, Religion et Démocratie

사미르 아민(Samir Amin) 지음 · 최일성, 조현수 옮김

서강대학교출판부

서강번역총서 003
유럽중심주의
Modernité, Religion et Démocratie:
Critique de l'eurocentrisme, critique des culturalismes

초판 1쇄 발행 | 2023년 9월 15일

지 은 이 | 사미르 아민(Samir Amin)
옮 긴 이 | 최일성, 조현수
발 행 인 | 심종혁
편 집 인 | 주세형
발 행 처 | 서강대학교출판부
등록 번호 | 제2002-000170호

주 소 | 서울특별시 마포구 백범로 35(신수동)
전 화 | (02) 705-8212
팩 스 | (02) 705-8612

ISBN 978-89-7273-387-4 94900
ISBN 978-89-7273-374-4(세트)

값 34,000원

* 잘못된 책은 구입하신 곳에서 바꿔드립니다.

역자 서문

개요

이 책은 사미르 아민(Samir Amin)이 2008년 발표한 『근대성, 종교, 민주주의(*Modernité, Religion et Démocratie*, Parangon/vs, Lyon)』를 완역한 것이다. 이 책을 저술하기에 앞서 아민은 자신의 핵심적인 가설인 '공납제 문화'와 '자본주의 문화'에 관한 주장을 앞선 『유럽중심주의, 이데올로기 비판(*L'eurocentrisme, critique d'une idéologie*, 1988)』에서 발표한 바 있는데,[1] 이 책의 내용을 본 저작의 제2부(공납제 문화의 중심부와 주변부)와 제3부(자본주의 문화)에서 거의 원문 그대로 재수록하고 있다. 그러므로 이 책은 아민이 1988년에 발표한 『유럽중심주의, 이데올로기 비판』을 이론적으로 종결한 완결본이라고 할 수 있다. 그런 이유에서 역자들은 이 완결본의 번역서명을 『근대성, 종교, 민주주의』로 직역하기보다는 『유럽중심주의』로 의역하는 것이 그의 일관된 정치사상을 좀 더 선명하게 전달할 수 있을 것으로 기대한다.

그동안 국내 학계에서 아민에 대한 소개는 그의 '세계적 규모의 자본축적론'이나 '불균등발전론' 등이 기존의 세계체제론에서 어떤 위상

1 국내에서는 김용규 교수의 노력으로 『유럽중심주의(세종출판사, 2000)』로 번역·소개되었다.

을 차지하는지를 중심으로 제시됐다.[2] 그런데 그가 제안한 이론의 지적 배경에는 자본주의 체제가 중세를 종결하고 근대를 개척했다는, 따라서 그것이 궁극적으로 세계를 '근대화'하고 '균질화'할 것이라는, 그러므로 자본주의 체제가 주변부 국가의 중심부 국가에 대한 '따라잡기'를 가능케 할 것이라는 유럽 사회의 지배이데올로기—아민이 '유럽중심주의'라 명명한—에 대한 신랄한 문제 제기가 자리하고 있다. 이러한 문제 제기는 마르크스주의, 요컨대 중심부의 지배이데올로기에 대한 비판이론이자 동시에 주변부의 대안 이론이 되어야 할 마르크스주의조차 일정 부분 그러한 유럽중심주의에 편승해 있다는 문제의식으로 확장된다.

2. 유럽중심주의에 대한 아민의 문제 제기

마르크스의 주요 저서들—특히 『정치경제학 비판』이나 『자본론』 등과 같은—은 인류의 역사가 자본주의를 극복하고 사회주의로 이행하기 위한 실천적인 요건들을 자본, 토지, 임노동, 국가, 무역, 세계시장 등의 차원에서 이론적으로 검토한다. 그것이 오늘날 마르크스의 사상을 '역사유물론'으로 평가하는 이유이다. 그러나 이것은 비서구 사회에 대한 정보가 제한적이었던 19세기적 상황에서 제시되었기 때문에 그의 역사유물론이 곧바로 비서구 사회의 역사이론이 될 수 있을 것인지에 대해

2 아민의 저서들 가운데 『세계적 규모의 자본축적(김대환·윤진호 역, 한길사, 1977)』 『주변부 자본주의론: 불균등발전론(정성진·이재희 역, 돌베개, 1981)』, 『계급과 민족(조현태 역, 미래사, 1986)』, 『유럽중심주의(김용규 역, 세종출판사, 2000)』 등이 이미 국내에 번역·소개되었다. 그러나 그의 이론 및 사상 전반에 관한 학술적인 연구는 현저하게 부족하며, 더욱이 그의 유럽중심주의 비판에 관해서는 심층적인 연구가 거의 없는 것이 현실이다.

서는 회의적인 시각이 지배적이다.[3]

그런데 아민은 이에 대한 책임이 마르크스에게 있다기보다는 오히려 그의 이론을 보편이론으로 재구성해내지 못한 마르크스주의–아민이 '역사적 마르크스주의(marxisme historique)'라고 정의한–에 있다고 보고 있다. 왜냐하면 마르크스는 인종이나 종교(기독교)와 같은 문화적인 편견이 아니라 '생산양식'이나 '가치법칙' 등과 같은 이론적인 개념에 근거해서 자본주의 체제를 극복할 수 있는 놀라운 식견을 제공해주었지만, 마르크스 이후의 마르크스주의는 그러한 식견을 단지 유럽이라는 제한된 배경에 한정해 일반화를 시도하였고, 전후 유럽이 성취한 놀라운 물질적 진보에 압도되어 자신의 비판적 '실천이론'으로서의 지위를 하나의 사유양식에 불과한 일종의 '철학이론'으로 격하시키고 말았기 때문이다. 다시 말해 마르크스 이후의 마르크스주의자들은 비서구 사회의 역사를 토대로 역사유물론을 비판적으로 발전시키려 하지 않았고, 유럽의 사례만을 가지고 보편모델을 창출하려는 유럽중심주의적 유혹에 굴복하고 말았다는 것이다.

이를 입증하고 비판하기 위해 아민은 먼저 '유럽중심주의'를 개념적으로 정의하고 그것의 하위 이데올로기에 대한 해체를 시도한다. 일반적으로 유럽중심주의는 유럽인에 의해 만들어진 유럽 중심의 세계관을 일

3 최근에는 국내에서도 마르크스주의의 유럽중심주의를 비판하는 연구가 시도되고 있다. 예를 들어 금인숙, "마르크스주의 사회과학에서의 오리엔탈리즘: 1980년대 사회구성체 논쟁을 중심으로", 『담론201』 제9권 3호, 한국사회역사학회, 2006, pp. 109–157; 양해림, "동양과 서양의 생산양식 구성은 어떻게 이루어졌나?: 마르크스의 「아시아적 생산양식」 이론을 중심으로", 『동서철학연구』 제90호, 한국동서철학회, 2018, pp. 379–407; 정승현, "문명, 역사, 주변부: 마르크스주의와 서구중심주의", 『OUGHTOPIA』 제31권 1호, 경희대 인류사회재건연구원, 2016, pp. 67–96 등을 보라.

컫는다. 그러나 아민이 보기에 이것은 그냥 단순한 유럽 중심의 세계관이 아니다. 자본주의의 기원을 유럽에서 찾으며 그 과정을 인류 문명의 보편사로 등재하기 위한 전 지구적인 차원의 정치·경제·사회·문화적 역학이 배후에서 작동하고 있기 때문이다. 그렇기에 유럽중심주의는 인류 문명사에 '영원한' 유럽, 궁극적으로 '보편적인' 유럽이라는 지배이데올로기를 정초하려는 자의적이고 신화적인 시도와 긴밀하게 연결된다. 이렇게 자의적이고 신화적인 유럽중심주의는 필수적으로 '타자' 혹은 '주변부'에 대한 자의적이고 신화적인 구성을 동시에 강요한다. 그것은 주변부가 유럽이 발전시킨 자본주의 체제를 받아들이면 유럽의 이행 경로를 따라갈 수 있다는, 요컨대 주변부도 그렇게 할 수 있고 그렇게 해야만 한다는 단일하면서도 불가피한 역사관으로 드러난다. 아민이 보기에 역사유물론은 이러한 유럽중심주의를 온전히 제거하지 못한 채 아쉽게도 비서구 사회의 해방담론으로 서툴게 원용되어 왔다.[4]

이러한 유럽중심주의에는 다음과 같은 핵심적인 가설이 내재한 것으로 파악된다. 먼저, 자본주의 체제의 기원이 유럽에 뿌리를 두고 있다는 가설이다. 여러 학자가 논증하듯이 자본주의는 인류의 역사에 비교적 최근에 등장한 것임에도, 이것이 마치 오래전부터 맹아의 형태로 유럽 문명에 내재해 있었다는 이데올로기가 단적인 사례이다. 이러한 이데올로기는, 자본주의의 등장이 마치 유럽의 창조물인 양, 소위 '지리상

4 제 2차 세계대전 이후 식민지 독립의 과정에서 여러 아프리카 국가가 마르크스주의를 대안담론으로 채택했으나 실패하고 말았던 현실이 이에 관한 실증적인 사례가 될 것이다. 라윤도, "아프리카 사회주의제국의 형성 및 발전", 『한국아프리카학회지』 제1권, 한국아프리카학회, 1986, pp.1–38; 전동진, "냉전시대 아프리카 공산주의 체제의 형성구조와 소련 및 북한의 영향력", 『통일전략』 제3권 2호, 한국통일전략학회, 2003, pp.257–287 참고.

의 발견' 이후 지난 500년간 자본주의 체제라는 세계사적 단절을 만들어낸 주체가 바로 유럽이고, 더 나아가 유럽에서 그리될 수밖에 없었다는 목적론적 시각으로 완성된다. 게다가 이러한 목적론은 아민이 지적하고 있듯이 '그리스·로마 문명'이 유럽문화의 뿌리라거나, 거기에서 유래한 민주주의나 과학적 합리성 등이 유럽의 발명품이라는 신화를 통해 보강된다.[5] 왜냐하면 유럽이 창조했다고 일컬어지는 자본주의 체제가 그리스·로마 문명이 발전시킨 합리성이나 민주주의의 토대 위에 있다는 신화를 구축하기 위해서–아민의 용어에 의하면 '기원으로의 회귀(retour aux sources)'를 실현하기 위해서–이다. 이로부터 그리스·로마 문명 대한 비서구 사회(메소포타미아, 이집트 등)의 기여는 역사유물론에서 완벽하게 삭제된다.

둘째, 자본주의적 근대화가 유럽의 우월성 또는 예외성–이른바 '유럽예외주의'–에서 비롯되었다는 가설이다. 아민에 의하면, 이 두 번째 가설은 특히 인종적 우월성과 문화(기독교)적 예외성이라는 이데올로기에 크게 의지하고 있는데, 이것들이 이른바 '유럽의 기적'이라는 자본주의적 근대화의 주요 원동력이었다는 신화로 표출된다. 그런데 아민이 보기에 인종주의와 기독교 편애는 목적론적 기원을 공유하는 것으로 파악된다. 왜냐하면 기독교는 본래 유럽 본토에서 출현한 종교가 아니었기 때문에 유럽이 기독교를 취하기 위해서는 기독교와 여타 종교(특히 '이슬람교')의 관계를 '문명/비문명' 혹은 '과학/비과학'으로 정의할 필요가

5 김봉철은 관련 논쟁을 정리하고 있다. 김봉철, "고대 그리스 문명은 '유럽적인' 문명인가", 한국서양사학회 편, 『유럽중심주의 세계사를 넘어 세계사들로』, 서울: 푸른역사, 2009, pp. 92–135.

있었으며, 원래 기독교 문명이 아니었던 그리스 문명을 유럽의 계보로 통합시키기 위해서는 유전학적 인종주의를 바탕으로 '유럽/비유럽'의 구도를 구축할 필요가 있었기 때문이다.

이러한 두 가지 이데올로기적인 구성물은 기독교를 특별하고 절대적인 덕목으로 칭송하고 동시에 비기독교적인 고대 그리스를 유럽인이라는 인종주의적 조상의 계보로 재통합하기 위해 절대적으로 요청되는 요소들이다. 아민은 이러한 목적론이 '이성(그리스)'과 '신앙(기독교)'을 동시에 전유하려는 유럽중심주의적 기획을 바탕으로 이루어진 인위적인 조작에 불과하다고 비판한다.

그런데 아민은 이러한 유럽중심주의가 마르크스주의 역사유물론에서조차 손상되지 않고 그대로 재현되고 있다는 문제의식을 추가로 발전시킨다. 그 결과 역사유물론은 자본주의 체제를 비판하기 위한 본연의 '비판이론'으로서의 임무를 상당 부분 상실하게 된다는 것이 아민의 시각이다.

이 지점에서 아민은 마르크스주의 역사유물론이 과연 비서구 사회(주변부)의 역사이론이자 해방담론이 될 수 있는지를 궁금해한다. 이에 답하기 위해 역사유물론은 다음과 같은 질문들을 먼저 선결해야 한다. 즉 어떠한 역사적인 조건이 유럽으로 하여금 자본주의를 다른 곳에 앞서 유럽에서 출현하게 만들었는가? 만일 자본주의가 유럽 사회를 자본주의 체제로 동질화·균질화시킨 것처럼 지구사회를 그렇게 만들 것이라는 유럽중심주의가 타당하다면, 지구적인 차원에서 자본주의가 '다양한 형태'로 관찰된다는 사실은 무엇으로 설명할 수 있는가? 요컨대 오늘날 날로 심각해져 가는 중심부와 주변부 사이의 이른바 '양극화'는 무엇으로 설명할 것이며, 자본주의 체제가 주변부로 확산되고 있음에도 불구하고 이러한 양극화가 점차적으로 축소되지 않는 이유는 무엇인가?

아민이 보기에 자본주의 체제의 세계적인 팽창은 관련 국가들을 동질화·균질화시키기보다는 오히려 불균등하고 비대칭적인 양극화를 조장하였다. 그런데도 역사유물론의 지배적인 사상체계는 오늘날 지구적인 차원에서 관찰되는 중심부와 주변부 사이의 양극화 문제를 논의의 대상에서 간단하게 소외시켰다. 게다가 그러한 양극화가 일시적인 현상일 뿐이라는 유럽중심주의적 이데올로기를 거의 무비판적으로 수용해 버렸다. 이때 양극화는 주변부 국가들의 '내부 요인'에서 비롯된 것이기에 자본주의의 세계적 확산을 통해 자본주의 체제 내에서 궁극적으로 해결—예를 들어 '민족자결의 원칙'에 따라—될 것이고, 그 결과 중심부에 대한 주변부의 이른바 '따라잡기'는 현실적으로 가능하다는 논리를 거리낌 없이 투사한다. 따라서 역사유물론은, 자본주의 비판이라는 본연의 임무에도 불구하고, 주변부의 빈곤상태가 마치 '발전을 향해 이행 중'에 있을 뿐이라는 소위 '발전주의' 담론과 유사한 주장을 하게 되며, 더 나아가 주변부 국가들이 지구화된 자본주의 경제체제에 빨리 통합될수록 유리하다는 유럽중심주의 이데올로기에 굴복하고 만다는 것이 아민의 주장이다.

결국 마르크스주의 역사유물론은 주변부 사회를 포함한 세계체제적 수준의 자본주의를 대상으로 그것의 파괴적인 효과를 분석한 것이 아니라, 단지 유럽의 역사와 유럽의 물질적 성취만을 전제로 대안이론을 모색하는 데 만족하고 말았다. 아민은 이러한 실패가 마르크스주의가 떨쳐버리지 못한 유럽중심주의에 기인한 것이며, 그것이 역사유물론을 비서구 사회의 역사와 유리된 추상적·철학적 담론으로 나가게 만든 주요 원인이라고 주장한다.

3. 분석대상으로서의 '현실자본주의'

아민이 보기에 마르크스주의 역사유물론은 자본주의의 성격을 이해함에 있어서 '유럽자본주의'만을 모델로 삼았다. 그러나 오늘날 지구화된 사회에서 관찰되는 자본주의는 모두 그러한 성격으로 파악되는 것은 아니다. 실제로 유럽-미주 등지에서 관찰되는 이른바 '중심부 자본주의'는 생산, 소비, (재)분배 등의 문제를 스스로 해결할 수 있는 '자력성'을 특징으로 드러내지만, 주변부에서 관찰되는 '주변부 자본주의'는 그러한 문제를 스스로 해결할 수 없는 '종속성'을 특징으로 드러낸다. 따라서 전자의 자본주의는 생산과 소비가 균형을 이루고 노동의 급료 인상분을 감당할 수 있는 생산성의 진보를 성취할 수 있지만, 후자의 자본주의는 생산과 소비가 중심부의 요구에 따라 제각각 결정되기 때문에 불균형을 이룰 뿐만 아니라 내적 (재)분배 과정에 관심을 두지 않기에 오히려 저발전으로 이끌릴 수 있다.

여기서 중요한 점은 중심부 자본주의의 자력성이 '자급자족적'인 방식으로 성취되는 것이 아니라 '팽창주의적'이고 '공격적'인 방식을 통해 실현된다는 사실이다. 아민은 자본주의에 대한 기존 역사유물론의 분석이 주변부 자본주의를 소외시키고 있어서 중심부 자본주의가 드러내는 이러한 팽창성과 공격성을 비판하는 데 일정한 한계가 있다고 보았다. 예를 들어 만일 주변부의 가치가 이러한 팽창성·공격성으로 인해 중심부로 이동되고 따라서 중심부 노동자의 소득이 증대된다면, 중심부 노동자는 자본주의의 이러한 성격에 대항하여 투쟁하기보다는 연합할 가능성이 높아진다. 그런데 이는 중심부 자본주의만을 분석대상으로 삼는 역사유물론으로는 도저히 도달할 수 없는 결론이 된다.

이러한 이유로 아민은 역사유물론이 유럽의 자본주의가 아닌 세계체제적인 수준에서 관찰되는 자본주의를 분석대상으로 삼을 것을 주장하는데, 이때 분석대상이 되는 자본주의를 그는 '현실자본주의(capitalisme réellement existant)'라고 명명하였다. 요컨대 '유럽자본주의'를 '현실자본주의'로 전환하고, 유럽자본주의를 분석하는 데 필요했던 '가치'의 개념을 현실자본주의를 분석하는 데 필요한 이른바 '세계화된 가치'의 개념으로 전환하는 것이 오늘날 마르크스주의 역사유물론이 당면한 첫 번째 이론적 과제를 형성한다는 것이다.

현실자본주의에 대한 아민의 문제의식은 1957년 세계자본주의 체제 내에서의 주변부 국가의 위상을 분석한 그의 박사학위 논문[6]을 통해 모습을 갖춰가기 시작했다. 여기서 그는 선진국을 후진국의 발전모델로 삼고 자유(방임)주의를 주장한 1950년대 발전경제학을 신랄하게 비판했다. 아민이 보기에 이 당시 발전경제학은 자본의 총량만을 문제 삼을 뿐 자본의 성격-특히 중심부 자본주의의 공격성과 그 파괴적 효과-에 대해서는 주의를 기울이지 않고 있었다. 이러한 문제의식은 1970년에 출간한 『세계적 규모의 자본축적』과 1973년에 출간한 『불균등발전론』을 통해 체계적으로 제시되었고, 이 과정을 거치면서 현실자본주의에 대한

6 Samir Amin, *Les effets structurels de l'intégration internationale des économies précapitalistes: Une étude théorique du mécanisme qui a engendré les économies dites sous-développées*(thèse), 1957.

그의 정치사상이 뼈대를 갖춰가기 시작했다.

현실자본주의에 대한 아민의 정치사상은 특히 '세계적 규모의 자본 축적론'을 통해 제시되었다. 이 이론의 핵심 가설은 자본주의 국가와 사회주의 국가를 포함한 세계의 모든 나라가 정도의 차이는 있지만, 국제적인 상업 및 금융 네트워크를 통해, 즉 세계적 규모의 자본주의 체제를 통해 연결되어 있다는 주장이다. 따라서 세계체제적인 시각에서는 한 가지 시장, 즉 자본주의적인 세계시장만이 지배적인 양식이 된다. 그런데 이러한 세계체제는 개별 국가 수준의 축적이나 재생산 양식에 의존하는 것이 아니라 전 세계적인 규모의 축적이나 확대 재생산에 의존하게 된다. 세계화된 가치가 국경을 초월해 작동하기 때문이다.

아민이 보기에 자본주의에 앞서 등장한, 따라서 자본주의 체제로의 이행에 밑거름이 된 '중상주의'에 대한 평가는 바로 이러한 관점에서 가능해진다. 유럽사적 관점에서 16세기('지리상의 발견'이 있었던)부터 19세기에 이르는 기간은 명백하게도 유럽이 봉건제에서 자본주의 체제로 이행하는 시기로 정의된다. 그런데 아민이 보기에 이 시기는 유럽이 '이성'과 '신앙'을 전유하기 위해 '그리스·로마'와 '기독교'를 유럽의 계보로 편입시키기 시작한 이른바 '유럽중심주의 구축'의 시기이며, 동시에 '중상주의'를 바탕으로 대서양을 가로질러 본격적으로 비서구 사회(아메리카·아프리카·아시아 등)로 진출하기 시작한 소위 '자본주의 체제 형성'의 시기이다. 그러므로 유럽중심주의와 자본주의 체제의 형성은 역사적 맥락을 공유하는 것으로 정의된다.

그런데 중상주의 이데올로기는 금이나 은과 같은 고정자산의 축적 여부로 국부의 여부를 평가하는 매우 경쟁적인 이데올로기이기 때문에,

자본이 유출되는 수입보다는 고정자산의 축적을 가능하게 만드는 수출을 우선시하였고, 이를 위한 금·은의 수취와 해외 식민지 경략을 필수 불가결한 것으로 주장했다. 따라서 유럽은 자국의 이익을 최대한 확보할 수 있는 무분별한 착취와 침탈을 중상주의라는 명분으로 적극적으로 옹호했고, 유럽 국가들 사이에서뿐만 아니라 유럽과 비서구 사회(해외 식민지, 복속국 등)와의 관계에서도 '불균등'과 '비대칭'을 당연한 것으로 치부했다. 유럽은 이러한 성격을 교정하지 않은 채 자본주의 체제를 형성했던 것이다. 그러므로 현실자본주의적 시각에서 진행되는 세계적 규모의 자본축적 과정은 지구상에 존재하는 다양한 사회구성체들을 단일화하기보다는 오히려 착취와 침탈을 옹호하면서 불균등과 비대칭을 조장하지 않을 수 없다는 것이 아민의 분석이다.

그러므로 현실자본주의 체제하에서 중심부와 주변부는 유럽중심주의적 역사유물론이 진단한 바와 같은 다양한 발전단계에 있는 독립국들로 파악되지 않는다. 주변부의 저발전 상태는 중심부의 미발전(혹은 초기발전) 상태가 아니라, 주변부가 세계적 규모의 자본주의 체제에 통합되면서 나타난 왜곡된 결과이기 때문이다. 많은 주변부 국가들이 수공업적 생산양식을 자본주의적 생산양식으로 변화시키지 못하고 붕괴하고 마는 것은 그 증거이다. 이는 주변부의 생산이 주변부의 소비와 재생산을 통해 이루어지는 것이 아니라 주로 중심부 독점자본주의의 요구와 필요를 충족시키는 데만 이바지하기 때문에 발생한다. 이때 중심부는 자기중심적인 축적을 하면서 성공적인 자본주의를 건설할 수 있지만, 주변부는 오히려 자신들의 경제적 잉여가 유출되어 자율적 발전이 불가능한 저발전의 상태로 추락하고 만다. 중심부와 주변부의 불균등발전이 오히려 심화하고 확대된다는 것이다.

결국 주변부는 현실자본주의 체제하에서 없어지는 것이 아니라 오히려 생성되고 유지된다. 그런 이유로 계급투쟁 역시 세계적 규모로 확대되어야 하고 중심부에서 주변부로 이동해야 한다는 것이 아민의 주장이다. 제국주의 단계에서 중심부 노동자들은 주변부로부터 초과이윤을 누리기 때문에 계급투쟁의 주인공이 되지 못할 가능성이 높다. 그런 이유로 아민은 주변부의 대중과 중심부의 독점자본 사이의 모순을 역사유물론의 기본 모순으로 재설정할 것을 요청하며, 이를 극복하기 위해 주변부의 역할이 필수적이라고 주장한다. 요컨대, 계급, 생산투쟁, 이행 등의 모든 사항이 세계체제적 맥락에서, 즉 현실자본주의의 맥락에서 분석되어야 하며, 이때 세계체제적 수준에서 관찰되는 현실자본주의의 모순은 중심부가 아닌 주변부에서 시작되는 혁명–이른바 '주변부 혁명론'–을 요청한다는 것이다. 그것이 바로 현실자본주의와의 '단절(déconnexion)'을 통해 실현되는 주변부의 민족해방이며, 그러한 단절을 통해 성취되는 사회주의로의 전환으로 이해된다. 이런 이유로 아민은 유럽자본주의를 보편적인 모델로 상정하는 유럽중심주의적 역사유물론은 비서구 사회의 역사이론을 구축하는 데 방해가 된다고 평가하며, 따라서 현실자본주의에 대한 분석에 기초하여 보편적인 문명사를 구축할 수 있는 새로운 역사유물론을 정초할 것을 주문한다. 이것이 오늘날의 역사유물론이 당면한 첫 번째 이론적 과제를 형성한다.

4. 전(前)자본주의 생산양식으로서의 공납제 생산양식

현실자본주의에 대한 아민의 문제의식은 자본주의 이행 논쟁, 즉 봉건제에서 자본주의로 이행했다는 유럽중심주의적 역사유물론의 가설이 과연 '현실자본주의(중심부/주변부의 양극화)'의 등장을 설명할 수 있는지에 대한 문제의식으로 확장된다. 아민이 보기에 전(前)자본주의적 생산양식으로서의 '봉건제'는 세계체제적 수준에서 관찰되는 이러한 현실자본주의의 출현을 설명할 수 없는 협소한 개념으로 파악되는바, 여기서 역사유물론의 두 번째 이론적 과제가 도출된다.

기존의 역사유물론은 유럽의 역사를 배경으로 구축된 이른바 '역사발전 5단계설'을 논의의 출발점으로 삼았다. 이에 따르면 모든 문명은 원시공산제, 고대 노예제, 봉건제, 자본주의를 거쳐 사회주의로 진화하는 것으로 이해된다. 이 과정에서 유럽중심주의의 핵심적인 가설들은 유럽의 역사는 '봉건제 생산양식'을 거쳐 자본주의적 생산양식으로 정상적이고 진보적인 방식으로 이행했지만, 비서구 사회(특히 '아시아')의 역사는 '아시아적 생산양식'이라는 불완전한 생산양식으로 인해 그러한 이행이 지체되거나 정체되었다는 주장을 발전시킨다. 물론 마르크스 또한 아시아적 생산양식이 비서구 사회의 정체성의 원인이라는 당대의 유럽중심주의적 가설을 받아들였고, 이는 잘 알려진 사실이다. 그러나 문제는 이러한 유럽중심주의적 가설이 비서구 사회의 역사이론으로 거론되는 마르크스주의 역사유물론에서조차 무비판적으로 수용되고 있다는 사실이다. 그 결과 역사유물론은 자본주의 체제가 '유럽'이라는 특수한 조건에서 봉건제를 거쳐 정상적이고 온전한 방식으로 형성되었다는 이른바

'유럽예외주의'와 관련된 이데올로기를 은연중에 승인해버리는 오류에 봉착하고 만다.

그런데 아민이 보기에 '봉건제'에서 '자본주의'로 이행한다는 유럽중심주의적 역사유물론의 가설은 자본주의 체제에 타율적으로 편입된 주변부에는 제대로 적용되지 않는 개념처럼 판단된다.[7] 왜냐하면 봉건제에서 자본주의로의 이행은 주로 '생산양식'의 변화에 초점을 둔 이론이지만, 주변부 자본주의의 형성과정은 중심부의 역학-특히 '착취'와 '침탈'-을 제외하고서는 온전히 설명할 수 없는 개념처럼 이해되기 때문이다. 이것이 오늘날 세계체제적 수준에서 관찰되는 현실자본주의의 중요한 측면이 된다.

그런 이유로 아민은 역사유물론의 두 번째 이론적 과제가 '유럽자본주의'로의 이행이 아니라, '현실자본주의'로의 이행-즉 세계체제적 수준의 '양극화'-을 설명할 수 있는 보다 적절한 전(前)자본주의적 생산양식의 개념을 마련하는 데 있다고 본다. 이때 중요한 질문은, 어떻게 봉건제에서 자본주의로의 이행이 가능했느냐는 기존 역사유물론의 질문이 아니라, 어떻게 유럽에서는 공격적이고 팽창주의적인 자본주의가 발전했는데, 비서구 사회에서는 그렇지 못했느냐는 '비대칭성' 혹은 '불균형성'에 대한 질문이 된다. 아민은 이러한 질문에 대한 응답은 이른바 '공납제 생산양식'[8]이라는 개념을 통해 더욱 적절하게 마련될 수 있다고 주장한다.

---

7 중국 사례에 대한 예시를 Samir Amin, *The Implosion of comtemporary capitalism*, New York, Monthly Review, 2013, pp. 65–71에서 살펴볼 수 있다.

8 공납제 생산양식에 대한 최초의 설명은 Samir Amin, *Le Développement inégal*, Paris, Minuit, 1973, Ch. 1. "Les formations précapitalistes"에서 제시되었다.

아민이 보기에 공납제 생산양식은, 비록 그 형태는 다양할지라도, 전 세계에 걸쳐 보편적으로 존재했던 전(前)자본주의적 생산양식처럼 파악된다. 오늘날 적지 않은 역사유물론자들이 이 개념을 신중하게 받아들이고 있는 이유이다.[9] 그가 제시한 공납제 생산양식의 핵심에는 마르크스 그 자신이 봉건제를 규정할 때 사용했던 정의, 즉 '강제적' 또는 '비경제적' 수단을 바탕으로 생산자로부터 직접적으로 잉여를 추출하는 생산 형태라는 정의가 내재해 있다. 아민은 이 양식을 '경제적인 것에 대한 정치적인 것의 우위'라는 최소주의적인 개념으로 정의하고 있다. 이러한 최소주의적 정의는 그가 다양한 사회'들'의 다양한 생산양식'들'을 봉건제냐 혹은 아시아적 생산양식이냐 등과 같은 특수주의 논쟁에서 구해낼 수 있는 동시에 오늘날 비서구 사회에서 관찰되는 다양한 사회구성체들을 통합적으로 논의할 수 있는 이론적인 여유를 확보해 주는 것으로 평가된다. 이에 따르면 고대 노예제나 봉건제, 심지어 아시아적 생산양식조차 사실은 공납제 생산양식의 한 형태라는 주장이 가능해진다.

이러한 최소주의적 정의를 바탕으로 아민은 자본주의 체제가 고대 시대 이래로 공납제 생산양식을 거치면서 형성되었다는 가설을 발전시킨다. 공납제 생산양식의 대표적인 사례로 그는 지난 수천 년간 유라시아 대륙과 아프리카 대륙에 존재했던 동지중해(euro-orientale) 권역의 동방 문명권, 인도 문명권, 중국 문명권 등을 지목한다. 아민의 관찰에

9 Cf. Eric Wolf, *Europe and the People without History*, Berkeley, University of California Press, 1982; John F. Haldon, *The State and the Tributary Mode of Production*, London, Verso, 1995.

의하면 이러한 중심부 공납제에서는 다량의 잉여를 추출해 정교한 문명을 발전시킬 수 있었던 강력한 중앙집권적 권력이 거듭 등장했던 반면, 이들 지역을 제외한 나머지 주변부 공납제—예를 들어 중앙아시아, 동남아시아, 사하라 이남 아프리카, 유럽 본토 등—에서는 상대적으로 느슨하고 분권적인 정치권력이 등장했다.

그런데도 이들 공납제 국가는, 비록 중심부와 주변부 간의 정도의 차이는 존재하지만, 거대한 영토에 대한 지배가 물리력에 의해서만 유지될 수 없는 불리한 조건에서도 효과적으로 국가통합을 이뤄냈으며, 동일 국가 내에서의 교류뿐만 아니라 주변의 다른 공납제 국가와의 교류를 통해서도 호혜적으로 이익을 실현할 수 있었다. 가령 중국은 동아시아 국가들을 압도하는 광범위한 공납제 국가였지만 이것이 곧바로 주변 국가들에 대한 지배력을 의미하는 것이 아니라 그들의 공납제와 만나 세계적인 교역의 길—예를 들어 초원과 바다를 가로질러 건설된 '실크로드'—을 만들어냈다. 그러므로 공납제 생산양식은, 공격적인 방식으로 상대를 약탈·침탈하는 자본주의 생산양식과는 달리, 국내외적인 교류를 통해 당사자들 간의 상호이익을 실현할 수 있었다는 것이 아민의 분석이다.

이 지점에서 아민은 만일 공납제 생산양식을 보편적인 전(前)자본주의적 생산양식으로 이론화할 수 있다면, 앞서 제기한 질문—유럽에서는 공격적이고 팽창주의적인 자본주의가 발전했는데, 비서구 사회에서는 왜 그러지 못했는가?—은 다음과 같이 제기될 수 있다고 본다. 예를 들어 11세기에 이미 백만 명 이상의 도시를 다섯 개 이상 거느렸던 중국(중심부 공납제)은 자본주의로의 이행이 뒤처졌지만, 18세기가 되어서야 비로소 중국의 11세기 수준의 철 생산량을 따라잡은 유럽(주변부 공납제)은 어떻게 공격적이고 팽창주의적인 자본주의를 앞서 이행했는가?

아민이 보기에 유럽의 봉건제는 전 세계적 공납제 생산양식의 비교적 후진적·주변적 형태에 불과한데, 오히려 그러한 후진성 덕분에 자본주의 체제로 진입할 수 있는 계기를 마련할 수 있었던 것으로 파악된다. 요컨대 당시 유럽 사회는 정치적으로 강력했던 중앙집권적 공납제 사회—예를 들어 중동, 인도, 중국 등과 같은—가 아니라 그러한 정치권력이 제대로 작동하지 못했던 주변부 공납제 사회였기 때문에, 상대적으로 뒤처졌지만 반대로 유연성—자본주의로의 전환을 차단할 수 있는 정치권력을 갖추지 못했다는 의미에서—을 지닐 수 있었고, 그로 인해 자본주의로의 전환이 가능했다는 논리이다. 16~18세기 유럽이 실현한 경쟁적이고 투쟁적 '중상주의 이데올로기'는 이러한 정치권력의 부재를 바로 보여준다. 반면 선진적인 공납제 사회를 형성했던 동지중해 권역 및 인도, 중국 등과 같은 사회(오늘날 주변부 사회를 형성하는)는 경제영역을 압도하는 강력한 정치권력 덕분에 자본주의적 폐해—고리대금업, 매점매석, 과도한 상업적 이익, 이자대출, 특히 토지에 대한 사적 소유 등—를 통제할 수 있었고, 그 덕분에 자본주의로의 이행을 역사적으로 조절할 수 있었다는 것이다.

결국 자본주의 생산양식은 주변부 공납제의 본질이라고 할 수 있는 정치권력의 이러한 느슨함과 유연성 덕분에, 다른 중심부 공납제 국가들이 아닌 유럽에서, 자신의 공격적이고 팽창주의적인 성향을 뿌리내릴 수 있는 계기를 마련할 수 있었다는 것이 아민의 분석이다. 그런 이유로 오늘날 주변부는 자본주의 체제로의 전일화를 이룬 중심부와는 달리 이행과정에서 강력한 정치권력(중심부 공납제)의 영향을 받았기 때문에 공납제적 흔적을 강하게 간직하고 있다. 이것이 과거 '주변부 공납제'에 불과했던 유럽지역을 배타적이고 자기중심적인 '중심부 자본주의'로 이행시켰지만, '중심부 공납제'라는 강력한 정치사회를 오늘날까지 전(前) 자본주의적 생산양식(공납제)을 보존하고 있는 '주변부 자본주의'로 이행시킨 주요한 원인이 된다. 공납제 생산양식의 성격 차이가 자본주의를 수용하는 과정에서 차이를 만들어냈고, 궁극적으로 자본주의 체제 하에서 중심부와 주변부의 위상을 뒤집어 놓았다는 것이다. 이것이 바로 아민이 주변부 자본주의의 근대화 과정을 이른바 '전도된 근대화' 과정이라고 명명한 이유이며, 유럽중심주의를 극복하기 위해 역사유물론이 해명해야 할 이론적 과제로 설정한 이유이다.

5. 나가며

유럽중심주의에 대한 아민의 문제 제기는 오늘날 '유럽자본주의'를 '현실자본주의'로 대체하고, 전(前)자본주의적 생산양식을 '(유럽)봉건제'에서 '(보편)공납제'로 전환시켜야 한다는 주장으로 이어진다. 만일 역사유물론이 유럽자본주의의 역사적 특수성을 인식한다면, 혹은 유럽이 발전시킨 자본주의적 생산양식이 영원하지 않다고 가정한다면, 그리고 자본주의가 인류를 통합시킨 것 못지않게 분열시키기도 했다는 사실('현실자본주의')을 인식한다면 진정으로 보편적인 역사서술은 가능하리라는 것이 아민의 기대이다.

이제 아민과 함께 역사유물론은 새로운 논쟁에 돌입한다. 그것은 아민의 정치사상에 대한 비판이나 옹호는 물론이거니와 그가 정초하려는 역사유물론의 새로운 논쟁을 포함한다. 예를 들어, 만일 중심부 노동자들이 현실자본주의 체제하에서 부르주아 계급에 동조할 가능성이 높다면, 오늘날 중심부에서 관찰되는 계급투쟁은 어떻게 설명할 것인가? 만일 현실자본주의가 중국이나 러시아 등과 같은 주변부에서의 혁명을 논리적인 것으로 이해시킨다면, 주변부 사회 '내부'에서의 계급투쟁은 무의미한 것인가? 만일 중심부와 주변부의 부르주아 계급과 마찬가지로 중심부의 노동자마저 끝내 자본에 타협한다면, 아민이 '절연'이라고 명명한 주변부 민중의 혁명은 어떤 조건에서 실현 가능한 것인가? 이러한 질문들은 결국 아민이 해명하고자 노력한 비서구 사회와 역사유물론의 상관관계에 대한 문제의식을 재검토하도록 이끈다.

이 책을 번역하기까지 적지 않은 시간이 할애되었다. 살아생전 이 책의 번역을 응원해주시고, 한국어 번역에 관한 모든 권한을 흔쾌히 역자에게 허락해주신 원저작자 사미르 아민(Samir Amin) 교수께 깊은 감사를 전한다. 그분의 용단이 아니었다면, 척박한 대한민국 출판계(특히 '사회과학' 출판계)의 현실상 이 책이 한국어로 빛을 보기는 어려웠을 것이다. 늦었지만 이 역서를 아민 교수의 영전에 바친다. 또한 이 책의 번역을 재정적으로 지원해주시고, 역자의 지지부진한 번역 과정을 끝까지 인내해주신 서강대출판부의 전종호 교수께 감사의 마음을 전한다. 이 자리를 빌려 번역 작업의 지연은 전적으로 역자의 타고난 게으름 때문이었음을 밝혀둔다. 그리고 오늘도 힘든 투병 생활을 이어가고 계신 역자의 스승 강정인 교수께 마음의 빚을 고백한다. 그분의 열정적인 지도와 편달이 아니었다면, 역자의 학문도 겉만 번지르르한 '유럽중심주의'에 머물고 말았으리라. 마지막으로 공역자이신 조현수 교수께도 깊은 감사와 존경의 마음을 표한다. 바쁜 일정에도 불구하고 불어본과 영어 번역본을 비교하며 역자의 번역을 꼼꼼하게 교정해주셨을 뿐만 아니라, 마르크스주의에 대한 깊은 식견을 바탕으로 문맥의 방향까지 세심하게 검토해 주셨다. 아무쪼록 이 번역서가 우리 사회의 학계에 작은 반향이나마 일으킬 수 있기를 소망한다.

2023년 5월 18일

가야산 기슭에서

최일성, 조현수

목 차

머리말

이 책은 '문화주의'에 대한 비판을 제안한다. 문화주의는 외관상 일관적이고 전체론을 갈망하는 평범한 이론이다. 이 이론은 정치·경제·사회 체제가 수반할 수 있는 변화에도 불구하고 지속적인 '문화적 불변항'이 존재한다는 가설에 토대를 둔다. 개별 문화의 문화적 특수성은 매우 다양한 역사적 여정의 주요 동인이 된다.

근대성은 르네상스 시기의 유럽에서 형성되었는데, 이것은 필자가 '공납제'로 규정한 이데올로기–봉건제가 공납제 생산양식의 한 유형이라는 의미에서–의 지배를 받던 당시 유럽대륙의 '전통'과는 단절된 현상이었다. 그 이전까지 유럽은 다른 지역과 마찬가지로 역사의 책임을 신(혹은 초자연적인 힘)에게 돌리고 있었다. 하지만 근대성은 인간이 개인적으로나 혹은 집단(사회)적으로 역사를 개척한다는 원칙을 정초해냈다.

근대성은 이성과 해방을 결합했고, 민주주의(이 또한 근대적인 개념이다)로의 길을 열어젖혔다. 또한 정교분리의 원칙인 라이시테(laïcité)를 표방했으며, 이를 바탕으로 정치를 쇄신해 나갔다.

근대성은 초기 자본주의(capitalisme naissant)의 산물이며, 그러한 자본주의의 세계적 팽창과 밀접한 관계를 맺으며 성장했다. 하지만 이것의 팽창과정은 자본주의에 내재한 근본 법칙 때문에 양극화로 치달았다. 자본주의가 세계로 팽창할수록 자본주의의 불균등성 및 비대칭성은 더욱 확대되었으며, 주변부 사회가 오늘날의 미국·유럽·일본의 삼각편대와 같은 중심부 체제가 되고자 하는 '따라잡기(rattraper)'는 불가능해졌다는 것이다. 이러한 뒤틀림이 현실 세계에 오히려 자본주의적인 성격의 근대성을, 다시 말해 왜곡된 근대성을 강요했다. 자본주의 문화는 이처럼 비대칭이라는 현실적인 요구를 내면화하면서 성장·발전했으며, 보편주의적인 성격의 주장을 자신의 문화주의적 안내 책자 안에 새겨넣었다. 그러나 그러한 안내 책자가 유럽중심적으로 서술되었기에 자신의 보편성은 스스로 부정되고 말았다.

이제 근대성은 태연히 종교적 신앙을 재해석할 것을 요구했고, 인간이 자신의 역사를 개척할 수 있고 또 그러해야 한다는 핵심적인 주장을 그러한 재해석에 끼워 넣었다. 유럽중심적 문화주의는 이처럼 종교에 대한 재해석(특히 개신교 종교개혁)을 사회변화의 첫 번째 동인으로 설정했다. 여기서 필자는 이러한 가설, 특히 막스 베버(Max Weber, 1864~1920)가 제안한 가설과는 정반대의 관점을 제안한다. 종교에 대한 재해석은 사회변화의 원인이 아니라, 오히려 그러한 변화의 결과이기 때문이다. 물론 그러한 재해석도 이러저러한 특징적인 사회변화를 촉진하거나 늦춘다는 점에서는 진화의 여정에서 매우 중요할 수 있다.

오늘날 근대성은 위기에 처해 있다. 지구적 자본주의의 모순이 사회현실 곳곳에서 확인될 뿐만이 아니라 그러한 자본주의가 인류의 문명 그 자체를 궁지로 몰아가고 있기 때문이다. 이러한 자본주의는 '전성기'를 구가하고 있다. 자본주의의 확산에 따른 파괴적인 측면이 건설적인 측면–비록 이것이 역사적으로는 자본주의가 이룩한 진보적인 결과로 평가될 수 있을지라도–을 훨씬 능가하고 있기 때문이다.

근대성의 위기는 그 자체가 체제 노화의 신호이다. 처음부터 보편주의적 야망을 키워왔던 부르주아 이데올로기는 이제 그러한 야망을 포기했으며, 대신 '문화적 특수성'을 강조하는 환원 불가능한 (따라서 통속적으로는 문화충돌이 불가피함을 암시하는) 탈근대 담론으로 대체되고 말았다. 필자는 이러한 담론을 비판하면서 근대성이 여전히 미완의 상태에 머물러 있다는 숙고를 제안한다. 이 제안이 적극적으로 고려된다면 지구상의 모든 사회가 정치·경제·사회를 재건할 수 있는 보편적 가치를 재창조할 수 있으며, 이를 토대로 여전히 맹위를 떨치고 있는 근대성이라는 치명적인 위기를 극복해나갈 수 있을 것이다.

『자유주의 바이러스, 항구전쟁, 세계의 미국화(2004)』[1]라는 저서에서 필자는 오늘날 자본주의 이데올로기가 만들어낸 초유의 현상을 강조했다. 필자가 '자유주의 바이러스'라고 명명한 것이 바로 그것이다. 이 바이러스는 사회조직을 오로지 두 가지 원칙으로 환원하고 만다. 자유(liberté)–주로 사기업의 자유로 이해된–와 소유(propriété)가 그것이다. 필자는 이러한 환원을 근대성 이데올로기가 퇴화하며 만들어낸 결과물로 분석하는데, 이 이데올로기는 미국문화가 개척한 역사적 여정의 목적지였다. 이러한 환원은 오늘날의 문명을 유폐시킬 수 있을 만큼 비극적인 난관의 중심에 위치해 있다. '정치/경제' 사이의 변증법적 상호작용을 바탕으로 더욱 세밀한 정치문화를 갖춰온 유럽 사회는 물론이거니와 자본축적으로 인해 초래된 빈곤화의 주요 희생자인 남반구 사회는 이러

1 Samir Amin, *Le virus liberal, la guerre permanente et l'americanisation du monde*, Le Temps Des Cerises, Montreuil, 2004.

한 위기를 극복할 수 있을 것인가, 아니면 항구전쟁과 민족 말살을 초래하는 '세계의 미국화'에 수동적으로 굴복하고 말 것인가?

거의 이십 년 전, 필자는 과거와 미래에 대한 전망 속에서 유럽중심주의의 폐해에 대한 체계적인 비판을 제시한 적이 있다. 필자가 보기에 앞서 출간한 『유럽중심주의(1988)』[2]를 통해 제시된 가설과 분석은 여전히 유효하며, 그때보다 오늘날 더욱 실제적이다. 이것이 그 책의 서론과 마지막 몇 페이지만을 제외하고 거의 전체 내용을 이 책에 다시 싣는 이유이다. 삭제된 내용은 그 당시의 구체적 사안을 반영하고 있어서 오늘날의 독자에게는 많은 관심을 끌기 어렵다. 하지만 앞서 출간한 『유럽중심주의』의 내용—이 책의 제2부 및 제3부를 구성하는(역주)—은 본 저서의 제1부의 주장을 통해 보완될 수 있을 것이다.

2 Samir Amin, *L'Eurocentrisme, critique d'une idéologie,* Anthropos, Paris, 1988.

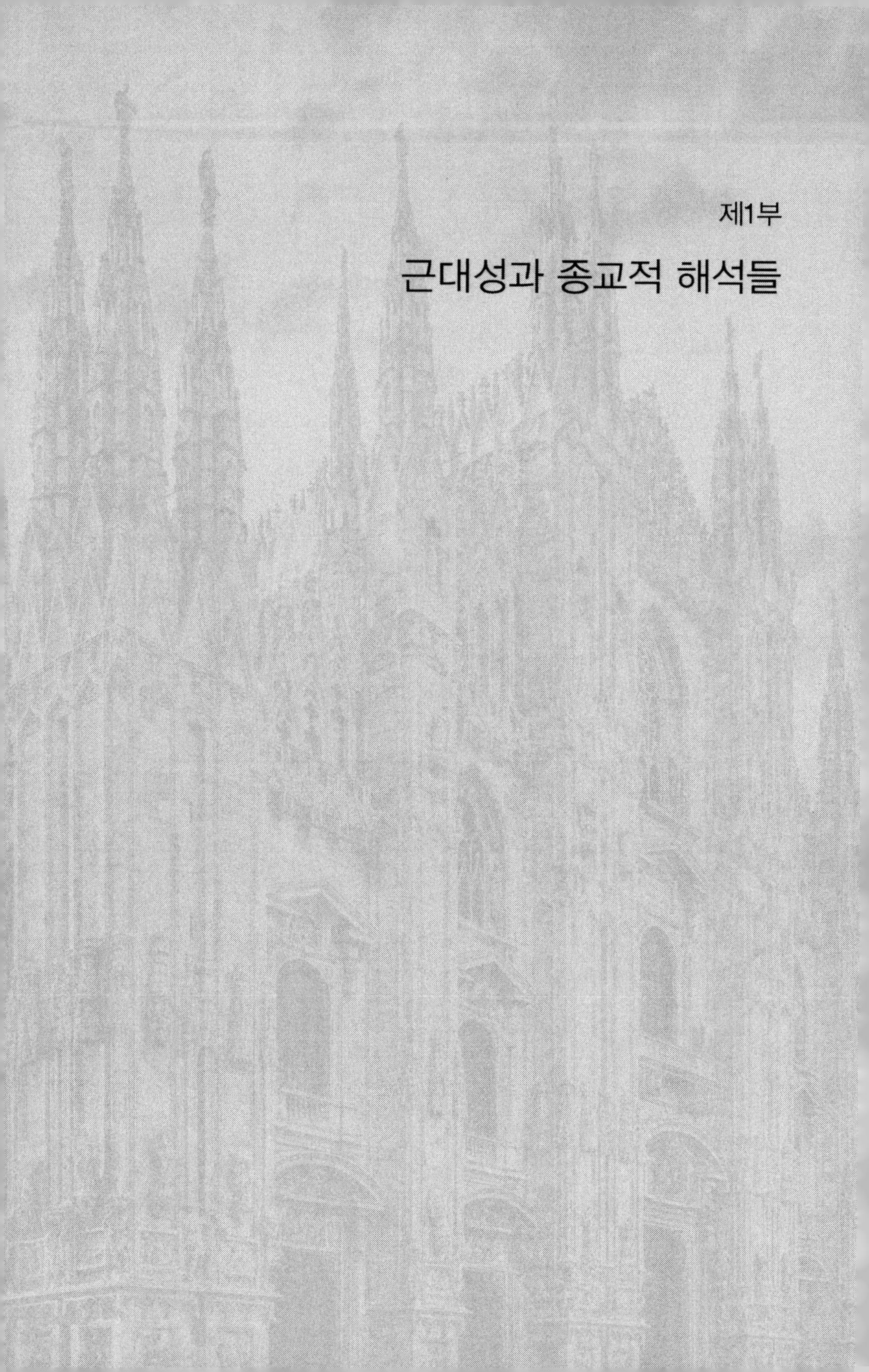

제1부

근대성과 종교적 해석들

제1장

근대성

이성과 해방

두 시기의 역사가 세계의 근대화에 결정적인 영향을 미쳤다.

1.

첫 번째 시기는 근대성이 출현한 시기이다. 이 시기는 17~18세기 유럽의 계몽주의 시기에 해당하는데, 공교롭게도 자본주의가 탄생한 시기이기도 하다. 필자는 이 시기의 함의를 두 가지 명제로 요약할 것이다.

첫 번째 명제는 근대성을 정의하는 것과 관련이 있다. 그것은 인간이 개인적으로나 집단적으로 자신의 역사를 개척할 수 있고, 또 그렇게 해야 한다는 주장이다. 이 주장은 이전의 모든 사회–유럽뿐 아니라 다른 지역까지도–에 존재했던 지배적인 관념, 다시 말해 우주와 인간을 창조한 신이 궁극의 '입법자'라는 관념과 단절했음을 의미한다. 물론 신의 섭리를 근거로 한 윤리원칙은 역사를 초월한 종교나 철학의 중심을 차지하며, 끊임없이 변화하는 사회현실을 조망하는 다양한 해석의 토대가 된다. 이 과정에서 자주 원용되었던 것이 바로 이성-항상 그러했던 것은 아니지만-이다. 그러나 이 과정은 '이성과 신앙을 일치'시킬 경우에만 가능한 것이다. 근대성을 정의하는 것과 관련된 이 새로운 주장은 이러한 의무를 해결한다. 그렇다고 신앙의 문제를 철저히 외면한 것도 아니다. 그런데도 이 새로운 주장은 한 시대를 종결하고, 인간이 스스로에게 부여한 자유가 무엇인지를 정의해야 하는 다음 시대를 열어젖힌다. 만일 역사가 더는 인간 본성을 초월한 신적 역량을 통해 설명되지 않는다면, 그것은 다른 '법칙'을 통해 설명되어야만 한다. 이 법칙을 규명하는 것이 이제 인간과 사회에 관한 온갖 새로운 학문의 목적이 된다. 이러한 학문을 구축하는 것은 가능하며 필요하기도 하다. 이제 이성이 사회변화의 객관적인 요인으로 새롭게 호출된다. 물론 근대의 인간이 자신에게 부여한 이 새로운 자유가 무엇인지는 사회적 재생산이나 사회변화의 동인을 설명하는 논리가 무엇이냐에 따라 달라질 수 있다.

두 번째 명제는 근대성에도 계몽주의 사조와 마찬가지로 부르주아적 성격이 내재해 있다는 사실이다. 자본주의의 출현과 근대성의 출현은 동일한 현실의 두 가지 모습일 뿐이다.

계몽주의 사조는 해방의 관념과 견고하게 연결된 이성의 관념을 제안한다. 해방의 관념이 없다면 '인간이 스스로 역사를 개척한다'는 구절은 의미가 없을 수도 있기 때문이다. 여기서 해방은 자본주의가 요구하고 허용하는 것에 따라 정의되고 제한된다. 그런데도 계몽주의 담론은 초역사적인 체하는 해방이성(raison émancipartice)의 관념을 내세운다.

그러나 실제로 그것이 무엇이었는지를 살펴보면, 그것은 끔찍이도 역사적이었다.

이러한 담론을 체계적으로 정리한 가장 기본적인 공식은 애덤 스미스(Adam Smith, 1723~1790)의 이론이다. 불행히도 그는 '공리주의'라는 모호한 용어로 그것을 규정했다. 물론 영국의 경험주의 전통에서 그것은 자연스러운 것이었다. 공리주의적 전망은 인간의 세계인 사회를 개인의 합으로 간주한다. 그런데 그것은 전통적인 구체제적 질서와는 단절된 시각이다. 그러한 방식으로 공리주의는 이론의 여지 없는 개인의 해방 이데올로기가 되며, 따라서 근대성의 한 측면으로 자리매김한다. 이때 개인에게는 자연스레 이성이 부여된다. 이러한 해방이성의 승리-요컨대 개인의 행복-를 보장하는 사회질서가 결국에는 '선한 제도'로 여겨진다. 오늘날까지 미국의 사회사상에는 이러한 개념이 작동하고 있다. 이 체제는 사회생활을 정치영역과 경제영역으로 분리하는 것을 토대로 삼는다. '선한 제도'는 이성에 따라 정치적 삶을 운용하도록 보장하는데 법적으로 개인의 자유와 평등을 보장하는 민주주의 제도가 그러한 것이다. 경제생활의 측면에서 이성은 계약의 자유-달리 말하면 '시장'-를 앞세우며, 사회를 구성하는 개인들 사이의 교환관계 내지는 노동이 분화된 조직을 형성할 때 그러한 자유를 토대로 삼는다. 따라서 경제는 '선한 사회'의 신성불가침한 가치로 고려된 소유를 보장하는 것이 중요한 역할이 된다.

이제 해방이성은 전형적인 세 가지 표어로 모습을 드러낸다. 자유, 평등, 소유가 그것이다. 이 표어는 미국독립혁명이나 프랑스대혁명에 의해 더욱 체계화되기에 앞서 미합중국의 초창기 연속적인 혁명들이나

1688년 영국 '명예혁명'의 공식적인 표어이기도 했다.

이러한 표어는 '자연스레' 서로 조화롭고 상보적인 것으로 여겨진다. 더 나아가 오늘날의 부르주아 이데올로기는 '시장'과 '민주주의'가 동등하다는 주장을 주춧돌로 삼는다. 그러나 현실적으로는 '시장'을 맹목적으로 수호하는 이들과 민주주의의 권리를 남/녀, 부르주아/프롤레타리아, 소유자/무산자 등의 대립을 넘어 모든 시민에게 확장하려는 이들 사이에는 끊임없는 갈등이 존재한다. 그런데도 토론의 장에서 이러한 현실은 단번에 배제된다.

애덤 스미스와 계몽주의 사조는 자신들이 고안한 '선한 사회'–나중에는 합리적이고 해방적인 사회라 주장했던–가 확실히 몇 가지 어려움에 직면해 있음을 직감한다. 그러나 이들은 이 문제를 빠르게 지나친다. 경제생활을 영위하는 과정에서 이성의 승리를 보장하는 '보이지 않는 손'은 너무 빈번하게 '예측 불가능한 손'이 된다. 이로 인해 인간이 실질적으로 자신의 역사를 개척–근대성이 기대하는–한다는 능력 그 자체가 의문시된다. 게다가 시장의 '보이지 않는 손'의 노고는 자유와 평등뿐 아니라 소유의 안전성을 보장하기 위한 국가의 '보이는 주먹'에 의해 너무 쉽게 보충된다.

계몽주의 시대의 해방이성이 윤리원칙을 요구한다는 사실은 배제되는 것이 아니라 오히려 요청된다. 이때 이성은 도구적인 것이 아니라, 불가피하게도 해방의 목적이나 수단이 된다. 앞선 삼대 표어는 해방이성의 핵심적인 윤리의 요소가 무엇인지를 요약해서 보여주고 있다.

계몽주의 사조와 결합한 윤리학은 종교의 영향을 받았을 수도 있지만, 아닐 수도 있다. 신은 해방–인간이 열망하는–의 필요성을 신에게서 찾는 자를 위해 현존한다. 그러한 열망이 '당연한' 것이 될 때 그는 사라진다. 차이는 협소하다.

현대판 부르주아 해방이성은 미디어의 반복적인 대중화 방식–존 롤스(John Rawls, 1921~2002)의 평등주의적 자유주의(libéralisme égalitaire)의 대중화 방식과 유사한–을 통해 유행이 되었다. 그러나 이것은 자유, 평등, 소유라는 삼대 표어의 포로일 뿐 결코 새로운 것이 아니다. 평등주의적이라 불리는 자유주의는 소유의 불균등 분배가 강하게 함축하듯이 '자유/평등' 사이의 갈등으로 인해 도전받고 있으며, 따라서 단지 적당한 수준에서만 평등주의적이다. 불균등이 수용되고 합리화되는 방식은 '무모한' 술수에 의한 것인데, 그것은 세속경제가 '몫(dotations)'이라는 거짓 개념을 끌어왔기에 가능해진 것이다. 여기에는 어떤 진부한 사실을 인정하는 문제가 남아 있다. '시장'에서 마주치는 '개인(사회는 이들의 합으로 구성된다)'은 다양한 운명–이들 가운데 일부는 기업의 힘 있는 주인이 되겠지만(우연히 그렇게 되겠는가?), 다른 이들은 무일푼이 될 것이다–을 부여받았다는 사실이다. 그런데도 이 불균등한 '몫'이 마치 노동과 저축(조상에게 물려받은)의 결과(분명히 말하자면 상속)인 양 정당한 것으로 용인된다. 그러므로 우리는 이러한 역사의 연결고리를 찾기 위해 평등한 주체가 체결한 사회계약의 기원–신화적인–으로 거슬러 올라갈 필요가 있다. 이 지점에서 개인은 즉시 불균등해지는데, 그들이 불균등한 희생에 동의함으로써 그러한 불균등을 용인한 것으로 전제되기 때문이다. 필자는 자본주의의 특수성을 간과하는 이러한 방식의 담론이 매혹적이라고 생각지 않는다.

그런데도 이처럼 기만적인 평등주의적 자유주의가 오늘날의 사회적 혼란에 이데올로기적 대안인 양 반복적으로 거론된다면, 그것은 역사의 전면을 공리주의(소위 평등주의적 자유주의와 거의 구분되지 않는)가 점유했기 때문이 아니라, 오히려 자유지상주의(idéologie libertaire) 우파(실제로는 극우)가 점유했기 때문이다. 이 이데올로기는 '자유'와 '소유'라는 양대 표어로 계몽주의의 삼대 표어를 대체한다. 그리고 평등의 근원적 가치로서의 지위를 단호히 거부한다. 하이에크(Friedrich von Hayek, 1899~1992)에 의하면, 극우파의 이러한 새로운 이데올로기는 그러한 일탈의 기원, 즉 19세기 '자유주의자'–프레데릭 바스티아(Frédéric Bastiat, 1801~1850) 등과 같은–와 조우하는데, 계몽주의에 반기를 들었던 이들이 바로 프랑스혁명의 주동자라고 할 수 있다. 그러나 부분적으로 양대 표어는 이미 오래전부터 '미국이데올로기'의 본질을 형성하고 있고, 여전히 계몽주의적 전통이 남아 있던 유럽이데올로기와는 성격이 다른 것이다.

자유지상주의 우파의 주장은 윤리를 무용지물로 만든다. 이들이 인간의 역사를 개척하는 것은 마치 정글에서 행동하는 것과 마찬가지이다. 그들은 자기 행동의 결과나, 특히 자신이 더욱 심화시킨 불균등에 책임이 없는 자들이다. 불균등을 오히려 환영한다. 책임이 없으므로 더는 윤리가 존재하지 않는다. 자유지상주의 우파의 일부(오히려 다수라고 할 수 있는)가 '신앙인(유럽의 기독교인)'이라는 사실은 중요한 것이 아니다. 실제로 그들의 종교는 비도덕적이고, 종교적 합의를 단순히 사회적 합의로 대체하는 경향도 있다. 이들의 종교는 '공동체'라는 특성을 표현할 것일 뿐 그 이상은 아니다. 이러한 해석은 논쟁적이긴 하지만 적어도 종교에 대한 하나의 해석일 수 있다.

2.

두 번째의 결정적인 시기는 마르크스(Karl Marx, 1818~1883)가 계몽주의 사조의 부르주아 해방이성을 비판하면서 시작된다. 이 비판은 근대성을 새롭게 열어젖히는데, 필자는 이것을 근대성에 대한 비판적 근대성이라 평가한다.

두 번째 시기에 진척된 해방이성의 발전을 간과할 수 없다. 엄밀히 말해 이 시기는 해방이성이 재구축되는 시점이다. 마르크스 이후의 사회주의 사상은 더는 그 이전의 사상이 아니다. 계몽주의 시대의 해방이성에 관한 필자의 선제적 비판은 확실히 마르크스 없이는 존재할 수 없다. 마르크스는 불가피하다.

해방이성은 자신의 분석과 명제를 더는 '자유, 평등, 소유'라는 삼대표어로 표현하지 못한다. 자본주의적 자유를 수호하는 것과 인간의 평등성을 확장하는 것 사이의 해결되지 않는 갈등 속에서 해방이성은 나름의 대책을 모색하지만, 단지 삼대 표어의 세 번째 항목(소유)을 제거하여 형제애(fraternité)로 대체했을 뿐이다. 그것은 오늘날 다수에 의해 제안된 '연대성(solidarité)'보다도 더욱 강인한 개념이다. 사실상 형제애는 자본주의적 소유를 폐지하는 것을 의미한다. 여기서 자본주의적 소유란 평등이라는 이름에 합당한 조건을 열망하는 타자–다수–에게서 빼앗은 일부 집단–소수–의 지배적이고 착취적인 진짜 부르주아 계급의 소유를 의미한다. 따라서 형제애는 절대적이면서도 배타적인 성격의 자본주의적 소유를 사회 전체가 자신의 이익을 위해 행사할 사회적 소유로 대체함을 함축한다. 이 경우 사회통합은 민주주의를 통해 실현될 수 있는데, 그것은 좁은 의미에서의 정치적 삶뿐만이 아니라 사회적 소유의 측면에서도 불가피한 요구이다. 이 경우 민주주의를 통한 통합은 자본주의적 소유를 존중하지 않을 수 없는 본질상 편파적이고 불균등한 통합을, 더욱 이해하기 쉽게 표현하자면 '독점 시장(marcé exclusif)'을 통한 통합을 대체할 수도 있을 것이다.

주지하다시피 '자유, 평등, 형제애'라는 표어는 마르크스가 창안한 것이 아니다. 프랑스혁명은 다른 대혁명과 마찬가지로 시대를 앞서 나갔고, 자신의 이념을 먼 미래로 확장했다. 그것은 부르주아 혁명(나중에는 이러한 혁명으로 변화되었기에)이자 동시에 매우 앞선 도약이었다. 우리는 그것을 대중적 혁명으로 경험했으며, 부르주아 체제에 대한 사회주의 비평의 맹아로 이해했다. 근대 시대의 두 가지 대혁명–러시아혁명과 중국혁명–이 해당 사회의 즉각적인 요구와 가능성을 공산사회에 투사했던 것도 이와 유사한 방식이었다.

프랑스혁명이 보장할 수 있고 그러해야 한다고 생각한 '대중의 소유(propriété populaire)'는 수백만 농민과 수공업자의 소유였다. 이 혁명이 보호해야 할 '시장'은 전매권이나 그에 따른 임차료를 배제하는 진실로 개방적이고 경쟁적인 것이었다. 그러나 이러한 대중의 소유는 그 당시에 이미 좌우 양 진영으로부터 공격을 받았다. 우파에서는 대기업가나 대자본가인 부르주아 계급이 공격에 나섰다. 그들은 프랑스 은행을 장악한 '명문 200 가문'으로 상징적으로 성장했다. 좌파에서는 도시의 다양한 소외계층(불안정한 상태의 프롤레타리아 및 빈곤자)이나 지방민(토지가 없는 가난한 농부)이 공격했다. 프랑스혁명의 소요는 19세기 전·후반에 걸쳐 지속되었는데, 그 과정에서 '공화국(République)'이 출현했다.

이 공화국은 혁명의 표어를 수용했지만, 파리코뮌이 실패한 이후에는, 그리고 형제애라는 용어가 본래의 의미를 상실한 이후에는 '민족 공동체'를 의미하는 표현으로 급작스럽게 변모했다.

'프랑스이데올로기'에 내재한 이러한 온갖 모호함, 모순, 상충적인 해석 등은 오늘날에도 해당 역사의 골격을 구성한다. 오늘날 필자가 제거하고자 하는 것이 바로 이러한 모호함인데, 그것은 부르주아적 소유의 패권과 안정을 보장하는 쪽으로 거칠게 돌아설 수도 있는 그러한 모호함이다.

이제 부르주아 이성은 확고하게 자리잡혔으나, 더는 해방적인 것이 아니며 그럴 수도 없다. 자유와 소유라는 두 축으로만 지지되고 있기 때문이다. 그때부터 바스티아(F. Bastiat)와 하이에크(F. von Hayek)는 공개적으로 평등의 가치를 중시하는 온갖 이론을 거부하는데, 그런 의미에서 이들은 타락한 이성의 진정한 대표자라고 할 수 있다. 이들의 타락한 이성은 더는 계몽주의자가 확신했던 이성이 아니다. 자유와 소유로 환원된 부르주아 이성은 '미국이데올로기'의 이성이다. 이 경우 세계의 미국화를 통해 우리가 이해할 수 있는 본질은 퇴보–러시아나 중국혁명은 물론이거니와 프랑스혁명 정신까지도 파괴하는– 이외에 다른 것이 아니다.

이러한 부르주아 이성이 해방을 향한 모든 야망을 앗아간다. 그로 인해 이성은 수단적이고 편협한, 게다가 공허하며 무책임한 (따라서 윤리적인 토대가 빈약한) 이성이 된다.

이러한 비(非)해방적 이성은 '경제영역'에서 완성된 형태로 활개를 친다. 더 나아가 자신의 창안자와 수호자에 의해 마치 '순수 과학(순수 경제학)'인 양 정의된다. 이처럼 왜곡된 합리성과 관련하여 필자는 다른 지면에서 상술한 비판을 매우 간략하게나마 제시하고자 한다. 먼저, 왜곡된 합리성은 모순 없는 논리적 논증(가장 평범한 의미에서)을 통해서는 자신의 근본 명제-시장의 자유가 '최적의 일반균형(équilibre général optimal)'을 생산한다는-가 정확하다는 것을 결코 증명하지 못한다는 사실이다. 또한 자신의 실패가 어디서 기원하는지에 대한 숙고를 끈질기게 거부한다는 사실이다. 그 이유는 사회를 단지 개인의 총합으로 축소하는 비현실적인 개념에서 비롯된다. 그런데도 이 왜곡된 합리성은 그처럼 명예로운 '예견'을 창조함으로써 자신의 본원적 공리(개인은 사회를 구성하는 절대적인 세포이다)에 관한 혼란을 수습하려고 한다. 그러나 '경제적 추론'을 통해 이러한 예견을 마련하는 것은 혼란을 더욱 부추길 뿐이며, 오로지 한 가지 결론-마르크스와 케인즈(John M. Keynes, 1883~1946)가 이미 오래전에 도달했던 결론-을 확인할 뿐이다. 시장은 결코 균형에 도달하지 못하고, 불균형에서 불균형으로 옮겨간다는 결론이 그것이다. '사회적 최적화(optimum social)'를 명분으로 삼았던 케이크 위의 장식은 이제 사라진다. 순수 경제학은 인간해방-계몽주의와 애덤 스미스에게서의 행복-을 실현하고자 하는 야망을 포기하겠지만, 그것을 중요하게 고려하지 않는다. 인간은 시장을 통해 자신을 드러내므로 무책임한 존재로 선언된다. 순수 경제학을 원용하는 이들은 파렴치하게도 그러한 생각을 거침없이 말하는데, 우리는 그들의 그러한 용기에 감사해야 할 것이다. 시장은 30억 명의 '무용한' 인간을 생산할 수 있는데, 그들은 가장 부유한 국가 때문에 늘어나는 무용한 '빈민'의 비율이다. 일견 '합리적인' 셈법처럼 보인다. 이제 소외되거나 배제된 인간을 파괴하는 자연적 이성(합리적이라 불리는 얄팍한 경제적 이해타산 개념에 토대를 둔)과 사회적 이성(그러므로 인간의 문화)은 단지 해방적이기를 거부할 뿐만 아니라, 인간성을 파괴하는 기능까지도 수행한다.

부르주아 이성을 수호하는 또 다른 이들은 이들 파렴치한을 오늘날의 세계체제를 장악한 미국화와 연결하기를 주저한다. 그리고 평등주의적이라 일컬어지는 자유주의(필자가 앞서 인용했던)는 폐허 속에서 몇 가지 원칙을 마련한다. 이러한 흐름 속에서 오늘날의 부르주아 사상–롤스로 상징되며 심지어 어떤 이들은 '좌파'로 규정하기도 하는–은 마르크스를 무시하고, 오히려 자신의 사상을 마르크스의 그것에 앞세운다. 마르크스의 패배는 처참한데, 그것은 마치 불균등한 '배분(개인적)'라는 이론–사회계약이라는 기원적 신화로 거슬러 올라가는–의 무질서 속에 그가 감금되어 있다는 것을 증언하는 것처럼 보인다.

필자는 현실 세계의 이러한 '문화주의적' 흐름이 '합리적'으로 평가될 수 있다고 생각하지 않는다. 그들 가운데 일부는 세계의 진화방식을 '미국화'로 이해하고, 다른 이들은 '서구화(일반적인)'로 이해한다. 그러므로 '미국화'의 위협에 맞서 어떤 이들은 체제의 일반적인 경향을 문제 삼지 못한 채 '문화적 가치'만을 수호한다. 그것은 마치 '내일의 일용할 양식'을 위해 작금의 현실은 '간단한 요기'로 때울 수 있다는 논리와 같다. 앞서 자본주의와 '서구'를 혼동했던 다른 이들은 자본주의라는 지배적인 현실이 영속적인 '서구'라는 근거가 빈약한 허위적인 주장에 도움이 된다는 사실을 망각한다. 그리고는 끊임없이 변화하는 사회현실을 문화적 상상계의 초역사적인 영역에서 해석할 수 있다고 생각한다.

이러한 잡다한 것이 모두 들어선 집합체–가상의 시장에 근거를 둔 순수 경제, 위선적으로 평등한 자유주의, 초역사적 문화주의 등-가 이른바 '탈근대' 사상이라 불리는 '새로운' 사상을 자처한다. 부르주아 근대주의에 대한 비판은 사라지고, 이성은 해방적이기를 거부한다. 그렇다면 오늘날의 부르주아 사상은 아직 전성기에 도달하지 못한 새로운 체제(탈근대)의 사상까지 될 수 있단 말인가?

이러한 변화는 위험한 현상이며, 무책임의 원리와 연결되어 있기에 더욱 위협적이다. 세계체제는 괴물같은 파괴력을 지니고 있다. 이러한 변화는 필자가 앞서 말했던 인간에 대한, 자연에 대한, 사회 전체에 대한 파괴를 일컫는다. 해방이성은 이 과제를 해결해야만 한다.

그러므로 이성의 개념은 사물과 현상의 관계를 통찰력 있게 진전시키는 일련의 사고방식 그 이상을 함축한다. 사물과 현상의 관계에 대한 통찰력은 그 관계가 얼마나 필요한지를 가늠하는 통찰력이다. 따라서 그러한 통찰력은 이해관계가 크게 얽히지 않은 극히 평범한 상황에서만 절대적-혹은 거의 절대적-일 뿐이다. 그러므로 과학의 발전-더욱 많은 지식뿐만 아니라 특히 그러한 지식의 한계를 안다는 의미에서의-이 인간이 누릴 수 있는 자유의 정도를 결정하며, 가능하면서도 유용한 대안을 정의하며, 또한 불확실성(혹은 절대적 확실성이 희박하다는 것)이 있다는 사실과 그러한 불확실성의 여지를 일러준다.

그러나 자연과학이나 인문과학 분야의 상당수가 비록 시작 단계에서는 그 과정에 매달리고(그것은 필요하다), 만족스러워하고, 그리고 그 결과에 안주할지라도, 이러한 일련의 과정만으로 이성이 구성되는 것은 아니다. 살아있는 모든 존재-특히 고등 동물-는 삶의 과정에서 행위와 선택의 방식을 결정하며, 그것이 적어도 처음에는 어느 정도 이러한 유형의 통찰력—사물과 현상의 관계에 관한 통찰력—을 보여주기도 한다.

그러나 이성은 더 많은 것을 요구한다. 왜냐하면 해방은 책임을 전제하기 때문이다. 책임이 있는 다른 선택지는 더 이상의 효력이나 의미를 지닐 수 없다. 책임을 말하는 자는 윤리를 말해야 하는데, 따라서 과학적이고자 하는 자신들의 숙고에서 윤리원칙을 배제할 수 없다.

이러한 윤리원칙은 계몽주의(심지어 그 이전 시기)와 마르크스주의를 거쳐 오늘에 이르기까지 무신론적(athéist)이거나 비종교적(areligieux)인 보편적 인문주의(humanisme universaliste)의 영향을 받은 것이다. 그러나 그것은 또한 이신론적(déiste)이자 종교적(기독교적이건 아니건 간에 종교적 전통에 포함될 수 있다는 의미에서의)인 보편적 인문주의의 영향을 받은 것이기도 하다. 이러한 작은 움직임들이 하나의 거대한 강을 형성하는 데에는 강한 개연성이 있다. 즉각 떠오르는 사례는 해방신학자의 사례이다. 필자는 이들을 예수에서 멈추기 위해서가 아니라 그로부터 출발하기 위해 기독교인이 된 신앙인으로 이해한다. 다양한 종교적 해석(이슬람교, 불교 및 다른 종교)이나 비서구인(기독교인이나 무슬림과는 달리 '헬레니즘' 문화의 영향을 받지 않은)의 철학적 해석은 인류 전체의 공통적 미래를 건설하는 과정에 관여할 수 있다. 이것은 이른바 문화적 다양성을 '존중(respecter)'—사실상 '관용(tolérer)'이라는 개념은 경멸적이다. 좋아하지 않는 것을 '용인(tolère)'한다는 뜻이기 때문이다—하는 것을 뛰어넘어 그것의 모든 잠재성을 풍요롭게 발전시킬 수 있음을 기원한다는 의미(오로지 그러한 의미에서만)에서 그러하다. 필자는 이러한 다양성—해방이성의 전통이 이러한 미래를 건설할 수 있는—을 과거에서 상속받은 특수한 형태의 허위적인 다양성과 구분하는데,

문화주의자는 이러한 허위적인 다양성에 신경증적으로 집착하기 때문에 거기서 초역사적인 불변항(invariants)–실제로는 그러한 것이 아님에도 불구하고–을 만들어 내고 만다.

오늘날 해방이성이 직면한 과제로 되돌아 간다는 것은 확실한 목표를 향해 전진할 수 있는 유용한 수단을 창조하는 것이다. 요컨대, 세계자본주의 체제(capitalisme mondiale)로 인한 양극화가 불가피하게 양산하는 시장소외를 극복하고 해방을 향해 나아가는 것, 자연과 삶의 잠재성을 파괴하는 것에서 멀어지는 것, 소위 (물질적) '발전'이라는 말로 포장된 엄청난 격차를 철폐하기 위해 노력하는 것 등이 그것이다.

만일 마르크스가 이러한 입장에서 숙고하고 활동했다는 사실을 인정할 수 있다면, 필자는 해당 과제를 분석함과 동시에 여기서 명시한 방향으로 세상을 변화시킬 수 있는 전략을 정의하는 유용한 수단이 바로 마르크스주의라고 생각한다. 달리 말해 우리는 마르크스에서 멈출 것이 아니라 그로부터 출발해야 한다.

이론과 실천에 있어서 풀어내야 할 과제는 복잡하다. 이러한 복잡함 때문에 어느 단편적인 방책만으로 해결되지 않는다. 단편적인 방책은 해당 과제에 내재한 서로 다른 요인들 사이의 갈등을 간과할 수 있기 때문이다. 필자는 이들 과제의 주요 측면이 세계체제적 수준에서 형성된다고 파악하는데, 이러한 과제 가운데 하나를 지적하고자 한다. 그것은 자본주의가 만들어낸 '중심/주변'이라는 어마어마한 대립구조가 파괴되어야 한다는 것이다. 우리는 자본주의가 주변부 세계에서 일정 수준의 생산력 발전을 이루겠지만 해방의 다른 측면을 후순위로 밀어 넣을 위험이 존재한다는 사실을 인정해야 한다. 모순은 현실 내부에 있다.

어떤 이들은 이러한 모순적인 개념들 가운데 하나를 폐지함으로써 그 모순을 극복할 수 있다고 생각한다. 그리하여 인류의 80%를 지속해서 간과하고, 이들 80%의 인류가 무엇보다 '자본주의 단계를 거쳐야 한다'고 선언하는 데 만족한다. 그러나 이들은 자본주의 체제에 내재한 양극화가 주변부 민족에게 결코 '따라잡기'를 허용치 않는다는 사실을 고려하지 않는다. 게다가 생산력 발전을 절대적으로 우선시함으로써 해방과 관련된 사안 전체를 무시한다. 그러므로 해방이성은 이론과 실천이라는 모순적인 두 개념(이러한 과제에 내재한)을 마르크스주의의 살아있는 공식을 바탕으로 해결해야 한다.

제2장
근대성과 종교에 관한 해석들

1. 종교적 해석의 가변성

근대성은 인간해방이라는 요청에 근거를 둔다. 그것은 사회적 결정이라는 구시대적 전통의 속박에서 해방될 때 시작된다. 일반적으로 이러한 해방은 종교적 형태의 형이상학에 토대를 둔 권력–가정에서의, 생활양식과 생산양식이 결정되는 공동체에서의, 국가에서의–을 거부하도록 한다. 따라서 근대성은 국가와 종교의 분리, 즉 정치가 전개되는 근대적 형태의 조건인 급진적인 세속화(laïcisation)를 함축하게 된다.

이러한 세속화는 종교적인 신앙을 철폐하는가? 계몽주의 철학자의 일부는 그렇게 생각했고, 그것을 기대했다. 그들은 종교가 터무니없는 미신 다발이라고 생각했다. 종교에 대한 이러한 인식은 19~20세기를 거치면서 정치적으로 의식 있는 대중계급 사이에서 광범위하게 확산했다. 그 이유는 실천의 영역에서 노동좌파(그리고 그러한 이데올로기를 표출했던 지식인 단체)가 가톨릭교, 개신교, 정교회 등 위계화된 기독교의 보수적인 정파와 충돌했기 때문이다. 반(反)교권주의는 엄중하게도 반(反)종교적인 것과 동의어가 되었고, 유럽 곳곳에서 실제적인 영향력을 행사했다. 물론 이데올로기적·정치적·사회적 투쟁이 전개되는 환경에 따라 그 정도는 분명히 다양했다. 특히 급진적인 성격의 혁명으로 탄생한 프랑스 사회는 반교권주의나 무신론에 가장 크게 영향을 받은 새로운 국가군에 속했다. 소비에트 이데올로기는 이러한 무신론을 토대로 삼아 그것을 변증법적 유물론에 포함했다.

그런데 마르크스는 달리 읽힐 수 있다. 흔히 인용되는 구절("종교는 인민의 아편이다")은 잘려 나갔고, 곧이어 인간이 아편을 요구한다고 이해되었다. 왜냐하면 인간은 형이상학적 동물이며, 삶의 의미와 관련된 질문을 거부할 수 없기 때문이다. 인간은 종교가 제공하는 것을 수용하거나, 스스로 종교를 창조하거나, 혹은 종교에 대한 근심을 회피하면서 그러한 질문에 대응한다.

이유야 어찌 됐든 종교는 현실이라는 화폭의 한 면을 차지하고 심지어 중요한 측면을 구성한다. 그러므로 그것의 사회적인 기능, 즉 우리가 살아가는 근대 세계에서 종교가 근대성을 드러내는 현실적인 모습–자본주의, 민주주의, 라이시테–을 분석할 필요가 있다. 필자는 이어지는 서술에서 '성서(le Livre)'를 원용한 세 종교의 영역을 중심으로 이러한 분석을 시도할 것이다. 여기서 우리는 관련 종교가 해석의 끊임없는 주제가 되어왔음을 보게 될 것이다. 이러한 해석 덕분에 이들 종교가 생존하고, 거대한 사회변화에 적응하고, 더 나아가 동행이 가능한 대상이 된 것이다.

기독교의 성공은 유럽에서 근대성이 형성될 수 있는 기반을 조성(반드시 그렇다고 생각할 필요가 있을까?)했으며, 마찬가지로 필자의 확신에 부합하지 못하는 어떤 '이론'의 개화를 자극했다. 가장 통속적인 이론–일반적인 평범한 이론이 되어 최소한의 비판적인 질문조차 끌어내지 못하는–은 기독교가 그러한 예외적인 진화의 요소를 내부에 간직하고 있었다는 것이다. 따라서 '기독교의 우수성'은 우리가 '유럽의 기적(근대성이 다른 곳이 아닌 바로 유럽에서 창조되었다는 사실)'을 설명하는 신화–물론 다른 신화(예를 들어 선조로서의 그리스인, '인도–유럽'의 인종주의 등)도 있지만–들 가운데 하나로 재구성된다. 이러한 유럽중심주의 가운데 가장 급진적인 형태의 이데올로기는 역사를 이상주의적으로 해석한다. 이 가설에 따르면 자본주의는 기독교에 대한 종교적 해석이 진화한 결과일 수 있다. 필자는 이어지는 장에서 이에 대한 체계적인 비판을 제시할 것이다.

한편, 가장 급진적인 형태의 극단주의자는 종교개혁이 자본주의적 근대성을 창조해낸 화신이라고 주장한다. 앞서 우리는 막스 베버의 유명한 가설을 확인했다. 그러나 그것은 유럽중심주의의 '기독교 편애(christianophilie)'보다도 설득력이 떨어지는 가설이라고 생각한다.

이 분야에서 베버가 진척시킨 논의는 외견상 정밀해 보일지 몰라도 매우 산만하다. 게다가 그것은 완벽히 뒤집힐 수도 있다. 마치 이전에는 유교가 중국의 후진성을 설명하는 논의였으나, 50년이 지난 지금에는 중국의 부상을 설명하려는 논의가 된 것과 유사하다. 피상적인 역사가는 이슬람교를 바탕으로 중세 아랍 문명의 성공을 설명한다. 그런데 더욱 피상적이라 할 수 있는 언론인은 이러한 이슬람교를 바탕으로 오늘날 아랍 세계의 침체를 설명한다. '문화주의'는 거대한 역사적 과업에 결코 단일하게 대답하지 않는다. 사실 너무 많은 대답을 하고 있다. 사실상 문화주의는 여타의 공식뿐 아니라 그것의 반명제까지 입증할 수 있다.

이처럼 강력한 허위 관념들, 그런데도 주류 세계의 이데올로기를 먹여 살리는 이러한 관념들을 거부하며 필자는 다음과 같은 가설을 제안한다.

첫째, 근대화, 라이시테, 민주주의는 종교적 해석에서 비롯된 어떤 진화(또는 혁명)의 결과가 아니라, 반대로 종교적 해석이 그러한 요구에 다소간 만족스러운 방식으로 적응한 결과일 뿐이라는 것이다. 이러한 적응이 개신교만의 특권은 아니었다. 확실히 가톨릭 세계도 다른 방식으로 그러한 적응을 만들어냈으며, 매우 효과적이기도 했다. 그러한 적응은 매사에 교리에서 해방된 새로운 종교적 정신을 창조해냈다.

둘째, 그런 의미에서 종교개혁은 자본주의가 개화할 수 있는 '조건'이 아니라는 것이다. 물론 이러한 가설(베버의)은 종교개혁을 미화한 사회(개신교 유럽 사회)에서는 광범위하게 받아들여졌다. 그러나 종교개혁은 그 이전의 유럽 사회나 그들의 '봉건제' 이데올로기–특히 기독교에 대한 그들의 이전 해석–와 가장 급진적으로 단절한 이데올로기가 아니었다. 오히려 그것의 원초적이고 혼란스러운 이데올로기에 불과했다.

셋째, '지배계급에 의한 개혁'이 존재했다는 것이다. 이 개혁은 지배계급의 통제를 받는 국가교회(Eglises nationales)–영국성공회, 루터교 등과 같은–의 창설을 통해 강화되었다. 이 교회가 신흥 부르주아 계급, 군주, 지방 대지주 사이의 타협을 만들었고, 주기적으로 돈을 뜯긴 대중계급과 농민의 저항을 무기력하게 만들었다. 이러한 반동적 타협–루터(M. Luther,

1483~1546)가 기술하고 또 마르크스와 엥겔스(F. Engels, 1820~1895)가 그렇게 분석했던-이 프랑스에서 촉발된 급진적 혁명의 여파에서 해당 국가의 부르주아 계급을 구원했다. 이 모델에서 출현한 라이시테는 오늘날까지 유약한 상태로 남아있다. 국가교회의 설립에서 드러나듯이 가톨릭교의 이념이 보편성에서 멀어진 것은 다른 기능을 만족시켰다. 군주제를 더욱 확고하게 만들었으며, 구체제 권력과 신흥 부르주아 계급 사이에서 군주제의 중재 역할을 강화했으며, 부르주아 계급의 민족주의를 강화했고, 후일 사회주의적 국제주의가 제안할 새로운 형식의 보편주의가 진전되는 것을 지연시켰다.

넷째, 그런데도 개혁운동 역시 존재했다는 사실이다. 이 운동이 자본주의 출현으로 인해 왜곡된 사회의 희생자인 대중계층을 사로잡았다. 그러나 이 운동은 투쟁의 낡은 방식-중세의 천년왕국운동과 같은-을 되풀이했고, 역사를 앞서 이끌지 못했다. 게다가 역사의 요구에 미치지도 못했다. 그러므로 프랑스혁명-세속적인 대중운동과 급진적인 민주주의 운동이 결합된-과 사회주의의 출현을 기다릴 필요가 있었는데, 이를 통해 피지배계급은 새로운 조건에서 자신을 효과적으로 드러내는 것을 배울 수 있었다. 하지만 개신교 종파는 근본주의적인 형태의 환상을 품었고, 그 결과 계시적(apocalyptique)인 환영을 가진 '종파'가 끊임없이 재생산되는 데 우호적인 환경을 조성했다. 우리는 그러한 종파가 미국에서 만개하고 있다는 사실을 알고 있다.

다섯째, 사회변화에 열린 시각을 제공하는 개선된 종교적 해석, 즉 '긍정적' 적응도 존재했다는 것이다. 그러나 사회 진보에 장애가 되는 종교적인 퇴보 역시 존재했다. 이 문제와 관련하여 필자는 북아메리카의 일부 개신교를 사례로 거론할 수 있다.

여섯째, 긍정적이건 부정적이건 간에 그러한 적응이 기독교만의 전유물은 아니었다는 것이다. 이슬람교도 과거에는 긍정적인 적응을 알았고, 미국에서 기독교 종파가 퇴보한 것과 유사한 경험을 다양한 측면에서 경험했다. 유대교도 마찬가지다. 필자는 이것이 아시아의 이데올로기나 종교와도 관련된다는 것(독자는 이것을 앞서 출간된 『유럽중심주의(1988)』에서 명확히 확인할 수 있다)을 추가할 것이다.

일곱째, 이러한 적응이 긍정적일 수도 있고 혹은 부정적일 수 있다는 점은 '과소결정(sous-détermination)'에 근거를 둔 역사유물론(matérialisme historique)을 해석하는 데 유리하게 작용한다는 사실이다. 여기서 필자는 각각의 심급(경제, 정치, 이데올로기)이 고유한 내적 논리를 지니고 있다는 사실을 인정한다. 그러므로 체제가 전체적인 정합성을 유지하기 위해서는 그러한 내적 논리들 사이의 상보성이 필요하지만, 그러한 상보성이 특정 방향으로의 진화를 미리 결정하는 것은 아니라고 주장한다.

2. '성서(le Livre)'를 원용한 세 종교: 하나의 종교 형이상학인가, 아니면 세 가지 종교 형이상학인가?

세 종류의 종교(유대교, 기독교, 이슬람교)가 '일신론'을 자처하고 그것을 자랑으로 삼는다. 심지어 그들 각각은 가장 '정당한' 방식으로 자신이 유일한 종교라고 주장한다. 그러면서 다른 종교에 대해서는 어떤 거만에 가까운 경멸을 표출하는데, 그러한 신앙이 유일한 신, 초월적 신, 혹은 모든 이들에게 공평한 신-인간이 그러한 신을 아는지와 상관없이–이라는 관념에 도달하지 못했기에 '원시적'이고 '열등한' 것이라고 주장한다.

게다가 이들 세 종교는 스스로 '계시'되었다고 선포(유일신에 의해)되는 반면에, 여타의 종교는 그러질 못했다고 주장한다. 따라서 후자의 종교는 '급조된' (그러므로 거짓의) 종교가 된다. 그러나 다른 종교도 역시 '계시'를 믿는다. 계시와 신성은 동의어이기 때문이다. 그러므로 성서(le Livre)를 원용하는 종교와 다른 종교의 차이는 이데올로기적 거만함의 차이에 있다.

성서(le Livre)를 원용하는 세 종교의 친족성(parenté)은 명백한 역사적 사실이다. 세 종교는 한 종류의 성스러운 경전, 즉 유대교 성경(Bible, 즉 기독교의 구약성서)을 공유한다. 물론 그 성경은 유대인과 무슬림에게 매우 다르게 읽힌다. 그들 각각은 자신의 견해가 확실히 '좋은' 것이고 진정으로 '계시받은' 것이라고 분명하게 주장한다. 가톨릭교와 기독교는 성경(Bible)에 대한 유대교의 견해를 수용하는데, 예를 들어 가톨릭교는 유대인 디아스포라설을 인정하고, 기독교는 예루살렘의 유대인 정착설을 인정한다. 이러한 친족성은 세 종교가 탄생한 지리적 근접성을 통해 매우 선명하게 설명될 수 있다. 예수는 팔레스타인에서 살았는데, 그곳은 해당 국가의 유대인 거주지 주변이거나 아마도 그 내부일 수 있다. 이슬람교는 유대교와 기독교 신앙이 지배한 이웃 지역에서 탄생하여 이들 신앙으로부터 견제를 받았는데, 특히 비잔틴제국(Byzance)에서 에티오피아제국(Éthiopie)에 이르는 기독교 문명권의 견제를 받았다.

물론 친족성 그 자체가 세 종교의 형이상학이 근본적으로 같다는 것을 선험적으로 함축하는 것은 아니며, 그렇다고 배제하는 것도 아니다. 이 질문에 대답하기 위해서는 세 종교가 공유하는 공통점-그것이 근본적이든 부착적이든 혹은 무의미하든 간에-의 중요성을 가늠해볼 필요가 있다. 이러한 공통의 요소가 어떻게 민중의 형이상학적 선택지와 사회 경험에 영향을 주어 세 종교로 갈라지게 했는가?

지구상의 모든 민중은 창조의 과정과 그 안에서 자신의 위치를 설명하는 하나의 신화를 가지고 있다. 처음부터 모든 이들은 이 세계에서 '선택된 민중'으로 선언된다. 그러므로 이들의 신화는 진정한 창조의 이야기가 된다. 이들의 신 또한 '진정한' 신이 된다. 다른 모든 이들은 이것을 오해했거나 잘못 생각한 것이다. 그러므로 모든 민족에게 신은 처음부터 다르고 독특한 실체로 인정된다. 물론 매우 이른 시기라고 할지라도 신화의 영향력과 신의 고유함을 상대화하기 위한 통찰력이 절대적으로 부족했던 것은 아니다. 구원의 첫 번째 반응은 각 종교가 계시하는 진실의 복수성("개별 민중이 자신만의 진실을 가진다"는 표현은 다양한 언어로 표현되지만 결국은 같은 말이다)을 인정하고, 어떤 방식으로든 여러 신의 등가성을 인정하는 데 있었다. 이러한 대응은 별다른 어려움 없이 통합주의(syncrétisme)로 이어졌다. 예를 들어 우리는 그러한 경향을 로마제국(Empire romain, 기원전 27년~서기 395년)에서 발견할 수 있는데, 이를 바탕으로 이 제국이 다른 지역은 물론이거니와 오늘날의 아프리카에 이르기까지 다양한 민중을 통합시켰다. 게다가 서로를 차용함으로써 신화가 만들어진다는 사실도 더욱 선명하게 인식되었다. 고고학, 역사학, 고문서학은 중동의 대홍수 사건, 길가메시(Gilgamesh) 신화 등을 공유하는 '조상 신화'를 인식하도록 이끌었다.

그러므로 유대인만 '선택'을 받은 것으로 자처한 유일한 민족은 아니다. 모든 민족이 그러했기 때문이다. 유대인이 이러한 사실을 진지하게 고려할 것인가? 회의적이다. 우리 시대의 사회현실에서 대다수 유대인은 심지어 그들 가운데 확신에 가득 찬 신도들조차도 자신이 다른 민족과 마찬가지로 평범한 인간임을 인정한다. 이 지점에서 우리가 끌어낼 수 있는 함의는 아마도 유대인이 디아스포라라는 현실 속에서 말 그대로 살아남기 위해 자신의 '특수성(종교적인 애착)'을 강조하게 되었다는 사실이다. 그러나 그들만이 그러했던 것은 아니다.

오늘날의 근대 사회는 어쨌든지 간에 이천년이 넘는 기간을 거치면서 몇 가지 진보(비록 '진보'라는 개념을 쓰레기통에 처넣어야 할지라도)를 성취했다. 우리 시대의 많은 이들은, 심지어 자신의 고유 신앙에 강하게 집착하는 이들까지도 종교적인 준거를 다소간 상대화하는 데 성공했다. 다시 말해 이들은 외적인 일상생활을 '용인'했을 뿐만 아니라, 타자의 신앙을 내적으로 존중-이 부분이 더 중요하다-하기 시작했다는 것이다.

이러한 진보로 인해 창조 신화가 훼손되기 시작했다. 이제 신화는 원래의 문자 그대로 더는 읽히지 않는다. 현대인 가운데 많은 이들-신도를 포함하여-이 이러한 신화가 신화라는 사실을 인정한다. 비록 그것이 신성에 의해 영감을 받았을지라도, 우리는 그것은 단지 교육적인 설화로 생각한다-그것은 확실하다-는 것이다. 성서(le Livre)에서 기원한 세 종교의 성경(Bible)과 보로로인(les Bororo) 혹은 도공인(les Dogons)의 신화는 같은 위상을 갖는다. 그것은 한 민족이나 다양한 민족의 기원적 신앙을 구성하는 성스러운 서책일 뿐이다.

일신론에 대한 확신은 그 자체가 엄격한 신학적인 개념이다. 그렇다고 유일신의 존재를 말하는 것이 무언가 대단한 것을 말하는 것은 아니다. 그것이 어떤 명증도 반증도 아니기 때문이다. 게다가 일신론은 이른바 다신교와 일신교의 공식적인 분리를 주장하는 사람이 생각하는 것보다 훨씬 더 널리 확산한 이념이다. 다신론으로 '비난받는' 많은 종교는 자신의 신성성을 위계적으로 분류하지만, 결국에는 그것들이 하나의 초자연적인 힘에서 비롯된다는 여러 가지 방식의 표현으로 자주 환원된다. 좀 더 자세히 관찰하면, 우리가 '우상숭배적(idolâtres)'라 불렀던 종교는 실제로는 '정령숭배(animistes)'였으며, 따라서 이들 종교를 재평가해야 한다는 사실을 깨닫게 된다. 실제로 이들이 주장하는 신성의 복수성 이면에는 하나의 초자연적인 힘만이 존재한다.

그렇다면 일신론자는 그들이 호언장담하는 것만큼 엄격하게 일신론적인가? 유대교, 기독교, 이슬람교를 포함한 모든 종교는 신과는 다른 초자연적인 존재–천사, 사탄, 수호신 등–의 가능성을 인정한다. 심지어 일부의 인간–성인(saints)이나 예언자(prophètes) 등–도 신성에 의해 '계시'가 되기 때문에, 그들이 신의 말씀을 전달할 수 있다고 확신한다. 성서(le Livre)에서 비롯된 세 종교는 신 주변에서 사탄의 존재를 인정한다. 물론 양자의 능력은 신을 정점으로 위계화된다. 초자연에 대한 이러한 이중적 개념은 성서(le Livre)의 종교가 탄생하기 이전이나 이후에도 조로아스터교, 마니교, 혹은 여타의 종교에 존재했다. 이러한 상태에서 기독교의 삼위일체(성부, 성자, 성령)적 유일신 개념은 모호함의 대상–단성론적 기독교인과 여타 종교인 사이의 불화를 초래할 정도로 신학적인 논쟁의 대상이 된–이 되었으며, 이것이 일신론 개념에 미묘한 변화를 가져왔다. 그런데 현실적인 차원에서 어떻게 신(Dieu)의 언어를 신의 계시를 받은 예언자(Proprètes)나 신의 아들(Fils)의 언어와 구분할 것인가? 형이상학적인 관점에서 양자는 같은 것이다.

아마도 성서(le Livre)에서 비롯된 세 종교는 이러한 일신론적 성격을 다른 종교보다 더욱 확신할 것이다. 왜냐하면, 이들 종교는 자신의 구성적, 윤리적, 조직적인 측면에서 일정한 형태의 합리성을 마련했기 때문이다. 이들 종교는 자신의 종교적인 측면에서의 진화를 고대 중동 사회의 발전에 연결해 어떤 상응 관계를 설립하고자 했는데, 이것이 혈연공동체를 넘어 국가공동체를 건설할 수 있게끔 이끌었다. 그러나 사회적 토대와 종교적 심급 사이의 상호 적응이 그럴듯해 보인다고 하더라도, 이것이 역사적으로 가능한 유일한 형태는 아니다. 예를 들어 인도나 중국 등 유사한 수준까지 발전한 다른 사회는 이러한 요구에 다른 방식으로 응답했다. 중국은 비종교적인 형이상학(유교)을 수용했지만, 인도는 종교적인 창작의 자유(힌두교)를 실현했기 때문이다.

어떤 이들은 거칠게 항의할지도 모르겠으나, 필자는 성서(le Livre)의 세 종교가 다른 종교와 마찬가지로 통합주의에 대한 열망이 강렬했던 시기에 형성되었다는 사실을 덧붙일 것이다. 학자들은 이들 종교가 서로를 '차용'했다는 사실을 밝혀낼 수 있다. 예를 들어 기독교는 고대 이집트의 종교를, 유대교는 고대 동방–바알(Baal) 지역을 포함한 여러 지역–의 종교를, 이슬람교는 아라비아반도의 토착 신앙을 차용했다. 만일 우리가 이들 종교를 의례, 취식 금기 혹은 다른 관습의 차원에서 분석하려고 한다면, 그러한 차용은 더욱 가시적이다. 그러나 어느 누구도 다음과 같은 사실을 인지하지 못할 것이다. 즉, 전체 역사를 통틀어 이들 종교는 오로지 신이 인간을 계시하고 있다는 사실만을 설명할 뿐, 신이 결부된 종교가 어떻게 출현했는지를 설명하지 않는다는 점이다.

성서(le Livre)에 근거를 둔 세 종교 가운데 유대교와 이슬람교의 근접성이 가장 강력하다. 종교 전문가는 이슬람교가 넓은 의미에서 아랍화된 유대교라는 논의–논란의 여지가 없는 것은 아니지만–를 발전시켰다. 광범위한 수준에서 이슬람교의 계율, 법제, 의례 등이 유대교의 그것과 공통적일 뿐만이 아니라, 종교와 사회의 관계에 대한 관념을 양자가 공유–이것이 더욱 근본적인 이유이다–하기 때문이다. 게다가 유대교의 아랍화 과정은 이슬람교 예언자의 말씀에 선행한다. 이슬람교의 역사와 코란(Coran)은 하니프(Hanifs)–이슬람교에서 아브라함의 하나님을 유일신으로 섬기는 사람들(역주)–의 존재를 인정하는데, 그들은 자신을 유대인이라 주장하지 않지만, 유대인의 조상인 아브라함의 하나님을 원용하는 이들이다. 이러한 측면에서 이슬람교는 신이 태초의 인간, 즉 아담(Adam)에게 계시한 종교가 된다. 그러므로 이슬람교는 신이 자신의 예언자 무함마드(Prophète Mahomet)의 목소리를 통해 말하기 이전에도 여전히 존재했다. 그러나 어떤 이들(다신론자)은 이러한 사실을 잊었거나 이해하지 못했고, 다른 이들(유대인과 기독교인)은 이를 단지 부분적으로만 이해했을 뿐이다.

따라서 우리는 무슬림–혹은 그들 가운데 일부–이 제기하는 흥미로운 논쟁의 중요성을 알아차린다. 실제로 이와 관련된 풍부한 문헌이 존재한다. 이들 문헌은 아브라함이 유대인이 아니라 아랍인이라는 사실을 '입증하는 데' 몰두하며, 권력기관은 이슬람교를 '그러한 방식으로' 수용하기에 이를 이단으로 고려하지 않는다. 이러한 논증은 과학적인 논거를 활용한다. 예컨대, 메소포타미아 지방의 고고학적 조사발굴, 언어학, 명칭과 관련된 어원학 등이 그것이다. 물론 성경(Bible)을 다양한 신화들 가운데 하나처럼 읽는 이들에게 이러한 질문은 의미도 영향력도 없다. 이들은 신화를 '수정'하지 않으며, 신화적 인물 이면에서 윤곽을 드러내는 현실적 인물이 누구인지를 탐문하지 않기 때문이다.

그러므로 우리는 이슬람교가 유대인의 성경(Bible)을 있는 그대로 수용하지 않는다는 사실을 이해–유대교의 아랍화(또는 유대교의 이슬람화)라는 가설을 통해–할 수 있다. 이들의 성경(Bible)은 재검토되고 수정된다.

이슬람교의 출현과 아라비아반도의 정치적 통일 사이의 병존은 명백하다. 그로 인해 아랍의 많은 역사학자는 일신론–복수의 부족적 신성을 대체하는–이 아랍 민족의 형성을 이끈 원동력이었다고 주장한다. 유일신을 섬기는 것은 하나의 권력에 복종하는 것과 동의어이기 때문이다. 물론 아랍인은 기독교와 유대교의 일신론을 잘 알고 있었다. 만일 그들이 기독교를 선택했다면, 그들은 자기 지역을 지배했던, 게다가 그들이 다른 누구보다도 두려워했던 비잔틴제국의 지배를 감수해야만 했을 것이다. 따라서 그들은 유대교를 자신의 종교로 선택하면서 위험에서 벗어나려고 했다. 유대교는 강력한 국가체제를 주장하지 않았다. 아랍인은 유대교에 대한 자신들의 독창적인 해석을 강력하게 추구했고, 그 종교를 히브리 민족의 일부인 셈족(Semites)의 종교로 인정하지 않은 채 전유했다. 따라서 아랍인은 그 종교를 셈족과 아랍인을 아우르는 자신들의 조상에게 계시가 된 종교라고 선언했던 것이다.

이슬람교가 형성된 역사적 환경은 기독교가 형성된 역사적 환경과도 크게 달랐다. 이슬람교의 모든 교의는 메카(Mecque)와 메디나(Médine) 시대의 아랍 부족이라는 소규모 동질적 환경에서 형성되었다. 그런 이유로 이 종교는 운명적으로 기원에 대한 표식을 감수해야만 했는데, 이 때문에 처음에는 종교의 보편주의적 사명이 성립할 수 없을 정도였다. 아랍인의 정복이 아라비아반도를 넘어서기 시작한 초창기에 있어서 지배적인 경향은 이슬람교를 내버려 둔 채 피정복 민족의 종교를 허용하는 것이었다. 만일 이러한 정책이 지속되었다면, 이슬람교는 엄밀히 말해 아랍인의 종교로 남았을지 모르겠다. 그러나 두 가지 움직임이 이슬람교를 보편주의 종교로의 길을 열어젖히게 했다. 즉 피정복 민중의 상당수를 자발적으로 개종하게 했으며, 아랍인들 자신도 이러한 개종에 결국 호의적으로 반응했다는 것이다. 이와는 반대로 기독교는 헬레니즘 문화가 만개해 있던 로마제국의 범세계적인 환경에서 형성되었다. 게다가 기독교의 형성은 더욱 느린 방식으로 진행되었다. 따라서 기독교는 처음부터 보편주의적 사명을 띠는데 유리했던 다인종적·다문화적 환경 속에서 성장했다.

마지막 논점은 일신론이 정말로 사상의 경이로운 진화, 즉 질적인 '진보'를 구성하는가의 문제이다. 여기에는 유일신(대중의 상상-혹은 지식인의 순화된 전망-에서는 지식과 권위의 상징인 흰 수염이 있는 노인으로 묘사되는)과 가부장제의 가부장, 권력체제의 독재자 사이를 가깝게 만드는 교활한 사고-그런데도 그러한 교활함을 지적하는 자는 마치 악의가 있거나, 사탄(Malin) 혹은 마귀(Diable)에 의해 계시가 된 자처럼 여겨진다-가 빠지지 않는다. 이러한 상상은 실제로 체험적 현실을 잘 반영하는데, 이 경우 신에 근접한 사람은 여성이나 젊은이보다는 나

이 든 현명한 남성으로 상정된다는 사실은 분명해 보인다. 이 낮은 세계를 지배하는 가부장제와 전제주의는 이제 하늘로 투사되어 정당화된다. 특히 여성적 신성(divinités féminies)은 비(非)일신론적 종교를 이해할 때 여전히 중요한데도 불구하고, 단지 가부장적 지배를 강조하기 위해 배제되고 말았다. 이와 같은 교활한 사고는 전능한 신이 이제는 불쌍한 이들의 모든 권력을 흡수한다고 말한다. 경합하고 갈등하는 수많은 신들 가운데에서 가장 좋은 위치에서 우리를 도울 뿐 아니라 우리를 괴롭히는 자를 혼쭐내주는 신–그리스 신들과 같은–에게 우리가 구원을 요청할 수 있기 때문이다! 그리스의 민주주의가 다신교를 토대로 한 것은 우연인가? 거대 종교–특히 기독교와 이슬람교–에 의해 지배된 지역에서 민주주의가 사라진 것은 우연인가? 우리는 중국에서 비종교적 형이상학을 수용하고 인도에서 힌두교의 종교적 다원주의를 받아들였던 것도 결국에는 전제적인 권력이었다는 사실을 상기해야만 한다.

3. 종교와 사회: 신정정치(théocratie)의 위험성

종교는 단지 형이상학에 그치지 않는다. 그것은 동시에 주요한 사회현실이다. 형이상학과 사회현실은 역사적 변증법을 통해 서로 섞이고 결정된다. 따라서 그러한 형이상학이 드러내는 우발적인 특수성은 그것이 위치하고 작동하는 사회 체제의 특수성과 쉽게 구분되지 않는다.

앞서 제기된 질문–성서(le Livre)를 원용하는 세 종교는 하나의 본질인가, 아니면 여럿인가?–에 대답하기 위한 유용한 출발점은 그러한 종교가 제시하는 역사적 전망에서 출발하는 것이다.

유대교는 종말을 믿는다. 그 시간은 메시아(Messie)께서 이 낮은 땅 위에 자신의 왕국, 다시 말해 영원히 행복하고 정당한 사회를 건설하기 위해 강림하실 때 알려질 것이다. 신실한 신도는 종말 이전에 이러한 정의의 왕국이 인간의 행위를 통해 성취될 수 있다고 믿지 않는다. 그 때문에 일부 유대인은 이스라엘 국가를 거부한다. 그러나 이들에게 메시아는 적어도 지금까지는 임재하지 않고 있다. 따라서 종말은 그들 앞에 있다.

이 중요한 문제와 관련하여 이슬람교는 다른 태도를 보였다. 생존 시 예언자는 이 낮은 땅 메디나에 정의로운 사회를 구축했다. 그런 의미에서 그는 비록 예언자—게다가 그는 마지막 예언자이고, 그 이후에는 어느 누구도 없다—로 불렸지만, 유대인이 기대했던 메시아처럼 고려될 수도 있다. 그가 바로 지상에 신의 왕국을 건설한 장본인이었기 때문이다. 필자는 이슬람교나 예언자 시대를 이렇게 해석하는 것이 무슬림에게조차 통일된 해석이 아니라는 사실을 잘 알고 있다. 수많은 무슬림—단지 개화된 소수의 지식인뿐만이 아니라—이 메디나의 사회 체제를 설립—혹은 회복—해야 한다고 말하지 않았고, 그렇게 행동하지도 않았기 때문이다. 그들은 영원히 사라져버린 일반적인 교훈, 도덕적인 가치, 모범적인 사례, 영감의 원칙 등을 그 시대에서 끌어낼 수 있다고 말했을 뿐 그 이상은 아니었다. 실제로 예언자는 사회를 운영하기 위해 그곳에 더는 머물지 않았으며, 게다가 누구도 그를 대신할 수 없었다. 따라서 과제는 변화하는 시대적 현실에 이들 원칙을 적용하는 데 있었다. 그럴 때만이 토론이나 다양한 의견이 제시될 가능성이 상당 수준 열리기 때문이다. 무슬림의 실제 역사는 이러한 상대주의적 관념이 지배적이었다.

그러나 이러한 관념은 단지 거부될 수 있는 하나의 관념에 불과하다. 우리는 이러한 상대주의적 관념을 예언자 시대의 사회조직이 역사의 마지막 모델이라는 생각으로 어느 정도 대체할 수 있다. 따라서 인류가 타락한다면, 그 모델은 다시 회복되어야 하고 재생산되어야 하고 되돌아와야 할 모델이 된다. 이러한 해석은 말하자면 근본주의적이라고 평가할 수 있다. 왜냐하면, '기원(sources)', 즉 토대로 되돌아갈 것을 요청하기 때문이다. 이러한 해석은 존재하며, 항상 존재해왔다. 게다가 오늘날 점증하는 해석이다. 그러나 이러한 해석은 단지 그 이유가 분석되어야 하는 특별한 경우에만 역사의 전면을 차지하며, 그 경우에만 요청되거나 요청될 수 있는 것처럼 보인다. 여기서 중요한 것은 이러한 근본주의적 관념이 과거를 통해 미래를 규정한다는 사실을 아는 것이다. 종말은 열다섯 세기나 앞서 시작되었고, 역사는 그 지점에 영원히 멈춰버렸다. 그 이후의 실제 역사는 어떠한 중요성도 없다. 이슬람교를 근본주의적으로 해석하는 무슬림에게 있어서 실제 역사는 고려할만한 어떠한 교훈도 제공하지 않기 때문이다.

기독교는 종말이라는 문제에서 또 다른 세 번째 관점을 채용했다. 그 관점은 자신을 유대교나 이슬람교와 구분하는 것이고, 자신에게 형이상학적 특수성은 물론이거니와 사회현실에 참여하는 특별한 능력을 동시에 부여하는 것이다. 그러나 이러한 차이를 확인하기 위해서는 해당 사회의 현실을 직접적으로 분석해야만 한다.

유대교는 일신론과 관련된 추상적인 관념일 뿐만 아니라 동시에 팔레스타인에 거주하는 유대인 사회를 역사적으로 구성하는 동력이었다. 게다가 부분적으로는 디아스포라로 떠도는 유대인 공동체에 영감을 불어넣고 조직하는 원동력이기도 했다.

고대 팔레스타인에 거주하던 다른 민족과는 달리, 이 지역에 거주하던 유대인의 실제 역사는 상대적으로 베일에 가려져 있다. 더욱 선진적이고 강력했던 이방 민족이 더 많은 기록과 흔적을 남겼기 때문이다. 그러나 확실한 것은 유대교가 매우 명확하고 구체적인 법을 제정했다는 사실이다. 이 법은 일반적으로 몇 가지 중요한 도덕원칙–이방 민족으로부터 영향받은 모세의 십계명 등을 포함하여–일 뿐만 아니라, 유대인의 개인적·가족적·사회적인 생활을 견고하게 관리하는 총체적인 규칙들이다. 사적 권리의 영역에서 이 법은 결혼, 이혼, 혈연, 유산 등과 관련된 모든 분야의 규칙을 제공한다. 따라서 모든 법은 종교나 신성의 필수불가결한 요소이며, 따라서 변경하기 어려운(혹은 전혀 불가능한) 원칙이다. 이 법과 규칙은 매우 명시적이고 게다가 매우 혹독한 형법을 수반하는데, 현대인의 눈에는 잔인한 것–간통한 여인에 대한 투석형벌 등과 같이–처럼 보일 수도 있으나, 그 자체가 신성의 필수 불가결한 요소가 된다. 결국 이 법은 할례로부터 각종 취식 금기나 사밧(Sabbat)의 날–안식일(역주)–에 절대적으로 금기시된 온갖 활동에 이르기까지 강력하게 의례화되어 작동한다. 해당 목록은 길다.

아마도 이 원칙은 법, 규칙, 의례를 아우르는 명시적인 형식주의라고 할 수 있는데, 디아스포라가 된 유대인이 이방 문화에 의해 불가피하게 오염·동화되거나 혹은 개종당하는 것에서 자신을 보존하기 위한 수단이다. 또한 그들이 이방 문화에 적대감을 드러내는 원인–원인은 변명이 아니다!– 가운데 하나이다.

확실한 것은 이처럼 강력한 종교의 사회적 개념이 세속사회에 대해서는 어떠한 것도 제공해주지 않는다는 사실에 있다. 해당 종교는 단지 신정정치적 권력 개념만을 생산할 뿐이고, 유대인은 디아스포라였기에 신정정치로부터 살아남았다. 권력은 신이 제정한 궁극의 법을 적용하기 위해 존재할 뿐, 그 법을 창안하기 위해 존재하지 않는다. 오늘날 신정정치는 독점적 지위를 요구하는 종교적 카스트처럼 운영되며, 그러한 유형의 권력으로 이해되는 경향이 있다. 그 권력만이 유일하게 적용해야 할 법이 무엇인지를 잘 알 수 있기 때문이며, 그 권력이 교구나 교회, 혹은 이름조차 알 수 없는 다른 조직을 동원할 수 있기 때문이다. 이러한 환원은 불행한 것이다. 신정정치는 신의 권력을 말하고자 하지만, 실제로는 신의 이름을 말하는 자들의 권력을 말한다. 만일 근대성이 근대 민주주의의 근본적인 개념으로 평가될 수 있다면, 인간이 자유롭게 자신의 법을 만들며 이를 통해 스스로 역사의 책임자가 된다는 근대성과 상반된 개념이 바로 신정정치이다.

유대인의 법은 권력 조직, 즉 근대적 의미의 공법에 대해서는 필수불가결한 요소가 된다. 그 지역의 선진국들—파라오의 이집트, 아케메네스왕조(Achéménides, 기원전 6~4세기) 및 사산왕조(Sassanides, 3~7세기)의 이란, 메소포타미아의 문명국들, 고대 그리스, 로마제국 등과 같은—은 행정조직이나 정치조직과 관련하여 섬세한 모델들(이 모델들이 민주적이지 않았다는 것은 중요하지 않다)을 만들어냈다. 이와는 반대로 유대인은 매우 조야한 정치적 유형에 머물러 있었다. 그 속에서 왕이나 판관의 권력은 명시적이지 않았다. 그러나 이러한 허약함은 신정정치를 지지하는 보완적인 논의일 뿐이다. 신의 권력은 권력 조직의 형태에 연연하지 않기 때문이다.

디아스포라였던 덕분에 유대인 사회에서 오랫동안 잊히었던 이 자연스러운 신정정치적 성향은 유대 국가—오늘날의 이스라엘—가 출범하면서 새롭게 모습을 드러냈다. 유대교에서 종교적인 토대의 사회조직을 발견하지 못한 이들은 이 지점에서 놀라지 않을 수 없을 것이다.

이슬람교는 모든 측면에서 유대교와 엄격히 평형을 이룬다. 이슬람교 역시 유대교와 유사한 방식으로 사적 권리의 모든 측면을 경전을 통해 구체적인 부분까지 해결했다. 유대인의 형법만큼이나 준엄하고 체계적인 형법(구체적인 사안을 한 번 더 언급하자면, 간통한 여인에 대한 투석형벌은 완벽한 유추가 될 것이다)을 가지고 있었고, 이슬람교 역시 할례에서부터 취식 금기에 이르기까지, 그리고 정해진 시간(아무 때가 아니라)에 진행되는 통일적이고 반복적인 형식(따라서 개인화가 가능하지 않은)의 기도 등과 같은 강력한 의례를 실천했다. 이것이 바로 사회를 강력하게 관리하는, 따라서 개혁이나 다른 상상의 여지를 주지 않는 규칙과 실천의 요체라고 할 수 있다.

물론 이러한 모든 측면조차 더욱 독실한 신도에게는 불충분해 보이고, 그렇게 이해될 수 있다. 그러나 그것은 중요한 문제가 아니다. 이슬람교의 역사에서 수피파(soufisme)—전통적인 교리나 율법보다는 현실적인 방법으로 신과의 합일을 추구하는 일종의 신비주의 종파(역주)—는 더욱 널리 문호를 개방했으며, 의례화되지 않은 신비주의가 성장할 수 있는 여지를 제공했다.

그러나 유대인과 무슬림은 실용적인 이들—다른 종교인과 마찬가지로—이다. 그들 역시 개인 간의 사법을 보완할 어떤 상법이 필요했고, 시대가 요구하는 주변적 환경에서 그것을 빌려왔다. 게다가 무슬림은 자신이 정복한 문명사회의 관행과 법률을 '이슬람화'했다. 그러한 과정에서 무슬림의 법은 때로는 비잔틴제국의 법을 문자 그대로 번역했고, 이 작업에 성스러운 이슬람 의복을 입히기도 했다. 그러나 그것은 단지 의복일 뿐이었다.

무슬림은 유대인과 마찬가지로 엄밀한 공법을 구비하지 못했다. 그들 스스로가 그러한 부재를 불편하게 느끼지 않았기 때문이다. 그런데 우리는 그들이 칼리파(Khalifat)–예언자 무함마드의 계승자인 칼리프(Khalife)가 지배하는 제정일치의 이슬람국가(역주)–를 창건(이슬람교 예언자 이후에)하고 비잔틴제국과 사산왕조의 행정적 제도를 받아들이면서 이러한 결여를 극복하려고 했다는 사실을 잘 알고 있다. 무슬림은 절대권력을 명확하게 규정하지 않았다. 사실상 그것은 신의 권력을 의미하기 때문에 인간이 정의할 수 있는 것이 아니다. 따라서 실생활에서의 권력은 순진하고 단순한 형태의 전제정치를 결코 넘어서질 못했다.

전제정치와 신정정치는 함께 간다. 신이 존재하건 아니건 간에, 누가 신의 이름으로 말할 것인가? 혹은 적어도 신의 법을 제정하거나 집행하는 자(누구도 그러한 권리를 가지고 있지 않음에도 불구하고)는 누구인가? 율법 학자들은 때론 주저할 수도 있겠으나, 칼리프(Khalife)–혹은 그의 대리인인 술탄(Sultan)–는 아무런 망설임도 없이 그러한 소임을 자처할 것이며, 민중은 그를 '땅 위에 계신 신의 그림자'로 간주할 것이다.

그런 의미에서 무슬림 국가의 권력은, 비록 현실적으로는 특정 종교적 카스트가 실현한 것이 아니기에 신정정치적이라 불리지 않았을지라도 항상 신정정치적이었다. 따라서 무슬림 국가는 이슬람 국가가 아닌 다른 국가로 이해될 수 없다. 이러한 주장을 반박하려면, 라이시테를 선언한 두 지역의 무슬림 국가(터키와 구소련의 중앙아시아)가 공식적이고 철저한 방식으로 이슬람교와 단절해야만 할 것이다. 하지만 이들 국가는 모름지기 이슬람의 율법을 원용하고 있고, 그것은 그들의 선언과는 다른 방향의 역사가 되고 있다.

이러한 차원에서 보자면, 오늘날의 정치적 이슬람은 개혁의 주역이 아니다. 그들은 단순히 조금 멀리 가려고 할 뿐이며, 주변화된 근대성으로 인해 오염된 이처럼 '유약한' 신정정치 국가를 진정한 의미의 신정정치 국가로 변화하길 원할 뿐이다. 다시 말해 이들은 종교적 카스트-이란의 유사교회(quasi-Eglise)나 이집트의 엘 아자르(El Azhar) 등과 같은-에 전체적이면서도 절대적인 권력을 부여하길 원한다. 이 경우 종교적 카스트가 '해당' 종교의 이름으로, 혹은 '해당' 신법의 이름으로 말할 수 있는 전제적인 권리를 가지게 되며, 법과 의례를 바탕으로 그들의 눈에 진정으로 이슬람적이지 않은 모든 것까지 이슬람화할 수 있을 정도로 사회적 실천에 대해 전제적인 권리를 가지게 된다. 그렇지 않다면, 다시 말해 종교적 카스트가 이슬람 근본주의의 유일한 보유자로 인정되지 않는다면, '누구나'-여러 씨족이나 무리의 우두머리들까지도- 그러한 근본을 자처하게 될 것이다. 그러나 그것은 아프가니스탄에서 그러했던 것처럼 항구적인 내전으로 치달을 뿐이다.

본 저술을 탈고한 이후 필자는 이스라엘 샤하크(Israël Shahak,

1933~2002)의 유대교 비판을 접하게 되었다.[1] 그의 저작에 대한 독서는 독자에게 이슬람교와 유대교의 매우 특별한 유사성을 이해시킨다. 두 종교는 신정정치가 유일한 형태의 정당한 정권이라는 개념을 공유한다. 샤하크가 이스라엘에서 전개된 유대교 근본주의의 부활을 설명하는 논리는 문자 그대로 이슬람 근본주의와 병치될 수 있다. 그런 이유로 쉽지는 않겠지만, 유대교와 이슬람교는 확실히 달리 해석-원하기만 한다면-될 여지가 있다.

애초에 기독교는 신정정치와 거리가 있었지만, 훗날에는 신정정치로 되돌아왔다. 그러나 기독교 민중이 그러한 신정정치를 다시 배격했다.

종말과 관련하여 초대 기독교는 유대교의 유산과 단절하지 않은 것처럼 보인다. 최후의 심판과 메시아의 강림을 도입한 것은 확실히 「계시록(*Apocalypse*)」과 같은 서책에서 강하게 강조되었던 말세론(eschatologie)의 성격을 드러낸다. 그것이 기독교의 역사를 통틀어 메시아운동과 천년왕국운동이 끊임없이 분출했던 이유이기도 하다.

그런데도 기독교는 메시지의 본질을 달리 해석함으로써 유대교와 철저하게 단절했다. 이러한 단절은 근본적이다. 예수(Christ)의 극적인 역사가 전달하려는 메시지는 분명하기 때문이다. 즉 신의 왕국은 땅 위에 있지 않으며, 결코 있을 수 없다는 것이다. 만일 신의 아들이 땅 위에 결박되어 십자가에 못 박혔다면, 신(아버지)의 의지는 정의와 행복이 가득 찬 자신의 왕국이 이 낮은 땅에 건설될 수 없음을 의미한다. 이때 만일 신이 인간사에 책임을 지려 하지 않는다면, 그러한 책임은 전적으

1 Israël Shahak, *Jewish History, Jewish Religion: The Weight of Three Thousand Years*, London, Pluto Press, 2004. (역주)

로 인간에게 할당된다. 종말은 사라지고, 예수는 과거나 미래의 종말을 선언하지 않는다. 그런 이유로 예수는 유대교가 기다리던 메시아가 되지 못했으며, 유대인은 그를 그렇게 인정하지도 않았다. 그런데 예수의 이러한 메시지는 인간에게 스스로 역사를 만들라는 초대장처럼 해석될 수 있다. 만일 인간이 이것을 잘 수행(삶과 죽음을 통해 메시아가 예시한 도덕적 가치의 영감을 받으면서)한다면, 그들은 신과 가까워질 것-인간은 신의 형상대로 창조되었기 때문에-이다. 복음서(Évangiles)를 독해하는 이러한 독특한 유형의 해석이 근대 기독교에 부과되고 보급되었다. 이제 미래의 역사는 인간이 만들 역사에 신적 개입이 결합하여 결정되는 것으로 상상되었다. 그러므로 종말, 즉 외부의 개입으로 만들어질 역사로 상상되었던 종말은 사라진다.

이러한 단절은 지금까지 성스러운 율법으로 해결해왔던 모든 분야에 확대된다. 예수는 자신이 법(유대인의)을 뒤집기 위해 온 것이 아니라고 명확하게 언급한다. 이러한 언급은 예수가 드러내는 메시지의 본질에 일치하는 논리적인 답변이다. 사실상 그는 더 나은 법으로 구시대의 법을 대신하려고 온 것이 아니다. 따라서 인간의 판단에 맡겨진 이 법은 문제가 발생할 수 있다. 예수 그 자신은 가장 공식적이고 가장 엄한 형법 가운데 하나(정확하게는 간통한 여인에 대한 투석형)를 공격하면서 그러한 문제의 예시를 제공한다. 논쟁은 "죄 없는 자가 첫 돌을 던지라"라는 말씀과 함께 시작된다. 그런데 만일 이 법이 정당한 말씀이 아니라면 어떻게 할 것인가? 만일 이 말씀이 단순히 진범의 위선을 감추기만 한다면 어떻게 할 것인가? 이 지점에서 기독교인은 사실상 유대인의 법과 의례를 포기한다. 할례는 사라지고, 사적 규범은 다양화된다. 기독교는 유대교의 영향력이 미치지 않는 지역으로 뻗어나가면서 다양한 규범과 상황에 맞춰 자신을 변화한다. 그리하여 취식 금기 등과 같은 율법은 자신의 효력을 상실한다. 그렇다고 기독교의 법이 이러한 율법을 대체한 것도 아니며, 그러한 기독교의 법이 존재한 것도 아니다.

좀 더 깊은 교리의 차원에서 기독교는 유대교와 동일한 방식으로 처신한다. 그것은 기독교가 유대교와 공식적으로 관계를 단절하지 않았다는 사실에서 확인된다. 기독교가 유대교의 경전–성경(Bible)–을 받아들였음이 이를 입증한다. 그러나 기독교는 그 경전을 '무단으로' 제 것으로 삼고, 그것을 검토하거나 교정하지 않는다. 그리고는 갑자기 그 경전의 영향력을 전적으로 배척하며, 유대교의 경전에 자신이 인정한 복음서와 같은 경전을 병치시킨다. 그러나 기독교가 제안한 도덕(이웃에 대한 사랑, 자비, 용서, 정의 등)은 구약성서가 제시한 도덕과는 상당히 다른 것이다. 게다가 복음서는 사법이나 형법 분야의 입법을 충분히 자극할만한 어떠한 것도 제시하지 않는다. 이러한 관점에서 기독교의 경전은 토라(Torah)나 코란(Coran)과는 뚜렷이 구분된다.

이제 정권과 신 사이의 혼란은 더는 가능하지 않다("가이사의 것은 가이사에게 돌려주라"는 구절이 이를 함축한다). 그러나 이러한 교훈조차도 세 세기에 걸친 기독교 박해 이후에 해당 정권이 태도를 바꾸어 기독교를 대변하면서부터는 더는 유지될 수 없었다. 물론 '기독교적'이라고 불리는 이 새로운 법은 기독교인이 비밀리에 신앙을 갖기 시작한 과거 초대 교회에서, 그리고 나중에는 황제 자신이 기독교의 군사적 후견인이 된 이후에 고안되기 시작한 것이었다. 특히 사법의 영역에서 그러했다. 그런데 기독교의 영향력을 어디까지로 한정할 것인가? 그것의 윤곽을 명확히 하고, 그 토대 위에서 언술해야 할 것이다. 그러나 그 작업은 장기적이며 유동적이기에 결코 합의에 이르지 못할 것이다. 실제로 이곳 저곳에서 기독교는 이전 시대의 다양한 법과 관습을 수용하고 있기 때문이다. 그런데도 기독교의 법은 점차 신성의 위엄을 갖추기 시작한다. 예를 들어 가톨릭 정경(droits canons)-동방교회와 서방교회에 각각 하나씩 존재한다-이 그러한 사례인데, 정교회나 개신교 교회의 서로 다른 교회법이 이러한 느린 진화의 결과물이라 할 수 있다.

권력 조직의 측면에서도 '정치와 종교'의 관계는 신성화를 향해 심지어 요동치듯 돌진한다. 오늘날의 용어로는 비밀 당파처럼 형성되었던 교회는 '권력의 수임' 이후로는 현상 그대로 존속한다. 점차 민주화되기는 했지만, 교회는 신실한 신도들 사이에서 필연적으로 그러한 민주성을 상실한다. 교회는 권력에 다가서고, 필요하다면 권력을 차지하기 위해 앞서 '포섭했던' 신자에게서 멀어진다. 한편 권력은 교회의 지배에서 벗어나려 하며, 왕위 계승을 둘러싼 자체의 순수한 규율을 갖추려 한다. 서구의 야만적인 로마제국에서는 중세 체제가, 동방의 비잔틴지역에서는 제국 체제가 새로운 체제로 제도화되며, 교회는 이들 권력의 논리에 점차 종속된다. 융합이 심화할수록 군주나 왕도 칼리프와 마찬가지로 상당한 수준의 성스러운 인물로 올라선다.

그런 의미에서 기독교 세계 역시 신정정치의 '유연한' 모델과 흡사하다. 이 세계는 신앙인뿐만 아니라 자신을 기독교인이자 교회의 일꾼으로 자처한 세속의 권력자에 의해 공동으로 관리된다. 이슬람 세계 역시 마찬가지였다. 그러므로 부르주아 혁명이 기독교 세계 내부에서 사회질서의 영원성-불변의 기독교 원칙에 근거를 둔 것이라고 주장되었거나 그런 척을 했던-이라는 관념을 문제 삼았을 때, 혹은 그러한 혁명이 근대성을 열어젖히고 새로운 민주주의(추진과정에서 어느 정도 제한적이었던)를 창조해내었을 때, 혹은 계몽주의자가 인간(이 당시 여성은 인간이 아니었다!)이 자신의 역사를 개척하고 자신의 법을 선택(그리고 해체)해야 한다고 선언했을 때, 구질서의 수호자는 기독교의 이름으로 인간의 자유와 해방에 대한 들끓는 야망을 비난했다. 그러므로 우리는 어떻게 조셉 드 메스트르(Joseph de Maistre, 1753~1821)가 왕정복고기의 반동적 프랑스에서 민주주의가 부조리하며, 또한 위험하고 범죄적인 꿈이라고 선언할 수 있었는지를 이해할 수 있다. 왜냐하면 신만이 유일한 입법자이고, 신만이 실천해야만 하는 법을 제정할 수 있으며, 더 나은 법을 제정하려는 상상력을 발휘하지 않는 행위자이기 때문이다. 대성직자 호메이니(Ayatollah Khomeyni, 1902~1989)나 엘 아자르(El Azhar)-970년 파티마왕조(Fatimides, 10~12세기)에 의해 카이로에 설립된 이슬람 최고권위의 모스크(역주)-의 최고지도자인 세이크(Cheikh) 등이 쓸 수 있었던 글도 바로 이것이었다!

그러므로 19세기 초반, 즉 드 메스트르가 저술 활동을 하던 시기에는 어느 누구도 신이 기독교 세계를 위해 공포한 '법'이 무엇인지를 알지 못했다는 사실은 중요한 문제가 아니다. 모세의 십계명이 그것인가? 아니면 소위 기독교적이라 일컬어지는 유럽 사회의 골격을 구성하는 로마, 게르만, 슬라브-거의 기독교적이라 할 수 없는- 등의 온갖 전통이 그것인가?

드 메스트르가 글을 쓸 때는 이미 늦은 상태였다. 이 당시 유럽 사회는 기독교 원리에 근거하지 않고서도 자신의 율법을 만들어 사용하고 있었다. 사실상 기독교의 원리는 완고함도 없었고 큰 신뢰도 주지 못한 채 이곳저곳에서 언급되고 있었을 뿐이다. 이제 유럽 사회는 새로운 요구, 즉 그렇게 행동하도록 명하는 객관적인 필요성을 고민하기 시작했다. 유럽 사회에서 신정정치의 위험성은 결정적으로 이렇게 사라졌다.

4. 구시대적 논쟁(이성과 신앙의 일치)에서 근대적 논쟁(사회권력의 세속화)으로

신만이 유일한 입법자라는 선언은 이론적으로 뛰어나 보이지만, 실제로는 매우 허약하다. 무슬림과 기독교인은 각자의 영역에서 그것을 경험하고 있다.

고도로 문명화된 중세 무슬림 사회와 유럽 사회는 중요하면서도 동일한 한 가지 문제에 직면했다. 어떻게 이성–잡다한 일상생활의 문제를 해결하기 위해서뿐만 아니라 새로운 요구에 부응하는 법과 규칙을 만들기 위해서도 요구되는–과 신앙–더욱 정확히 말하자면 정당한 권력의 토대라고 할 수 있는 그들의 종교–을 일치시킬 것인가?

무슬림, 기독교인, 유대인 디아스포라는 이 문제를 같은 방법과 방식으로, 요컨대 아리스토텔레스학파의 스콜라철학을 통해 해결–그러나 그 철학은 유대교·기독교·이슬람교적인 것이 아니라 오히려 그리스적인 것이다!–했으며, 공히 눈부신 결과를 거두었다. 무슬림이었던 이븐 루시드(Ibn Rochd, 1126~1198), 기독교인이었던 토마스 아퀴나스(Thomas d'Aquin, 1224~1274), 이슬람권 유대인이었던 모세 마이모니데스(Moïse Maïmonide, 1138~1204)와 같은 인물은 매우 전위적이고 출중하다. 그들은 교리를 상대화할 수 있었고, 경전을 정도껏 해석할 줄 알았고, 자신의 부족함을 인식했으며, 경전 강독을 통해 교육적인 함의를 제시할 수 있었다. 권력을 지지하는 보수적인 해석을 제공했던 가장 대범한 행적(특히 이븐 루시드의 경우)은 쉽사리 이단으로 선언되었다. 그러나 무슨 상관이랴. 역동적인 유럽 사회는 이들 전위적인 인물이 제시한 교훈을 삶의 일부로 받아들였지만, 무슬림 세계는 오늘날까지도 이를 거부한 채 깊은 쇠락에 빠져들었다. 이슬람 보수주의의 대변인이자 이븐 루시드의 대적자였던 알 가잘리(Mohammed Al-Ghazali, 1058~1111)는 오늘날 이란의 '혁명적' 대성직자들(Ayatollahs) 사이에서 뿐만 아니라 엘 아자르(El Azhar)나 사우디아라비아에서조차 가장 대표적인 '표본'으로 남아있다.

르네상스와 함께, 특히 계몽주의와 함께 서유럽의 기독교 세계는 구시대적 논쟁에서 벗어나 새로운 논쟁을 전개하기 시작했다.

이성과 신앙을 일치시키는 문제가 아니었다. 이제는 이성과 해방을 일치시키는 것이 문제였다. 이성은 독립을 쟁취했지만, 신앙의 영역이 존재할 수 있다는 사실을 부인하지 않았다. 이성은 더는 신앙에 관심을 두지 않았다. 이때부터 이성은 새로운 요구를 정당화해야만 했는데, 사적 자유와 사회적 해방 그것이다. 이것은 새로운 법을 제정하여 자신의 미래를 개척할 위험을 무릅쓰는 것을 의미한다. 확실히 근대성은 과거와의 이러한 질적인 단절을 통해 등장했다.

이러한 새로운 세계관은 라이시테를 지칭한다. 다시 말해 이것은 법률과 관련된 논쟁에서 종교를 여타의 메타 사회적(méta-sociale) 원동력으로 원용하지 않는다는 것이다. 물론 여러 부르주아 사회는 다른 분야와 마찬가지로 종교 분야에서도 자신이 처한 환경에 따라 다소간 더 나아갈 수 있다. 부르주아 혁명이 급진적일수록 라이시테에 대한 확신도 더욱 강해질 것이고, 부르주아 계급이 구체제와 타협할수록 라이시테에 대한 요구는 약해질 것이기 때문이다.

근대 기독교는 이처럼 의미심장한 사회변화에 적응하기 시작했다. 요컨대 기독교는 자신을 완벽하게 재해석하여 기독교 율법을 앞세우려는 야망을 포기하기 시작했으며, 자유를 바탕으로 혹은 적과의 경쟁 속에서 신도의 영혼을 고취하기 시작했다. 그것은 유익한 연습이었다. 그 과정을 통해 근대 기독교인은 조상이 신에게 의탁한 교회법의 얄팍함을 발견하기 시작했다.

5. 교리 없는 종교로서의 근대 기독교

이성과 신앙을 일치시켜 얻어낸 진보가 무엇이었든지 간에 그것의 한계를 인정할 필요가 있다. 무슬림과 유대인은 그러한 진보를 과거의 문제의식에 가둬버렸으며, 기원의 정통성 문제로 회귀하면서 종국에는 그것을 해체해버렸다. 이에 비해 서구 기독교 사회는 그러한 진보를 바탕으로 역사적 초월—그것을 필연적으로 인식한 것은 아니었지만—을 준비했다.

한편에서는 실패하고, 다른 편에서는 성공하여 근대성을 창조한 것을 어떻게 설명할 수 있을까? 유물론의 전통은 역사 과정상 사회발전에 우선권을 두고, 따라서 종교—사회발전의 이데올로기적 심급으로서의—는 현실 사회의 변화에 맞춰 자신을 재해석해야 한다고 가정한다. 이러한 가설은 확실히 반대의 가설보다는 비옥하다. 후자에 의하면 종교는 결정적인 교리의 전체, 즉 초역사적인 불변항이 되기 때문이다. 이러한 두 번째 가설—실제로는 훈풍을 타고 있는—은 인류 역사의 일반적인 변화과정에 대한 어떠한 숙고도 금지하며 '환원 불가능한 문화적 차이'라는 확신 속에 자신을 유폐한다.

유물론은 어떠한 종교사상이 다른 곳이 아닌 이곳에서 발전할 수 있었는지에 대한 숙고를 배제하지 않는다. 종교적인 심급—마치 사회현실(이데올로기, 정치, 경제)에 대한 각각의 구성적 심급과 마찬가지로—도 자신만의 고유 논리를 지니고 있기 때문이다. 각 심급의 논리는 사회변화에 따라 진화를 성취할 수도 있고, 혹은 사회변화와 갈등하면서 그 변화를 차단할 수도 있다. 그렇다면 이 경우 어떤 심급이 지배할 것인가? 그것을 예측할 수는 없다. 해당 사회의 자유는 이러한 과소결정(sous-détermination)의 제한을 받을 것인데, 그 사회의 선택(어떤 특별한 심급의 논리를 다른 심급의 그것에 종속시키는)이 실제 역사를 만들 것이기 때문이다.

아마도 우리는 이러한 숙고—과소결정 가설—를 통해 여기서 제기된 질문에 응답할 수 있을 것이다.

유대교와 이슬람교는 그들 사회(유대인과 무슬림의)의 진정한 왕은 신이라는 확신 속에서 역사가 시작되었다. 오늘날 무슬림 근본주의자가 재도입한 '하키미야(hakimiya)'의 원칙—알라(Allah)만이 유일한 입법자라는 원칙(역주)—은 이러한 사실을 가장 강력하게 재확인하며, 거기서 가능한 모든 결론을 도출한다. 게다가 유대교와 이슬람교는 자신들의 기원적 경전(토라와 코란)에 가장 강력한 의미를 부여한다. 이들에게 이들 경전의 어떠한 단어도 잉여적이지 않다. 그러한 경전을 번역–히브리어와 아랍어로–하는 모든 과정에 있어서 두 종교의 종교인은 항상 극도의 신중함을 유지해왔다. 그런 의미에서 유대인과 무슬림은 주해(exégèse)의 민중이다. 유대인의 탈무드(Talmud), 혹은 무슬림의 피크흐(Fiqh)에 대한 주해는 기독교인의 복음서(Evangiles)에 대한 강독과 비교가 되지 않을 정도이다.

유대교와 이슬람교에 내재한 이러한 이중의 원칙은 확실히 유대 사회와 무슬림 사회의 많은 부분을 가시적으로 설명한다. 그들의 경전은 법전처럼 읽힐 수 있고, 심지어 헌법 그 자체(사우디아라비아는 코란을 국가의 정치적 헌법으로 선언한다)로 읽힐 수 있기 때문이다. 요컨대 이 경전은 일상생활(민법, 형법, 시민법, 전례)의 모든 세부 사항을 규율하며, 여러 곳에서 기술하고 있듯이 신도가 '신의 의지에 복종하기 위하여 자신의 의사를 온전히 포기'하도록 하며, 일상생활의 모든 세부 사항을 마치 수도원에서처럼 해결하도록 이끈다.

무슬림이었던 루시드는 물론이거니와 동시대 유대인이었던 마이모니데스(M. Maimonide, 1138~1204)에게서도 이성과 신앙의 일치는 이러한 이중적 원칙으로부터 제한을 받았다. 게다가 두 인물을 추종한 전통주의자들은 아부 알 아샤리(Abou Al–Ashari, 873~936)와 알 가잘리(M. Al–Ghazali)의 칼람(Kalam)–이슬람 교리학(역주)–을 회복시켰으며, 유다 하레비(Judah Halevy, 1075~1141)가 신장시킨 탈무드의 철학적 주해를 넘어섰다. 따라서 루시드와 마이모니데스에게서 확실성은 이성이 아니라 계시에 있었다고 선언되어야 할 것이다. 이제 철학은 무슬림과 유대인에게 생소한 것이 되어버렸다. 무슬림 사회의 침체와 쇠퇴를 수반한 종교개혁의 이러한 실패는 부득이 종교에 대한 해석을 공식적·율법적·의례적으로 만들었다. 두 인물의 빈약함은 신비주의 종파의 발전으로 이어졌다. 이슬람교의 수피파와 유대교의 카발라(kabbale) 사상이 그 실례들인데, 이들은 인도의 신비주의적 종교를 포괄적으로 수용한 종파들이다.

만일 기독교가 더욱 유연했던 것으로 밝혀진다면, 그래서 만일 이성과 신앙을 일치시키는 속박에서 벗어날 수 있었다면, 그것은 아마도 앞서 상기된 이유—적어도 부분적으로는— 때문일 것이다. 실제로 기독교는 이 땅에 신의 왕국을 건설하려 하지 않았고, 복음서는 적극적으로 법률 체제를 자처하지 않았다. 그러므로 가톨릭 교회가 강력하게 성장했을지라도, 게다가 자신의 종교에 대한 해석을 강제할 수 있는 공권력 기관을 갖추었을지라도, 그들이 신앙에서 이성을 분리하려는 새로운 문제의식을 제거하지 못했다는 역설을 이해할 수 있다. 그리하여 기독교는 이성을 새로운 해방의 관념으로 받아들였지만, 그러한 권력기관을 갖추지 못했던 예언자 이후의 이슬람교나, 혹은 예루살렘 성전이 파괴—로마제국에 의한 두 번째 성전 파괴(역주)—되고 산헤드린(Sanhédrin) 공회—입법과 사법을 총괄하는 유대교의 최고권력기구(역주)—가 폐지된 이후의 유대교는 기원의 정통성으로 회귀하려는 움직임을 막아낼 수 없었다. 유럽으로 흩어진 유대인 디아스포라는 사회적 변화뿐 아니라 사회와 종교의 관계에 대한 이러한 급격한 관념의 변화로 인해 영향을 받지 않을 수 없었다.

18세기에 활동했던 멘델손(Moïse Mendelsohn, 1729~1786)은 기독교 사회가 구현했던 혁명과 유사한 혁명을 유대교 안에서 재현하려고 노력했다. 그는 토라를 의무규정이 아니라 누구나 자기 의사에 따라 해석할 수 있는 영감의 원천으로 자유롭게 해석했으며, 이러한 방식으로 유대교 사회를 세속화하려고 했다. 유럽의 역사는 유대인의 이러한 변화를 받아들였다. 그리하여 이들 '유대민족'은 프랑스혁명을 통해 사망한 것으로 선언되었다. 물론 때에 따라 프랑스혁명은 이스라엘인이라는 고해성사를 인정하긴 했지만, 실제로는 시민만을 인정했다. 이때부터 유대교적 특성이 사라질 위험성은 점차 커졌는데, 그런데도 기독교로 개종한 이들을 포함하여 중·서유럽에 정착한 부르주아 유대인은 온갖 부류의 유대인과 마찬가지로 이러한 변화에 무관심했다.

반유대주의–여러 가지 종교적·정치적 이유에서 비롯된–는 특히 동유럽에 팽배했는데, 이것은 초대 기독교 민중 사이에서 그러했던 것처럼 유대교 내부에서조차 종교개혁이 진행되는 것을 방해했다. 따라서 유대인 격리지구(Ghetto) 안에서는 반개혁이 싹트기 시작했는데, 그것은 유대인에 대한 모욕을 신의 사랑으로 간주하면서 자신의 열악한 지위를 보상받고자 하는 일종의 경건주의(hassidisme)의 형태를 띠었다.

오늘날의 미디어가 기술하고 있는 바와 같이 근대 문화는 더는 '기독교적'이지도 '유대·기독교적'이지도 않았다. 사실 '유대·기독교적'이라는 표현은 엄밀히 말해 어떠한 의미도 드러내지 않는다. 그런데도 이러한 표현을 널리 사용하는 이유는 무엇인가? 필자의 의견은 매우 단순하다. 기독교 유럽은 심오할 정도로 반유대적(사실 반유대주의는 종교가 '인종'이라는 사이비 범주로 대치되었던 19세기에 언급되기 시작했다)이었고, 따라서 그들의 논의는 '유대·기독교'에 대한 숙고를 거부했기 때문이다. 훗날 반유대주의가 나치즘의 횡포로 치달은 이후에야 유럽은 자신의 범죄를 인지했고, 반유대주의를 뿌리 뽑고자 하는 호의 내지는 선의에서 '유대·기독교'라는 표현을 쓰기 시작했다. 유럽의 진보에 일조한 수많은 '유대인' 사상가의 결정적인 기여를 명시적으로 언급하는 것이 더 설득력이 있을지도 모르겠다. 하지만 '유대인' 사상가라는 어절에는 강조부호가 필요한데, 왜냐하면 근대 문화는 기독교적이거나 유대·기독교적이지도 않고 그냥 단순히 부르주아적이기 때문이다.

따라서 논의의 쟁점은 구시대적 논쟁–이성과 신앙(종교)의 일치–에서 종교를 외면하는 방향으로 이동했다. 근대 사상가는 근본적으로 기독교인도 아니며, 유대인도 아니다. 따라서 부르주아 문명은 기독교나 유대·기독교의 창조물이 아니다. 그것은 오히려 부르주아 문명이 수용한 서유럽 유대인의 기독교와 유대교이다. 이슬람교에서도 그러한 변화를 기대해볼 수 있다. 그것은 무슬림 민중이 세계를 만들어가는 과정에 참여하기 위한 조건이자, 그 과정으로부터 그들 자신이 배제되지 않기 위한 조건이기도 하다.

6. 종교개혁, 혹은 기독교의 근대성 수용이라는 모호한 언술

종교개혁은 종교적 교리의 측면에서나 사회변화의 측면에서도 극도로 복잡한 운동이다. 게다가 그것은 자본주의가 기원한 가장 선진적인 핵심지역(미국, 영국)에서뿐만 아니라 후발지역(독일, 스칸디나비아) 등을 포함하는 매우 다양한 유럽의 영토에서 전개된다. 이러한 조건에서

'개신교'를 단수로 말하는 것은 위험하다.

교리의 차원에서 모든 위대한 개혁가는 '기원으로의 회귀(retour aux sources)'를 요청했고, 그 과정에서 특히 가톨릭교와 정교회가 소외시켰던 구약성서를 복권했다. 필자는 앞서 기독교가 유대교와의 연속성에서가 아니라 그것과의 단절을 통해 구성되었다는 의견을 개진했다. 오늘날 대중화된 '유대·기독교'라는 표현은 일부 개신교 담론이 전파(특히 미국에서)되는 과정에서 확산한 것이며, 두 유일신교 사이의 관계가 전도되었음을 함축한다. 가톨릭교는 나중에서야 별다른 확신 없이 그 과정에 가담(정교회는 아직도 주저하고 있지만)했지만 그것은 정치적 기회주의나 다름없었다.

'기원으로의 회귀'에 대한 요청은 종교에 호소하는 운동에서 우리가 항시 발견할 수 있는 방법론이다. 그러나 그것은 그 자체로는 거의 무의미한 방법론이다. 기원에 대한 해석이 항상 결정적으로 문제가 되기 때문이다. 종교개혁의 과정에서 표출된 종교적 이데올로기의 내용이나 가치체계는 초기 자본주의라는 과제에 맞서는 온갖 원초적인 형태의 대응 방식을 보여준다. 이들 가운데 르네상스는 어떤 점에서 상당히 앞서 나갔다(마키아벨리는 가장 확실한 증인 가운데 한 명이다). 그런데 르네상스는 가톨릭 권역(특히 이탈리아)에서 전개되었으며, 이탈리아의 일부 도시는 가장 부유한 동업조합으로 운영되는 고도의 상업사회(베니스는 상업사회의 원형이었다)였기에 초기 자본주의의 형태를 보여주었다. 이러한 형태는 '개신교와 자본주의'의 관계보다 더욱 명백한 것이었다. 후일 가톨릭 국가(프랑스) 내부에서 전개된 계몽주의는 다른 개신교 국가(영국, 네덜란드, 독일)와 마찬가지로 종교개혁의 전통보다는 오히려 르네상스의 세속적인 전통에 맞닿아 있다. 결국 프랑스혁명은 급진적인 방식으로 자신의 모든 영향력을 라이시테에 집중했고, 종교적 재해석의 영역에서 벗어나 조심스럽게 자신의 창조물이나 다름없는 근대정치의 영역으로 옮겨갔다.

따라서 종교개혁은 역사적 환경에 따라 군주, 구체제, 신흥 대부르주아 사이의 타협을 위해 국가교회의 설립을 강화할 수도 있지만, 종말론을 강조하는 종파 속으로 피지배계급을 유폐할 수도 있다.

근대적 과제에 맞서 가톨릭교는 오랜 기간 더욱 견고해진 자신의 위계 조직을 바탕으로 교리를 재해석하기 시작했는데, 특별히 눈에 띄는 결과를 끌어내지는 못했다. 이러한 상황에서 종교를 재해석하여 얻어낸 새로운 진보–필자는 오늘날 해방신학이 웅변하는 진보를 말하고자 한다–가 개신교보다는 가톨릭교에게 더욱 풍성했다는 사실은 놀라운 것이 아니다. 결국 베버의 가설은 대단한 게 아니었다.

종교개혁을 이끌어낸 종교적 재해석이 퇴보를 야기한 적절한 사례도 있다. 17세기 영국을 떠나야 했던 개신교 종파들은 기독교에 대한 매우 독특한 해석을 발전시켰다. 그것은 가톨릭교나 정교회가 공유하지 않았을 뿐만 아니라, 영국의 지배계급인 성공회인을 포함하여 유럽의 대다수 개신교인이 공유하지 않았던 것–물론 극단적인 정도는 아니었지만–이었다.

이 특별한 형태의 개신교는 뉴잉글랜드 지방에서 시작되었고, 오늘날 미국이데올로기의 형태로 강건하게 존재한다. 실제로 이 개신교는 새로 출범한 미국 사회가 대륙을 정복하도록 이끌었을 뿐만 아니라, 그러한 정복을 성경적 개념(북아메리카 담론에서 신물 날 정도로 반복되는 주제라고 할 수 있는 약속의 땅에 대한 이스라엘 백성의 폭력적 정복)을 바탕으로 적법하게 만들었기 때문이다. 이제 미국은 계속해서 '신'이 자신에게 명한 과업을 온 지구상으로 확장해 실천할 것이다. 미국인은 '선택받은 백성'-나치식의 병렬적인 용어로는 '지배민족(Herrenvolk)'이나 다름없는-처럼 처신할 것이기 때문이다. 오늘날 우리가 처한 상황이 바로 이것이다. 미국의 제국주의('제국'이 아니라)가 자신의 선조(신의 과업을 부여받았다고 선언하지 않았던)가 그러했던 것보다 더 야만적인 이유도 바로 이것이다.

어떤 경우라 할지라도 필자는 종교적 해석이 지배권력의 실제 기능이나 조직을 결정하는 독립적인 기능이 있다고 생각하지 않는다. 그것이 가톨릭교·개신교 사회에 관련된 경우나 혹은 다른 어떤 종파에 관련된 경우에도 마찬가지이다.

과거는 '유전으로 계승'되는 어쩔 수 없는 것이 아니다. 역사는 민중과 종교적 해석을 변화시킨다. 그러한 해석이 '과거의' 경직된 해석과 십중팔구 부딪힐 때도, 심지어 그러한 해석 자체가 다른 사회의 현실을 변화시키기 위해 재검토의 대상이 될 때도 마찬가지이다.

오늘날 유럽 사회와 미국 사회가 다양한 정치문화를 발전시킨 이유는 그들이 가톨릭교이든 개신교이든 간에 그들의 역사적 여정이 서로 달랐기 때문이다.

정치문화는 장기지속의 관점에서 고찰된 역사적 산물이다. 그것은 언제나 해당 국가에 고유하다. 그런 차원에서 미국의 정치문화는 유럽 대륙의 역사를 특징짓는 정치문화와 뚜렷이 구분되는 특수성을 드러낸다. 급진적인 개신교 종파에 의한 뉴잉글랜드의 건설, 인디언에 대한 집단학살(génocide), 흑인의 노예화, 게다가 19세기의 지속적인 이주 물결과 연관된 '공동체주의(communautarismes)'의 확산 등이 미국의 정치문화에 해당한다.

1789년 혁명가의 다수가 높이 평가했던 '미국혁명'은 오늘날 유례를 찾아보기 힘들 정도로 예찬 되고 있다. 그런데 사실 이 혁명은 사회적 파급력이 제한된 독립전쟁에 불과했다. 영국의 군주제에 대항한 미국의 식민주의자는 경제적이고 사회적인 관계의 어떠한 것도 변화시키길 원하지 않았고, 단지 모국의 지배계급과 더는 이익을 나누지 않으려고 했을 뿐이다. 그들은 유럽인이 식민지 개척 시대에 했던 것과 다른 것을 한 것이 아니라, 더 많은 결정권과 더 많은 이익을 차지할 목적으로 권력을 추구했다. 그들의 목표는 무엇보다 서쪽으로의 영토적 팽창이었는데, 그것은 특히 인디언에 대한 집단학살을 의미했다. 노예제도를 유지하는 것은 아무 문제도 아니었다. 미국혁명을 이끈 주요 인사의 대부분은 노예 소유주였고, 노예제와 관련된 그들의 편견은 강건했기 때문이다.

지속된 이주의 물결도 미국이데올로기를 강화하는 역할을 했다. 이주민은 이주의 원인이 된 고난이나 억압과 관련하여 아무런 책임도 없다. 오히려 희생자이기 때문이다. 그런데도 이주라는 상황은 그들을 출신 국가의 계급적 조건이나 집단적 조건을 변화시키기 위해 단체로 투쟁하게 만들기보다는, 정착할 국가에서 개인적으로 성공하려는 욕구에 집착하도록 이끈다. 이러한 성공의 욕구는 그것에 완벽하게 부응하는 미국 체제를 통해 장려된다. 계급의식의 성장은 지연되고, 그 의식이 어느 정도 성숙해지려 하면 새로운 이주의 물결이 이를 뒤덮어 정치조직의 결성을 무산시킨다. 그런데도 이주는 미국 사회의 '공동체화(communautarisation)'를 자극한다. '개인적 성공'은 사실상 원공동체(아일랜드인, 이태리인 등과 같은)로의 강력한 편입을 배제하지 않기 때문이다. 이러한 공동체가 없다면 개인은 고립되어 감당하기 힘든 위험에 봉착할 것이다. 그런데 이러한 측면의 정체성 강화-미국 체제가 찾아내서 미화하는-는 계급의식과 시민의식의 형성을 희생시킨다. 파리에서는 민중(여기서 필자는 1871년 파리코뮌을 근거로 제시한다)이 '권력'을 공격할 준비를 했던 반면에, 미국에서는 가난한 이민자(아일랜드인, 이태리인 등과 같은)의 후예로 결성된 갱단이 서로를 죽였고, 지배계급은 이들을 철저하게 천대했다.

개신교 유럽-영국, 독일, 네덜란드, 스칸디나비아 국가 등-은 처음에는 '성경으로의 회귀(retour à la Bible)'를 주장한 미국이데올로기와 몇 가지 유사한 이데올로기를 공유했다. 물론 이 이데올로기는 확실히 유약한 형태였고, 뉴잉글랜드에 정착한 급진적 종파와는 비교가 되지 않았다. 그런데도 유럽의 노동계급은 확고한 계급의식을 쟁취했지만, 미국에서는 연속된 이주의 물결이 그러한 의식을 흐리게 만들었다. 노동자 정당의 출현에도 차이가 존재한다. 유럽에서 노동자 정당은 자신에게 낯설 뿐만 아니라 때론 갈등적이기도 한 자유주의 이데올로기와 가치체계(특히 평등)의 조합을 추구했다. 물론 이러한 조합은 나라마다 다르고 시대에 따라 다른 고유의 역사를 지닌다. 그런데도 이 조합은 경제영역의 지배에 맞서 정치영역의 자율성을 유지하는 데 크게 기여했다.

이에 반해 미국에서는 노동자 정당도 없고, 결성된 적도 없다. 노동계급의 사회주의 이데올로기가 부재할 때, 공동체 이데올로기는 그것의 대안이 될 수 없었다. 이들 공동체 이데올로기 가운데 가장 급진적인 것은 흑인공동체 이데올로기이다. 정의상 공동체주의는 평범한 인종주의의 범주–나름의 투쟁영역을 갖춘–에 포함된다. 결국 미국 사회의 고유한 역사적 조합–'성경'에 근거를 둔 종교이데올로기의 지배와 노동자 정당의 부재–은 지금까지도 유례가 없는 하나의 상황을 연출했는데, 그것은 사실상 단일 정당, 즉 자본주의 정당을 출현시켰다는 사실이다.

오늘날 미국의 민주주의는 필자가 '낮은 강도의 민주주의(démocratie de basse intensité)'라 부르는 모델에서 출현했다. 그 모델의 기능은 선거 민주주의를 실천하는 정치적 삶과 자본축적의 법칙을 실현하는 경제생활을 전체적으로 분리하는 데 토대를 둔다. 더욱 심각한 것은 이러한 분리가 급진적인 문제 제기의 대상이 아니라, 오히려 일반화된 합의의 대상이라는 점이다. 이것은 정치적 민주주의가 지닌 모든 창조적 잠재력을 무력화시키는 것이다. 그러한 분리는 대의기구(의회를 비롯하여)가 '시장'의 규칙을 용인하게끔 함으로써 그러한 기구를 무참히 제거하는 것이나 다름없다.

이로 인해 미국이라는 국가는 경제–이것은 결국 자본이라고 할 수 있는데, 미국은 다른 사회의 이익을 고려하지 않을 정도로 이러한 자본의 매우 충직한 하인이다–에 절대적으로 이바지하며, 또한 그렇게 되지 않을 수 없다. 실제로 미국 사회의 역사는 정치적 계급의식, 다시 말해 진정한 시민의식의 성숙을 차단–대중계급 내부에서조차–하면서 성장했다.

이와 달리 유럽의 국가는 사회적 이해관계가 충돌(또다시 그렇게 될 수도 있는)하는 관문이었다. 따라서 이들 국가는 민주주의의 실현에 실제적인 의미와 영향력을 부여하는 역사적 타협을 호의적으로 끌어냈다. 만일 국가적 계급투쟁과 정치투쟁이 이러한 기능을 수행하지 못했다면, 따라서 자본축적이라는 절대적 논리에 대응하여 국가의 자율성이 수호되지 못했다면, 그때 민주주의는 마치 미국에서처럼 하찮은 행위가 될 것이다.

미국이데올로기 역시 다른 이데올로기와 마찬가지로 '감가상각(usure du temps)'을 경험한다. '고요한' 역사적 시기–사회적 파급효과가 만족스러운 고도의 경제 성장기–에는 지배계급이 민중에게 행사하는 압력은 약화한다. 그러므로 지배계급은 때때로 순간적인 필요에 따라 이러한 미국이데올로기를 다음과 같은 방식으로 '재생'한다. 그 방식은 바로 적(정의상 선한 것으로 선언된 미국 사회 밖에 항시 존재하는)을 지정하는 것(악의 제국, 악의 축이라는 수사로)이다. 이것은 적을 무력화시키기 위한 모든 수단을 '총체적으로 동원'할 것을 요청한다. 어제의 적은 공산주의였는데, 그것이 매카시즘(Mac Carthysme)–오늘날의 '친미주의자들' 덕분에 한동안 잊고 있었던–을 가로질러 냉전을 가져왔고 유럽을 주변화했다. 오늘날의 적은 테러리즘이다. 그것은 지배계급의 진정한 계획, 즉 전 세계에 대한 군사적 통제를 보장하는 명백한 구실–2001년 9·11 사건은 1933년 독일 제국의회의사당(Reichstag) 방화사건과 매우 닮아있다–이 된다.

그러나 실수하지 말자. 테러리즘 그 자체가 종교적인 성격의 본질주의 이데올로기가 아니기 때문이다. 달리 말해 그것이 진정한 권력자들–자본과 그것의 국가적 하수인–에게 자신의 논리를 강요하거나 그들을 조종하는 것이 아니라는 것이다. 적절하다고 판단되는 모든 결정을 홀로 내리는 것은 자본이며, 그 과정에서 미국이데올로기가 자신의 임무를 수행하게끔 만드는 것도 바로 자본이다. 따라서 지금까지 동원된 방식—비할 데가 없을 정도로 체계적으로 조작된—은 비판의식을 잠재우고 그것을 영원히 가증스러운 협박에 굴복시키는 데 효과적이다. 이제 권력은 자신의 어리석은 영향력 아래에 놓인 '여론'을 별다른 어려움 없이 조작할 수 있다.

제3장

오늘날의 정치적 이슬람: 사회기획을 망각한 신정정치

1. 이슬람과 신정정치

근대성은 인간이 개인적으로나 집단적으로 자신의 역사를 개척한다는 원칙과, 이를 위해 전통에 굴하지 않고 혁신할 권리가 있다는 원칙에 토대를 둔다. 이 원칙을 선언하는 것은 중세 기독교 유럽 사회를 포함하여 모든 전근대 사회를 지배했던 근본적인 원칙과 단절하는 것이다. 근대성은 이러한 선언과 함께 태어났다. 유럽은 논란의 여지 없이 비약적인 발전을 이루었다. 그러나 무슬림 세계는 그렇지 못한 것 같다. 그 이유는 무엇인가? 무슬림 사회도 그러한 발전을 이룰 수 있을까? 어떠한 조건에서 가능한가?

이슬람교 탄생의 역사는 다른 종교보다 훨씬 더 잘 알려져 있다. 예언자 무함마드(Prophète Mahomet)의 말과 행동은 그의 제자들에 의해 수집되었고, 매우 세세한 부분까지 정확한 하나의 전기—『예언자의 전기(*Al Sira Al Nabawiya*)』—로 만들어졌다. 게다가 그것은 모든 종교적인 경전에서 거의 예외 없이 발견되는 기적 행위에 대한 설화도 포함하고 있다.

다른 종교와 달리 이슬람교는 짧은 역사—20여 년—를 거치면서, 게다가 초라해 보이는 한 지역—아라비아반도의 서쪽에 있는 메카(Mecque)와 메디나(Médine) 사이—에서 형성된다. 그러므로 우리는 이 예언자의 전기를 통해 이 종교를 있는 그대로 정의할 수 있으며, 그러한 종교가 제안하는 인간의 사회조직에 대한 개념을 읽어낼 수 있다.

이슬람교와 관련된 종교적 교리의 본질은 단순하며, 절대적인 수준에서는 유대교와 마찬가지로 사실상 일신론에 대한 확신으로 가득 차 있다. "알라 이외에 다른 신은 없다(Il n'est de Dieu que Dieu)". 이것은 그 당시 고대 동방과 아라비아반도에서 유행한 종교적 다신론(이 용어나 개념은 근대적이다)에 대한 확실한 대응이다. 물론 우리는 그것의 의미와 내용을 토론할 필요가 있다. 세 가지 일신론—유대교, 기독교, 이슬람교—의 교리에서 사탄은 각각 존재하기 때문이다. 이들 가운데 "무함마드(Mahomet)가 신의 예언자"라고 확신하는 이는 확실히 무슬림뿐이다.

일신론을 향한 확신—이러한 확신을 정의할 때 사용되는 '믿음(tawhid)'이라는 아랍어는 모든 시대의 이슬람교에 근본적이다—은 유일신의 중재에 대한 신앙, 즉 유일신이 세상을 창조하고 인간을 창조했다는 신앙을 통해 보강된다. 이러한 신앙은 코란에 의해 '수정'되었을지라도 유대인의 성경(Bible)이 기록한 신앙과 다른 것이 아니다.

더욱 중요한 것은 이슬람교가 예언자들에게 부여한 지위이다. 본질상 이 지위는 유대교가 예언자들에게 제공했던 그것과 다르지 않다. 장기간에 걸쳐 유일신은 예언자들을 통해 인간의 역사에 개입했고, 이것이 민중(여기서는 유대 민중)에게 일신교의 절대성을 상기시켰기 때문이다. 그러나 이들 민중의 배신이 문제를 야기했다. 비록 유대교는 인정치 않겠지만 무함마드의 예언은 완벽하게 이러한 전통 내에서 이루어진다. 사실상 유대교는 예수를 위선자로 취급하는 데 반해, 이슬람교는 그에게 예언자의 자격을 부여한다. 무함마드가 자신을 후계자 없는 마지막 예언자로 선언한 것은 의미가 특별하다.

이슬람교의 신학적 측면은, 비록 짧은 역사에도 불구하고, 일신론에 대한 절대적인 확신으로 요약된다. 그런 의미에서 이슬람교는 마치 '아랍의 유대교'처럼 읽힐 수 있다. 그러나 이슬람교는 한 가지 측면에서 유대교와 본질적으로 단절한다. 무함마드는 이 차이를 이론의 여지 없는 명쾌한 방식으로 설명한다. 즉, 유대교 예언자들은 자기 민중—유대 민중—에게만 말했지만, 이슬람교는 모든 인류에게 호소했다는 점이다. 물론 메디나의 초기 이슬람 시기에 예언자의 제자들—이들 모두는 자신이 소속된 사회에 견고하게 얽혀 있고 주변 세상에 대해서는 거의 무관심했던 아랍인이다—은 당시에는 이슬람교의 이러한 보편주의적인 잠재력을 인지하지 못했을 수도 있다. 그러나 이슬람교는 훗날 기독교 세력권이었던 비잔틴제국 동부의 상당 지역과 사산왕조 시기의 이란을 급속하게 정복하면서 이러한 보편주의적 사명을 강화해 나갔다.

그렇다고 메디나에서 형성된 이슬람교가 종교적인 교리로만 환원되는 것은 아니다. 해당 도시에서 그것은 사회를 조직하거나 적어도 그러한 사회를 조직하는 데 참여했기 때문이다. 그러므로 이슬람교가 메디나에서 한 것과 하지 않는 것을 명시하는 것이 본질적으로 중요하다.

그런데 이 과정에서 분명한 것은 이슬람교가 자신을 수용한 사회를 결코 변화시키지 못했다는 사실이다. 이 당시 이슬람교는 아랍 사회에 고유한 모든 사회적 관계를 보호했으며, 노동조직이나 소유관계의 어떠한 것도 변화시키지 않았다. 부족적·씨족적 관계의 우선권과 관련된 어떠한 것도, 게다가 기성 권력의 정당성과 관련된 어떠한 것도 건드리지 않았다. 죽음을 앞둔 상태에서도 예언자는 자기 신도에게 정권에 복종할 것을 요청할 정도였다.

이것은 "가이사의 것은 가이사에게 돌려주라"는 성경구절에 상응한다. 메디나 시기의 아랍 무슬림 사회는 메카의 '다신적' 아랍 사회와 다른 것이 아니다. 이슬람교는 확실히 하나의 종교혁명처럼 체험될 뿐, 본질상 사회혁명은 아니다. 확실한 것은 그 당시 아라비아반도의 의제가 사회혁명이 아니었다는 사실이다.

결국 신앙 공동체에게 우선권을 주어야 한다는 확신은 부족이나 씨족이 실천해오던 관습을 약화했다. 그러나 이러한 변화는 조건이 무르익고 특히 부족과 씨족이 역사적으로 두드러졌던 곳–정복지–에서만 유효했다는 사실을 알아야 한다.

그런데 우리는 이슬람교가 사회생활의 영역–특히 가족, 성별 관계, 유산, 금지(술, 고리대금), 형법 등–과 관련하여 도입했던 개혁을 이러한 판단과 연결해 평가해야 하는가?

거의 아니다. 이슬람교가 제안한 '모델'은 사회의 어떠한 주요 모순과도 연관되지 않기 때문이다. 이것은 전체적으로 부권적이고 여성 예속적인 전통에 기재될 뿐이다. 필요하다면 이슬람교의 이러저러한 개혁이 그들이 문제 삼지 못했던 가부장적 관행을 '약화하는지 아닌지'에 대해 논쟁을 벌일 수도 있다. 그러나 전반적으로 이슬람교는 이 분야에서 '결정적인 진보'를 만들어내지 못했다. 과거에서 근대에 이르기까지 이슬람교는 여성해방으로 나아가는 지속적인 '진보'의 역사라기보다는 오히려 자본주의적 계급사회가 인류의 역사에 재현한 바와 같은 긴 억압의 역사로 읽힐 수 있다. 그러나 우리는 기독교에 대해서도 똑같이 그렇게 말해야 하며, 아마도 힌두교나 유교 등과 같이 인류의 문화적 진보에 큰 발자취를 남긴 종교에 대해서도 똑같이 그러해야 할 것이다.

결국 이슬람교는 사회를 새롭게 건설하기 위한 '하나의' 모델이 되지 못했다. 당대의 사회조직이라는 현실에 안주(마치 기독교, 힌두교, 유교와 마찬가지로)했기 때문이다. 그러므로 이슬람교는 기독교나 다른 종교와 구분되는 자신만의 '사회기획'을 드러내지 못했다. 따라서 이슬람교의 탄생은 종교개혁은 맞지만 사회개혁은 아니다.

이러한 특징이 추후의 역사를 이해하게 만든다. 메카를 정복한 이후 이슬람교는 아라비아반도의 아랍 사회를 있는 그대로 받아들였다. 해당 사회의 지배계급, 특히 예언자의 대적자였던 정치적 지도층–아부 수피안(Abou Soufian, 565?~653?)이나 우마이야왕조(Omeyyades, 7~8세기)와 같은–에게 이슬람교는 즉각적이고 완벽하게 도움이 되었다. 그러므로 그들이 설립한 칼리파는 그들 자신을 위한 칼리파이며, 사회권력을 향한 그들의 확고한 의지이다. 따라서 권력의 본질은 메디나의 정통 칼리파 시대–아부 바크르(Abou Bakr, 573~634), 오마르(Omar, 584~644), 오스만(Osman, 574~652), 알리(Ali, 601~661)가 지배한–에는 모호했으나, 뒤이어 우마이야왕조가 승리하고, 이들이 시리아, 이집트, 이라크, 이란을 정복한 이후에는 그러한 모호함이 빠르게 사라져버렸다.

그런 이유로 알리 압델 라젝(Ali Abdel Razek, 1888~1966)은 1925년에 파문을 일으킨 책 『이슬람교와 권력의 원천(*L'Islam et les sources du pouvoir*)』에서 칼리파의 해체를 주장하며, 무슬림이 이슬람교를 권력체계가 아닌 종교로 독해할 것을 요청한다. 그의 논증은 메디나 시절의 이슬람교를 특징짓는 "가이사의 것은 가이사에게 돌려주라"는 구절에 근거를 두고 있는데, 이것은 다른 부류의 권력과 혼동된 칼리파를 원래의 모습으로 되돌리자는 주장이다. 이로 인해 알리 압델 라젝은 엘 아자르(El Azhar)에 의해 불경한 인물로 선고되었다.

그러나 이러한 특징-이슬람교는 사회기획이 아니라 종교라는 사실-은 이슬람교가 역사적으로 성공할 수 있는 조건이었다. 왜냐하면, 해당 종교는 자신이 기원한 곳이 아닌 다른 사회에도 적응-혹은 다른 사회와 병존-할 수 있었기 때문이다.

이슬람교는 '무슬림 세계'가 이룩한 사회변화-진보와 퇴보-와 동행한 것이지, 스스로 그러한 변화의 동인을 만들어낸 것이 아니다. 그런 의미에서 이슬람교는 영광의 시기인 초창기 네 세기의 역사는 물론이거니와 그 이후 진행된 쇠퇴의 역사에 대해서도 책임이 없다. 이슬람교는 그러한 역사적 변화와 동행했고, 거기에 적응했을 뿐이다.

그런데 이러한 여정은 기독교 세계의 그것과 다르지 않다. 여기서 기독교가 구현한 것은 이론의 여지 없이 종교혁명일 뿐 사회혁명이 아니다. 우리는 이러한 종교혁명을 유대교와 이슬람교에서 발견할 수 있는 동일한 본질의 일신론적 확신으로 환원할 수도 있고, 혹은 거기서 유대교 신학과 단절(이것은 필자의 관점이다)된 새롭고 상이한 신학의 결정체를 발견할 수도 있다. 종교혁명의 확산은 기독교 세계를 구성하는 서로 다른 세 권역—서로마제국, 동방의 비잔틴제국, 이러한 제국적 경계 너머의 변방 유럽—에서 사회관계의 변형을 수반했다. 그러나 이 혁명이 그러한 변형의 동력은 아니었다. 그러므로 서구에서 기독교는 자신의 초기 암흑기(변방 민족의 침략으로 인한 기독교의 황폐화를 우리가 어떻게 잊을 것인가?)에 대해서도 책임이 없고, 12세기 이후 이탈리아 도시(우리가 이 도시를 먹여 살린 상업적 성과를 잊을 것인가?)에서 시작된 르네상스에 대해서도 책임이 없다.

그렇다고 이러한 진단이 기독교가 처음부터 제국의 권력에 맞서 싸웠던 억압받은 민중이나 피착취자의 투쟁에 참여하지 않았다든지, 혹은 어떤 의미에서도 그러한 저항의 표현이 아니었음을 의미하지는 않는다.

이슬람교나 기독교가 자신을 수용한 사회와 유지했던 관계, 사상의 자유에 대한 이들 종교의 태도, '철학(여기서는 고대 그리스와 헬레니즘으로부터 물려받은)'의 측면에서 상대적으로 이들이 관용을 베풀었던 시기와 폭력적으로 억압했던 시기 등과 관련해서는 모두 길게 검토할 만한 가치가 있다. 조르주 타라비시(Georges Tarabishi, 1939~2016)는 훌륭한 방식으로 이 문제를 다루었고,[2] 종교가 사상을 지나치게 경직시키는 내재적인 경향을 밝혀냈다.

만일 기독교와 이슬람교가 '오로지' 종교혁명에 한정된다면 그러한 성과를 어떻게 설명해야 하는가? 이것은 신의 개념을 '합리화'하는 준엄

2 *Les Chemins de la philosophie dans les pays de la chrétienté et de l'islam*(아랍어 판본), Dar el Saqi, 1998.

한 내적 논리의 결과인가?

이 중대한 질문에 대하여 필자는 다른 지면에서 본질적 가설을 제안했는데, 필자가 보기에 그것은 역사유물론의 논리에 부합하는 논리였다. 거기서 필자는 기원전 500년–차라투스트라(Zoroastre)와 공자(Conjucius)의 시대–에서 서기 600년(이슬람이 탄생한)에 걸쳐 있는 장기의 역사를 독해할 것을 제안했다. 그 시기는 헬레니즘(기원전 300년에 시작된)을 거치면서 기독교가 탄생한 장기의 공납제 혁명의 시기이다. 이 시기 동안 과거 소규모 공동체에 토대를 두었던 친족 중심의 사회조직은 국가권력의 정치적 지배에 근거를 둔 일련의 사회조직으로 결정적으로 변화한다. 이 조직이 필자가 '공납제' 유형으로 평가하는 사회조직이다. 제안된 역사에 대한 이러한 독해는 훗날 유럽중심적 이데올로기의 산물인 고대와 중세 사이의 단절을 상대화한다. 신생 국가권력에의 복종은 국가의 재생산을 위해 필요하며, 해당 사회가 적절한 이데올로기의 형태로 찬동을 표시할 때 그러한 복종은 정당성을 부여받는다. '거대 종교'는 이러한 조건에 완벽하게 부응했다.

아라비아반도에서 이슬람교가 성공할 수 있었던 이유는, 그 종교가 강력하고 위협적인 적과 정복자–비잔틴제국, 사산왕조 시기의 이란(Iran), 혹은 아비시니아왕조(Abyssinie, 13~20세기)로 불린 에티오피아 제국–으로 둘러싸인 반도 내 부족을 통일시켜야 한다는 필요성에 완벽하게 부응했다는 사실로 설명된다. 그 과정에서 토착 신이 유일신으로 대체되었다. 만일 이슬람교가 아라비아반도를 넘어서지 못했다면, 이슬람교는 마치 유대교가 '유대 민중('열두 지파')'이라 표현했던 것과 유사한 '아랍 민중'이라는 제한적인 표현 이외에 다른 표현을 결코 사용하지 못했을 것이다. 이슬람교가 아라비아반도를 벗어날 수 있는 조건이 형성되었고, 보편주의적 사명을 꽃피울 수 있는 수단을 발견했다. 이슬람교의 성공은 바로 이러한 '공납제 혁명'이라는 일반적인 가설을 통해 설명될 수 있다.

공납제 사회조직과 보편종교—사회적 재생산에 필요한 정권을 정당화하는—에 우선권을 주는 정책을 연합한 것이 '신정정치', 다시 말해 '전체주의'와 동의어인가? 필자가 보기에는 전혀 아니다.

메디나의 이슬람교에서 시작해보자. 거기서 예언자 무함마드는 다른 모든 예언자들과 마찬가지로 막대한 권력을 향유(그가 그러한 권력을 누리지 않았다면, 그는 예언자가 되지 못했을 수도 있다!)한다. 근대의 정치적 용어로는 '카르스마적' 권력이다. 그러나 절대적 권력은 아니다. 왜냐하면, 무함마드는 사회 체제의 재생산을 보장하는 온갖 권력의 정당성을 온전히 인정했기 때문이다.

칼리파 시기의 이슬람교와 그것이 해체된 이후의 국가에 초점을 맞추어 논의를 지속해보자. 그리고 이것을 비잔틴제국의 정교회나 분열된 서로마제국의 가톨릭교와 비교해보자. 확실히 이러한 전근대적 역사가 전개된 각각의 지역과 시기에는 차이와 특수성이 존재한다. 그러나 주요한 수렴도 존재한다.

이들 모두에게 있어서 종교적 소속은 정당한 권력이라는 개념과 불가분의 관계에 있다. 중세의 기독교인이나 무슬림도 달리 생각할 수 없었다. 무신론자—아랍어로 쿠파(Koufars)라 불리는—는 항상 이곳저곳에 존재했지만, 당시에 그들은 사회적인 영향력이 떨어지는 예외적인 존재였고, 일반적으로 박해를 받는 존재였다.

그렇다고 종교적 소속이 신정정치와 동의어인 것은 아니다. 왜냐하면, 해당 사회를 관리하는 권력은 결코 종교인의 권력으로 환원되지 않기 때문이다. 물론 종교인은 존재한다. 공납제 이데올로기는 종교가 개인적 신념의 차원에서 포기되지 않도록 하며, 마치 이슬람교나 개신교와 마찬가지로 반대의 종교적 담론이 주장될 때조차도 교단의 조직화 여부를 가로질러 종교가 항시 존재할 것을 요구한다. 관련 종교인(무슬림 사이에서 울레마(ulema)라 불리는 남성 종교학자-이 시대에 여성을 위한 자리는 없다-)은 '참된 종교'를 경배하게 만들 책임을 부여받았다. 그 책임은 공납제 사회 체제를 재생산하기 위한 책임이다. 그런 의미에서 지배계급-오늘날 헤게모니 세력(bloc hégémonique)으로 불리는-은 항상 종교인의 일부를 포함시킨다.

그런 의미에서 오리엔탈리스트(orientalistes)의 일부는 무슬림 문명이 피크흐(fiqh)-신학적이고 법학적인 학문을 지칭하는 아랍어인-의 문명이라고 말한다. 무슬림으로서는 '기독교 문명'이 교회, 교황, 주교의 역사에 불과하다고 환원할 수 있을지 모르겠다. 그러나 그것은 확실히 현실에 대한 풍자적인 시각일 뿐이다. 왜냐하면, 과거 사회-앞서 우리가 근대성에 부여했던 의미를 감안하면 전근대적인 사회-를 '신정정치'로 환원하는 것은 해당 사회가 지닌 온갖 복잡성을 이해하는 데 도움을 주지 못하기 때문이다. 그런데도 근대 유럽인(계몽주의자)은 구체제의 종교(이 경우 기독교)적 지배를 반계몽주의(obscurantisme)로 낙인찍었던 논쟁 속에서 이러한 환원을 강조했다.

필자는 신정정치라는 용어가 더욱 조심성 있게 사용되기를 원한다. 제한적인 의미에서 신정정치는 종교의 이름으로 종교인에 의한 정치적 권력의 독점적 사용을 의미한다. 그것은 전근대 시기의 기독교 사회나 무슬림 사회의 공납제를 의미하지 않는다. 오늘날 그것은 오히려 정치적 이슬람이 내세우는 기획이다.

공납제 사회의 헤게모니 세력은 항상 구성적이다. 그것의 중핵은 '지주(maître du sol)'가 차지한다. 그들은 농촌의 농업적 발전단계에서 농민의 잉여 산출에 대한 공제를 거의 전적으로 관리(다양한 형태의 법제를 바탕으로)한다. 이 과정에서 권력자들—왕, 귀족, 종교인 등—이 연합한다. 이 연합은 어떤 조건에서는 무역을 주관하는 가장 부유한 당파까지도 통합할 수 있다. 이러한 구성적 현실을 '신정정치적 권력'으로 환원하는 것은 종교세력이 자행하는 폭력과는 별도로 결코 정당화할 수 없다.

공납제 사회의 레짐은 확실히 근대의 개념인 '민주주의'를 무시한다. 그렇다면 그것은 '전체주의적'인가? 필자는 그러한 평가를 거부한다. '전체주의'라는 개념은 그 자체가 거짓 개념에 불과하기 때문이다. 그것은 사회에 대한 분석과 비판을 소위 '자유주의적(게다가 '민주주의적')'이고 동시에 '추월할 수 없는' 것('역사의 종말')이라 일컬어지는 자본주의로 제한하기 위하여 새롭게 고안된 것이다. 이것은 대안적 선택을 자유주의적 자본주의냐 혹은 전체주의냐에 가두는 것이며, 따라서 자본주의에 대한 급진적 비판을 금지할 뿐만 아니라, 자본주의나 사회주의 가운데 어느 하나를 대안으로 선택하는 것을 금지하는 것이다. 만일 우리가 자본주의에 대한 비판을 바탕으로 사회주의적 대안을 구성하는 데 필요한 실천적 정의의 측면을 발전시키길 원한다면, 현실사회주의(socialisme réellement existant)—따라서 비민주주의적인—에 대한 경험적 비판은 필수 불가결하다. 그러나 현실사회주의에 대한 비판이 전체주의라는 무모한 개념을 유용하게 만들 수는 없다. 그것은 자유주의를 내세우는 이들이 원칙적으로 알지 못하는 다른 지형에 위치한다. 마찬가지로 전체주의라는 개념도 과거 공납제 사회에 대한 이해에 아무런 도움을 주지 못하는 거짓 개념에 불과하다.

유럽은 무슬림 세계나 중국, 인도 등과 마찬가지로 본연의 공납권력(pouvoir tributaire)과 완벽하게 단절했다. 이러한 단절은 르네상스, 계몽주의, 프랑스혁명이라는 주요한 단계를 거치면서 강조된 하나의 역사로 드러난다. 이러한 단절–진화가 아닌–은 인간이 자신의 역사를 개척–개인적으로나 집단적으로–한다는 확신을 바탕으로 표출되었는데, 이러한 확신이 민주주의에 대한 개념을 만들어냈다. '근대성'을 정의하는 이러한 확신은 이제 종교와 권력의 분리, 다른 용어로는 라이시테를 함축한다.

유럽은 왜, 그리고 어떻게 이러한 단절을 수행할 수 있었는가? 이 주제와 관련하여 필자는 이상주의적 가설(막스 베버의)과 반대되는 가설을 제안한다. 베버의 가설은 종교개혁(개신교)을 변화와 단절의 기원에 위치시키며, 이따금 변화가 기독교의 '특수성' 덕분에 가능했다고 인식시킨다. 필자는 이와는 반대로 새로운 생산관계–초기 자본주의적 생산관계–가 종교에 대한 개념적 재고를 요청하면서 변화가 시작되었다는 생각을 개진한다. 이러한 논리에서 이 당시 종교운동의 다양성을 발견할 수 있다. 실제로 이 시기에는 자본주의적 요구에 부응하려는 신흥 세력(개신교 내부에서 혹은 로마 가톨릭교를 재해석하는 분파에서)과 초기 자본주의로 인해 희생된 이들이 처한 현실을 드러내려는 세력(그런데도 혁명적이라기보다는 과거에 대한 향수에 더욱 젖어 있었던)이 서로 공존하고 있다.

2. 유럽의 르네상스와 이슬람교의 나흐다(Nahda)

유럽이 과거와 단절하기 시작한 그 순간은 다음과 같이 기록된다. 르네상스(Renaissance)! 그러나 그것은 재탄생(re-naissance)의 문제가 아니라, 그냥 단순한 탄생(naissance)의 문제였다. 유럽인이 자신의 역사에 부여했던 르네상스라는 평가는 사실 기만적이다. 그것은 고대 그리스와 로마가 근대성의 원칙을 인지하고 있었다는 이데올로기의 부산물에 불과하기 때문이다. 그런데도 그러한 원칙은 반계몽주의적인 종교로 인해 '중세'(고대적 근대성과 새로운 근대성 사이에 존재하는) 동안 억압되어 있었던 것이 된다. 고대에 대한 이러한 신화적인 해석이 이제 유럽중심주의(eurocentrisme)를 창조한다. 이러한 유럽중심주의를 바탕으로 유럽은 자신이 과거를 상속받는 척하며, '자신의 기원(거기서 르네상스가 출현했다고 하면서)으로 회귀'하는 척한다. 그러나 실제에 있어서 르네상스는 유럽 고유의 역사와는 단절된 역사이다. 이제 르네상스는 유럽 사회의 내부적 역동성의 산물이자 당대 유럽 사회의 고유한 모순을 자본주의를 창조해서 해결하고자 했던 타개책으로 거론된다.

계몽주의가 실현한 이러한 단절은 확실히 여러 분야의 논의 덕분에 오늘날 다시 문제가 제기된다. 친애하는 유럽연합의 명석한 반동주의자들(그리고 그보다는 조금 덜 명석한 인물들)에게 '기독교 유럽'이라는 표현은 계몽주의를 넘어서지 못한 채 오히려 그 안에 머물렀던 전근대 유럽을 의미한다. 이 점을 상기시킨 이들은 자본주의가 정말로 노쇠의 시대에 접어들었다는 사실도 보여줄 수 있다.

왜 무슬림 세계는 오늘날까지도 이러한 단절을 수행하지 못했는가? 유럽중심주의는 '이슬람교의 특수성'–정치적 이슬람이 오늘날 재선택한 담론이자 필자가 '전도된 유럽중심주의(eurocentrisme inversé)'라 평가하는–을 그 이유로 제시했다. 이 지점에서 필자가 제안하는 분석은 유럽중심적 사상체계와는 근본적으로 다른 것이다. 이들과 달리 필자는 주변부에서 '이데올로기 혁명'이 불가능했던 이유는 자본주의의 세계적 팽창에 따라 주변부 자본주의가 왜곡되었기 때문이라고 생각한다.

아랍인이 유럽의 사례를 모방하여 자신의 르네상스–19세기경의 나흐다(Nahda)–라고 불렀던 것은 르네상스가 아니었다. 그것은 외부의 충격에 대한 반응이었다. 근대성은 유럽을 강하고 횡포한 것으로 만들었다. 아랍 세계에서 유럽은 매력(감탄)과 동시에 반감(정복자라는 거만함으로 인한)의 대상이었다. 아랍의 '재'탄생은 문자 그대로 수식어에 불과했다. 왜냐하면, 유럽인이 성공(이것은 유럽인이 스스로 하는 말이다)했던 것처럼, 만일 아랍인도 그들의 기원으로 '회귀'한다면, 잠시 타락했던 자신의 위대함을 되찾을 수도 있다고 전제했기 때문이다. 결국 나흐다는 근대성이 무엇으로 유럽을 강하게 만들었는지 알지 못했다.

여기서 나흐다의 전개 양상이나 시기를 재검토하지는 않을 것이다. 하지만 필자는 간략하게나마 나흐다가 근대성을 정의하는 데 필요한 구시대적 전통과의 단절을 성취하지 못했다는 사실을 밝히는 데 집중할 것이다.

유럽인은 그들의 '재탄생'을 기획하면서 그 기원을 기독교 이전의 고대 그리스에 위치시켰는데, 그것은 신화적이다. 이러한 창조가 그들에게 자신의 종교적 '특수성'을 상대화하도록 이끌었다. 반대로 아랍인은 유추의 방식으로 나흐다를 창조했는데, 이때 자신의 기원을 이슬람교에 위치시켰다. 따라서 그들은 자신의 유산목록에서 '자힐리야(jahiliya)', 즉 '불경의 시간(temps impie)'으로 취급된 고대 동방 문명의 기여를 삭제해야만 했다.

그러므로 나흐다가 왜 라이시테의 의미를 파악하지 못했는지는 쉽게 이해된다. 라이시테는 종교와 정치의 분리이며, 정치가 자유로운 혁신의 영역이 되기 위한, 따라서 근대적 의미에서 민주주의의 영역이 되기 위한 조건이다. 나흐다는 종교를 반계몽주의적 흐름에서 구제함으로써 라이시테를 대체할 수 있다고 생각했다. 그러나 오늘날까지 아랍 사회는 라이시테가 서구의 '특수성'이 아니라 근대성의 요구라는 사실을 잘 이해하지 못하고 있다. 결국 나흐다는 민주주의가 무엇을 의미하는지 이해하지 못하며, 단지 전통과 단절할 수 있는 권리라고만 이해한다. 그러므로 나흐다는 전제국가의 개념적 포로로 남아있으며, 따라서 '정의로운(al moustabid al adel)' 전제군주–비록 '현명한' 전제군주는 아닐지라도–를 소망한다. 이러한 차이는 중요한 의미가 있다. 나흐다는 근대성이 즉각 자유를 향한 열망(여성의 열망을 포함하여)을 만들어냈다는 사실을 이해하지 못하며, 이를 통해 자신을 혁신할 권리, 즉 전통과 단절할 권리를 행사했다는 것을 이해하지 못한다. 결과적으로 나흐다는 근대성을 그것의 외적인 결과물로 환원하는데 기술적 진보가 바로 그것이다. 물론 필자가 의도적으로 단순화하긴 했지만, 이러한 요약이 나흐다의 창안자들 모두가 나흐다에 내재한 모순을 간과했다는 것을 의미하지 않으며, 또한 어떠한 전위적인 사상가도 근대성이라는 현실적인 도전을 의식하지 못했다는 것을 의미하지 않는다. 실제로 여성의 자유의 중요성을 일러준 카셈 아민(Kassem Amin, 1865~1908), 라이시테의 중요성을 강조한 알리 압델 라젝(Ali Abdel Razek, 1888~1966), 그리고 민주주의의 중요성을 설파한 압드 알 카와키비(Abd al-Kawakibi, 1855~1902) 등과 같은 전위적인 사상가가 존재했다. 그러나 이러한 경이적인 도약의 어떠한 내용도 후속적인 결과를 만들어내지 못했다. 오히려 아랍 사회는 제시된 방향을 거부하면서 대응했다. 자말 알 아프가니(Jamal al-Afghani, 1838~1897) 이래로 나흐다는 종교와 거리를 유지하기보다는 오히려 종교 담론에 갇혀버렸다. 이러한 담론의 점진적인 타락은 잘 알려져 있다. 예를 들어 모하메드 압두(Mohamad Abdou, 1849~1905)와 라시드 레다(Rachid Reda, 1865~1935)-무슬림형제단(Frères musulmans)의 이데올로기적 아버지라고 할 수 있는-와 같은 인물을 거치면서 이슬람교는 점차 관례화되었으며, 결국에는 정치적 이슬람의 창조자인 파키스탄의 아불 알라 모두디(Abul A'la Mawdudi, 1903~1979)-훗날 종주국 영국에 헌신하는 오리엔탈리스트가 된-의 노고에 자리를 양보했다.

그러므로 아랍권에서 나흐다는 근대성이 탄생한 순간이 아니라, 오히려 그것이 유산된 순간이라 할 수 있다.

아랍 사회는 여전히 근대성에 진입하지 못하고 있다. 그로 인해 아랍 사회는 근대성과 관련된 일상적인 도전에 정면으로 마주하지만, 아랍 민중은 여전히 전제적인 권력을 폭넓게 용인하고 있다. 따라서 이들 전제권력은 민주주의의 원칙에 대한 자신들의 무관심을 열외로 한 채 다른 영역에서 정당성을 마련하기도 하고 잃기도 한다. 만일 전제권력이

제국주의적 침략에 저항하거나 그러한 인상을 줄 수 있다면, 혹은 많은 이들의 생활과 관련된 물적 조건을 가시적으로 개량할 수 있다면, 그 권력은 식견을 갖춘 독재가 되며, 자신의 존재를 보장하는 대중의 지지를 얻을 수 있다. 근대성에 대한 거친 수사적 거부가 오히려 강한 긍정의 공명이 되는 이유는 아랍 사회가 근대성에 들어서지 못했기 때문이다. 따라서 그러한 거부는 마치 이슬람주의 이데올로기의 중심을 차지하는 절대적인 주제가 된다.

그러므로 아랍 국가나 무슬림 국가를 지배했던 어제오늘의 전제권력은 자신을 세계자본주의 체제의 피지배 주변부로 편입시킨 퇴보에 맞설 수 없었고, 그런 이유로 점차 자신의 정당성을 상실하고 말았다. 정치적 이슬람의 출현, 정치적 갈등으로 인한 혼란, 사회적 투쟁의 재출현 등과 관련된 현상이 이를 증명한다.

오늘날 정치적 이슬람의 기획에 편승한 무슬림 세계의 일탈은 가볍게 다뤄져서는 안 된다. 그 기획은 자본주의냐 혹은 사회주의냐의 문제—엄밀히 말해 둘 다 '서구적' 선택지이며 해당 민중의 문화에 낯선 것이지만—를 거부하며, 단지 '이슬람이 해결책'이라고 선언한다. 전제적 레짐에 대항하여 '정치적 이슬람과 동맹'하는 방식의 대안이나, 혹은 반대로 단기간의 정치적 책략을 고려해서 마련된 대안은 엄밀히 말해 그 안에 내재한 위기의 진정한 내용을 인식하지 못한다. 그 위기는 심각한 것이다.

전근대 아랍 사회의 권력—물론 전제적인—은 전통에서 정당성을 마련했다. 그 가운데 어떤 전통은 마치 모로코에서처럼 민족적이고 종교적인 형태의 군주제일 수도 있고, 아라비아반도에서처럼 부족적인 형태의 군주제일 수 있다. 다른 형태의 전통은 마치 알제리에서 이라크에 이르는 대부분의 아랍 사회를 지배한 오스만제국(Empire ottoman, 13~20세기)의 전통, 즉 필자가 '맘루크(Mamelouks)의 권력'이라 정의한 것이 될 수 있다.

맘루크의 권력은 어떠한 권력인가? 이 권력은 전사(어느 정도 위계적이고 중앙집권적이었지만 반대로 분권적이기도 했던), 상인, 종교인 등 삼자로 구성된 복합적인 사적 권력체이다. 물론 이 권력은 남성으로 구성된다. 여성은 여러 책임 있는 지위에서 분명히 배제된다. 이 조직과 관련된 세 신분의 결탁은 단순히 병치되는 것이 아니다. 진정으로 융합된 하나의 실권을 형성하기 때문이다.

맘루크는 이슬람교의 특정 개념에서 정당성을 마련하는 전사이다. 여기서 그들은 '다르 엘 살람(Dar El Salam)'–무슬림 세계, 즉 평화로운 정권의 규범에 종속된 세계–과 '다르 엘 하르브(Dar El Harb)'–무슬림 외부 세계, 지하드(Jihad), 즉 '성전'의 추구장소– 사이의 대비를 강조한다. 만일 정치운영과 관련된 이러한 군사적 개념이 셀주크제국(seldjoukides, 11~13세기)에서 오스만제국에 이르는 튀르크(turcs) 정복자에 의해 형성되었다면 그것은 우연이 아니다. 그들은 자신을 '가지(Ghazi)', 즉 정복자 겸 식민개척자로 자평하기 때문이다. 이들이 비잔틴제국의 아나톨리아(Anatolie) 지방을 복속시켜 식민지로 만들었다. 맘루크의 체제가 '살라딘(Salah El Dine, 1138~1193)'의 시대에 건설된 것도 우연이 아니다. 그당시 그는 십자군이 정복한 지역의 해방자였다. 오늘날 그는 대중적·민족적 권력에 의해 여전히 찬양받고 있지만, 그가 건설한 체제의 엄청난 참상은 결코 고려된 적도 심지어 다뤄진 적도 없다.

십자군 전쟁이 끝나갈 무렵 아랍세계(아랍화된 튀르크)는 군사적으로 중세화의 길로 들어섰고, 거기에 스스로 만족했다. 그러나 그것은 초창기 칼리파의 눈부신 문명을 매듭짓는 퇴보나 다름없었다. 이에 비해 유럽은 중세를 마감하고 근대성을 창조하여 세계를 정복할 채비를 마치게 된다.

맘루크는 이슬람교를 수호하는 이들에게 보상을 베풀었다. 그들은 종교인에게 교리를 해석할 수 있는 권한뿐만이 아니라, 그들의 이름으로 판단한 정의나 사회의 도덕정책 등을 독점적으로 해석할 수 있는 권한을 부여했다. 이제 종교는 사회의 관례 차원–주요 의례만을 수호하는–으로 온전히 축소되며, 전사들의 전제권력에 의해 완벽하게 도구화된다.

경제생활 역시 군사정권의 지배를 받는다. 농민은 지배계급의 공제와 불안정한 사유재산제–이슬람의 기본 경전은 사유재산제의 원리를 엄격히 신성화함에도 불구하고–로 인해 직접적으로 종속된다. 상인이라고해서 나은 처지는 아니었다.

맘루크를 형성한 지배계급은 자연스럽게 전제권력을 나눠 갖기를 열망했다. 원칙상 술탄·칼리프(sultan–kalife)의 지배를 받는 맘루크는 수도(이스탄불)에서 멀어질수록 자신의 영토에서 모든 실권을 사적으로 사용하기에 유리해졌다. 이집트의 경우처럼 국가적 중앙집권화의 전통이 매우 오래된 곳에서는 군사력을 차지하기 위한 온갖 시도가 잇달아 일어났다. 모하메드 알리(Mohamed Ali, 1769~1849)가 맘루크를 제거하고 중앙집권적 권력을 구축한 것은 우연이 아니었다. 나중에 그는 군사적·농토적 귀족제를 재건했지만, 그것은 어디까지나 자신의 사적 권력에 전적으로 봉사하는 것이었다. 이보다는 약화한 수준이지만 튀니지의 총독(les beys)도 그렇게 하려고 시도했다. 이에 비해 알제리의 태수(les deys)는 그 수준에는 이르지 못했다. 오스만제국의 술탄 역시 그러한 방식으로 튀르크인(turques), 쿠르드인(kurdes), 아르메니아인(arméniennes) 등이 거주하는 아나톨리아 지방과 아랍인이 거주하는 시리아·이라크 지방을 결국 '근대화된' 권력에 통합시켰다.

확실히 맘루크의 전제정치 모델은 항상 수많은 한계, 게다가 다양한 현실적인 한계에 맞서야 했다. 산악 요새–알제리의 카빌리(Kabyles), 북레바논의 마로나이트(Maronites), 남레바논의 드루즈(Druses), 시리아의 알라위트(Alaouites) 등과 같은–로 피신한 농민 공동체, 전국적인 규모의 수피형제단(Confréries soufies)이나 부족 공동체 등은 지배권력으로 하여금 미복속 민족과 타협하고 용인하도록 이끌었다. 모로코에서 '블레드 알 마크젠(Bled al–Makhzen)'–술탄의 영향력이 미치는 국가의 영토(역주)–과 '블레드 알 시바(Bled al–Siba)'–베르베르인이 점령한 산악지대(역주)– 사이의 대비는 유사한 본질을 보여준다.

이것은 근대화인가? 전제적 근대화인가? 계몽적 전제군주제인가? 아니면 단순히 전제군주제인가? 다양한 편차와 변이가 이러한 맘루크 모델에 내재해 있다.

이러한 연속적인 정치적 흐름이 이슬람교를 요청했을 뿐만 아니라 현시대의 정치적 이슬람을 출현시켰다. 비록 이러한 흐름은 끊임없이 진화하고 있지만, 결코 맘루크의 모델을 넘어설 수는 없다.

3. 오늘날의 정치적 이슬람

다음과 같은 생각은 치명적인 실수이다. 즉, 이슬람교를 수호하는 대중의 엄청난 정치운동이 문화적으로나 정치적으로 몽매한 민중이 역사에 개입해 만들어낸 불가피한 결과물이며, 이들 민중은 선조로부터 전해진 반계몽주의적 언술 이외에는 거의 아무것도 이해할 수 없다는 생각이 그것이다. 이러한 실수는 서구만이 근대성을 창조할 수 있고, 반면에 무슬림 민중은 자신에게 필요한 변화가 무엇인지를 깨닫지 못하게 만드는 불변의 '전통'에 갇혀 있다는 편견을 강요하는 것이다.

이슬람교를 표방한 정치운동이 출현한 것은 실제로 '현실자본주의(capitalisme réellement existant)'의 파괴적인 효과, 그리고 그러한 자본주의가 수반한 미숙하고(inachevée), 왜곡되고(tronqué), 기만적인(trompeuse) 근대성에 대한 급진적인 저항의 표현이었으며, 따라서 해당 민중에게 아무것도 제공해주지 않는 체제에 맞섰던 완벽하게 정당한 저항의 표현이었다.

자본주의적 근대성(역사적 사회주의가 여지없이 동화되어버린)에 대한 대안으로 제안된 이슬람 담론은 본질상 정치적이지 신학적인 담론이 아니다. 이 담론을 쉽게 괴상한 것으로 만드는 원리주의적·근본주의적 수식어는 해당 담론에 결코 부합하지 않는다. 자신들의 세계가 아닌 서구 여론에 호소했던 일부 무슬림 지식인의 글을 제외하고는, 해당 담론은 이러한 암시조차 하지 않았다.

이러한 '이슬람 르네상스'의 선구자는 신학에는 관심이 없었고 주요 관련 서적들도 전혀 참고하지 않았다. 그러므로 그들이 이슬람교를 통해 주장하는 것은 의례적인 실천과 관련된 공식적이고 통합적인 경배로 축소되며, 종교의 관례적이고 사회적인 차원에 불과했다. 이때 해당 이슬람교는 은밀하고 강렬한 개인의 신념을 정의하기보다는 당사자가 민족적인 특성으로 물려받은 소속 '공동체'를 드러냈다. 그것은 단지 '집단 정체성'을 확인하는 차원의 문제이지 다른 문제가 아니다. 이로 인해 복장 등과 같은 표면적인 표현양식에 중요성이 부여됐다. 아랍 국가에서 전개된 이러한 정치운동을 정치적 이슬람으로 통합해서 규정하는 것이 더욱 정확한 이유가 바로 여기에 있다.

그런데도 '맘루크'가 사회를 관리해서 재생산하는 방식은 모하메드 알리로 인해 이집트를 비롯한 주변 지역에서 문제가 되기 시작했고, 나중에는 제국주의적 자본주의가 주류화하면서 또다시 그러했다. 시기에 따라 늦거나 빠르기는 했지만, 변화는 점차 세속화의 방향으로, 다시 말해 종교와 권력이 분리되는 방향(종교인의 지위고하를 막론하고)으로 발전했다. 그러나 이것은 담론의 원칙보다는 일상생활이나 행동거지를 더욱 심각하게 문제 삼는 낮은 수준의 세속화였다. 그런데도 이러한 세속화(비록 권력은 민주주의의 근대적 가치를 인정하지 않았을지라도)는 민주주의의 맹아적 실천-사상의 자유를 용인하는-을 포함하고 있었고, 권력을 민주화하지는 못했을지라도 '현명한 독재'에 더욱 근접하게 만들었다. 이집트의 '케디브 이스마일(Khédive Ismail, 1830~1895)', 터키의 '마스타파 케말 아타튀르크(Mustafa Kemal Atatürk, 1881~1938)', 이란의 '레자 샤(Reza Chah, 1878~1944)' 황제 등은 물론이고 심지어 아프가니스탄(Afghanistan)의 소위 공산주의 레짐에 이르기까지 이러한 느린 진화의 사례는 풍부하다. 물론 이러한 변화는 당시에는 거역하기 힘들었을 것이다. 민주주의로의 도약은 이곳저곳에서 나타났고, 예컨대 이집트의 1919년 혁명 등과 함께 절정에 다다랐다.

그런데 오늘날 우리는 거의 완벽한 맘루크 모델로의 회귀를 목격하고 있다. 군대가 최고의 권력을 차지하며, 때로는 '유사-민주주의(para-démocratique)'를 가장하기도 한다. 종교인은 그들이 점차 상실했던 사회의 이데올로기적 관리 기능을 되찾는다. 해당 레짐은 체계적으로 '국가와 사회의 재이슬람화'를 수행하고, 가장 사소한 수준에 이르기까지 세속 사회의 진보를 거부하며, 종교를 교육, 정의관, 미디어 등의 중심에 위치시킨다. 이 가운데 미디어는 과거에는 상인이 장악하였으나, 오늘날에는 지구적 자본주의를 통해 하위계층을 지배하고 있는 매판 부르주아 계급(bourgeoisie d'affaires compradore)이 장악하고 있다.

이러한 놀라운 퇴보를 어떻게 설명할 것인가? 어떤 이는 이슬람교의 특수성이 이렇게 만들었다는 논리를 개진한다. 필자는 이와는 전혀 다른 주장을 제시한다.

이러한 퇴보의 기원에는 필자가 앞서 언급한 나흐다의 실패가 있다. 물론 이러한 초안적인 분석은 제2차 세계대전 이후의 역사를 지배했던 대중적인 민족주의 레짐(régimes du populisme national)에 대한 비판적인 검토를 통해 보강되어야만 한다.

자본주의 세계체제에서 주변부의 위상은 부르주아 민족 계급의 무기력을 통해 드러난다. 이러한 무기력이 민주주의를 향한 부르주아혁명을 불가능하게 만들었으며, 그러한 대중적 요구가 출현할까 두려워 그러한 근대성에 대한 동기를 포기하도록 만들었다. 이러한 주변부의 위상-그리고 그것을 수반했던 전제정치의 실시-은 노동자와 농민의 계급화를 방해한 추가적인 장애 요인이 되었다. 그러나 이러한 장애는 예를 들어 중국(이 나라의 경험이 우리의 관심 대상은 아니지만)에서는 극복되었지만, 확실히 아랍세계와 다른 주변부 지역에서는 그러지 못했다.

권력의 문제를 투쟁이나 타협으로 해결하려고 했던 근대 계급의 이러한 이중적 무기력은 쿠데타와 대중적 민족주의로의 길을 열어젖혔다. 그런데 이러한 민족주의는 세계체제의 지배에 맞서 자국의 독립만을 성취하려고 하면서 사회변화를 위한 잠재력을 빠르게 소진해버렸다. 이 과정에서 필자는 민주주의나 대중계급의 자율성에 대한 부정, 반공산주의 레짐(소련과의 동맹에도 불구하고), 국가 및 사회의 재이슬람화를 강조했다. 이집트에서 나세르주의(Nassérisme)—이집트의 가말 압델 나세르(Gamal Abdel Nasser, 1918~1970) 대통령이 주도한 아랍 사회주의 운동(역주)—는 정치적인 것을 구성하는 두 축, 즉 부르주아 자유주의 축(비록 미약한 수준의 민주주의에 불과했지만)과 대중적인 공산주의 축을 폭력적으로 제거해버렸다. 이러한 이중적인 제거가 실현한 탈정치화는 하나의 공백을 만들어냈고, 정치적 이슬람은 나세르주의 그 자체를 바탕으로 공산주의를 차단하고 국가 및 사회에 대한 이슬람화를 전개함으로써 그 공백을 채워나갔다.

오늘날 정치적 이슬람의 출현은 맘루크 모델이 다시 출현했다는 것을 의미한다. 정치적 이슬람은 군인, 종교인, 매판 자본가로 구성된 헤게모니 집단을 문제 삼지 않는다. 참된 신정정치 권력을 확립하려는 차원에서 오히려 헤게모니 집단의 리더십을 요구한다. 수단에서 정치적 이슬람—하산 투라비(Hassan Tourabi, 1932~2016)에 의해 계획된—과 군대—'이슬람화'되어 오마르 알 바시르(Omar Al Bachir, 1944~)에 의해 대표된–사이의 갈등관계는 '최고 권력'을 차지하기 위한 양자의 세력다툼을 묘사한다.

이집트에서 동일한 갈등은 무슬림형제단과 나세르주의의 '레짐'을 대립–조용한 방식으로–시켰다. 이러한 갈등에서 종교적인 리더십은 '샤리아(Charia)'를 적용하라는 단 하나의 요구만을 강요했다. 그것은 자신만이 샤리아를 엄격하고 통합적으로 구현할 수 있는 유일자임을 자처하는 것이다. 여기서 다시 한번 기존의 군사 레짐이 이러한 방향으로 이미 폭넓게 처신해왔다는 사실을 상기해야만 할 것이다. 물론 그들이 형법체계를 적용하거나 혹은 비무슬림 민족을 차별할 때에는 '극단적으로' 처신하지는 않았다. 사실 그들은 형법(중세풍의)을 적용하는 것이 국내외적인 평판에 혐오감을 불러일으키지 않을까 염려했다. 또한 샤리아는 자본주의의 작동에 필요한 시장관계의 실천이나 사유재산의 보호와 관련하여서도 어떠한 문제도 제기하지 않았다는 사실을 상기해야 할 것이다. 샤리아는 근대 세계의 요구에 맞는 어떠한 유형의 권력 집단이나 공공행정도 제안하지 않았다. 이 분야에서 샤리아는 민주주의를 간과했으며, 전제권력을 조금도 문제 삼지 않았다.

근대의 정치적 이슬람은 파키스탄 출신의 모두디(A. Mawdudi)가 주창하기에 앞서 이미 영국의 인도 통치를 찬양했던 오리엔탈리스트들이 고안한 것이었다. 이것은 비이슬람 국가에 무슬림 신도의 거주 금지–인도의 분할을 예견하는–를 '증명하는' 문제였다. 왜냐하면, 이슬람교는 국가와 종교의 분리 가능성을 용인하지 않기 때문이다. 그런데 이들 오리엔탈리스트는 13세기의 영국인도 기독교 권역 밖에서는 살 수 없다고 생각했다는 사실을 망각하고 있었다.

그런 이유로 모두디는 권력이 신에게서, 유일하게 그에게서 비롯된다는 주제를 다시 꺼내들었다. 그리고는 시민이 법률 제정권을 가진다는 개념을 거부했고, 국가는 단지 영원히 결정된 법–'샤리아'–을 단순히 적용할 책임만 있다고 생각했다. 유사한 맥락에서 조셉 드 메스트르는 이미 근대 민주주의와 개인의 해방을 창조했던 프랑스혁명을 범죄의 혁명이라 비난하는 글을 발표했다.

정치적 이슬람은 근대가 해방적이라는 관념을 부인하기 때문에 민주주의의 원리 그 자체를 거부한다. 요컨대 그들은 사회가 입법의 자유를 바탕으로 스스로 미래를 건설할 권리가 있다는 사실을 부인한다. 정치적 이슬람이 이슬람 방식의 민주주의라 주장하는 슈라(Shura)의 원리는 민주주의에 부합하는 원리가 아니다. 오히려 그것은 민주주의로의 개혁(ibda)을 금지하는 데 기여한다. 그런 이유로 슈라는 전근대적이고 전민주적인 모든 유형의 사회에서 발견할 수 있는 다양한 징표들 가운데 하나이다. 물론 불가피한 삶이 강요하는 원리에 대한 해석은 때론 현실 변화의 동력이자 요청이기도 하다. 그러나 그것의 원리–즉 과거와의 단절을 거부할 권리– 그 자체는 민주주의나 사회변화를 향한 근대적 투쟁을 궁지로 몰아넣는다. 그러므로 이슬람 정당–이들 모두는 이슬람교의 특수성을 명분으로 소위 '반근대적(antimodernistes)' 원리에 찬동하기 때문에 급진정당인지 온건정당인지를 가리지 않는다–과 근대 유럽의 기독교 민주주의 정당 사이에 존재하는 잠정적 평행성은 엄밀히 말해 어떠한 유효성도 없다. 그런데도 미국의 미디어와 외교부는 자신들의 필요에 따라 '이슬람' 레짐을 정당화하기 위해 끊임없이 그러한 평행성을 암시해 왔다. 이러한 방식 속에서 기독교 민주주의는 근대성의 일부로 편입되며, 창조적 민주주의와 라이시테에 내재한 근본개념이나 본질을 수용한다. 이에 비해 정치적 이슬람은 근대성을 선포하지만, 그것의 의미를 이해하지 못하며, 결국 그것을 거부하고 만다.

그러므로 정치적 이슬람이 '근대적'으로 평가될 수 없다는 사실은 분명하다. 게다가 이들의 '언술'이 내세우는 논증은 매우 진부하다. 정치적 이슬람을 포교하는 이들은 녹음기를 튼 것 마냥 줄곧 같은 말만 반복하며, 또한 '식자층'—예를 들어 엔지니어—의 관심만을 관찰하며 언급한다. 이들의 담론은 역사적 이슬람과 그리스 철학의 상호작용으로 만들어낸 모든 것을 거부했던 전성기 시절의 와하비트(wahabite) 이슬람—모하메드 벤 압델와하브(Mohammed ben Abdelwahhab, 1703~1792)에 의해 주도된 수니파의 이슬람 근본주의 운동(역주)—을 결코 넘어서질 못한다. 실제로 와하비트 이슬람은 중세의 신학자 가운데 가장 반동적인 인물—이븐 타미야(Ibn Taymiya, 1263~1328)—의 평범한 저술만을 지겹게 되풀이한다. 물론 그의 제자들 가운데 일부는 타미야의 해석을 '기원으로의 회귀'(그리고 예언자 시대의 이슬람으로의 회귀)라 평가하기도 하지만, 현실적으로 그의 개념은 두 세기 전에 유효했던 개념, 즉 수세기 동안 발전이 정체되었던 사회의 개념으로 회귀한 것에 불과했다.

오늘날의 정치적 이슬람은 라이시테의 폐단에서 비롯된 것이 아니다. 하지만 아쉽게도 우리는 너무 자주 그렇게 언급하고 있다.

어떠한 무슬림 사회—사라진 소비에트 연방을 제외하고는—도 진정으로 세속적이지 않았으며, 심지어 일부 과격한 '무신론' 정권의 담대한 개혁에도 거의 영향을 받지 못했다. 절반의 성공에 그친 근대 국가, 즉 케말주의(kémaliste)의 터키, 나세르주의(nassérienne)의 이집트, 바트주의(baasistes)의 시리아나 이라크 등은 종교인을 굴복시키는 데 만족(이전에 자주 그러했던 것처럼)했고, 자신의 정치적 의견을 절대시하는 담론을 그들에게 강요했다. 일부의 비판적 지성에만 희미하게나마 세속적 관념이 존재했을 뿐, 국가적으로 큰 영향력을 행사하지 못했다. 게다가 국책사업에 몰두한 국가는 때때로 그러한 세속적 관념을 거부했다. 와프드 정당(Parti Wafd)–제1차 세계대전 이후 사드 자그롤(Saad Zaghloul)이 이끈 이집트 자유민족주의 정당(역주)–이 1919년에 시행한 정책과 단절했던 나세르 정권기의 불안정한 발전이 이것을 증명한다. 이러한 일탈에 대한 설명은 거의 자명한데, 해당 레짐이 민주주의를 거부한 채 그것을 '공동체적 단일성'으로 대체했다는 사실 때문이다. 그런데 그러한 단일성의 위험이 오늘날 서구에서조차 민주주의를 퇴보시킬 만큼 확산하고 있다는 사실이 인지되고 있다.

관련 국가에서 정치적 이슬람은 이미 광범위하게 시도된 발전을 마무리하도록 하며, '맘루크' 정권과 거리낌 없이 연계된 보수적 신정정치를 재건하고자 한다. 두 세기 전까지만 해도 지배적이었던 이러한 군사적 카스트는 해당 지역의 쇠락한 탈민족주의(postnationalistes) 레짐이나 그것의 쌍둥이 형제, 즉 이슬람교를 자처한 새로운 레짐을 떠올리는 이들에게는 직접적인 견본이 된다. 이러한 군사적 카스트는 초법적(법률 분야에서 오로지 '샤리아'만을 인정하는 척하면서)이며, 경제적 이익을 독차지하고, 자본주의의 세계화라는 시대적 흐름 속에서 국민을 하층민으로 통합–'현실주의(réalism)'를 명분으로–한다.

본질적인 시각에서 보자면, 정치적 이슬람의 소위 '급진파'와 '온건파' 사이에는 어떠한 차이도 없다. 이쪽과 저쪽의 기획은 같다. 모로코에서 파키스탄에 이르기까지 정치적 이슬람을 표방하는 모든 분파-그들은 '온건파(무슬림형제단처럼)'나 혹은 '급진파'로 분류되기도 하며, 심지어 '테러리스트'로 분류되기도 한다-의 기획은 엄밀히 말해 모두 유사하다. 그들이 출간한 고유 문서나 심지어 그것을 거론하기 위해 앞서 읽어야 하는 문서는 모두 이러한 사실을 입증한다.

온전한 의미에서 그들은 모두 신정정치를 구현하는데 자신들이 객관적이라고 자처한다. 그들은 알라만이 법률을 제정할 유일한 권리가 있다고 하면서 민주주의를 거부한다. 따라서 인간의 정부는 모든 영역-샤리아 외부의 영역-의 모든 문제에 응답할 수 있는 신법(즉 샤리아)을 적용할 뿐이라고 주장한다. 그런데 누가 신의 '통치(règne)'-즉 '모든 주권은 신께 있다'는 알 하키미야 릴라흐(al-hakimiya lillah)-를 보장하는 신법을 해석할 것인가? 종교 조직만이 오로지 이를 수행-즉 '법학자·신학자의 후견'을 뜻하는 빌라야 알 파키흐(wilay al faqih)를 통해서-할 수 있으며, 따라서 정치와 종교가 혼합된 권력의 총체를 수행해야만 하는 이들도 그들이다. 일상 생활에 이러저러한 형태의 법제가 없는 사회는 상상하기 어렵다. 만일 선출직 입법자가 그러한 임무를 수행하지 못한다면, 정치적 이슬람이 제안하는 바와 같이 해당 권력은 단지 '재판관'에 의해서만 수행될 수 있다. 그런데 이들은 유추와 추론을 통해 샤리아를 새로운 영역에 단지 확대 적용할 뿐이다. 소말리아처럼 '재판관'으로만 구성된 정부, 즉 '이슬람 법정'으로 구성된 정부가 그것인데, 이는 정치적 이슬람의 최상위 형태라 할 수 있다.

또한 정치적 이슬람의 모든 기획은 국가가 경제영역에 개입하는 것을 금하는데, 경제생활은 오로지 샤리아가 허용한 시장 규칙에 전적으로 종속되어야 하기 때문이다. 그러므로 이들의 기획은 유산계급의 실권을 묵인하며, 소유를 신성시하면서 이에 대한 공격을 금한다. 또한 재산이 어느 정도인지 혹은 얼마나 불균등하게 분배되었는지 등을 문제 삼지 않는다. 게다가 이자율 대출(이슬람권 은행은 이자율 대출 금지를 별다른 어려움 없이 피해 나갔다)을 제외한 모든 자본주의적 관행을 합법으로 간주한다. 그러나 사회주의는 그것이 아무리 온건한 개혁일지라도 항상 불경한 것(impie)으로 취급된다. 미국의 부시(Gorge W. Bush, 1946~) 대통령도 이렇게까지는 하지 못했다.

정치적 이슬람을 파시즘(facisme)과 비교할 수는 없다. 이를테면 그것은 취약계층에게 자신에 대한 착취와 억압을 수용토록 하는 것이나 마찬가지기 때문이다.

종교적 정파는 자신의 최종 목표를 위해 서로 단합한다. 하지만 그 목표에 도달하기 위한 각자의 전략은 서로 다르다. 무슬림형제단과 같은 '온건파'는 기존 국가기구의 활용을 권장한다. 이들이 틀린 것은 아니다. 이들을 지원하는 군대가 이미 굳건하게 이슬람화되어 있기 때문에 이들의 기획은 폭력적인 전제정치를 용인하며, 기성의 독재 권력을 결코 문제 삼지 않는다. 또한 이들의 기획은 이슬람주의나 반민주주의로 전향한 매판 부르주아 계급도 구속하지 않는다! 그러므로 신정정치적 독재를 준비하는 것은 항상 기성 레짐이다. 만일 이슬람주의자가 시민사회를 통제한다면, 그것은 정부의 능동적인 공모 덕분이라고 할 수 있다. 이러한 전제국가는 대중의 사회운동(예를 들어 파업)을 억압하기 위해 최후의 보루인 공권력을 행사하고, 진보세력이 수행하려는 모든 형태의 행위(즉시 '공산주의적 선동'으로 평가되는)를 금하고, 노동조합이나 농민조합이 조직적으로 독립하는 것을 방해한다.

이러한 조건에서 일부 서구 민주주의자가 제안하듯이 선거를 통해 소위 '온건파'라 불리는 이슬람주의자의 '집권'을 수용하는 것은 함정에 빠지는 것이다. 수호해야 할 민주주의적 요청은 오로지 대중계급과 진보세력을 조직하고 행동할 권리를 인정하는 데 있다. 이것만이 이른바 '이슬람 파시즘(Fascisme islamique)'을 저지할 수 있는 방안이다.

결론은 명백하다. 오늘날 정치적 이슬람의 기획은 공허하다. 그들의 기획은 오늘날 자본주의라는 과제에 대응하는 과정에서뿐만 아니라 아랍·무슬림 세계를 포함한 주변부 사회에서 자본주의가 수행한 약탈에 대응하는 과정에서도 정당성을 부여할 수 있는 사회적인 측면을 결하고 있다. 그들의 기획은 자본주의적 세계질서가 온전히 수용할 수 있는 보수적인 기획일 뿐이다.

이러한 결론은 이슬람교의 역사나, 특히 메디나에서 이슬람이 탄생한 역사를 읽을 줄 아는 사람에게는 완벽하게 예견 가능한 것이었다. 오늘날 정치적 이슬람은 민중에게 기원으로 돌아갈 것을 요청하는데, 그것은 초창기 메디나 모델을 상기하자는 것이다. 이러한 유형의 감정적 호소는 신도에게서 강한 화답을 끌어낼 수 있다. 그러나 메디나에서 예언자가 당시 아라비아반도의 정치적·사회적 조직을 문제 삼지 않았다는 사실도 분명하다. 마찬가지로 오늘날 정치적 이슬람에 토대를 둔 권력은 자본주의의 일반적인 관계뿐 아니라 지구적 자본주의에서 주변부 국가가 처해 있는 특이성을 문제 삼지 않는다. 게다가 정치적 이슬람을 이론화하는 학자들조차 외관상으로는 유연하게 그렇게 할 것인데, 그들은 자신들의 논점을 사회의 이슬람화에 맞추기 위해 '자본주의(그들은 문제가 여기에 있다고 말하지 않는다)'에 대한 논의를 거부하기 때문이다.

이러한 신정정치적 기획은, 다시 말해 종교인의 정치적 독재는 다른 부류의 헤게모니 반동 세력을 배제하지 못하고 오히려 통합한다. 이 세력을 구성하는 인자는 군대, 게다가 전폭적으로 이슬람화된 군대, 그리고 군대와 종교인이 주축이 된 반민주적 전제권력에 편승한 매판 부르주아 계급 등이 그들이다.

시민적·군사적 독재자나 지역경제를 장악한 매판 부르주아 계급의 시각에서 볼 때, 정치적 이슬람의 분절 모델은 확실히 다양하다. 그러나 본질적으로는 항상 동일한 것이다. 이 모델은 사우디아라비아와 파키스탄에서 출현했다. 그리고 훗날에는 파키스탄의 모델이 다수의 국가에 의해 광범위하게 수용되었다. 심지어 복식과 같은 가장 세밀한 부분의 풍자조차도 그것은 아랍의 형식이 아니었다.

사우디아라비아의 경우, 왕과 종교인을 후원했던 부족 지배계급 연합(혹은 혼합)은 아라비아반도가 이슬람화된 이후에도 변화하지 않았다. 와하비트 이슬람은 신정정치의 고대 양식을 강화했을 뿐 군주제와 부족사회를 문제 삼지 못했다. 훗날 그들의 왕국은 근대 세계로 통합-석유 자원을 바탕으로-되었지만 변화된 것은 아무것도 없었다. 최근 수십 년에 걸친 도시화의 과정에서 중간계급이 새롭게 성장했는데, 때론 그 계급이 불만을 제기하기도 했다. 그렇지만 이 계급은 국가가 세계경제체제 속에 편입되면서 이익을 누렸기 때문에, 필자는 이들 계급이 매판 세력의 일부에 지나지 않는다고 판단한다.

파키스탄에서 대영제국은 처음부터 전제적 군사정권, 종교 세력, 경제적 매판 계급 등으로 연합 레짐을 만들었다. 그 이후 어떠한 것도 변화하지 않았다. 제국주의적 오리엔탈리즘(orientalisme impérial) 가설에 심취한 모두디는 인도 대륙의 분할을 방불케 하는 엄청난 공공사업을 시행했는데, 그에게서 이것은 우선순위의 과제였다. 파키스탄은 사우디 아라비아와 함께 1957년 '이슬람 회담(Conférence Islamique)'을 창설했다. 그것은 무슬림을 배제한 채 아시아·아프리카 민중이라는 단위체를 창설한 반둥회의의 정신에 이의를 제기하고 그것을 허물기 위한 것이었다. 이 회담은 여전히 존재한다. 그러나 누가 그 회담의 기원을 기억하겠는가! 이집트에서는 당시 무슬림형제단의 사상가였던 사예드 코트브(Sayed Qotb, 1906~1966)가 모두디의 신통치 않은 정책을 도입했다. 그는 모두디의 가설이 신정정치적 기획의 완벽하고 결정적인 공식을 구성한다고 판단하고 그의 가설을 전체적으로 받아들였다. 이러한 모델은 모로코에서 인도네시아까지 점진적으로 퍼져 나갔다. 어떤 것이 더 좋은 모델이라고 누가 말할 수 있는가? 포지 만수르(Fawzy Mansour)[3]가 기술하듯이, 이들의 모델은 관련 민중을 '역사에서 내쫓는' 기획이며, 버나드 루이스(Bernard Lewis, 1916~2018)의 반동적이고 이슬람 혐오적인 오리엔탈리즘 담론에 신빙성을 더하는 기획이다. 이러한 기획에 의하면 신도는 불가피하게 신정정치적 공식에 동참해야만 하는데, 이 공식이 '참된 이슬람교'를 구현하기 때문이라는 것이다!

이란에서 이슬람 공화국은 공개적으로 신정정치적 레짐을 표방한다. 최고 권력은 유사교회(quasi-Eglise)에 의해 조직된 시아파 종교기

3 Fawzy Mansour, *The Arab World: Nation, State and Democracy, Studies in African Political Economy*, London, Zed Books, 1992(역주).

구가 담당한다. 그러나 대성직자들(Ayatollahs)이 권력을 쟁취할 수 있었던 구체적인 역사적 조건—후술하듯이 이러한 조건이 어떤 희망을 제공하거나 어떤 환상을 불어넣기도 했지만, 그것이 이 책의 관심 사항은 아니다—에도 불구하고, 이슬람 공화국은 토대적인 관계를 지배하는 자본주의를 문제 삼지 않았다. 상업적 기업의 확산은 종교인과 '바자리스(bazaris)'—상업 부르주아 계급—의 연합, 때에 따라서는 종교인과 '테크노크라트(technocrates)'의 연합으로 구성된 단체들이 주도—효율성의 차원에서는 결코 성공적이지 못했지만—했다. 그러나 이들도 주변부 자본주의의 생산양식이나 세계질서로의 편입방식에 문제를 제기하지 못했다.

그러므로 이란의 사례도 일반적인 규칙에서 벗어나지 않는다. 물론 이란이 성공할 수 있었던 요인이 무엇인지는 혼란스럽다. 그러나 이러한 성공은 이슬람주의 부흥운동이 샤왕조(Shah)—사회적으로는 역행하고 정치적으로는 친미였던—의 독재에 맞섰던 투쟁과 중첩되었기에 가능한 것이었다. 신정정치적 정권의 부조리는 초기에는 반제국주의적 수사를 통해 상쇄되었다. 이러한 수사는 해당 정권에게 정당성을 부여했으며, 이란 국경 밖의 대중에게까지 엄청난 공명을 제공해주었다. 그 공명은 모함마드 모사데흐(Mohammad Mossadegh, 1882~1967) 정부를 전복시키기 위해 율법사들(Mollahs)이 샤왕조나 미국의 중앙정보국(CIA)을 지지했던 사건을 잊게 할 정도였다. 그러나 해당 레짐은 경제적이고 사회적인 측면에서 혁신적인 발전이 재개되기 어렵다는 점을 빠르게 입증했다. 우리가 이란에서 확인할 수 있는 것은 '터번(종교인)의 독재'가 '가스켓(군인과 테크노크라트)의 독재'를 인수했고, 뒤이어 국가 경제기구의 놀라운 퇴보가 뒤따랐다는 사실뿐이다. '한국 따라하기'를 과시했던 이란은 오늘날 '제4세계' 국가군(최빈국)에 속한다. 이 나라의 강경파 권력은 대중계급이 직면한 사회 문제에 대해 무감각하다. 그로 인해 스스로를 '개혁주의자'로 자처하는 이들이 권력을 차지하며, 자신이 신정정치적 독재의 가혹함을 줄일 수 있다고 자평한다. 그러나 그렇다고 해서 이 권력이 독재정권의 토대를 제공했던 원칙–헌법(wilaya al faqih)에 기입된–을 거부하는 것도 아니다. 이 권력은 주변부 국가를 평범한 매판 자본주의 세계에 편입시키기 위해 필시 '반제국주의적인' 태도를 거부할 것이다. 이란의 정치적 이슬람은 난관에 빠져있다. 오늘날 이란 민중과 공개적으로 연계된 정치사회적 투쟁은 언젠가는 '헌법'–빌라야 알 파키흐(wilaya al faqih)라고 불리는–의원칙 그 자체를 거부할 것이며, 정치·시민사회를 구성하는 모든 기구 위에 종교인 연합을 위치시킬 것이기 때문이다. 이것이 바로 그들의 성공 조건이다.

확실히 이란은 지정학적인 이유로 워싱턴이 기획한 지구적 군사계획과 갈등하고 있다. 이와 관련해서 그들의 '민족적인' 저항을 생각해볼 수 있다. 그러나 이러한 생각이 이란의 정치·사회적 레짐의 본질을 바꿔야 한다는 통찰력 있는 분석을 무력화해서는 안 된다.

정치적 이슬람은 결국 매판 자본주의의 하위 단계에 편입됨을 의미할 뿐이다. 그들 가운데 이른바 '온건파'는 관련 민중을 위협하는 주요 위험인자이며, '급진파'의 폭력은 국가를 뒤흔들어 새로운 매판 권력이 뿌리내릴 수 있게 할 뿐이다. 미국을 위시한 삼각편대(서유럽, 미국, 일본)의 외교는 이러한 '정책'을 명시적으로 지지하는데, 그것은 자유주의를 세계화하여 지배자본에 도움을 주려는 그들의 의지에 완벽하게 부합한다.

두 가지 담론, 즉 자유주의적 세계자본주의와 정치적 이슬람은 서로 갈등하지 않는다. 오히려 완벽하게 상보적이다. 오늘날 미국에서 유행하고 있는 '공동체주의(communautarismes)'는 사회적 투쟁과 의식을 희미하게 만들고, 그것을 이른바 집단의 '정체성'으로 대체한다. 따라서 해당 이데올로기는 자본의 지배전략에 의해 완벽하게 수단화되는데, 실제적인 사회모순과 관련된 투쟁을 소위 문화적·초역사적·절대적이라 일컬어지는 상상의 세계로 분산시키기 때문이다. 정치적 이슬람은 엄밀히 말해 '공동체주의'의 다름 아니다.

G7을 구성하는 강대국이나 특히 미국은 자신들이 외교적으로 정치적 이슬람을 지지하는 이유가 무엇인지를 잘 인식하고 있다. 이들 국가는 이슬람주의자를 공산주의라는 혐오스러운 독재에 맞서는 '자유의 전사(!)'로 칭했고, 아프가니스탄에서 실제로 그렇게 했다. 그러나 공산주의는 학교를 여성에게 개방할 정도로 대담성을 가진 계몽적·근대적·민족적·대중적인 전제정치의 기획이었다. 이러한 기획은 이집트에서 알제리에 이르는 국가들 사이에서 지속적으로 나타났다. 이라크에서는 바트당(Parti Baas)-1963년 이라크에서 권력을 잡은 아랍사회주의재건당(역주)-의 독재를 '친서방파'인 이슬람주의자의 독재로 대체하려고 했다. 그들은 정치적 이슬람이 민중을 무력하게 만들고 결과적으로 그들을 쉽사리 매판화할 수 있다는 사실을 잘 알고 있었다.

미국의 국가 기관들은 파렴치하게도 정치적 이슬람으로부터 두 번째 이익을 끌어낸다. 서구 제국주의는 자신의 개입이 유리하다고 판단할 때마다 정치적 이슬람의 영향을 받는 '파생 레짐'-예를 들어 탈리반(talibans)은 정치적 이슬람에서 파생된 레짐은 아니지만, 어느 정도 그러한 논리에서 설명된다—을 이용하며, 때에 따라서는 거친 방식으로 그것을 사용한다. 이슬람 민중은 정치적 이슬람의 첫 번째 희생자인데, 그들은 자신에게 가해진 '야만성'으로 인해 '이슬람공포증(islamophobie)'에 시달려왔다. 그런데 이러한 상황이 더욱 심각한 방식으로 양극화된 자본주의를 훨씬 더 쉽게 확산하게끔 이끌고 있다.

G7 강대국은 이슬람교를 표방한 정치운동에 영락없이 유죄선고를 내리지만, 그 운동만이 유일하게 반제국주의적 투쟁—해당 지역의 객관적인 조건 때문에—에 참여한다. 레바논의 헤즈볼라(Hezbollah), 팔레스타인의 하마스(Hamas) 등과 같은 정치운동의 탄생은 우연의 일치가 아니다.

무슬림 세계는 오늘날 정치적 이슬람이 직면해 있는 이러한 곤경에서 벗어날 수 있는가?

다른 종교와 마찬가지로 이슬람교도 당연히 재해석이 가능하다. 이러한 재해석은 이슬람교가 전 세계를 지배하는 제국주의적 자본주의에 맞서는 데 필요한 사회 변혁을 수반할 수 있다. 이슬람교는 과거 그러한 역량을 증명했다.

이러한 방향에서 기독교 해방신학은 한 가지 의미 있는 사례를 제공한다. 우리는 해방신학자가 대중계급의 편에서 사회투쟁에 온전히 참여했다는 사실과 그 계급의 사회적 요청(종교 영역 외부에 있는)을 지지했다는 사실을 명심해야 한다. 이러한 투쟁이 라틴아메리카에서 혁명적인 변화를 이끌었다. 해방신학자는 진보에 필요한 사회변화를 이끌 수 있는 역량이 바로 자신—종교에 대한 재해석을 바탕으로—에게 있다고 생각한다. 이들은 자신의 신학적 재해석에 민중이 앞서 '참여'할 것을 '강제'하지 않는다. 이들은 단지 사회투쟁에 자신들의 담론과 실천이 기여할 것을 역설할 뿐이다. 이들은 자신의 종교적 확신이 사회투쟁을 전개하고 급진화하는 데 '필요'할 뿐만 아니라, 그것이 기독교가 요청(그들이 이해하는 방식대로)하는 것 이상이라는 사실을 입증하면서 사회투쟁에 임한다.

유사한 의미의 변화가 무슬림 세계에서도 가능한가? 이 질문에 필자가 제시하는 확실한 응답은 과거의 사례—예를 들어 카르마트 공동체(les Qarmates)의 종교혁명[4]—에 대한 상기일 뿐만 아니라, 수단 출신의 마흐무드 타하(Mahmoud Taha, 1909~1985)가 제안했던 것을 확인하는 것이다.

타하는 현시대의 이슬람교를 문제 삼으면서 메디나 시대와 예언자 무함마드의 예언이 있었던 메카 시대를 구분한다. 메카에서 예언자는 '무력'을 사용하지 않았다. 그곳에서 그는 제자(유복한 계층보다는 불우한 계층 출신의)를 얻었으나, 사회 각계의 지배계급으로부터 공격을 받았다. 이 당시 그의 말씀은 종교적 강론의 토대가 되는 도덕적 가치에 방점을 두었다. 이러한 도덕적 가치는 잠재적으로 빈곤계층을 보살피는 사회변화에 정당성을 부여했다. 타하에 의하면 이 당시 예언자의 강론은 노예제 폐지와 온갖 형태의 사회적 억압—특히 여성을 피해자로 만드는—에 대한 폐지를 함축한다. 그러나 메디나에서 예언자의 강론은 매우 다른 것을 추구한다. 이곳에서 예언자는 이슬람교를 수용한 지배계급과

4 9~10세기 아라비아반도 동부를 지배했던 시아파 이슬람의 한 분파이다. 이들은 샤리아나 순례의 폐지를 주장할 정도로 개혁적인 성격을 띠었다. 파티마왕조(Fatimides), 부와이드왕조(Bouyides)와 함께 10세기 시아파 이슬람의 전성기를 상징했으나, 11세기 중반 셀주크제국(seldjoukides, 11~13세기)에게 함락되어 멸망하였다(역주).

동맹했으며, 그들과 함께 사회를 통치했다. 이 때문에 그의 강론은 사회적 함의를 상실한 채 종교적 영역에 갇히고 말았다. 예언자가 메디나에서 실행한 것과 하지 않은 것을 엄격히 구분하는 것은 유대교 예언자들의 그것과 즉각적으로 비교된다.

유사성은 놀랍다. 예언자 무함마드는 다른 유대교 예언자들과 마찬가지로 '통치자(homme d'État)'처럼 행동했다. 그는 저항세력을 굴복시켜 쇠약하게 만들었으며, 완고한 적(특히 유대인)을 조종해서 해산시켰으며 전쟁을 일으켰다. 타하는 그의 선택을 비난하기보다는 오히려 정당화하는데, 그것이 종교적 승리의 진정한 조건이라고 생각했기 때문이다. 그런데도 타하는 이슬람교가 '결정적으로 확립된 것'은 아라비아반도 전체의 이슬람화나 예언자의 죽음이 아니라고 결론 내렸다. 왜냐하면, 이슬람교는 메디나 시기 예언자의 타협적인 행적이 함축하듯이, 종교(이슬람교)의 잠재적인 해방적 역량이 매 순간의 사회현실로 인해 제한되는 것에 대한 대응책을 마련해야 했기 때문이다. 그러므로 메디나에서 예언자가 채택한 입장을 상대화할 필요가 있으며, 그러한 입장에 결정적인 성격을 부여하는 데 신중할 필요가 있다. 또한 메카에서 예언자가 시행한 일을 지속해야 하며, 메디나에서 타협했던 행적(노예제도나 여성의 열등성 등을 용인하는)을 이슬람교가 넘어설 수 있도록 해야 한다. 이를 위해 오늘날 억압의 희생자인 대중계급의 투쟁을 지지할 필요가 있다. 진정한 무슬림 해방신학은 이 지점에서 요청된다.

이슬람교와 기독교의 형성과정을 비교하는 것은 양자의 해방신학 사이에 존재할 긴밀한 유사성을 더욱 잘 보여준다. 기독교는 오랜 시기에 걸쳐 형성된다. 기독교인은 일종의 '비밀(clandestin)' 혁명당을 조직해서 삼백 년 동안 로마제국의 권력에 맞서 투쟁했다. 이 시기의 교회와 근대 공산당 사이의 유사성은 이미 연구가 되었다.

훗날 로마제국의 지배계급이 기독교를 새로운 종교로 인정할 때, 교회의 위상은 권력기관의 동반자로 변화했다. 그러므로 우리는 기독교의 '메카 시대'가 '메디나 시대'에 앞서 삼백 년 동안 전개되었다고 말할 수 있을 것이다. 이 지점에서 기독교 해방신학은 기독교가 초기 삼백 년 동안의 해방적 과업을 지속해서 유지할 것을 요청하며, 이를 위해 기독교 제국과의 타협을 파기할 것을 요청하는 것이다.

기독교 해방신학자–이들은 비록 교회의 수장들에 의해 유죄 평결을 받겠지만–는 유럽과 라틴아메리카에서 인정된 라이시테 덕분에 해당 과업을 추진할 수 있다. 그러나 마흐무드 타하는 그러한 기회를 누리지 못했다. 현시대의 이슬람교가 제시한 종파는 모든 해방신학을 배척했기 때문이다. 정치적 이슬람은 복종을 요구하지, 해방을 요구하지 않는다. 그것이 타하가 수단의 카르툼(Khartoum)에서 정치적 이슬람에 의해 사형을 선고받아 처형된 이유이다. '급진파'이든 '온건파'이든 간에 이슬람 계열의 어느 정당도 타하를 대변하지 않았으며, '이슬람 르네상스'를 요구해온 지식인뿐만 아니라 단순히 그러한 움직임과 대화할 필요성을 피력한 어떠한 지식인도 그를 변호하지 않았다.

그렇다면 우리는 종교에 대한 재해석이 무슬림 세계를 곤경에서 구해낼 선결 조건이라고 결론 내려야 하는가? 달리 말해 '이즈티하드(ijtihad)'–율법자의 독립적인 추론(역주)–의 '재인정'을 위해 먼저 투쟁해야 하는가? 아랍어 '이즈티하드(ijtihad)'는 이슬람교에 대한 이러한 재해석의 권리를 말하는데, 주지하다시피 '밥 알 이즈티하드(bab al–

ijtihad)'—즉 '이즈티하드의 문'—은 열 세기 전 권력자의 결정에 따라 '폐쇄'되었기 때문이다.

그런데도 필자는 그것이 폐쇄되었다고 믿지 않는다. 조건의 우선순위를 뒤집고, '종교적'이기보다는 사회적인 성격의 대중계급에서 출발하는, 따라서 그들을 지지하는 투쟁을 중시할 것을 제안한다. 이처럼 구체적인 사회투쟁을 거쳐야만 선택—야만적인 제국주의적 자본주의에 복종할 것인가, 아니면 21세기 사회주의를 위해 투쟁할 것인가—이 행위자의 의식 속에 현실적인 대안이 될 수 있으며, 이러한 선택이 작금의 현실—자본주의에 굴복해서 적응하는 것—을 벗어나 '이슬람식' 대안을 만들 수 있다. 그것이 정치적 이슬람—이미 매 순간 피착취자를 억압하는 지배계급의 편에 서 있는—을 타개할 수 있는 조건을 진척시키고 창조하기 위한 유일한 수단이고, 이것이 '이즈티하드의 문을 새로 개방'하기 위한 유일한 수단이다.

제4장

역사유물론과 역사적 마르크스주의

앞선 『유럽중심주의(1988)』에서 제시되었던 분석은 뒤이은 분석과 마찬가지로 역사유물론에서 영감받은 것이다. 필자는 이 개념의 주된 특징을 지적할 필요가 있다고 생각하는데, 그 특징이 역사적 마르크스주의의 핵심 개념과 구분되기 때문이다.

마르크스주의는 '시장(자본주의적인)의 기능에 대한 과학적인 분석'이 아니다. 그것을 넘어서는 전혀 다른 것이다.

마르크스주의를 자본주의 정치경제학으로 환원하는 것, 그것은 경제주의의 지형(부르주아적)에 머무는 것이다. 속류 경제학은 사실상 시장의 기능을 설명할 수 있는 '법칙'을 발견하려고 한다. '순수' 경제학은 이러한 법칙을 발견했다고 믿으며, 게다가 해당 '시장'이 '탈규제화(dérégulé)'되어 인위적인 성격의 모든 행정적 족쇄로부터 자유롭게 된다면 자동규제화(autorégulé)될 것이라고 결론 내린다. 그러나 이러한 '순수' 경제학은 전체적·경제적·사회적·정치적 체제라고 할 수 있는 현실

자본주의(capitalisme réellement existant)에 관심을 두지 않으며, 실제와 아무 연관도 없는 허구적 자본주의(capitalisme imaginaire)의 법칙만 연구한다.

마르크스는 전혀 다른 문제에 초점을 맞춘다. 그는 다른 차원의 질문을 제기하는데, 먼저 역사발전의 단계로서 자본주의가 지닌 특수성과 관련된 질문이다. 여기서 그는 자본주의의 특수성에 '상품의 물신화(marchandise fétiche)'—즉, 상품 소외(aliénation marchande)—를 위치시킨다. 이러한 소외는 경제영역—최종심급 가운데 결정적인 심급일 뿐만 아니라 지배적인 심급인—이 자본주의 사회를 직접적으로 조종한다는 것을 의미한다. 그러므로 경제를 지배하는 이러한 '법칙'은 마치 그것이 '자연법칙(lois de la nature)'인 양 해당 사회 외부의 '객관적인' 법칙으로 인정된다. 그러나 자본주의에 선행했던 체제는 이와는 달랐는데, 당시에는 경제영역이 지배적인 심급이 아니었기 때문이다.

가치개념은 자본주의에 고유한 이러한 소외를 표현한다. 마르크스의 교환가치를 비판한 실증적인 이론은 마르크스의 이론에서 가격이 가치와 다르고 가격에서 계산된 이익률이 가치에서 계산된 이익률과 완전히 다르다고 지적하면서 그의 이론이 '거짓'이라고 결론 내린다. 그러나 이러한 비판은 마르크스가 제기한 문제를 곡해하고 있다. 왜냐하면, 두 이익률 사이의 차이는 필수적이기 때문이다. 이러한 차이가 없다면, 자본에 의한 노동착취는 명료(자본주의에 앞선 착취가 그러했듯이)해질 것이며, 따라서 자본주의는 불투명한 현실로 정의되는 자본주의가 아닐 수도 있다. 이러한 불투명성은 '경제법칙'이 단지 자연법칙처럼 인정되기 위한 조건이다. 사실상 가치법칙(loi de la valeur)은 자본주의 경제체제의 재생산을 주관할 뿐만 아니라, 이러한 체제 내에서 이루어지는 사회생활과 관련된 모든 측면을 주관한다. 따라서 시장경제는 시장사회라고 할 수 있다.

마르크스는 시장 내부에 어떤 '일반균형(équilibre général)'의 윤곽이 존재한다는 가설(거짓된)을 주장하지 않는다. 오히려 그는 시장(즉 자본주의 시장)이 본질상 불안정하다고 정의한다. 이 경우 체제는 불균형에서 불균형으로 이동할 뿐이지, 결코 어느 균형에 도달하지 않는다.

따라서 설명해야 할 부분은 이러한 연속적인 불균형의 매 순간이다. 이를 위해 사회적 역학관계(계급투쟁, 자본의 지배방식, 그리고 이러한 지배가 구체적으로 내포하는 헤게모니적 연대, 즉 정치 등과 같은)을 고려하지 않을 수 없다. 바로 이러한 관계가 현실자본주의의 역사를 만들며, 그것과 관련된 변화(달리 말해 사회적 조정)를 조성한다. 경제와 정치는 따로 생각할 수 없다. '순수' 경제학은 신화이다. 역사에 선행하는 역사결정론(déterminisme historique)—그중에서도 특히 경제결정론—은 없다. 미래는 예견 불가능하다. 사회투쟁이 역사를 개척하기 때문이다. 마르크스의 계획은 경제계획이 아니라 이러한 역사유물론의 계획이다.

그렇다면 현실자본주의는 동일 노선에 있는 다소 선진적인 자본주의 사회구성체처럼 분석될 수 있는가, 아니면 복잡하고 양극화된 세계체제로 즉각 고려되어야 하는가?

마르크스와 엥겔스는 이 질문에 명확한 해답을 내놓지 않았다. 그들의 글은 자본주의의 세계적 확산이 세상을 단순히 '균질화(homogénéiser)'—즉 '획일화(uniformiser)'—할 것이라는 암시로 해석될 수 있다. 다시 말해 주변부 국가가 '따라잡기'를 할 수 있고 '더 발전된 국가의 이미지'를 쟁취할 수 있다는 것이다. 따라서 이러한 해석–증거 자료에 의하면 가능한 해석–은 자본주의의 세계적 확산에 내재한 양극화를 과소평가했던(궁극적으로는 무시했던) 마르크스의 실수를 예견케 한다. 그렇지만 마르크스를 더욱 주의 깊게 살펴보면 이러한 판단에 다른 의미를 부여할 수도 있다.

마르크스는 사회적 양극화라는 잠재적인 특성을 자본축적이라는 근본 논리로 설명한다. 축적의 전개과정을 결정하는 사회투쟁은 양극화라는 변함없는 특성을 공격한다. 양극화와 이에 맞서는 반작용 사이의 변증법 관계는 속류 경제학(écononie vulgaire)–시장에 의해 형성되는 '자발적'이고 '자연적'인 일반균형을 연구하는–의 방법론과 아무런 관련도 없다. 그것은 오히려 정반대 편에 위치한다.

오늘날의 현실에서 무엇을 관찰할 수 있는가? 만일 우리가 장기적인 관점에서 세계자본주의 체제의 중심부 국가(세계자본주의 체제 전체 인구의 20%를 차지하는)만을 고려한다면 빈곤화나 양극화의 경향은 분명하지 않을 수도 있다는 것이 한편의 논리이다. 이러한 관찰은 "주지하다시피 마르크스의 예견은 역사적으로 부인되었습니다…"라고 주장하는 '반(反)'마르크스주의의 주요 논리이다. 그런데 만일 우리가 세계자본주의 체제를 전체적으로 고려한다면 양극화는 분명한 것 이상일 뿐만 아니라 논쟁의 여지가 없다는 것이 또 다른 편의 논리이다.

이러한 두 가지 관찰로부터 우리는 한 가지 이론적 결론을 끌어내야 한다. 즉 자본주의 체제(마치 복합체제에서처럼)에서는 전체(세계)가 부분(국가)을 결정할 뿐, 그 역은 성립하지 않는다는 것이다. 전체는 부분의 총합(addition)이 아니라, 그들 사이의 조합(combination)이다. 이로부터 다음과 같은 결론이 도출된다. 양극화는 세계자본주의 체제에 내재해 있으며, 따라서 가장 선진화된 자본주의 국가를 향한 '덜 발전된' 국가의 '따라잡기'는 불가능하다는 것이다.

이러한 결론은 세계체제적 성격에 더 많은 주의를 기울이면서 마르크스에 의해 수행된 연구를 지속해서 완성하고 강화하도록 이끈다. 그리고 그것의 특징과 경향을 끌어내도록 이끈다. 이를 위해 우리는 자본주의적 생산양식–가장 높은 추상화의 수준에서 파악된–의 맥락에서 이해 가능한 '가치법칙'을 넘어서야만 하고, 그것의 실제적인 존재 양식을 '세계화된 가치법칙(loi de la valeur mondialisée)'으로 정의해야만 한다. 이러한 정의는 세계자본주의가 전개되는 일련의 국면들과 각 국면의 특이성에 대한 신중한 분석을 함축하며, 그로부터 세계화된 가치법칙이 드러내는 일련의 특수성에 대한 분석을 내포한다.

역사적 마르크스주의(다시 말해 마르크스 이후의)가 응답해야만 했던 '과제'가 그것이었고, 그것으로 남아있다. 역사적 마르크스주의는 이 과제에 응답했는가? 이에 대한 많은 저항이 있었고, 오늘날에도 여전히 그러하다. 그것은 서구 마르크스주의에 강력하게 자리 잡은 유럽중심주의 때문인데, 이러한 유럽중심주의가 현실자본주의 내에 결정적인 영향력을 행사하는 제국주의를 인식하지 못하게끔 이끌었기 때문이다. 제2인터내셔널 시기의 마르크스주의–카우츠키(K. Kautsky)를 포함하여–는 친제국주의적이었고, 따라서 마르크스를 단선적·진화론적·준(準)실증적으로 해석했다. 레닌(Vladimir Lénine, 1870~1924)과 마오(Mao Zedong, 1893~1976)는 더욱 멀리 전진할 채비를 마쳤다. 레닌의 '취약자이론(théorie du maillon faible)'–자본주의가 성숙하지 않은 러시아가 제국주의의 연결고리를 절단내는 취약자가 될 수 있다는 이론(역주)–은 이를 부분적으로 보여준다. 이 이론에서 레닌은 사회주의 혁명(세계적)이 주변부 국가(이 경우 러시아)에서 시작되며, 그 혁명이 중심부 국가로 빠르게 파급될 것이라 희망했다. 그러나 이러한 희망은 역사적으로 부인되었고, 기대는 사회주의 혁명이 다른 주변부 국가에서 전개될 것으로 전가–특히 1920년 아제르바이젠 바쿠(Bakou)에서 개최된 '동방민족회의(Congress of the Peoples of the East)' 이후–되었다. 중국혁명의 성공은 이러한 기대를 사실로 확인시켰다.

그러므로 이제 새로운 질문이 제기된다. 자본주의와 단절하는 (혹은 단절을 원하는) 주변부의 후진국에서 할 수 있는 것은 무엇인가? 국가 단위의 사회주의를 개별적으로 건설해야 하는가?

질문과 도전은 그대로 남아있다. 즉 현실자본주의에 내재한 양극화는 대다수 주변부 민중(부르주아 이데올로기뿐 아니라 '서구 마르크스주의'를 통해 상당 수준 소외된 80%의 인류)에게는 저항과 혁명을 과업으로 제시하지만, 중심부 민중에게는 이들의 급진화를 지연시킬 따름이다. 이것이 필자가 '세계자본주의의 세계사회주의로의 긴 이행'이라 명명한 새로운 전망을 제안하는 이유이다. 이러한 전망은 제1인터내셔널이나 제2인터내셔널의 전망(유럽중심적인)도 아니며, 제3인터내셔널의 전망(일국 사회주의적인)도 아니다.

과제는 아직 해결되지 않았다. 역사적 마르크스주의를 명분으로 혁명을 쟁취한 국가에서는 해당 마르크스주의가 전적으로 '합법적인 마르크스주의'로 남아있기 때문이다. 확실히 이 용어는 위험하고 모호하다.

모든 유기체적 이데올로기는, 비록 그것이 현실을 비판하는 사상일지라도, 필연적으로 '합법적'이다. 그러나 그것이 정당화하는 현실이 무엇인지를 드러낼 필요가 있다. 요컨대, 역사적 마르크스주의는 무엇을 숙고의 대상으로 주장했는가? 그것의 가설과 객관적인 주장은 무엇인가? 그것은 자신이 주장한 바를 정당화했는가, 아니면 자신이 인정하고 싶지 않았던 전혀 다른 것을 정당화했는가?

스탈린주의적인 소비에트 마르크스주의는 확실히 소련 지배계급의 활동은 물론이거니와 특히 그들의 외교정책을 정당화하는 이데올로기의 하나였다. 그러나 그들이 어떤 정책을 선택–좋든 나쁘든 간에–하는 현실적인 이유는 이데올로기의 담론 내부에 광범위하게 은폐되었다.

제2차 세계대전 이후 제3세계의 '역사적 마르크스주의자' 가운데 일부는 정권의 정책과 행위를 정당화(한때는 '비판적'이었음에도 불구하고)하는 데 효과적이었다. 그런 이유로 필자는 이들 정권을 민족적·대중적·반제국주의적 정권이라 불렀다. 그런데 이들은 이러한 정당화를 어떻게, 왜, 어떤 관계에서 어느 정도까지 수행했으며, 장기적인 관점에서 그들이 얻어낸 결과는 무엇인가? 이러한 질문은 미리 결정된 바도 없지만, 비난당한 바도 없이 조용히 논쟁 상태로 남아있다. '현시기 제3세계 마르크스주의자' 가운데 일부는, 심지어 그들이 반제국주의적인 성향을 지녔을지라도, 해당 정권의 민족적·대중적 체제를 비판–때때로 매우 심하게–하면서 형성되었다는 사실을 지적해야만 한다. 그러므로 비판의 논점은 자연스레 '소비에트 국가 마르크스주의(marxisme d'État soviétique)'를 겨냥한다.

역사유물론은 경제결정론이 아니다. 중층결정(surdétermination) 개념은 사회 체제에 대한 구조주의적 시각에서 직접적으로 유래한다. 이 개념은 사회현실의 다양한 심급에서 평행적으로 작동하는 다수의 결정론이 수렴되고 있음을 암시—최소한 암묵적으로라도—한다. 모든 결정론이 체제의 재생산, 변화에의 적응, 위기로 인한 한계 극복 등에 동시에 이바지하기 때문이다. 경제결정론은 정치·이데올로기·문화의 영역을 지배하는 결정론과 같은 방향으로 나아가며, 결과적으로 그들과 함께 '중층결정'된다. 그러므로 만일 경제적으로 어떤 변화가 요청된다면, 그것은 또한 정치·이데올로기·문화의 영역에서도 그러하며, 그 역으로도 그러한 것이다. 만일 우리가 경제영역이 최종심급의 결정적인 요소라고 인정한다면, 중층결정은 역사에 대한 경제주의적 독해, 즉 다른 심급이 경제영역의 요구에 종속된다는 독해를 쉽게 용인하는 것이다.

그러나 이것은 적어도 두 가지 이유에서 역사유물론에 대한 필자의 독해와는 다르다.

첫째, 필자는 모든 역사에 적용 가능한 개념을 가지고 다양한 심급들 사이의 관계를 질문하는 것이 정확하다고 생각하지 않는다. 경제영역의 자율성은 자본주의에 고유한 것이다. 예컨대, 공납제 사회에서 경제영역은 필자가 위에서 언급한 것처럼 정치영역에 종속된다.

둘째, 역사유물론에 대한 필자의 독해는 전적으로 구조주의와 양립 불가능하며, 따라서 중층결정 개념과도 양립 불가능하다. 필자가 주장한 가설에서 각각의 심급은 자신의 고유 논리를 갖는다. 이들 각각의 지위는 최종심급(경제영역)에서조차 결정적일 수도 있고, 혹은 지배적(공납제에서의 정치영역, 자본주의에서의 경제영역, 필자의 생각이지만 공산주의적 미래 사회에서의 문화영역과도 같은)일 수도 있다. 이들 각각의 고유 논리는 자율적이다. 물론 서로가 보완적일 수 있지만, 그것은 필연적이라기보다는 오히려 비자발적이다. 그러므로 이들 심급은 종종 갈등하며, 따라서 어떤 심급이 갈등을 유발할지 선험적으로 예측할 수 없다. 필자의 생각에 마르크스는 경제논리(축적)를 자본주의의 지배적 성격으로 완벽하게 분석했다. 다시 말해 마르크스는 자본주의의 경제논리가 일반적으로 정치·이데올로기·문화영역의 논리를 지배한다는 사실을 일러준 통로이다. 필자는 마르크스나 역사적 마르크스주의가 경제영역을 제외한 다른 심급에 대해 그리 설득력 있는 분석을 제시한 것은 아니라고 생각하지만, 그렇다고 해서 이들 심급에 대한 중요한 진전이 마르크스주의 외부에서 실현되었다고는 더욱 생각하지 않는다.

각 심급의 고유 논리는 결정론으로 표현되는데, 이들 결정론 사이의 갈등은 역사를 일정 수준 불확실하게 만든다. 그리고 그 역사를 자연법칙의 지배를 받는 영역과 구분한다. 사회의 역사도 개인의 역사도 '프로그램화'되지 않는다. 엄밀히 말해 자유는 여러 대안들 사이에서 선택 가능한 논리들 사이의 갈등으로 정의된다. 그러므로 필자는 중층결정의 개념을 과소결정(sous–détermination)의 개념으로 대응하고자 한다.

그렇다고 이것이 사회가 일관성이 없다는 것을 의미하는가? 전혀 아니다. 사회는 항상 일관적이다. 서로 다른 심급들 사이의 논리적 갈등(과소결정)에는 항상 어떠한 해결책(한 심급의 논리가 다른 심급의 논리에 종속됨으로써)이 있다는 의미에서 그러하다. 그러나 그것은 여러 해결책 가운데 한 가지 가능한 해결책일 뿐이다. 그러한 방식으로 정치·사회·문화·이데올로기의 투쟁은 다른 선택을 넘어 정합적인 선택을 요구하면서 사회를 주조해 나간다.

제2부

공납제 문화의 중심부와 주변부

제1장

유럽중심주의 비판을 위한 문화이론

자본주의는 세계사에 하나의 결정적인 단절을 만들어냈다. 그것은 스스로의 능력으로 생산력의 단순한 진전–경이롭긴 했지만–을 뛰어넘었다는 사실이다. 사실상 자본주의는 사회생활의 다양한 요소(경제조직, 정치레짐, 이데올로기의 내용과 기능)의 관계구조를 뒤집었을 뿐 아니라, 그것들을 질적으로 새로운 토대 위에 재구성했다.

이전의 모든 사회 체제에서 경제현상은 투명했다. 이 말은 생산물의 목적지가 즉각 가시적이었음을 의미한다. 생산물의 대부분은 생산자에 의해 직접 소비되었고, 나머지는 다양한 세금이나 지대와 같은 공납의 형태로 지배계급에 의해 주로 현물이나 노동으로 수취되었다. 요컨대, 공납을 통한 징수의 형태가 책무를 짊어진 이들의 지각을 벗어나지 못했다는 것이다. 상품교환이나 임노동이 없었던 것은 아니지만, 규모 면에서 제한적이었고, 사회·경제적 영향력의 차원에서도 부차적이었다. 이러한 조건에서 경제현상은 자체의 비밀을 밝히는 데 필요한 '경제학(science économique)'을 요구하기에는 너무나 단순한 수준–곧장 이해될 수 있을 정도로–이었다. 과학은 겉으로 드러난 사실의 이면에서 비가시적인 법칙이 작동할 때, 다시 말해 현실을 움직이는 법칙이 현실의 영역을 불투명하게 만들 때 요구된다. 따라서 전(前)자본주의 사회 체제에서 재생산은 권력(정치영역을 규정하는 근본 개념인)이나 혹은 그것에 정당성을 부여하는 이데올로기의 안정성에 의존한다. 달리 말해 이러한 사회 체제에서 지배적인 것은 정치·이데올로기적 심급(이른바 '상부구조')이라는 것이다. 이들 사회의 형성, 재생산, 진화의 과정을 이해하기 위해서는, 그리고 해당 사회에서 경험되는 모순을 이해하기 위해서는 경제영역이 아니라 정치·이데올로기 영역의 비밀을 밝혀야 한다. 사회적 권력의 기능을 이해하기 위해서는 진정한 문화이론이 요청된다는 것이다.

자본주의는 경제영역과 정치·이데올로기적 상부구조 사이의 위계관계를 전도시켰다. 시장이 일반화함에 따라 새로운 경제생활은 이전의 투명성을 상실했다. 대다수 사회의 생산은 생산자가 최종 목적지가 될 수 없는 상품의 형태를 취했을 뿐 아니라, 노동력 그 자체도 임노동이라는 압도적인 방식으로 상품화되었다. 그로 인해 자본주의 사회에서 잉여에 대한 징수는 항상 변화하는 자본 이윤(생산이 실현되는 몇 가지 조건에서만 물질화되는)의 형태를 취했다. 반면 노동착취는 임노동의 구매·판매를 결정하는 법적 균형의 원리로 인해 은폐되었다. 그러므로 이제 경제법칙은 체제의 재생산과정에 숨겨진 객관적인 힘처럼 작동한다. 혼탁했던 경제적 심급은 지배적인 영역이 되었으며, 더 나아가 과학적인 분석을 요구하는 영역이 되었다. 그리고 이 과정에서 권력과 이데올로기의 사회적 기능뿐 아니라 그 내용까지도 이전 사회의 사회권력을 결정했던 특징과는 질적으로 다른 특징을 드러냈다. 그러므로 새로운 문화 이론은 경제영역과 정치·이데올로기영역 사이에서 전도된 이러한 분절을 고려할 필요가 있다.

사실상 전(前)자본주의 사회와 마찬가지로 자본주의 사회에서도 이들 두 영역 사이에는 균형(symétrie)이 존재하지 않는다. 이러한 맥락에서 권력을 계급지배로, 이데올로기를 그러한 지배를 행사하기 위한 요구로 간주하는 속류 마르크스주의(marxisme vlgaire)는 현실을 이해하는 데 거의 도움을 주지 못한다. 고도의 추상화 수준에서는 사실일지 몰라도, 이 이론은 앞서 언급한 질적인 차이, 요컨대 경제적 심급과 정치·이데올로기적 심급이 분절되어 전도된다는 사실을 은폐하며 이론화된다. 그러므로 속류 마르크스주의는 정치이론과 문화이론의 출발점이 될 수 없다.

필자는 처음부터 이러한 질적인 전도를 강조하려고 했기 때문에, 전(前)자본주의 체제 전체를 하나의 이름으로 규정할 필요가 있다. 필자는 그것이 공납제 생산양식(mode de production tributaire)이라는 이름이 적절하다고 생각하는데, 그 양식이 바로 경제적 착취라는 성격을 선명하게 드러내고 있기 때문이다. 여기서 우리가 고려하는 것은 선진화한 전(前)자본주의 사회(계급과 국가가 명확하게 형성된)이지, 공동체 생산양식(mode de production communautaire)으로 규정된 이전 단계의 사회(계급과 국가가 명확하지 않은)가 아니다. 확실히 공납제 사회 각각은 고유의 수많은 특징을 가지고 있으며, 그러한 점에서 다양성은 거의 무한하다. 그러나 이러한 다양성 너머에서 공납제 사회는 경제와 상부구조의 분절 양식이 동일하다는 차원에서 단일한 계열을 형성한다.

물론 사회현실을 분석하는 데 있어서 필자의 도구는 이론의 차원에서 상당히 미흡한 것이 사실이다. 이러한 사회현실은 총체적인 관점에서 세 가지 측면, 즉 경제적, 정치적, 문화적 측면으로 드러난다. 그들 가운데 경제영역은 아마도 가장 잘 알려진 영역일 것이다. 이 영역에서 부르주아 경제학은 다소간 운좋게도 자본주의 사회를 직접적으로 관리하고 분석하는 도구를 다듬어 왔다.

역사유물론은 더 깊은 영역으로 파고들어 갔으며, 경제적 선택을 결정하는 사회투쟁의 본질과 범위를 밝히는 데 종종 성공적이었다. 이에 비해 권력이나 정치의 영역은 심각할 정도로 무시되었고, 이와 관련된 이론의 절충적인 시각은 현실에 대한 취약한 이해를 보여주었다. 미국에서 기능주의 정치학과 이와 관련된 신구의 분과 학문(지정학, 체제분석 등과 같은)—이들 분과 학문이 즉시 사용하기에는 유용할지라도—은 비판이론의 지위에 이를 수 없는 극도의 개념적 빈곤 상태에 머물러 있다. 이 지점에서 역사유물론은 확실히 물적 토대와 정치·이데올로기적 상부구조 간의 유기체적 관계와 관련된 하나의 가설을 제안했는데, 통속적인 이해를 극복할 수만 있다면 풍성한 해석을 제공할 수 있다. 하지만 권력과 정치영역의 문제(지배양식)에 대해 마르크스주의는 자신이 경제영역(생산양식)에서 수행했던 것과 같은 이론화를 수행하지 못했다. 그런 의미에서 지금까지 제시된 제안(예를 들어 프로이트 마르크스주의의 제안)은, 비록 간과한 문제에 주목했다는 차원에서는 확실히 흥미로울 수 있으나, 여전히 전체적으로는 풍성한 개념체계를 확립하지 못하고 있다. 그러므로 정치영역은 실제적인 불모지로 남아 있다.

'상품의 물신숭배(marchandise–fétiche)'가 『자본론(*Capital*, 1867)』 제1권, 첫 장의 제목인 것은 우연이 아니다. 이것은 마르크스가 자본주의 사회의 비밀, 요컨대 자본주의 사회가 경제영역에 의해 직접적으로 조정되는 이유를 폭로하길 원했기 때문이다. 해당 사회에서 경제영역은 사회현상의 전면을 차지하며, 또한 그것이 발전할수록 사회의 다른 측면까지 자신의 요구에 따르도록 강요한다. 이와 같은 경제적 소외는 자본주의 이데올로기의 본질적인 내용을 형성한다. 이와는 반대로 전(前)자본주의 단계의 계급사회는 정치영역에 의해 지배된다. 이 사회에서 정치영역은 곧바로 사회현상의 전면을 차지하며, 사회현실의 다른 측면–그 가운데에서도 특히 경제생활–을 제약하는 것처럼 보인다. 따라서 만일 우리가 공납제에 대한 이론을 세우려 한다면, 이 작품의 제목은 '권력론'이 될 것(자본주의 양식의 '자본론'이 아니라)이고, 첫 장의 제목은 '권력(상품이 아니라)의 물신숭배'가 될 것이다.

그러나 그러한 작품은 쓰인 적이 없다. 그 어떤 분석도 자본주의의 경제적 기능을 기술했을 때와 마찬가지로 시계의 동력장치에 비유할 만한 체계적인 분석을 제시하지 못했다. 마르크스주의는 자본주의 경제이론을 완성했음에도 전(前)자본주의 사회를 위한 정치이론(그리고 거기서 출발하는 정치에 관한 일반이론)을 구축하지 못했다. 기껏해야 여러 자본주의 사회에서 관찰되는 '정치/경제' 사이의 관계를 구체적으로 분석(특히 프랑스혁명기에 초점을 맞춘 마르크스의 정치적 수고를 통해)할 뿐이다. 그 속에서 그의 분석은 정치영역의 자율성 수준을 강조하며, 거기서 파생되는 권력과 자본 사이의 갈등을 강조한다.

문화적 측면에 대해 말하자면, 그것은 더욱 미지의 상태로 남아있다. 문화적 현상(예를 들면 종교)에 대한 경험적 관찰은 오늘까지도 직관적인 평론 수준을 전혀 넘어서지 못하고 있다. 이것이 문화적인 측면에서 역사를 다루는 분석이 문화주의에 영향을 받을 수밖에 없는 이유이다. 이는 문화적 특성을 초역사적인 불변항으로 취급하는 경향을 의미한다. 일반적으로 문화영역은 검증된 정의를 수용하지 못한다. 이러한 정의는 해당 사회가 수용한 사회적 역동성에 따라 모습이 다른 잠재적 이론(théorie sous-jacente)에 의존하기 때문이다. 이런 이유로 모든 민족의 사회발전에 필요한 공통의 요인이 무엇인지를 탐구하느냐 아니면 그것을 거절하느냐에 따라, 외견상 달라 보이는 다양한 문화가 공유하는 비슷한 특징을 강조할 수도 있고, 아니면 반대로 이들 문화의 고유성과 특수성에 관심을 집중할 수도 있다. 결국, 총체적인 사회현실과 관련된 세 차원의 분절 양식은 각각의 양식이 역동적으로 기능함에 따라 거의 미지의 상태로 남게 된다. 이로 인해 우리는 경험적 논거라든지 혹은 매우 일반화된 추상성(물적 토대에 의한 '최종심급'에서의 결정이라는 확신)을 넘어설 필요성에 직면한다. 문화영역에서 이와 같은 의미 있는 진보가 실현되지 못한다면, 논쟁은 감상적인 대응이나 낭만적인 의견으로 인해 혼란스러워질 수 있다.

아래에서 필자가 제안할 가설은 앞서 언급된 결함을 바로잡을 수 있는 어떤 권력이론이나 문화이론이 아니다. 그보다는 오히려 문화주의에서 해방된 패러다임을 구성하는 데 도움을 주는 가설이다.

인간의 문화가 다양하다는 인식은 처음에는 통속적이다. 따라서 문화의 본질과 효과를 개념적으로 파악하는 것이 어렵다는 사실은 잘 드러나지 않는다. 특정 문화의 시·공간적 경계는 어디인가? 해당 문화의 독창성을 정의하는 근거는 무엇인가? 예를 들어 오늘날 우리는 언어적 다양성에도 불구하고 서구 전체를 하나의 유럽문화로 포괄할 수 있는가? 만일 그렇다면, 저발전 상태에 머물러 있는 라틴아메리카를, 혹은 비유럽의 역사인 일본을 거기에 포함할 수 있는가? 혹은 아랍권이나 아랍·이슬람권을, 혹은 흑아프리카나 인도를 각각 단일한 문화로 지칭할 수 있는가? 아니면 그러한 포괄적인 개념화를 거부하고, 거대 문화체를 구성하는 하위 문화권의 특수성을 일일이 확인하는 데 만족해야 하는가? 지역적 특수성의 끊임없는 톱니바퀴 속에서 경계가 나뉠 수 있는 곳은 어디인가? 게다가 관찰된 차이의 유효성은 무엇이고, 그것이 사회발전에 끼치는 영향력은 무엇인가?

이러한 질문과는 별도로 우리는 동일 수준의 발전단계에 도달한 서로 다른 사회가 공유하는 공통의 특성을 강조할 수 있다. 이를 토대로 우리는 공동체 단계에서 공납제 단계를 구분한 바와 같이 공동체 문화(culture communautaire)에서 공납제 문화(culture tributaire)를 구분할 수 있다. 그리고 이러한 일반적인 추론을 바탕으로 해당 문화의 특수성을 열거할 수 있다. 여기서 필자의 숙고가 인도하는 가설은 모든 공납제 문화는 절대진리의 추구로 이해되는 형이상학적 열망을 중요시한다는 사실이다. 공납제 사회를 지배하는 이러한 종교적 특징이나 혹은 유사종교(quasi-religieux)적 특징은 이들 사회가 재생산되기 위해 필요한 실질적인 욕구이다. 이와는 달리 자본주의 문화는 부차적인 진리를 추구하면서 형이상학에 대한 열망을 포기한다. 더욱이 새로운 자본주의 사회의 고유 이데올로기는 해당 사회의 재생산에 필요한 경제주의 담론의 지배를 수용한다. 여기서 경제주의는 경제법칙을 객관적인 법칙으로 고려하며, 따라서 그것을 마치 해당 사회의 자연의 힘처럼, 달리 말해 자본주의적 사회관계 외부에 존재하는 힘으로 간주하는 것을 이른다.

지배이데올로기의 무게중심이 형이상학적 소외(종교적 소외나 혹은 자연상태에서의 소외)에서 시장 소외(경제주의에 고유한)로 이동한 것은 공납제 시대에서 자본주의 시대로의 이행을 보장한 문화혁명의 핵심적인 내용이다. 이러한 혁명은 확실히 형이상학적 열망이나 종교를 부인하지 않지만, 종교에 내재한 유연성을 바탕으로 그것을 새로운 세계에 적용하기도 하고 혹은 사회질서의 정당성 영역 밖으로 그것을 내쫓기도 한다. 따라서 자본주의적 문화혁명은 항상 특별한 효과를 누리는데, 그것은 자본주의가 마치 종교에 대한 재해석을 바탕으로 실현되는 것처럼 종교혁명으로 이해된다는 사실이다.

그러나 이것이 전부는 아니다. 필자는 자본주의 사회와 마찬가지로 공납제 사회에서도 미완의 주변부 사회와 완성된 중심부 사회를 구분할 것을 제안한다. '중심부/주변부'라는 대립개념이 드러내는 특징은 분석의 열쇠 가운데 하나인데, 연속적인 두 사회 체제, 즉 공납제 사회와 자본주의 사회에 내재한 지배적인 특징이 바로 이것이다. 자본주의에서 '중심부/주변부'의 대립은 경제 개념으로 정의된다. 한쪽에는 지배적이며 완성된 자본주의 사회가, 다른 한쪽에는 후진적이고 미완성된 피지배 자본주의 사회가 존재한다. 이러한 경제적 지배(그리고 그것의 결과물인 종속)는 '실제로 존재하는(réellement existant)' 자본주의가 전 세계로 팽창하며 나타난 결과이다. 이와는 달리 공납제 사회에서 중심부나 주변부의 형태는 경제 개념으로 정의되지 않으며, 경제적 지배나 종속의 개념으로는 더욱더 설명되지 않는다. 오히려 그것은 국가의 건설이나 이데올로기의 내용이 완성되었는가 혹은 미완성되었는가의 정도에 따라 규정된다. 이런 이유로 필자는 유럽의 봉건사회를 주변부 공납제 사회의 사례로 파악한다. 사회권력이 분산되어 중앙집권화된 국가가 존재하지 않았다는 사실은 이러한 주변부적 특징을 가장 잘 드러낸다. 중심부 공납제 사회와 주변부 공납제 사회 사이에 존재하는 이러한 대립은 이데올로기와 문화의 수준에서 의미 있는 차이를 보여준다.

그런데 자본주의로 이행하는 과정에서 역사는 주변부 공납제 사회보다 중심부 공납제 사회가 훨씬 더 많은 어려움을 겪었다는 사실을 보여주는 것 같다. '덜 발전된 사회'의 더 큰 유연성이 불균등발전론(théorie du développement inégal)의 핵심적인 사안을 구성하는 것처럼 보인다는 것이다.

이 장에서 필자는 공납제 문화의 중심부와 주변부 형태를 이론적으로 다룰 것이다. 그리고 이러한 숙고는 유럽의 중세 기독교 문화권과 동방의 아랍·이슬람 문화권 간의 비교를 통해 전개될 것이다. 이러한 가설의 일반적인 유효성은 다른 문화권, 특히 중국이나 유교권으로 확대될 수 있다는 점에서 증명될 수 있다.

자본주의는 세계적인 규모로 팽창하면서 두 가지 보편주의적인 요청을 만들어냈다. 하나는 사회를 과학적으로 분석하는 차원에서, 다시 말해 모든 사회를 발전시키는 보편적 법칙을 발견하는 차원에서 그러했으며, 다른 하나는 사회가 역사적 한계를 극복할 수 있게끔 이끄는 인간의 보편적인 기획을 정교화하는 차원에서 그러했다.

그렇다면 사회가 직면한 역사적 한계는 무엇인가? 그 대답은 자본주의 그 자체에 대한 이해에 달려있다. 그런데 여기에는 두 가지 이해가 가능하다. 하나는 최고의 추상화 수준—달리 말해 '자본/노동' 사이의 모순—에서 자본주의를 정의하면서 경제주의가 부과하는 방식으로 자본주의 사회의 역사적 한계를 정의하는 것이다. 이러한 시각은 운명적으로 사회발전에 대한 '단계적인(étapiste)' 인식을 요구한다. 따라서 후진적인 (주변부) 자본주의 사회는 자신의 한계를 극복할 수 있는 (혹은 극복하는 데 필요한) 도전에 나서기에 앞서 선진 사회의 모델을 '따라잡아야' 한다는 논리가 도출된다. 그런데 다른 하나는 앞서 제안한 '현실자본주의'에 대한 분석을 강조하는 것이다. 여기서 현실자본주의는 자본주의가 전 세계로 팽창하면서 그 자체의 체제 내에서는 극복하기 힘든 '중심부/주변부' 사이의 양극화를 조장하는 체제를 일컫는다. 이러한 시각에서 우리는 불균등발전의 두 번째 명제와 마주한다. 즉 자본주의적 사회조직은 체제의 중심부보다는 주변부에서 명백하게 드러나듯이 더욱 심각한 문제를 초래한다는 명제이다.

상황이 이러함에도 불구하고 자본주의가 생산한 이데올로기는 '따라잡기'라는 과제에 화답할 수 있는가? 사실상 역사발전의 과정에서 자본주의는 왜곡된 보편주의(universalisme tronqué), 즉 자본주의가 확산하면서 초래한 문제를 스스로 해결할 수 없는 그러한 보편주의만을 제안해오지 않았던가? 그렇다면 우리가 진정으로 보편적인 문화를 기획할 수 있게끔 만드는 요소는 무엇인가? 이것이 필자가 다음 장에서 다루려고 하는 질문이다.

세계를 정복했던 유럽문화는 두 시기로 나뉘는 역사를 통해 형성되었다. 르네상스 시기까지 유럽은 유럽인과 아랍인, 기독교인과 무슬림을 아우르는 지역적 공납제(système tributaire régional)에 속해 있었다.

그러나 이 시기까지 대부분의 유럽은 이러한 공납제의 주변부에 해당했고, 그 중심부는 지중해의 동쪽 연안이었다. 이러한 지중해 체제는 뒤이어 나타날 자본주의 세계체제를 일정한 방식으로 예견한다. 요컨대, 자본주의 세계체제가 형성되기 이전의 역사적 형국을 보여준다는 것이다. 자본주의 세계체제가 형성되기 시작한 르네상스 시기부터 중심부였던 구(舊)지중해 지역은 주변화되어갔지만, 대서양 연안의 주변부는 점차 중심부로 전환되었다. 새로운 유럽문화는 지중해 남부의 세계와 소위 유럽이라고 불리는 일련의 지역 사이를 대립시키는 신화를 둘러싸고 건설되었다. 이제 유럽이 '중심부/주변부'의 새로운 경계가 된 것이다. 유럽중심주의의 모든 것은 이와 관련된 신화를 구축하는 과정에 담겨 있다.

이 장에서 필자는 '유로·아랍(euro-arabe)' 지역의 공납제 이데올로기가 어떻게 형성되었는지 그 단계를 재검토할 것을 제안한다. 그리하여 공납제 이데올로기의 중심부만큼이나 주변부까지도 정의할 수 있는 특징을 끌어낼 것이다. 그리고 이를 바탕으로 도출된 공납제 이론을 다른 문화권에 확대 적용함으로써 그 유효성을 심사해볼 것이다.

제2장

동지중해(euro-orientale) 권역에서 형성된 공납제 이데올로기

1. 고대 시대

고대 시대는 복수로 표현된다. 그러므로 고대 '시대들'이라 말해야 한다. 해당 지역의 지리를 검토해볼 때, 국가와 사회계급이 탄생할 정도로 놀라운 생산력 발전을 이룬 지역은 서로 명백히 고립되어 있었다. 수천 년 동안 이집트, 메소포타미아, 페르시아, 그리고 그 후의 그리스는 이처럼 상대적으로 고립되어 있었다(이러한 고립은 나일강과 메소포타미아 계곡의 가장 오래된 고대문명에서 더욱 현저했고, 기독교가 전파되기에 앞서 천년 가까이 성장한 그리스에서는 덜 뚜렷했다). 이들 문명(공납제 생산양식을 특징으로 하는)은 야만성이 일반적이고 지배적이던 대양의 한복판에 존재하는, 달리 말해 여전히 공동체 생산양식이 지배적이었던 세계의 내부에 존재하는 작은 섬들이었다.

이들 문명은 각각 독특한 구조와 나름의 특징을 가지고 있다. 그러므로 이념체계의 수준에서 이들 문명과 관련된 하나의 공통분모를 찾는다는 것은 모종의 도박처럼 여겨질 수 있다. 그런데도 상당한 시간이 흐른 덕분에 그리스 시대 이전(도리아인 침입 이전)까지의 장구한 역사에 몇 가지 고유한 공통의 특징을 추려낼 수 있다. 그것은 엄밀히 말해 뒤이어 나타날 중세의 사상이나 이데올로기가 드러내는 특징과는 대조적이다.

먼저, 야만인(켈트인, 게르만인, 슬라브인, 베르베르인, 아랍인)이든 문명인(이집트인, 아시리아인, 바빌로니아인, 페니키아인, 히타이트인, 페르시아인, 그리스인)이든 간에, 이 단계의 특징은 모든 민족(적어도 검토 대상이 된 지역)에게 공통적이었다. 달리 말해 이 단계에서 공동체 사회의 사고방식과 초기 공납제 사회의 사고방식 간에는 질적으로 현저한 차이는 존재하지 않았다. 물론 양적으로는 다소간 의미 있는 차이가 존재했고, 질적으로 부분적인 '도약(percées)'이 존재했던 것도 사실이다. 이에 대해서는 나중에 살펴볼 것이다.

둘째, 이 단계에는 경험에 대한 과학적 실천은 존재했지만, 과학적 사상은 존재하지 않았다. 농업, 목축, 항해, 건설 및 수공업(직물, 도자기, 야금술) 분야와 관련된 경험적 실천은 인류의 역사만큼이나 오래된 것이다. 물론 이러한 활동은 생산력 발전과 직접적으로 연관이 있으며, 긴밀한 변증법적 관계를 바탕으로 생산력을 발전시키는 원인이자 결과이다. 그러나 이러한 경험적 실천이 추상적인 의미에서의 과학적 체계화를 의미하는 것은 아니다. 분명하게 말하지만 경험적 실천이 한 사회에서 다른 사회로 전이되는 것은 일반적인 현상이다.

셋째, 우주, 인류(특히 신화 속의 민족), 사회질서(분업, 가족 구성, 여러 세력 등)의 형성과 관련된 해당 지역의 신화는 각 지역의 지역성을 토대-그것이 일반적이다-로 한다. 이들 신화는 보편성을 주장하지 않는다. 자연을 효과적으로 정복한 경험적 실천과 해당 신화 사이에는 결코 일관적이고 체계적인 관계가 존재하지 않는다. 다양한 형태의 지식이 병치-요컨대 경험적 실천을 통해 과학적인 것으로 인식되는 지식과 그것이 좌절된 지식 사이의 병치-되는 것은 고대적 사고의 특징이다. 이러한 조건에서 서로 다른 사회의 문명차가 어떠하든지 간에 신화는 동등한 가치를 지닌다. 오시리스와 이시스의 신화, 그리스 신화, 켈트 신화 혹은 다른 신화-외삽법(extrapolation)을 적용한다면 여기에는 아프리카 신화나 인도·아메리카 신화 등도 추가될 수 있다-와 성경(Bible)은 서로 동등하다. 이들 신화에 대한 어떠한 위계적인 분류도 의미가 없다. 이들 가운데 일부 신화-특히 성경(Bible)에 등장하는-가 고대 시대 이후에도 존재했다거나 혹은 중세사상과 이데올로기를 통합했다고 해서 해당 신화가 어떤 우월한 내재적 가치를 지니는 것은 아니다.

넷째, 이 단계의 사회사상-분명히 존재했던-은 과학을 표방하지 않았으며, 심지어 사회가 과학적인 숙고의 대상이 될 수 있다는 의식조차 하지 않았다. 사회사상은 기존의 질서를 영원한 것으로 이해하고 정당화했을 뿐, 그 이상은 아니었다. 진보의 관념은 존재하지 않았다.

그러나 이들 문명에 공통적이었던 이러한 일반적인 특징에도 불구하고, 다음 시기에 출현할 이데올로기와 사고방식을 예고했던 몇 가지 도약을 언급할 필요가 있다. 필자는 이것을 네 가지로 언급할 것이다.

1) 이집트인은 다른 민족에 앞서 도덕적 정의에 대한 내재적 관념과 영생에 대한 관념을 만들어냈는데, 이러한 관념이 인본주의적인 보편주의로의 길을 열어젖혔다. 헬레니즘 이전의 그리스를 포함하여 곳곳에서 '영혼(âme)'과 인간의 사후적 운명은 불확실하고 애매하고 모호했다. '망자의 영혼(esprits des morts)'은 생자의 세계에 개입하는 불길한 힘으로 인해 상대적으로 두려운 것이었다. 따라서 이집트인은 '불멸의 영혼(âme immortelle)'과 '개인화된 보상과 처벌'이라는 관념을 창조해내며 진전을 이루었다. 게다가 이러한 진전은 인간 행동의 동기와 의도를 주의깊게 살피는 보편적인 도덕이 성장하는 계기가 되었다. 오늘날 영혼불멸성(immortalité)이나 신적 정의(justice divine) 등은 종교적인 신앙의 차원에서 논의될 뿐, 더는 '명백한 사실'이나 '입증된 과학적 사실'로서 여겨지지 않는다는 점은 그리 중요한 문제가 아니다. 도덕의 측면에서 이집트인이 일궈낸 이러한 보편주의적 도약은 후일 인류 지성의 핵심이 된다. 그러나 이집트인의 고안품이 일반상식으로 인정되기까지는 수 세기가 소요되었다. 나중에 우리는 해당 사례를 '지옥과 천국, 개인책임과 예정론, 신앙의 토대'를 둘러싼 기독교와 초기 이슬람교 사이의 논쟁을 통해 검토할 것이다.

이집트의 실제적 기여는 이러한 도덕적 보편주의에 있는 것이지, 흔히 거론되듯 아크나톤(Akhenaten)이 창안한 일신론(monothéisme)에 있는 것이 아니다. 내재적 정의와 관련된 이러한 보편주의 개념은 모든 형태의 종교적 신앙과 양립할 수 있다. 예컨대, 힌두교의 풍부한 종교사상이 예시하는 범신론(panthéisme)과도 양립할 수 있다. 이와는 반대로 일신론은 다른 공납제 사회보다 더욱 선진적인 이집트의 절대주의 권력이 만들어낸 산물이다. 실제로 일신론의 논리는 절대권력의 정치적 단순화에 화답한 것-적어도 부분적으로는-이기 때문에 바로 이 지역(다른 지역이 아닌)에서만 필수 불가결한 조건이 된다. 따라서 일신론의 원리가 중세 시기와 관련된 모든 지역에서 공납제 이데올로기의 핵심 가운데 하나를 차지한다는 사실은 놀라운 일이 아니다. 이에 비해 공납제 발전 과정에서 덜 발전된 국가로 퍼져나간 일신론의 원리는 풍성한 결과를 가져오지 못했다. 잘 알려져 있듯이 유대교도 이집트의 일신론을 바탕으로 형성되었지만, 본질적인 수준에서는 유대교를 원시상태에 머물게 했다. 유대교는 보편주의적인 열망을 상실한 종교('선택된 민족'의 종교라는 배타적인 차원에서)로 남았고, 신화(성경)에 대한 집착이 두드러졌으며, 그리고 어떤 의미에서는 이집트인이 도달했던 수준의 내재적 정의를 받아들이지 못했다. 확실히 유대인(과 유대교)은 헬레니즘-필론 알렉상드리아(Philon d'Alexandrie, 기원전 20?~서기 45?) 시대의-과 이슬람교-특히 안달루시아 지방의-의 진화로부터 수혜를 입었으며, 계속해서 유럽의 기독교와 근대 자본주의의 도움을 받았다. 그렇기에 그들은 더욱더 자유로운 방식으로 자신의 신앙을 재해석할 수 있었다.

2) 고대적 도약은 그리스에서 만개했으나, 그 결과는 먼 훗날 중세시대에 나타났다. 이러한 도약은 과학적 추상화, 자연철학, 사회사상 등의 형태로 전개되었다.

경험주의적 실천-인류사만큼이나 오래된-은 더욱더 체계적인 수준의 추상화를 요구하는 인간의 정신에 문제를 제기하기 시작했다. 천문학(astronomie), 계산법(calcul), 수학(mathématique)의 탄생은 이러한 실천의 첫 번째 흐름을 형성했으며, 화학(chimie)과 물리학(physique)이 그 흐름을 뒤따랐다. 메소포타미아의 천문학과 이집트의 계산법이 진전된 이후 그리스의 수학은 질적으로 진화했는데, 비록 아랍인 덕분에 더욱 풍성해지긴 했지만, 근대 이전까지는 누구도 넘어설 수 없는 수준이었다. 따라서 수학은 경험주의적 실천이 요구되기 이전에도 스스로 발전하고 있었으며, 그렇게 논리학의 첫 장에 영향을 주고 있었다. 그러나 다양한 방식의 경험적 실천과 수학의 관계는 여전히 미미한 수준이었기 때문에, 신화적인 방향으로의 일탈은 불가피한 절차였다.

자연철학의 개념이 형성되기까지 한편에서는 수학과 논리학 사이의 새로운 결합이, 다른 한편에서는 수학과 경험주의적 실천 사이의 결합이 영향을 주었다. 그런데 이것이 창조 신화를 대체할만한 잠재적인 역량을 지니고 있었다. 여기서 필자는 형이상학이 아니라 자연철학에 대해 말하고 있다. 헬레니즘 이전까지는 자연철학이 그리스 철학의 도약을 특징짓는다면, 중세 시기에는 형이상학이 철학 일반과 동의어가 되었다가 근대에 들어서 다시 독점적인 지위를 상실했다. 자연철학은 자연을 지배하는 '일반법칙'을 탐구함으로써 지식체계 전체에 일관성을 부여한 추상화의 한 시도이다. 그런 의미에서 마르크스와 엥겔스가 신중하게 다루었던 자연철학은 세상을 통해 세상을 설명하기 때문에 본래 유물론이다. 물론 이러한 일반법칙의 탐구는 항상 현실적이면서도 상대적인 지식의 한계 때문에 제한을 받는다. 이러한 상대성은 영원한 진실이며, 이 경우 진화(고전적인 기계론 철학에서 근대 자연철학으로의)는 단지 수량의 문제일 뿐이다. 그렇지만 이러한 일반화는 불가피하게도 상대적이며 매우 빠르게 사라져버리기에, 이것이 무모하거나 적절치 않은 것처럼 보일 수 있다.

자연철학-헤라클레이토스(Héraclite, 기원전 540~480)에서 데모크리토스(Démocrite, 기원전 460~364)의 원자론에 이르기까지-은 끊임없이 운동하는 영원한 우주라는 원리를 가정하면서 도약을 성취했다. 그렇지만 이 원리와 중세 시기의 종교적 신앙(헬레니즘, 기독교, 이슬람교)과의 조화는 뒤에서 살펴보겠지만 쉽게 수행되지 않았다.

한편, 그리스의 사회사상은 사실상 이처럼 놀라운 도약을 성취하지 못했다. 사회사상의 분야에서 역사를 과학적으로 설명하는 데에는 사실상 이븐 할둔(Ibn Khaldun, 1332~1406)의 출현을 기다려야만 했다.

그리스는 다른 국가, 특히 이집트의 영향을 많이 받았다. 특히 기술 분야의 영향은 그리스 문명이 개화하는 데 결정적이었다. 그런데도 이집트의 도덕적 보편주의는 소크라테스와 플라톤 시대에 와서야 뒤늦게 소개될 수 있었다.

여기서 우리가 지적해야 할 부분은 이처럼 다양한 영역에서 성취된 고대적 도약이 아직 총체적인 전망 속에서 파악되지 못했을 뿐 아니라, 그들 사이에 어떤 강력한 연결고리도 존재하지 않았다는 사실이다. 헬레니즘을 거쳐 기독교와 이슬람교로 이어진 형이상학은 이러한 종합을 수행했지만, 그 가운데 단지 몇 가지 파편적인 요소만이 고대 그리스가 황금기를 구가할 때까지 살아남을 수 있었다.

3) 메소포타미아에서 성취된 도약이나 혹은 인도에서 페르시아를 거쳐 전파된 도약이 같은 차원에서 파악될 수는 없다. 여기서 우리는 이것들이 훗날 중세 시대가 열릴 때 나름의 임무를 수행했다는 사실만을

상기하도록 하자.

메소포타미아의 기여는 무엇보다 천문학을 제공해주었다는 사실에 있다. 천문학은 본래 묘사적이기 때문에 매우 구체적이고 세밀했다. 이 유산은 헬레니즘 시기에 더욱 발전했고, 주지하다시피 아랍 문명과 근대 시대를 거치면서 지속해서 성장했다. 그러나 이것이 우리가 다루고자 하는 내용의 본질은 아니다. 칼데아인(Les Chaldéens)도 마찬가지로 우주에 대한 일반적인 신화를 창조했기 때문이다. 이들의 신화에서 별은 '현세(monde infralunaire)'라 불리는 것과의 관계를 바탕으로(혹은 그러한 토대에서) 배치되었다. 과학적 천문학과 모호하게 연결된 이러한 신화를 바탕으로 칼데아인은 점성술을 만들어냈다. 그런데 이들의 신화와 여기서 파생된 점성술은 중세의 건설과정에서 자신의 임무를 총체적으로 수행했다.

4) 필자의 관심은 인더스강 동쪽의 문명이 일궈낸 사상적 발전, 과학적 공헌, 신화 등과 관련된 것이 아니며, 또한 그들의 범신론, 도덕, 삶에 대한 총체적인 인식 등을 정교화하는 작업도 아니다. 그렇지만 이곳에서 '영혼'을 개념화하는 방향으로의 도약이 매우 이른 시기에 시작되었다는 점을 지적해야만 한다. 이러한 개념화는 어떤 특수한 철학과 밀접하게 연결되어 있다. 그것은 지식과 행복을 충만케 하기 위해 개인을 자연의 제약에서 초탈하게끔 이끄는 철학이다. 이것을 금욕주의(ascétisme)라 부르는데, 해방의 수단으로서의 금욕주의에 대한 이러한 호소는 중세 초기부터, 다시 말해 헬레니즘 시기부터 인도를 넘어 동방을 거쳐 서구에 전파되었으며, 기독교 세계와 뒤이은 이슬람 세계로 뻗

어나갔다. 이러한 관념이 중세의 건설과정에 통합되었기 때문에 여기서 이 사실을 언급할 필요가 있다. 그러나 영혼 충만을 실현하려는 이러한 관념이 윤회(métempsycose)와 관련된 독특한 신화와 만나면서 두 번째 관계를 형성했는데, 이것이 일종의 대파란(péripétie)을 일으켰다. 이들 관념이 기독교나 이슬람교의 기본적인 교리와 양립 불가능했기 때문에 결국 폐기되었던 것이다.

이상의 내용을 바탕으로 필자는 다음의 가설을 내세운다. 즉, 이 지역 전체에서, 그리고 이처럼 장대한 기간에 걸쳐 우리가 관찰한 것은 사실상 느린 변화이기는 하지만 공납제 이데올로기가 형성되었다는 사실이다. 따라서 공납제 양식은 그 형태가 어떠하든 간에 재생산이라는 근본적인 요구에 화답하는 '세계에 대한 총체적 전망'—세계관(Weltanschauung)이라는 의미에서의—을 형성했다는 가설이다.

이 체제에서 착취관계가 분명한 이유는 이데올로기적 지배와 그러한 지배의 신성화가 동시에 요구되었기 때문이다. 앞선 공동체 관계는 그러한 정합성을 갖추지 못했다. 그것이 야만적인 형태의 고대 사상이 경험주의나 혹은 자연·사회에 관한 신화와 별다른 어려움 없이 공존했던 이유이다. 공납제 형태로 조금씩 이행함에 따라 더욱 강력한 정합성이 요구되었으며, 추상적인 성격의 지식은 형이상학 일반으로 통합되었다. 그러다가 사회관계—특히 자본주의 체제에서의—가 혼란해지고, 그러한 혼란이 신성시되었던 지배이데올로기를 전복시켜 경제적 지배로 대체한 것은 근대에 이르러서였다. 새로운 경제적 지배—자본주의를 폐지해야만 탈신성화할 수 있는—는 이와 같은 방식으로 형이상학 전반에 대한 열망을 거부하는 조건을 만들어냈다.

공납제 이데올로기는 중세 시기 전반에 걸쳐 번성했는데, 고대 이집트는 해당 이데올로기의 점진적인 성장과정에서 특별한 위상을 차지한다. 이 이데올로기의 핵심적인 내용은 이미 이집트가 이룩한 도약 안에 내재해 있다. 이집트는 사회질서를 정당화하는 도덕(보편주의적인 잠재력을 지닌)을 포괄적인 형이상학으로 전환했으며, 헬레니즘뿐 아니라(당대의 사상가가 자발적으로 인정하듯이) 기독교·이슬람교가 형성되는 데 핵심적인 역할을 했다.

중세 스콜라주의 형이상학(헬레니즘, 동방 기독교, 이슬람교, 서구 기독교라는 네 가지의 연속적인 형태를 바탕으로)은 공납제 생산양식이 만들어낸 이데올로기의 전형–그 내용과 작동방식(*modus operandi*)은 사회의 경제적 토대와 관련지어 뒷부분에서 검토할 것이다–이다. 여기서 우리는 세계의 다른 지역(중국, 인도 등과 같은)에서 출현한 여러 유형의 공납제 이데올로기를 다루지 않겠지만, 이들 이데올로기가 각자의 개성에도 불구하고 모두 공납제적 재생산이라는 근원적인 요청에 부응해왔다고 주장할 수 있다.

반면, 원시공산제에서 계급사회를 거쳐 국가로의 긴 이행기에 걸쳐 있는 공동체 생산양식의 이데올로기는 그 본질이 질적으로 다른 것이다. 이 이데올로기의 핵심적인 내용은 자연에 극도로 의존한다는 사실(생산력의 미약한 발전 수준으로 인해)과 계급 및 국가의 발전이 아직까지 맹아 수준에 머물러 있다는 사실에 있다. 이러한 공동체 이데올로기는 이른바 자연이데올로기(idéologie de la nature)이다. 여기서 인간과 사회는 자연(동물, 식물, 환경)을 달리 표현한 것이며, 그렇게 인식된다. 사회적 현실이 형성되는 과정이나 자연과의 관계가 개념화되는 과정에서 친족이 점차 중요해지자 그 형식과 내용이 원시공산제에서 공동체 사회로 옮겨갔다. 하지만 이러한 이행과정은 여기서 다루고자 하는 분석의 범위를 벗어난다. 고대 시대는 이러한 공동체적 진화의 마지막 단계, 즉 공납제 이데올로기로의 일종의 이행기를 구성한다. 여기서 고대 시대의 '원시적인' 측면(공동체 이데올로기의 흔적이라고 할 수 있는)이 도출된다. 만일 이집트에서 공납제 이데올로기로의 도약이 실현되었다면 더는 놀라운 것이 아니다. 왜냐하면, 사회적인 수준에서 이집트는 이미 완성된 공납제 사회에 도달했기 때문이다.

앞서 소개한 고대 동방의 사상은 이 권역에 속한 각 지방의 독특한 기여를 강조하는 방식으로 구성된다. 이들의 특수성은 일반적인 사회발전의 단계에서 같은 시기에 다양한 문화가 공유하는 유사성을 배제하지 않는다. 이것이 해당 권역의 사회들이 서로 물질적·기술적으로 교환할 수 있었던 이유이며, 그것을 인지할 수 있었던 이유이다. 게다가 그러한 교환은 사상의 영역을 더욱 견고하게 만들었다. 여기서 검토된 이와 같은 특수한 기여는 중세 형이상학이 형성되는 추후의 과정에서 의미를 확보하는데, 뒷장에서 살펴보듯이 중세 형이상학은 이러한 기여를 총체적으로 종합할 것이다. 그러므로 중세 형이상학이 형성되는 이러한 점진적인 과정에서 '동방'의 사상(그리스를 배제한)과 그리스 사상(그리스 사상을 근대 유럽사상의 기원으로 여기기 때문에)은 어떠한 방식으로도 서로 대립하지 않는다. '그리스는 서구'이지만, '이집트, 메소포타미아, 페르시아는 동방'이라는 대립적인 인식은 유럽중심주의가 만들어낸 인위적이고 사후적인 논리이다. 이 지역에서 문화적인 경계는 전반적으로 후진적인 서유럽·북아프리카와 다소 선진적인 동방을 구분하는 지점에서 지리적으로 형성되었기 때문이다. 게다가 유럽, 아프리카, 아시아를 구분하는 지리적인 요소는 문명사적으로 어떠한 적실성도 없다. 그런데도 유럽중심주의는 지중해를 남북으로 가르는 근대적 단절을 과거로 투사하여 과거를 해석하고 있다.

2. 중세 이데올로기의 일반적인 특징

알렉산더제국(Empire d'Alxandre)의 건설은 이 지역에서 진정으로 새로운 시대를 개척했다. 여러 민족의 상대적인 고립을 결정적으로 종식했고, 추후 진행될 통일에 대한 전망을 열어젖혔기 때문이다. 그 당시까지 국경을 넘어선 침략적 정복은 효과도 미미하고 내일도 기약할 수 없는 우발적인 사건에 지나지 않았다. 이집트는 야만 유목민족의 침략을 더욱 효과적으로 방어할 때를 제외하고는 서아시아 인접국의 국경을 넘어선 적이 없었다. 아시리아나 페르시아의 팽창은 헬레니즘이 차후에 실현할 업적에 버금갈 정도로, 요컨대 지배계급이나 문화의 통합을 이룩할 정도로 강하지도 지속적이지도 못했다.

사실 헬레니즘의 통합은 그리스·이집트에서 페르시아에 걸치는 동방에 한정된 것이었다. 그러나 이러한 통합은 이 지역의 모든 문명을 포함할 뿐 아니라, 서로 고립되어 점차 쇠락의 길을 걷던 다소 야만적인 지역을 포괄했다. 뒤이어 형성된 로마제국은 동방의 헬레니즘에 어떠한 기여도 하지 못했다. 단지 헬레니즘 문명과 그 문화의 요소를 이탈리아, 켈트, 베르베르, 그리고 종국에는 게르만 권역을 포괄하는 서구 세계에 전파했을 뿐이다.

이러한 통합은 광범위한 권역에 분포해 있던 국가와 민족의 독립을 거의 절대적으로 결정지었고, 후일 '유로·아랍권(혹은 기독교·유럽권과 이슬람교·아랍권이라는 두 세계)'을 형성하는 데 결정적인 계기를 만들었다. 그렇다고 이것이 일국이나 혹은 소수의 '강대국'이 모든 지역을 매 순간 지배했음을 의미하지 않는다. 그보다는 정치적 분열–중세 유럽에서 극단으로 치달은–이나 혹은 좀 더 온건한 의미에서의 정치적 파국이 동일 문화권을 형성하는 계기가 되었다는 것을 의미한다. 후일 근대 유럽이나 근대 아랍의 국가들은 이러한 파국을 토대로 형성되었으며, 물질적이고 정신적인 측면에서 긴밀하고 영속적인 교류 관계를 구축해 나갔다.

그렇다면 이 세계는 하나의 세계인가, 아니면 서로 다른 두 개의 세계인가? 천년에 걸친 분열은 더욱 위계적이고 문명화한 동방(비잔틴제국의 토대라고 할 수 있는)과 반쯤은 야만적인 서구를 가른다. 뒤이은 천오백 년 동안의 분열은 북부(유럽의 기독교권)와 남부(아랍, 터키, 페르시아를 포함하는 이슬람권)를 나누는 방향으로 이동한다. 유럽 문명은 점차 북부와 동부의 민족을 포섭하며, 지중해 남부의 이슬람 문화는 마그레브인(Maghreb)을 포섭한다. 그러나 이러한 연속적인 두 분열은 단지 상대적일 뿐이다. 왜냐하면, 기독교와 이슬람교는 헬레니즘의 서로 다른 계승자이며, 이런 이유로 이들 문화는, 비록 어떤 순간에는 철천지 원수였다고 할지라도, 쌍둥이 형제나 다름없기 때문이다. 후일 새로운 체제에서 문명의 경계가 지중해를 중심으로 중심부와 주변부로 나뉘는 것은 오로지 유럽이 자본주의로 진출하기 시작한 르네상스 이후 근대 시기일 개연성이 크다. 이때부터 유럽은 이론의 여지 없는 세계화로 나아간다. 중세의 세계(이슬람 세력권의 유럽을 포함하는)는 단일 문화권을 포기하고 두 세계로 분리되며, 유럽은 지중해 남부 민족과의 관계를 단절하면서 불균등해진다. 이집트와 관련하여서도, 해당 지역의 역사에 결정적이었던 헬레니즘적 통합은 앞선 역할에 종지부를 찍는다. 향후 이집트는 더욱 거대한 문화권의 일부 지역으로 축소된다. 이러한 상황에서 이집트는 상대적으로 종속적인 지위–헤지라(Hégire) 이후 첫 삼백 년에 걸친 비잔틴제국의 지배와 17~18세기에 걸친 오스만제국의 지배에 의해–에 놓이기도 했고, 혹은 반대로 이 지역의 무게중심–프톨레마이오스왕조(Ptolémique), 파티마왕조, 맘루크왕조 시기와 19세기 초반에 개시된 아랍민족 부흥운동의 과정에서–이 되기도 했다. 그러나 이집트는 고대 시대에 삼천 년에 걸쳐 빛났던 자신의 '눈부신 고립'을 더는 누리지 못했다.

이처럼 헬레니즘적인 통합이나 뒤이어 나타난 기독교적이거나 혹은 아랍·이슬람적인 통합은 심오하고도 지속적인 효과를 드러냈다. 무엇보다도 이러한 통합은 생산력 발전의 측면에서 기술적 진보와 과학적 지식의 확산을 촉진했으며, 야만 민족에게까지 그것을 전파했다. 또한 사회조직, 정치형태, 언어·문화·종교적 소통, 철학적 관념의 측면에서도 그러했다. 관계가 밀접해짐에 따라 나타난 서로에 대한 상대적인 인식은 새로운 방식으로 토착 종교를 쇠락시키는 한 가지 병폐를 초래했다. 그리고 헬레니즘 시대에 나타난 종교적 통합주의(syncrétisme)는 보편주의적 메시지의 새로운 담지자라고 할 수 있는 기독교와 이슬람교를 위한 토양을 마련해주었다. 우리가 흔히 로마제국의 몰락을 기술하는 데 사용했던 사회적 위기는 생산양식의 위기(부분적으로 이 위기는 그리스와 로마제국에 팽배했던 노예제도에서 비롯되었지만)라기보다는 이러한 총체적이고 복합적인 문제에서 초래된 결과이다.

중세는 세 단계의 시기를 거치면서 발전했다. 첫 번째 단계는 헬레니즘 시기(기원전 삼백 년에 걸친)였고, 두 번째 단계는 기독교 시기–이 시기는 동방에서 먼저 시작되었고(1~7세기 동안), 서구에서는 이보다 한참 늦은 시기에 시작(12세기부터)되었다–였고, 세 번째 단계는 이슬람교 시기(7세기부터 기독교 시대로 접어드는 12세기까지)였다. 나중에 살펴보겠지만 이러한 발전의 핵심은 헬레니즘 시기로 거슬러 올라간다. 신플라톤주의는 기독교 스콜라주의(동방의)와 이슬람 스콜라주의가 형성되는 토대를 제공했으며, 종국에는 이슬람교의 사상이 광범위하게 스며든 두 번째 기독교 스콜라주의(서구의)에 영향을 미쳤다. 분명히 각 시기는 나름의 특징을 드러내며 특수하게 해석될 수 있다. 그러나 필자의 눈에는 개별적인 특수성보다는 이들 시기의 공통점이 압도적이다. 사실 오늘날 중세사상을 총체적인 방식으로 말할 수 있는 이유는 그것이 바로 고대사상과 대립적인 관계를 형성–공유–하기 때문이다.

중세사상을 결정짓는 근본적인 특징은 바로 형이상학의 승리에 있다. 이것은 훗날 철학–혹은 지혜(sagesse)–과 동의어로 취급된다. 이러한 특징은 훗날의 기독교·이슬람교 계열의 스콜라철학에서와 마찬가지로 헬레니즘 내에서도 관찰된다.

형이상학은 우주 전체를 지배하는 궁극의 원리, 달리 말해 '절대 진리(vérité absolue)'를 추구한다. 이것은 개개의 과학적인 방법을 통해 얻어낸 '부분적인 진리(vérités partielles)'에는 관심이 없다. 좀 더 정확하게 말하자면, 형이상학은 이러한 부분적 진리가 우주를 지배하는 궁극의 원리를 발견하는 데 이바지할 수 있을 때만 이들 진리에 관심을 가질 뿐이다. 물론 모든 종교는 정의상 하나의 형이상학이다. 그러나 그 역은 사실이 아니다. 왜냐하면, 종교는 경전에 토대를 두고 있지만, 세속적인 형이상학은 종교적 신앙이 제안하는 모든 구성적 계시로부터 자유로울 때만이 가능한 것이기 때문이다. 훗날 기독교·이슬람교 계열의 스콜라주의가 지적하는 바와 같이, 형이상학은 오로지 연역적 이성을 통해 절대적 진리를 추구하는 데 반해, 종교는 이 지점에서 계시적 경전을 위치시킨다. 따라서 기독교·이슬람 형이상학의 모든 근심은 연역적 이성의 사용과 계시적 경전의 내용(물론 문자 그대로 해석한다는 조건에서) 사이에 갈등이 존재하지 않음을 확립하는 데 놓인다.

형이상학의 승리는 사상적인 측면에서 분명히 엄중한 결과를 초래했다. 그렇다고 이러한 형이상학이 전문적인 과학연구와 기술적인 경험주의를 평가절하했는가? 이론적으로는 그렇다. 그러나 여기서 그러한 진단은 좀 더 분석되어야 한다. 예를 들어 헬레니즘 문명은 아랍·이슬람 문명과 마찬가지로 천문학과 의학 분야에서 중요한 진보를 이뤄냈으며, 아랍·이슬람 문명은 수학·화학 분야에서는 심지어 훨씬 더 앞서 있었다. 결국 개별적인 과학적 호기심은 형이상학의 승리에 효과적으로 저항했지만, 동시에 과학적인 발견을 통해 형이상학을 풍요롭게 하려는 희망을 진작시킬 수 있었다. 기술적 경험주의에 대해 말하자면, 그것은 최근까지도 생산력 발전의 유일한 토대가 되고 있으며, 자신을 멸시하는 광범위한 지적 세력에도 불구하고 자신만의 길을 개척해 나가고 있다.

여기서 새로운 형이상학-스콜라주의로 발전하는-이 언급하는 인간 이성은 전적으로 연역적 이성이다. 그 때문에 형이상학은 배리

(paralogique)와 논리(logique)의 구분이 어려운 삼단논법의 무한궤도(*ad infinitum*)에 빠져 길을 잃는다. 그런데 경험적 실천이 이미 발견했던 것(그것을 공식화하긴 쉽지 않지만)과 근대 사상이 공론화하는 주장은 바로 과학적 지식이 연역법 못지않게 귀납법에도 빚지고 있다는 사실이다. 비록 의학 분야와 같은 몇몇 과학적 실천의 영역에서 귀납법은 항상 당연하게 시행되었지만, 중세의 스콜라주의는 실천을 경시한 나머지 놀라울 정도로 과학적 귀납법을 경시했다. 그런데도 스콜라주의 철학은 이러한 현실을 인지하지 못했다. 기독교·이슬람 스콜라주의 철학이 성취한 발전이 무엇이었든지 간에, 이 철학은 결국 인간의 이성을 오로지 연역적 이성으로 환원했던 한계를 넘어서질 못했다. 이 사실은 뒤에서 확인될 것이다. 오늘날의 아랍 사상도 여전히 이러한 한계에서 벗어나지 못하고 있으며, 따라서 모든 영역의 추론과정에서 배리와 유추가 아주 빈번한 것이 현실이다.

그런데 형이상학의 이러한 승리는 우주생성론(cosmogonie)의 풍요로운 확산을 끊임없이 자극했다. 여기서 우주생성론은 천체의 세계, 지상의 자연, 인간과 동물의 삶, 게다가 사회 등을 동시에 해명해주는 일반이론을 의미한다. 물론 과학적 지식–항상 상대적인–이 우주생성론이 갈구하는 '결정적인 완벽함(perfection définitive)'에 이를 수 없으며, 앞으로도 그러지 못할 것이라는 사실은 말할 필요도 없다. 그러므로 이들 지식은 상상계, 즉 배리에 광범위하게 호소하면서 자의적으로 고착된다. 물론 우주생성론–그리고 형이상학–에 대한 호소는 모든 시대에 걸친 것이지, 중세에 와서 비로소 그러했던 게 아니다. 게다가 그것은 중세의 스콜라주의보다 더 오래 살아남았다. 왜냐하면, 자연철학과 형이상학을 구분하는 경계는 이론과는 달리 쉽게 설정되지 않기 때문이다. 이때 자연철학은 조심스레 말하자면 특정 시기에 확립된 과학적 지식을 일반적인 형식-혹은 그러하다고 인정한 형식-으로 표현한 것이며, 형이상학은 이 모든 것을 단번에 꿰뚫는 것이다. 따라서 자연과 사회를 동시에 지배하는 '일반법칙'을 만들고자 했던 열망은 종종 그것을 잘 이해하지도 못하면서 우주생성론으로 미끄러졌다. 이러한 종류의 악습으로 엥겔스의 『자연변증법(*Dialectique de la nature*, 1883)』과 소련의 '변증법적 유물론(Diamat)'을 들 수 있다. 이를 통해 우리는 다양한 분야의 자연연구와 다양하고 특수한 영역의 사회연구에서 부분적인 진실을 얻어내는 데 만족할 수 있다. 그러나 우주생성론이 종교적인 전망을 강화하거나 '완성'하는 데 이바지할 때는 무관용과 심지어 반과학적 광신주의를 초래할 위험성도 매우 농후하다. 이 때문에 우주생성론이나 거기에서 파생된 결정적인 진리를 인정하지 않는 자들은 산 채로 화형당하기 일쑤였는데, 이는 이슬람권보다는 기독교권인 유럽에서 훨씬 더 빈번했다.

이러한 형이상학은 공납제 생산양식의 전형적인 이데올로기이다. 부와 권력의 불균등이 어디에서 비롯되는지가 분명한 세계의 사회질서는 형이상학의 영향을 받은 우주생성론을 통해 정당화되기 때문이다. 이러한 체제를 수용하고 재생산하는 사회는 이데올로기적 질서가 논쟁의 대상이 되는 것을 결코 허락지 않으며, 따라서 신성시될 것을 요청한다. 그런 이유로 형이상학은 사회에 대한 과학적인 성찰이 깊어지는 것을 저해하는 주요한 걸림돌이 된다.

그러나 형이상학이 만들어낸 결과가 매력적이거나 혹은 유용할지라도, 그것은 항상 만족스럽지 못한 뒤끝을 남길 수 있다. 그 이유는 형이상학이 바로 이성을 사용하여 세상의 궁극적인 원리를 밝히고자 하는 불가능성을 추구하기 때문이다. 이로 인해 우리는 이성의 능력이 어디까지인지 그 한계를 빠르게 포착하며, 그때부터 감성을 변호하기 시작한다. 기독교인과 무슬림을 포함하여 모든 종교인은 이성의 절대성을 포기하고, 신적 영감, 직관, 감정 등을 받아들였다. 이성을 보완하거나 대체하는 이들 요소는 때에 따라서는 권력이 정당화하는 교리나 사회적 실천을 강하게 문제 삼았다. 실제로 종교 형이상학은 언제나 다양한 방식으로 실천되었다. 확실히 중세 시대 전반에 걸쳐 다수의 대중을 겨냥한 조야한 방식의 의례적·종교적 실천이 존재했다. 게다가 지식인은 경전의 자구와는 동떨어진 비유적인 해석을 시도했다. 물론 이러한 해석은 가끔씩 경전의 이면에 '숨겨진' 의미를 탐구하는 데 도움을 주었다. 이와 관련된 몇 가지 사례가 아랍·이슬람 사상에 존재하며, 유사한 사례가 중세 기독교 사상에도 존재한다. 그것은 형이상학적 정신 그 자체에서 유래한, 혹은 그러한 정신이 절대적인 것을 추구함으로 인해 야기되는 불변적 성향이다. 이러한 성향은 종종 지식의 진보를 방해하는 폐해를 양산하기도 했는데, 특히 일정 수준 해명된 과학의 영역을 일부의 형이상학으로 통합하려 할 때 그러했다. 그리하여 천문학이 점성술이 되었고, 수학이 비과학적 불가사의가 되었다. 그러므로 협잡은 결코 멀리에 있지 않다. 더욱이 종교와 형이상학이 서로 연계될 때, 필수적인 사회투쟁이 종교와 형이상학의 영역 내부에서 전개된다. 동방·서구의 기독교 권역이나 중세의 이슬람 권역에서 일어난 민중봉기는 이와 관련된 심오한 함의를 제공한다. 이들의 모든 민중봉기는 지배계급의 이념과는 단절된 채 형이상학이나 종교적 경전에 대한 해석을 요구해왔다.

중세 시기 전반을 특징짓는 것이 바로 이러한 형이상학적 정신인데, 그것은 다양한 영역에 걸친 관심보다는 절대성에 대한 추구를 우선시하는 정신이다. 사실 고대 시대는 중세 스콜라주의 시대보다는 형이상학적 열망의 영향을 매우 적게 받았다. 따라서 고대 그리스의 자연철학–마르크스와 엥겔스가 과학과 실천의 '자생적 유물론(matérialisme spontané)'이라 칭했던 것과 같은–은 세계질서를 총체적으로 재건하는 과정에 이바지해왔다. 그런데 이러한 세계질서는 예견할 수 있듯이 매우 치명적이고 허구적이다.

형이상학의 승리를 이끌었던 모든 요소는 헬레니즘 시기를 기점으로 나타났다. 고대 사상의 위기는 이미 고대 그리스 시대 말기에 명백해졌다. 신앙의 상대성을 자각하고 보편주의를 요구하는 태도는 소크라테스(Socrate, 기원전 470~399)와 플라톤(Platon, 기원전 428~348)이 개개의 신화와 거리를 유지할 수 있도록 했다. 개인, 개인의 영혼, 개인의 잠재적 불멸성, 도덕, 내재적 정의 등에 관한 그들의 개념에 비추어 볼 때, 이러한 신화의 불충분함은 그들에게는 회의적이고 불안한 것이었다. 소크라테스는 오로지 인간 이성의 도움을 받아 그러한 불안에 맞설 수 있다고 생각했다. 그에 의하면 이성은 절대의 영역에서조차 진실을 발견할 수 있다. 플라톤은 자신이 방문했던 이집트에 대해 알고 있었으며, 거기서 영혼불멸성이라는 이집트인의 신앙이 성취한 도덕적인 진보를 말 그대로 찬양했다. 이와 동시에 보편주의적 주장을 담고 있는 우주생성론에 대한 요청이 다양한 신화를 대체(오로지 이성을 통해 추론한다고 생각하기 때문에)하기 시작했으며, 아리스토텔레스(Aristote, 기원전 384~322)가 칼데아의 점성술 전통에서 폭넓게 가져온 우주의 구성요소에 대한 분류—우주(astres)에서 현세(monde infralunaire)에 이르는 모든 것을 존재(les êtres)로 파악하면서—는 이러한 요청을 흡족하게 만족시켰다.

이러한 모든 요소(혹은 거의 모든 요소)가 헬레니즘 시기의 신플라톤주의적 통합을 가능하게 만들었다. 그리고 플로티누스(Plotinus, 205~270)—그가 이집트인이라는 사실에 주목해야 한다—는 그러한 통합을 완성했다. 필자의 생각에 그의 주장은 네 가지 명제로 정리될 수 있는데, 이것들은 중세 형이상학의 핵심적인 내용을 보여준다.

첫째, 그는 절대 진리, 궁극의 원리, 우주와 생명의 존재 이유 등을 탐구하는 새로운 유형의 형이상학적 과제가 우선순위에 있다고 확신했다. 이 과정에서 그는 철학의 핵심이라고 할 수 있는 지혜(sagesse)를 끌어냈으며, 동시에 이러한 진실 탐구가 특정한 신화—엄밀히 말해 이 신화는 성스러운 경전은 아니었다—에 의존하지 않고서도 전적으로 연역적 이성만을 사용하여 획득할 수 있다고 믿었다.

둘째, 그는 이러한 절대 진리에는 영혼의 존재에 대한 인식이 필연적으로 함축되어 있다고 생각했다. 이때 영혼은 개체화된 불멸의 존재이며, 도덕적 행위의 주체이자 객체이며, 보편적인 존재로 이해된다.

셋째, 그는 변증법적 이성에 의한 진리 탐구를 금욕주의적 실천을 통해 완성할 것을 요구했다. 이러한 금욕주의적 요청은 알렉산더제국 시기에 멀리 인도에서 페르시아를 거쳐 전해진 것이다. 직관적 감정을 필요로 하는 이러한 요청은 인간 이성에 부여된 무한한 능력을 의심할 수도 있다. 하지만 플로티누스는 금욕주의적 실천이 영혼을 육체적 제약이나 세상의 고통에서 구원하면서 이성의 통찰력을 정화하고 강화할 수 있다고 하면서 자신의 주장을 보충했다. 그런데 이러한 주장은 극도로 이상화된 추론이며, 과학이나 생산활동 등에 관한 '자생적 유물론'과는 온전히 반대되는 주장이다. 왜냐하면 그러한 유물론은 인간이 지식을 신장하고 이성의 사용을 증진하려면 오히려 현실과 대면하라고, 따라서 자연을 향해 구체적으로 행동하라고 일러주기 때문이다. 실제로 신플라톤주의자 가운데 일부는 윤회설(métempsycose)과 같은 몇몇 표현형식에 이르기까지 이러한 힌두교 사상을 받아들였다.

넷째, 그는 우주생성론의 흐름을 인정했고, 그 지점에서 칼데아의 전통적인 유산을 받아들였다. 심지어 신플라톤주의는 지상세계(sublunaire)의 행위를 관장하고 인간의 운명을 결정하는 초월적인 영혼의 세계를 천체에 부여하면서 이러한 우주생성론의 몇 가지 표현형식을 직접적으로 수용했다. 오늘날까지 서구 사회에 존재하는 모든 점성술은 원리적인 차원에서뿐 아니라 세부적인 내용에서도 이러한 신플라톤주의의 명제를 포함하고 있다.

이처럼 거대한 사상적 통합은 고대 사상과 관련하여 하나의 진보인가, 아니면 퇴보인가? 물론 관점에 따라 평가가 다를 수 있으므로, 그것은 진보도 퇴보도 될 수 있다.

여기서는 이러한 통합이 드러내는 가장 중요한 세 가지 특징을 드러내 보도록 하자.

첫째, 이러한 사상적 통합은 신화와 민족적 특수성을 초월하여 보편주의적 인본주의로 나아갔다. 도덕, 개인, 불멸의 영혼 등의 개념은 이러한 인본주의의 토대를 형성한다. 그리하여 보편주의적 사명을 지닌 종교들, 요컨대 기독교와 이슬람교의 성장을 위한 토대가 마련되었다.

둘째, 형이상학적 정신의 승리는 모든 방면에서 확인되고, 스콜라주의를 정의하며, 인간의 이성(연역적)을 어떻게 사용할지를 결정했다. 그러나 이것은 지나친 기대였다. 왜냐하면, 형이상학의 승리는 우리가(그리고 필자가) 도달하기에 불가능하다고 생각하는 목적, 즉 궁극의 원리에 도달하는 것을 목적으로 내세웠기 때문이다. 오늘날의 시점에서 바라보았을 때, 스콜라주의는 이성의 능력을 대부분 헛되게 사용해 왔다. 이들은 과학적 지식 탐구의 다양한 영역–필시 개별적이고 상대적일 수밖에 없는–과 경험적으로 대면하기보다는 배리나 유추를 활용한 추론(raisonnement) 등에 주로 의존해 왔다. 형이상학적 요청에서 비롯된 이러한 개별적이고 상대적인 과학에 대한 경멸은 경험주의나 자연활동에 대한 경멸과 마찬가지로 거대한 우주생성론의 형성–그러나 토대가 빈약한–을 부추겼다. 더욱 심각한 부분은 스콜라주의가 이러한 우주생성론의 내용을 '명백한 진리'로 만들었으며, 게다가 권력은 과학적 호기심과 관련된 요구와 인내를 멸시하면서 이러한 진리를 폭력적으로 강요해왔다는 사실이다.

셋째, 중세 스콜라주의의 초창기 주장에 담긴 헬레니즘의 특징은 세속성이었다. 그것은 헬레니즘이 성스러운 계시에 의존하지도, 혹은 그것을 강조하지도 않는 전형적인 명제였다는 점에서 그러했다. 그런 의미에서 헬레니즘의 세속적 형이상학은 모순이나 표현의 다양성을 더욱 쉽게 용인하는 '유연한' 것이었다. 그렇지만 훗날 이러한 형이상학이 계시적 종교(기독교와 이슬람교)의 일부로 편입될 때는 성스러운 경전을 강화하는 임무(그런데도 사실상 해석의 여지를 남겨둔 채)를 떠맡았다. 이러한 방식으로 스콜라주의 형이상학은 굳건해졌다.

이러한 헬레니즘은 지배계급의 이데올로기였고, 적어도 세 세기 동안 고대 동방의 지배적인 이데올로기였다. 그리고 뒤이은 여섯 세기 동안 동방의 기독교에서, 그리고 로마 시대 이후의 서구에서는 다소 거친 형태로 존속했다. 그러나 해당 지역에서 기독교는 필수 불가결했다. 부유층과 식자층이 신플라톤주의의 공리에 흡족해했던 것과 마찬가지로, 민중계층 역시 토착 신화를 극복하고자 하는 동일한 필요를 느꼈으며, 더 나아가 신적 계시—이러한 계시는 기회가 될 때마다 민중의 결집력으로 여러 차례 표출되었다—를 통한 해방을 기대했기 때문이다. 이러한 메시아주의적 기대는 사회가 직면한 다양한 측면의 위기를 통해 증폭되었는데, 이는 그러한 위기가 초래한 현상뿐만이 아니라 해당 사회의 내적 갈등도 극도로 복잡했음을 보여준다.

기독교는 이러한 헬레니즘과 대면하면서 훗날 이슬람교가 경험할 동일한 문제에 직면했다.

우선, 신성화된 신앙(게다가 이러한 신앙을 정당화하는 경전)과 신플라톤주의의 산물인 이성을 화해시킬 필요가 있었다. 이러한 화해는 경전에 대한 자구적인 해석이 아닌 비유적인 해석에 호소하는 것을 의미했다. 물론 이러한 호소는 가능한 모든 논쟁을 동원하면서 신학적 논의의 새로운 장을 열어젖혔다. 그러한 논쟁—매우 순진한 설명을 제외하고는—은 수많은 사회적 갈등(계급적, 민족적, 권력적 갈등 등)을 해소하는 데 도움을 줄 수 있었다.

또 다른 측면에서 헬레니즘의 형이상학은 종교(이 당시는 기독교를 말하지만, 훗날에는 이슬람교를 포함한다)를 재해석하는 데 매우 적합했다. 그것은 특히 영혼불멸성과 내재적 도덕이라는 본질적인 문제와 관련된 중요한 토대를 제공했다. 개인의 책임과 자유의지에 관한 숙고는 전능한 신이라는 믿음과는 잠재적으로 갈등관계에 놓인다. 세상의 질서에 개입하는 것이 전능하신 신의 본질이라고 생각할 수 있기 때문이다. 그러므로 해당 숙고는 실제로 매우 짧은 시간에 종교를 새로운 방식으로 이해하도록 이끈다. 그것은 두 가지 특징을 강조하는 것이다. 하나는 개인의 무한한 도덕적 책임과 신앙인 본연의 내적 확신과 관련된 것인데, 이들 모두는 종교적 의례에 대한 형식적인 복종을 넘어선다. 다른 하나는 우주가 과학적 이성을 통해 규명될 수 있을 뿐 아니라 기적(과학적 질서의 외부에 존재하는 신적 개입 등과 같은)이라는 예외적인 현상도 부정하지 않는 법질서를 통해 지배된다는 사실을 천지창조론이 배제하지 않는다는 인식이다.

우주와 천지창조의 관계에 관한 논쟁은 더욱 확대되었으나 아무런 소득도 얻지 못했다. 왜냐하면, 일부 지식인은 신의 영원성과 함께 세계의 영원성이 공존하고 있음을 인정했으나, 다른 이들은 대중의 믿음에 호응하듯이 창세기의 신화적 자구에 더욱더 많은 가치를 부여했기 때문이다. 그 결과 우주생성론은 끝이 보이지 않는, 오늘의 시각에는 상당히 비생산적인 논쟁의 대상이 되고 말았다.

이러한 환경으로 인해 새로운 양식의 종교적 표현은 유대교 전통의 유일신교와 메시아의 재림을 포용하면서 서로 밀접한 관계를 형성했다. 그러나 이러한 환경은 우리가 일반적으로 생각하는 것과는 달리 중요성이 떨어진다. 오히려 메시아의 재림을 일신교의 교리로 실현하는 것이 더욱 중요한 사안이었다. 기독교에 고유한 이 새로운 신학은 예수의 본질(신이자 인간인)과 그 너머의 '신적 자질'에 대한 문제에 직면했다. 이 문제를 둘러싼 학파 간의 대립은 오늘날에도 끊임없이 진행되고 있다.

기독교 세계가 새롭게 건설되는 과정에는 이집트의 공헌이 결정적이었다.[1] 역사는 다음의 사실을 일러준다. 새로운 종교의 수용은 대부분 외부세력의 정복이나 혹은 국가나 지배계급의 의지를 통해 강요된다는 것이다. 그런데 이집트의 기독교화는 온전히 그 사회에 고유한 내부작용의 결과였다. 이집트에서 기독교 사상이 풍성해진 이유는 기성 권력이나 헬레니즘에 맞서려는 이교도의 욕구에서 비롯되었다. 이집트의 콥트교(copte)는 이처럼 박식하고 미묘한 문화를 거부하지 않고 오히려 새로운 종교로 통합했다. 기독교인이든 아니든 간에 알렉산드리아의 철학자–물론 그들은 비기독교인이었지만 매우 기독교적인 분위기에서 생활하고 있었다–를 사로잡은 중심적인 과제는 이성과 신앙을 화해시키는 문제였다. 불가지론자인 플로티누스, 그의 제자이자 기독교인이었던 아모니우스(Amonius), 오리게네스(Origène), 발렌티누스(Valentin), 클레멘스(Clément), 디디모스(Dédémos) 등은 영지주의 철학(philosophie gnostique)의 창시자로 역사에 기록된 위대한 인물들이다. 이 철학은 이성과 신앙을 화해시키는 하나의 훌륭한 통합방안을 제시했는데, 그것은 공납제 이데올로기의 완성된 형태를 보여준다. 이들의 주장은 훗날 무타질라파(motazilite) 이슬람교에 의해 재수용되었다. 이성과 신앙을 화해시키는 차원에서 영지주의 철학은 개인을 세 가지 범주로 구분한다. 즉, 신적 영감을 바탕으로 이성의 지배를 실현한 영지주의 엘리트, 정신적인 요구에는 별다른 관심이 없는, 따라서 종교에 대한 이해

1 Mourad Kamel, *La Civilisation de l'Egypte copte*(아랍어 판본), Le Caire, 1961 참조.

가 거칠고 형식적인 대중, 그리고 신적 영감과는 다소 거리가 있으나 이성과 신앙의 화해를 받아들일 수 있는 중간계급이 바로 그들이다. 이러한 위계적인 분류는 발전된 계급사회에서는 당연한 일처럼 받아들여졌으며, 엘리트 식자층이 상당히 자유롭게 종교적 교리를 해석할 수 있는 명백한 이점을 제공했다. 그런데 이러한 이점은 이슬람교의 전성기에는 발견되었지만, 르네상스 이전의 서구 기독교에서는 발견되지 않았다.

뒷장에서 우리는 동일한 문제에 직면했던 이슬람교가 어떻게 동일한 답변을 제시했는지를 살펴볼 것이다.

오늘날 우리가 형이상학이나 헬레니즘 스콜라주의, 혹은 그 이후의 동방 기독교 스콜라주의와 관련하여 내릴 수 있는 판단이 무엇이건 간에, 대략 일천 년(기원전 300년에서 서기 600년까지)에 걸친 중세 시기 전반을 지배한 사상은 빈약하지도 조야하지도 않았다. 이슬람 형이상학과 이슬람 스콜라주의도 헤지라(Hégire) 이후 첫 다섯 세기 동안(서기 700년에서 1200년까지) 동일한 결과를 만들어냈다. 중세 초반의 일천 년 동안, 요컨대 프톨레마이오스(Ptolémées)에서 플로티누스까지, 그리고 이집트의 콥트교가 이슬람교 세력에 의해 정복되는 마지막 시기까지 알렉산드리아대학은 이 지역 전체를 통틀어 아마도 가장 활동적인 사상의 중심지였을 것이다. 그것은 단지 형이상학뿐만이 아니라 과학의 영역에서도 그러했고, 특히 상당한 발전을 이룩한 천문학과 의학의 분야에서도 그러했다. 기독교의 확산은 이러한 지적 중심을 팽창케 했다. 적어도 시리아의 하란(Haran) 지역을 언급할 수 있는데, 그 이유는 그곳의 지적 자산이 이슬람 형이상학에 영감을 불어넣은 원천 가운데 하나였기 때문이다. 물론 동방의 기독교가 지배하던 여섯 세기 동안 수많은 권력투쟁이 다양한 학파와의 논쟁을 양산했으며, 그 과정에서 비잔틴 제국의 야망은 지역국(특히 이집트나 시리아 등의)과 이해가 충돌했다. 다시 한번 말하지만, 이 시기는 뒤에서 살펴볼 우마이야왕조와 뒤이은 아바스왕조가 지배한 다섯 세기 동안에 벌어졌던 일과 크게 다르지 않았다.

3. 중세 형이상학: 완성된 아랍·이슬람 유형과 주변부적인 서구 유형[2]

이슬람교는 등장한 지 불과 수십 년 만에 동방을 정복하면서 중대한 도전에 직면했다. 하지만 이슬람교는 이 도전에 훌륭하게 대처했다.

이슬람교는 기독교보다 훨씬 더 정확한 경전에 토대를 두고 있다. 기독교의 복음서는 코란(Coran)이나 순나(Sunna)—즉, 하디스(Hadiths)에 기록된 예언자의 언행 모음—와 비교해 볼 때 상당히 모호하다. 무슬림은 이 경전에서 온전한 법—샤리아(Charia)—을 직접 끌어냈다. 이 법전은 사회생활의 모든 측면을 선제적으로 막힘없이 규제했던 것은 아니

2 아랍·이슬람 사상의 발전단계와 관련하여 필자는 많은 참고문헌을 제시하지는 않을 것이다. 여기서 후세인 므로에(Hussein Mroué), 타예브 엘 티지니(Tayeb El Tizini), 야지이(Yazji)의 저작(아랍어로 된)은 이들 참고문헌의 핵심적인 자료이다. 최근 몇 년 동안 므로에와 티지니의 연구를 둘러싼 논쟁은 필자의 숙고에도 반영되었다. 이에 대한 필자의 비판은 아랍어로 출간된 다양한글에 나타난다. Samir Amin, *La Crise de la société arabe*, Le Caire, 1985; *L'Après-capitalisme*, Beyrouth, 1987; "À propos de la crise de l'idéologie arabe contemporaine", *Al Fikr Al Arabi*, n°45, 1987. 최근 출간된 조르주 타라비시(Georges Tarabishi)의 매우 훌륭한 연구(*Les Cheminements de la philosiphie dans les mondes chrétien et musulman*, 아랍어 판본, 1998)도 여기서 언급되어야 한다.

지만 상당한 원칙을 제공했으며, 일부 분야에서는 명시적인 규칙을 제공했다. 아라비아반도에서 활동한 초대 무슬림의 해석에서 이슬람 신앙은 그들의 사회나 문화생활이 그러했던 것처럼 대부분 조야했다. 그 증거는 문명화된 동방 민족에게 이슬람 신앙을 전파하여 그들을 조금씩 이슬람화하는 과정이 얼마나 고된 것이었는지를 통해 '사후적으로' 파악된다.

그런데 이렇게 형성된 무슬림 국가는 순식간에 헬레니즘과 동방의 기독교권을 사실상 지배했다. 모든 측면에 있어서 과제는 중요해졌다. 아랍 유목민이 도달한 수준을 뛰어넘는 과학적·기술적 지식의 차원(그리고 생산력 발전의 측면)에서도 그러했고, 그 지역에서 천 년 동안 이어진 국가조직의 사회적, 행정적, 정치적 관계의 복잡성 차원에서도 그러했고, 필자가 앞선 지면에서 살펴보았듯이 기독교 헬레니즘 문화의 차원에서도 그러했다. 앞서 필자는 기독교 헬레니즘 문화가 어떻게 형이상학이나 혹은 보편주의적 인본주의에 영감을 받은 스콜라주의를 정교화했는지, 게다가 신앙과 도덕을 어떻게 세밀하게 개념화했으며 과학적 이성과 어떻게 화해를 실현했는지를 살펴보았다. 그러나 이러한 과제는 더욱 현저해진 다양성의 차원에서도, 대중의 현실이나 그들의 언어적·문학적 표현의 차원에서도, 그리고 그들이 실천하는 행위와 신앙의 차원에서도 마찬가지로 중요해졌다. 요컨대, 페르시아는 피상적인 차원에서만 헬레니즘을 받아들였으며(그런 이유로 이집트, 시리아, 메소포타미아와는 현저히 달랐다), 비록 한편에서는 그러한 기독교 세계와 긴밀하게 소통했으며, 다른 한편에서는 더욱 현저하게 인도에 대해 문호를 개방했을지라도, 동방에 새롭게 자리잡은 기독교의 영향권 밖에 머물러 있었다. 이슬람 스콜라주의를 발전시키는 데 중요한 역할을 했던 곤디샤프르대학(Ecole de Joundishapour)은 이슬람화된 이란의 특별한 위상을 입증하고 있다. 아마도 이러한 차이는 아랍화한 메소포타미아, 시리아, 이집트(훗날의 마그레브 권역을 포함하는) 등과 자그로스산맥(Zagros) 동부를 차지한 페르시아 잔여 세력들 사이에 존재하는 눈에 띄는 차별성을 설명하는 열쇠 가운데 하나일 것이다.

이제 한편에 있는 새로운 신앙이나 성스러운 경전을, 다른 한편에 있는 헬레니즘 세계–기독교적이고 페르시아적인–의 물질적·정치적·지적 요구와 화해시키는 과정이 필요했다. 이것은 진정한 문화혁명을 의미했는데, 이슬람교는 그것을 성공적으로 수행했다.

여기서 아랍인이 '그리스 문화'라고 칭했던 것은 사실상 헬레니즘 문화, 이미 기독교화된 헬레니즘 문화라는 사실을 잘 기억하자. 그들은 헬레니즘 이전의 고대 그리스 철학에 대해 상당히 무지했고, 이제 알게 된 사실이지만, 단지 플로티누스를 통해서 소크라테스, 플라톤, 아리스토텔레스 정도를 알고 있었을 뿐이다.

아랍계 무슬림은 자신이 헬레니즘 스콜라주의와 새로운 신앙을 화해시킬 수 있다는 사실–이 내용은 뒷장에서 몇 단계를 거쳐 밝혀질 것이다–을 즉시 알아차렸다. 이는 동방의 기독교인이 같은 질문을 제기하고 같은 답변을 제시하면서 그러한 화해를 수행했던 것과 정확히 일치하는 상황이었다.

이슬람 스콜라주의의 형성과정은 헤지라 1세기경의 무타질라파의 담론–칼람(Kalam)이라 불리는–으로부터 그러한 담론의 정점이자 종말이라고 할 수 있는 헤지라 6세기경의 이븐 루시드(Ibn Rochd,

1129~1198)에 이르는 기간이라는 사실은 상기될 필요가 있다.

무타질라파의 담론(칼람)은 초대 무슬림의 조야한 해석-이들의 해석은 이슬람 개종자뿐 아니라 새로운 지배계급이나 아랍·페르시아·이슬람의 식자층도 수용하기 힘든 것이었다-을 비판하면서 명백하게 자신만의 질문을 제기했다. 여기서는 적어도 이들이 제기한 질문의 원칙을 언급할 필요가 있다.

처음에 이들은 의례에 대한 형식적인 순종을 거부하면서 신중하게 출발했다. 당시까지 의례는 종교적인 신념을 완성하기에 충분하다고 인정되었다. 이들은 양심을 꿰뚫어 보는 내면의 신적 정의('심각한 원죄(graves péchés)를 범한 무슬림'과 관련된 논쟁에 등장하는)라는 관념을 받아들였다. 이 관념은 곧바로 전능한 신에 맞서는 자유의지의 문제를 제기했다. 이 지점에서 자유의지(al-qadaria)를 지지하는 이들은 성스러운 경전을 다양한 방식으로 해석-때로는 이곳을, 때로는 저곳을 강조하면서-하면서 예정론(al-jabaria, al-tassir, 신적 결정)을 지지하는 이들과 대립했다. 이제 해당 질문은 전능하신 신의 운영 방식(*modus operandi*)에 대해 품고 있던 생각을 겨냥했다. 무타질라파는 헬레니즘의 해결책을 선택했다. 그것은 신이 스스로 확립한 '자연법칙(namous al sababia)'에 따르며, 또한 '세부 사항(al jouziyat)'에 관심을 두지 않기 때문에 '기적'에 의지하는 것을 거부했다. 그런데 이러한 논리는 자연법칙이 이성의 사용을 통해 발견되기 때문에, 이성과 계시 간에는 갈등이 존재하지 않는다는 것을 인정하는 논리였다.

그러므로 그들은 성스러운 경전에 대한 비유적인 해석을 조금씩 수용했다. 그것은 이미 물리법칙에 따라 자유의지나 세상을 통제한다는 한편의 개념을 전능하신 신이라는 다른 편의 개념과 화해시키는 데 필수적이었다. 창조주의 자질은 의인법을 통해 경전에 기술되었는데, 그 자질에 부여된 의미를 해석하는 것은 자구를 지지하는 타슈비 분파(al tashbih)와 그러한 자구를 정화해서 해석하는 탄지 분파(al tanzih) 사이의 대립을 가져왔다. 같은 취지에서 그들은 육신의 부활에 대한 교리적 자구를 거부했고, 그것을 영혼의 결집(hashr al ajsad)이라 불리는 자구로 대체했다. 그러나 이러한 비유적 해석은 외견상 엄밀한 규정 체계를 갖추고 있는 법(즉, 샤리아)에 대하여 필요하다면 일정한 거리를 유지할 수 있도록 만들었다. 왜냐하면, 코란 자체는 그것이 비록 신의 말씀이기는 하지만 '창조된' 것이기 때문이었다. 오늘날 회자하듯이 그것은 날짜가 기입된 것이고, 특정 시간과 장소에 살았던 사람들에 의해 전해진 것이다. 그러므로 우리는 이들이 제시한 원칙에 영감을 받으면서도 그 내용을 진화의 조건에 적응시켜 해석할 필요가 있다. 그런데 많은 이들에게 이러한 해석은 신성모독으로 여겨졌다.

창조의 문제는 형이상학의 범주에서 가능하면 가장 멀리 나가 있는 핵심적인 논쟁이었다. 우리는 창조주와 공존하는 세계의 영원성을 확신하면서 헬레니즘의 형이상학적 가설을 받아들였다. 그리고 창조에 관한 기술을 단지 군중을 설득하기 위한 하나의 신화로 깎아내렸다. 그러나 많은 이들은 이 역시도 신성모독이라고 생각했다.

칼람은 형이상학과 흡사한 철학, 요컨대 절대 진리로의 탐구를 개시했다. 아랍어로 저술활동을 시작한 첫 번째 철학자 알 킨디(Al-Kindi, 서기 873년, 헤지라 260년 사망)는 신중한 인물이었다. 그는 진리에 이르는 다양한 노선이 서로 공존할 수 있음을 인정했다. 즉, 자연에 대한 경험적 실천을 통해 자연을 충분히 이해할 수 있게끔 해주는 감각, 수학에서 꽃피운 (연역적) 이성, 그리고 절대성이라는 상위의 지식에 접근할 수 있는 유일한 수단인 신적 영감 등이 그것이다. 그러나 그는 이 세 가지 노선 사이의 갈등은 가정하지 않았다. 오히려 그는 신이 인간에게 감각과 이성을 부여했기 때문에, 이 세 가지 노선이 상호보완적이라고 주장했다. 알 파라비(Al Farabi. 서기 950년, 헤지라 339년 사망)는 자연법칙(namous al sabadia)의 핵심적인 문제를 다루는 과정에서 칼데아의 우주생성론을 이슬람교의 새로운 형이상학과 통합했다. 이븐 시나(Ibn Sina. 서기 1037년, 헤지라 428년 사망)는 신과 공존하는 우주의 영원성이라는 개념을 바탕으로 우주생성론에 관한 논의를 보강했다.

이븐 루시드(서기 1198년, 헤지라 595년 사망)는 이성을 비웃은 학자를 논박하며 이슬람 형이상학을 집대성했는데, 그의 글은 훗날 서구 기독교 스콜라주의가 거의 원문 그대로 수용하는 대전(大全)이 되고 있다. 게다가 그는 자유의지, 인과성, 경전에 대한 비유적 해석 등을 포함한 모든 영역에서 아랍·이슬람 사상의 전위대 역할을 담당하고 있다. 하지만 그는 이성적 진리가 신앙은 아니더라도 적어도 교리와는 갈등할 수 있다는 생각–자신의 '이중 진리(double vérité)' 이론에서 계시적 진리와 이성적 진리의 독립성을 선언했기 때문에–을 하지 않았을까? 사실상 그는 이러한 생각을 이유로 같은 종파의 종교인뿐 아니라 훗날 자신을 계승한 기독교 스콜라주의의 비판을 받았다. 그렇다면 그는 우주생성론이 과도한 사상이라고 의심했는가? 이 질문은 여전히 논쟁의 대상이 되고 있다. 그가 자신의 논전에서 우주생성론을 다루지 않았다는 사실은 일종의 거부로 해석될 수 있다. 그러나 그러한 가능성은 거의 없어 보인다. 필자의 생각에 그는 우주생생론을 긍정적으로 말해왔기 때문이다. 게다가 우주생성론은 그가 상대해온 대적자들—특히 가잘리(M. Al-Ghazali, 서기 1111년, 헤지라 505년 사망)—을 포함하여 모두가 수용하고 있었으며, 더욱이 양쪽 진영에 의해 수용된 가설을 굳이 그가 자신의 논전에서 거론할 필요가 없었을 것이기 때문이다. 여하튼 그가 논쟁을 가능한 극한까지 치고 올라갔다는 사실에는 변함이 없다. 게다가 그는 사회적 이해관계를 더욱 직접적으로 문제 삼았기 때문에 가장 치열한 논쟁의 대상이 되었던 여타의 영역—예를 들어 샤리아에 관한 해석의 여지를 둘러싸고 벌어지는—에서도 그러했다. 샤리아에 대한 '상황적' 해석을 변호했던 그는 국가(와 법률)와 종교 사이의 구분을 가능하게 만들었다. 그러나 이슬람교 내부에서 진행되었던 이러한 '개신교 혁명(révolution protestante)'의 맹아는 말하자면 지속되지 못했다. 이븐 루시드는 실형을 선고받았고, 그의 서적은 불태워졌다.

이슬람 스콜라주의가 구축한 이러한 형이상학은 결코 주도적인 승리를 경험하지 못했다. 이슬람 형이상학은 헬레니즘·기독교 스콜라주의가 건설한 이데올로기와 쌍둥이 자매였으며, 전성기에는 아랍·페르시아·이슬람 세계에서 가장 개화한 지배이데올로기였다. 한때 이 이데올로기는 칼리프 권력—알 마문(Al-Mamoun) 시기, 즉 서기 813~833년, 헤지라 198~219년 사이—의 지지를 받기도 했다. 칼람의 대담한 결론은 매우 빠르게 부인되었다. 이븐 사푸안(Ibn Safouan, ?~661)은 모든 사항은 신의 능력을 통해 결정된다는 운명의 우위를 재확인했고, 평범하지만 대중적이었던 운명론의 길을 재개척했다. 경전의 자구를 지지한 분파는 알 아사리(Al-Asari. 서기 935년, 헤지라 324년 사망)와 후대의 가잘리-그는 사후 팔백 년 동안 '이슬람의 증인(Hauja al islam)'으로 인정받을 정도로 이슬람교의 승리를 이끌었다-에 이르는 동안 목소리를 높이기 시작했으며, 알 무타와킬(Al Moutawakil, 822~861) 칼리프 시대부터 교리에 반영되기 시작했다.

이슬람 스콜라주의가 이성적 스콜라주의에 대항하면서 사용한 논거는 매우 중요하다. 그것은 이성이 불충분하며 절대 진리를 탐구할 수 없다는 것이다. 따라서 직관, 마음, 신적 영감은 이성에 의해 대체되지 않았다. 그런데 이성의 한계를 밝히는 것은 형이상학 그 자체를 문제 삼는 것이며, 절대 진리에 도달하려는 형이상학적 기획을 불가능하게 만드는 것이다. 그러나 이러한 일은 일어나지 않았다. 이성적 스콜라주의에 대한 문제 제기는 진척되지 못했다는 것이다. 그러한 진척이 개시되기 시작한 것은 유럽이 르네상스 시기에 접어들면서이다. 그렇지만 그 시기에도 유럽은 비이성적인 형이상학을 인정하면서 한 걸음 후퇴하고 말았다. 이러한 상황에서 힌두교에서 유래한 금욕주의적 실천에 대한 호소가 자리를 잡았고, 헬레니즘·이슬람 형이상학 건설의 실패로 이해되는 수피주의(soufisme), 즉 이슬람 신비주의가 나타났다.

수피주의는 이성을 의심하는 데 목소리를 높였다. 또한 절대 지식에 관심을 집중했고, 여타의 부분적 지식보다는 절대 지식에 더할 바 없는 중요성을 부여했다. 수피주의가 강조한 이 모든 요소, 요컨대 형제단 조직(일반적으로 비밀스러운), '황홀경(al safar)'에 이르는 실천들-리듬감 있는 찬송, 때로는 술이나 심지어 마약을 사용하는-, 교주를 향한 신도의 맹목적인 복종의 원칙 등은 권력을 불안하게 만들었다. 이 당시 권력은 여전히 보수적이었지만 온건했고 자신의 영향을 벗어난 세력을 경계했다. 그래서 권력은 수피주의가 제안한 이와 같은 유형의 사회 건설이 다층적인 사회적·정치적 갈등—자체적인 갈등이든 아니면 조작된 갈등이든 간에—과 필연적으로 연계되지 않을까 전전긍긍했다. 서기 922년(헤지라 309년)에 수피주의의 가장 위대한 사상가 알 할라즈(Al Hallaj)가 받았던 형벌은 수피주의를 향한 권력의 적대감을 입증한다.

그 이후 이슬람교는 약 다섯 세기에 걸쳐 다양한 방식으로 성장했다. 우리는 그것을 세 가지 계열로 구분할 수 있다.

첫 번째 계열의 이슬람교는 보편주의적 열망과 헬레니즘적 영감을 결합한 도덕적·이성적 형이상학을 추구했다. 이 형이상학의 쌍둥이 자매라고 할 수 있는 기독교 스콜라주의 형이상학도 다양한 관심사, 즉 개인주의적이고 보편주의적인 도덕, 연역적 이성에의 신뢰, 그리고 신성한 경전에 대한 경외 등의 관심사를 동일한 방식으로 해결했다. 이러한 화해는 다른 영역으로 퍼져나가 문명화된 동방의 사회적·경제적·행정적·정치적 유산을 수용하게끔 이끌었다. 그러나 이것은 언어의 형식적인 어법에 크게 의존한 것이기 때문에, 배리나 유추의 수준을 벗어나지 못했다. 여하튼 도덕적·이성적 형이상학은 이러한 화해를 통해 총체적인 우주생성론(과 그것의 불가피한 아류의 점성술)을 보완하는 한편, 다른 한편에서는 금욕주의의 도움—비록 온건한 방식이긴 하지만—을 수용했다. 이 계열의 이슬람교는 이제 사회 전반의 영역에서 의견의 다양성과 실용주의를 상당 수준 용인했다. 이러한 모든 것들이 분과 학문이나 사회생활의 진보에 상대적으로 호의적인 분위기를 조성했는데, 어떤 측면에서 중세는 그러한 분위기가 놀랍고 유례없는 시기였다. 이러한 해석은 상당히 선견적인 해석임에도 불구하고, 권력은 이러한 해석을 현실적으로, 게다가 전반적으로 부인했다.

한편, 권력은 착취적 지배계급이 누구인지를 고려할 필요가 있었다. 이들 계급은 단순한 해석에 만족—물론 항상 그러한 것은 아니지만—하는 조야한 대중을 지배하기를 선호했다. 대중은 철학이라든지 이성과 신앙의 화해 등과 같은 주제에 별다른 관심이 없었으며, 단지 경전의 자구나 형식적 의례에 몰두했다. 따라서 두 번째 계열의 이슬람교는 성인숭배(culte des saints)에서 점성술, 예지력(voyance), 심지어 주술(sorcellerie) 등에 이르는 다양한 민중의 관행을 유지하는 데 치중했다.

예컨대, 수니파(sunnite) 권력에 대한 공식적인 해석은, 해당 권력이 지향했던 보수주의—때론 개혁적이기도 했지만—에 봉사하려고 했기 때문에, 앞선 두 계열 사이의 중간 지점에 걸쳐있다. 따라서 수니파에 대한 해석은 진행 방향을 그때그때 확인하면서 목적지가 어디인지에 따라 이중의 언어를 구사했다. 그런 의미에서 중세의 기독교 세력과 구체제의 절대권력은 정신적·정치적 수준이 같았으며, 같은 방법을 사용했다고 볼 수 있다.

세 번째 계열의 이슬람교가 성장할 수 있었던 것은, 한편으로는 현명한 스콜라주의 학자들이 쏟아낸 불만족이었으며, 다른 한편으로는 민중의 점증하는 형식주의적 태도(그리고 양자를 오가는 권력의 이중적인 태도)였다고 할 수 있다. 절대 지식에 대한 열망은 경전의 표면적인 명료함 속에 '감춰진 진실(caché; al baten)'을 탐구하도록 부추겼다. 시아파(chiisme)는 특히 극단주의적 해석(때로는 이슬람교와 기독교 메시아주의, 조로아스터교, 힌두교 등과 같은 여타의 종교를 효과적으로 통합한)을 통해 수니파보다도 더욱 그러한 탐구에 몰두했다. 아마도 이것은 시아파가 이란에서 성공할 수 있었던 이유(인도로 전파될 정도로) 가운데 하나일 것이다. 그러나 헤지라 4세기부터 세력을 확장한 수피파도 같은 방식으로 대응하기 시작했다. 물론 권력은 이러한 대응을 결코 용납하지 않았다. 파티마왕조나 시아파의 이란이 그랬던 것처럼, 그러한 대응을 제도적으로 통제할 수 있는 경우에만 예외적이었다. 하지만 오늘날 이란의 호메이니주의(khomeiniste)—그리고 일반적인 원리주의—가 예시하듯이 부활은 언제나 가능하다.

아랍·이슬람 사상은 철학적인 숙고에 한정되지 않는다. 게다가 그것은 공허한 사회에서 기원한 것도 아니다. 사상이나 사회운동의 진화 과정을 검토하기 위해서는 스콜라주의 논쟁에 명확한 분석의 잣대를 들이밀 필요가 있다.

아랍어로 출간된 다양한 저술에서 필자는 중세의 아랍·이슬람 세계를 뒤흔든 사회적·정치적 투쟁의 성격을 설명하고자 노력했다. 세부적인 검토 없이도 두 가지 유형의 갈등을 확인할 수 있다. 먼저, 민중과 권력 사이의 잠재적이고 영원한 갈등이 있다. 이 갈등은 공납제 사회에서 관찰되는 계급투쟁의 온갖 특징을 보여준다. 민중(농민과 소규모 수공업자)은 전체 공납제 사회에 고유한 항구적인 억압과 착취를 감내했다. 이 사회에서 민중은 전략적으로나 혹은 영혼의 안녕을 위해 자진해서 굴복했다. 그러나 때로는 저항했고, 종교를 혁명적으로 해석—이러한 해석은 이성적 스콜라주의나 혹은 형식주의에 대한 평범한 순종의 결과가 아니다—하는 데 앞장섰다. 특히 9세기 카르마트(Qarmates) 혁명과도 같은 대중운동은 평등과 정의에 대한 자신의 열망을 정당화하기 위해 율법(샤리아)에 비판적인 해석을 제시했다. 중세나 구체제의 유럽으로부터 중국에 이르는 여러 공납제 사회에서 권력에 대항한 모든 민중의 투쟁은 상당히 유사했다. 공납제 사회의 지배계급 내에도 갈등은 존재했다. 특히 전문적 직업집단이나 혹은 다양한 계파로 분열된 토착 지주들 사이에서 그러했다. 이러한 갈등은 일반적으로 역사의 전면을 차지했고, 권력의 추구를 목적으로 하는 전쟁과 투쟁의 원인이 되었다.

이슬람 스콜라주의를 둘러싼 이러한 논쟁은 갈등의 다양한 본질을 보여준다. 여기서 논쟁은 당대의 사회사상에 직접 반영되기도 했지만, 때로는 문학적·시적·예술적·현학적·대중적 표현방식을 빌어 표출되기도 했다. 몇 가지 사례가 이 명제를 입증한다.

10세기경의 '순결 형제단(Frères de la Pureté; Ikhouan Al Sifa)'은 칼리파 권력에 맞섰던 민중의 불만을 여실히 보여준다. 이들은 이승의 행복(평등, 정의, 사회연대)과 저승의 영원성에 이르는 길(도덕 권력, 즉 민중의 관점에서 도덕 원칙이 승리하기 위한 조건)을 동시에 보장하는 하나의 개혁을 제시했다. 초대 시절에 대한 향수는 정통 칼리파 시대(Khalifes Rachidin)-즉 영원히 '황금기'로 미화된 4명의 초대 칼리프 시대-의 신정정치로 회귀하려는 이들의 열망으로 이어졌다. 그러나 이들에게서도 기원으로의 회귀라는 주장의 모호성은 매우 잘 드러난다. 이것은 인내 불가능한 현실을 변혁하려는 계획이었지만, 동시에 변혁의 수단이 과거의 관행에 불과하다는 난관의 표현이기도 했다. 그러므로 이 주장은 과학적인 사회사상의 부재를 설명한다. 이러한 부재는 현실-인내 불가능한-이 왜 그러한지를 이해하려는 노력을 저해한다. 인간의 사상이 단순한 도덕 논쟁을 넘어 사회조직을 문제 삼기 시작한 것은 바로 근대에 들어서였다.

그러므로 아랍·이슬람 사회사상은, 전(前)자본주의적 유럽에서부터 중국에 이르기까지 다른 공납제 사회의 사회사상과 마찬가지로 도덕적 논의에 근접해 있었다. 우리는 그것의 전형적인 사례를 다시 한번 알 파라비(Al Farabi, 872~950)의 이상국가(cité idéale; Al Madina Al Fadila)에 대한 계획에서 발견할 수 있다. 자신의 전임자였던 하산 알 바스리(Hassan Al Basri, 서기 728년, 헤지라 111년 사망)와 마찬가지로 파라비는 죄악은 법(여기서는 샤리아)의 불완전성에서 비롯되는 것이 아니라, 그것을 적용할 책임이 있는 사람에게서 비롯된다고 생각했다. 그런데 이것은 매우 곤궁한 해석이다.

우리는 이러한 사례를 배가시킬 수 있다. 아랍·이슬람의 사회사상은 공납제 사회라는 객관적인 조건의 포로였다. 이 사상은 때로는 이성적 스콜라주의라는 장애물과 충돌하기도 했고, 때로는 형식주의에의 복종이라는 장애물과 충돌하기도 했고, 때로는 금욕주의로 탈주하여 곤경에 처하기도 하면서 제자리를 맴돌았다. 때로는 시인이었던 알 마아리(Abu Al Ala Al Maari, 서기 1057년, 헤지라 449년 사망)와 같은 인물이 이성에 대한 확신을 표출했지만, 그 역시 나중에는 운명론적 결정론이나 금욕주의적 은신처로 빠져나갔다.

확실히 그 당시 인물들은 당대의 객관적인 한계에도 불구하고 후임자들만큼이나 총명했다. 그들은 공납제 사상의 난관이 무엇인지 그 폐해를 감지할 수 있었고, 필요하다면 그러한 난관을 넘어설 진화의 가능성을 예시하며 회의를 드러낼 수도 있었다. 그러나 그들은 더는 나아가지 못했다.

이븐 할둔은 확실히 예외적인 인물이다. 그는 과학적 사회사상이 발전하는 데 가장 큰 영향을 미쳤다. 그의 영향력은 당대에는 비할 데 없었으며 18~19세기까지도 추월당하지 않았다. 그의 사상의 핵심은 사회가 자연법칙(namous al sababia)과도 같은 인과법칙의 지배를 받는다는 데 있다. 이제 그것을 증명하는 일만이 남아있다. 그러나 그가 제안한 개념적 도구는 그것을 밝혀내지 못했다. 그의 모호한 지리적 결정론이나 세대 순환론–사회적 초심리학(parapsychologie)의 영향을 받았던–은 영원회귀나 무한반복에 대한 전망을 제외하고는 어떠한 것도 끌어내지 못했다. 이러한 결과는 이븐 할둔처럼 지배계급–회의적인 성향의–의 행위자이자 관찰자에게는 만족스러운 것이었지만, 사회를 실질적으로 변화시키기에는 역량이 부족했다.

마지막으로, 중세 아랍·이슬람 사회가 생산한 진보의 본질과 그 한계의 본질이 무엇인지를 요약한다면, 아마도 다음과 같은 몇 가지 명제로 표현될 것이다.

첫째, 이 지역의 아랍화나 이슬람화는 광범위하게 통합된 사회적 조건(언어, 문화, 종교에 의해)을 생산했다는 점이다. 그것이 생산력의 진보에 대한, 따라서 공납제 생산양식에 근거를 둔 국가가 비상하기 위한 객관적인 토대가 되었다. 이슬람교가 첫 번째 영화를 통해 달성했던 위대한 혁명은 엄밀하게도 이러한 국가건설의 요구에 부응한 것이었다. 이러한 혁명이 없었다면, 아마도 동방의 선진 문명은 결코 이슬람화되지 못했을 것이며, 마치 몽골인과 마찬가지로 아랍 민족의 역사도 단순히 황폐해지고 말았을 것이다. 예언자 시대나 정통 칼리파 시대의 초대 이슬람교를 그리워하는 이들은 이슬람교의 성공이 이러한 희생의 대가라는 사실을 이해하지 못한다. 동방 민족이나 마그레브인이 국가·사회·문화를 재건하는 방대한 역사에서 헬레니즘적·이슬람적·이성적 스콜라주의(비록 권력으로부터 큰 지원을 받은 것은 아니었지만)는 자신의 본질적인 기능을 수행했다. 이 분야에서 성취된 의미 있는 발전상을 모두 열거하는 것은 쓸데없고 무의미하다. 수학(숫자 0과 십진법의 활용, 삼각법, 대수학 등)과 천문학, 의학과 화학(연금술에서 과학적 화학으로 발전한)을 포함한 모든 분야의 과학에서 그러한 진전이 실제로 일어났다. 또한 문학과 예술뿐만 아니라 생산기술과 생산력 발전의 영역(특히 관개 방식의 전수를 통해)에서도 마찬가지였다. 사회사상(그리고 사회과학을 향한 비약적인 도약과 함께)이나 철학사상의 모든 분야에서, 이러한 신문명의 가장 찬란한 비상은 다양성, 논쟁, 개방적 사고, 회의론 등을 용인하고 심지어 그것들을 당연하게 여기고 환영한 순간에 성취되었다.

둘째, 형이상학적 관심(최상위의 지식에 도달하도록 이끄는)의 지배가 중세사상을 전반적으로 결정지었다는 것이다. 이러한 형이상학적 관심은 종교적 신앙으로 표출되었으며, 자신의 진실성을 강화하고 심지어 '증명'할 것을 요청했다. 이 지점에서 필자의 논의는 현대 아랍의 주요 분석가–특히 후세인 므로에(Hussein Mroué)나 타예브 엘 티지니(Tayeb el Tizini) 등과 같은–의 논의와 구분된다. 이들은 아랍·이슬람 철학의 영역에서 '유물론/관념론'의 갈등을 전제로 분석을 제시해왔다. 이들에 의하면 이러한 갈등은 자본주의를 향한 진보세력과 봉건주의적 반동세력 사이의 갈등을 반영한다. 여기서 필자는 이들의 주장과 관련된 논평을 하지는 않을 것이다. 단지 다음의 사실을 지적하고자 한다. 즉, '유물론/관념론'의 대립은 속류 마르크스주의가 제안했던 것보다는 훨씬 덜 결정적이라는 점이다. 게다가 과학에서 '자생적 유물론'과 관련된 요소(물질의 영원성 등과 같은)는 사실상 종교 형이상학을 포함한 형이상학 전체를 정의하는 노고에 이상주의적인 성격을 부인하지 않는다는 점이다. '봉건제/자본주의'의 갈등을 전제한 분석이 현실적인 토대가 없다는 사실도 추가하도록 하자.

사실상 이슬람교는 중세 스콜라주의의 비약적인 발전 속에서 광범위하게 통합된 공납제 사회에 적응할 필요가 있었다. 이러한 비약적 발전과정에 저항한 다양한 사회세력이었는데, 이들 세력은 새로운 거대 공납제 사회가 비약적으로 발전할 때 여러 방식으로 희생되었다. 이들 가운데에는 분명 복고주의적 향수를 불러일으켰던 쇠락한 구세력도 존재했으며, 착취와 억압의 토대이자 온갖 번영의 영원한 희생자였던 민중 세력도 존재했다. '좌/우'의 구분은 민중의 저항이 드러내는 모호성을 이해시킬 수 있는데, 왜냐하면 민중의 저항은 이성적 형이상학을 통해서가 아니라, 오히려 그러한 형이상학을 거부하면서 표출되었기 때문이다. 외견상 흥미로워 보이는 이러한 사실로부터 도출된 가설은 다음과 같은 설명을 제공하는 장점이 있다. 즉, 이 문명의 눈부신 비상은 헤지라 이후 초기 몇 세기 동안 이루어졌지만, 뒤이은 몇 세기는 암울한 침체기로 드러났다는 점이다. 이러한 현상은 서유럽 역사를 특징짓는 르네상스와는 정반대의 경로이다. 르네상스는 중세를 마감하고 자본주의로의 발전을 열어젖혔다. 아랍·이슬람 사상은 공납제가 더욱 광대한 토대 위에 재건되는 과정에서 신세력과 문명화된 동방 사회 사이의 갈등이 두드러질 때 형성되었다. 그러나 이러한 갈등은 공납제 국가가 새로이 자리를 잡고, 아랍화나 이슬람화가 충분하게 진행되었을 때는 어떠한 긍정적인 효과도 가져오지 못했다. 그렇게 아랍·이슬람 사상은 평화롭게 잠들었다. 여기서 불균등발전(développement inégal)에 대한 하나의 보완적인 설명이 도출된다. 사상의 비약적 발전은 갈등이나 불균형의 상황과 연결되어 있다는 점이다. 따라서 안정적인 균형 위에 건설된 외양상 편안한 시기는 사상의 정체기이다. 그러므로 이슬람교의 초기 몇 세기 동안의 비상은 '초기 자본주의(capitalisme naissant)'와는 이래저래 관련이 없다. 오히려 이러한 자본주의적 발전의 부재는 엄밀히 말해 뒤이은 사상의 약화를 반영한다.

셋째, 중세 이슬람 스콜라주의는 서구 기독교 스콜라주의의 재탄생을 크게 고무했다는 점이다. 11세기까지 서구는 준(準)야만의 상태에 머물러 있었다. 따라서 동방의 헬레니즘이나 기독교 스콜라주의를 자신의 영역으로 수용할 수 없었으며, 게다가 널리 이슬람화되었기에 그 형체를 찾아보기도 힘든 상태였다. 비상을 위한 객관적인 조건은 원시적인 형태의 공납제(봉건적 분화)가 진화된 형태의 공납제(절대군주제)로 이행하던 11~12세기부터 원숙해졌다. 따라서 서구 기독교는 이슬람 스콜라주의의 영향력을 이해할 수 있을 정도로 성장했으며, 어떠한 도덕적 갈등도 없이 있는 그대로 그것을 수용했다. 무타질라파와 아샤리즘(Asarisme) 철학자 사이의 논쟁과 특히 이븐 루시드-아베로에스(Averroès)라고도 불리는-가 가잘리에 대항한 논쟁을 정리한 전집은 토마스 아퀴나스(Thomas d'Aquin)와 그의 계승자에 의해 열정적으로 읽혔으며, 동일한 주장-문자 그대로 차용된-과 동일한 논쟁을 담고 있는 기독교 스콜라주의를 새롭게 출범시켰다. 같은 시기 안달루시아의 유대교는 원시 단계를 벗어나 마이모니데스(M. Maimonide, 서기 1204년, 헤지라 601년 사망)와 함께 형이상학을 건설하기 시작했다. 그러나 그것은 이슬람 형이상학과 구분하기 어려운 것이었다. 결국 서구는 이슬람 형이상학이 건설되는 과정에서 헬레니즘 사상을 발견했다. 이러한 헬레니즘 사상이 고대 그리스 사상 이후에 출현했다는 것을 알기 시작한 것은 1453년 콘스탄티노폴리스(Constantinople)가 함락된 이후 그리스인이 로마로 쫓겨나면서부터이다. 헬레니즘 사상의 존재는 그때까지 전해진 바가 없었다.

앞선 설명에서 필자는 의도적으로 이슬람 형이상학을 강조했다. 왜냐하면, 한편에서 이슬람 형이상학은 서구에 제대로 알려지지 않았을 뿐만 아니라 이슬람과 기독교를 대립시키려는 유럽중심적 편견으로 인해 왜곡되었기 때문이며, 다른 한편–필자가 강조하려고 하는 부분인–에서는 그러한 왜곡이 이슬람 형이상학의 역할, 요컨대 그것이 어떻게 헬레니즘과 동방의 기독교를 완성했으며, 어떻게 그 지역의 공납제 이데올로기를 전성기로 이끌었는지를 보여주기 때문이다. 이에 비해 서구 기독교 형이상학은 매우 곤궁한 상태에 머물렀는데, 해당 형이상학이 공납제 이데올로기의 연약하고 조잡하고 불완전한 (주변적인) 형태에 지나지 않았다는 차원에서 그러했다.

서구 기독교 사상은 세 단계의 역사를 거친다. 두 세기(서로마제국의 쇠퇴기인 4~5세기)에 걸친 초창기, 뒤이은 여섯 세기 동안의 암흑기(6~11세기), 12~13세기의 스콜라주의 부활기가 그것이다.

이들 가운데 첫 번째 시기는 동방에서 기독교 형이상학이 형성되어 단순화한 형태로 서구에 전파된 시기이다. 이 시기의 근본적인 관심사는 이집트 출신인 오리게네스(Origène, 185~253)의 저술 『켈수스를 논박함(*Contre Celse*, 248?)』에서 드러난다. 이성과 계시의 화해, 그리스의 합리성과 복음서의 인본주의적 도덕성 사이의 담론적 화해가 그것이다. 영혼불멸성이나 자유의지는 계시만큼이나 이성에 토대를 둔다. 게다가 오리게네스는 국가에 대한 교회의 자율성을 옹호했는데, 그에 의하면 이러한 자율성은 권력의 변덕에 맞서 사상을 보호하기 위한 본질적인 조건―거친 일반화가 가능하다면, 이것은 시민사회와 국가의 분리가 오늘날 민주주의의 조건이라고 말하는 것이나 마찬가지이다―이다. 동시에 오리게네스는 금욕주의적 처방의 막연한 기여를 인정했으며, 이집트 수도사들―파코미우스(Saint Pacôme), 안톤(Saint Antoine) 등과 같은―이 일반적으로 행했던 금욕주의적 실천을 권장했다. 이러한 근본적인 논쟁과 더불어 예수의 본질―신이자 인간인―과 관련된 논쟁적인 신학이 발전했는데, 이러한 신학의 전문가―아타나시우스(Athanase), 아리우스(Arius), 키릴루스(Cyrille), 네스토리우스(Nestor) 등과 같은―는 모두 동방 출신이었다.

서구에는 이에 필적할만한 인물이 아무도 없었다. 히에로니무스(Saint Jérôme)와 암브로시우스(Sanit Ambroise)의 공헌은 황제나 강력한 군주에게 주의를 요청하는 서간문에 한정되었고, 그 내용은 이성과 신앙을 화해시키는 문제를 벗어난 평범한 것이었다. 서구 최고의 지성으로 불리는 베르베르인 철학자 아우구스티누스(Saint Augustin, 354~430)의 『신국론(*La Cité de Dieu*, 413~426)』은 창조에 관한 경전의 문구를 옹호했고, 동시에 이성과 신앙을 화해시키는 문제의 관건인 물질의 영원성을 철학적으로 거부했다. 만일 아우구스티누스가 서구 문집의 창공에서 빛나고 있다면, 그것은 아마도 종교개혁이 교회와 국가의 분리를 변호하는 그의 주장에서 교황의 지침에 저항할 수 있는 설득력 있는 논변을 발견했기 때문일 것이다. 그러나 아우구스티누스가 변론의 근거로서 삼았던 주장–신의 섭리는 인식 불가능하다는–은 동방 기독교의 주장에는 미치지 못했다. 서구 기독교와 동방 기독교의 관계는 사실상 로마와 그리스의 관계나 마찬가지였다.

뒤이은 여섯 세기 동안 주목할만한 내용은 전혀 없거나, 거의 없었다. 왕, 귀족, 심지어 대다수 성직자는 그들의 민중과 마찬가지로 몽매했다. 따라서 그들의 기독교는 사실상 형식주의나 미신에 불과했다. 9세기 아일랜드 출신의 신학자 요하네스 스코투스(Jean Scot, 800~877)는 예외적이었다. 그는 이성과 계시의 화해에 관한 명제를 알고 있었으며, 자유의지를 인정했다. 따라서 그는 적어도 야만족의 침입이 본격화되지 않았던 자신의 영토에서만큼은 동방에 대한 독서가 사라지지 않았음을 입증하고 있다.

서구에서 중세 스콜라주의는 12세기경 형성되기 시작했는데, 주로 이슬람권에 접했던 지역들, 즉 아랍 세계의 안달루시아와 프리드리히 2세(Frédéric Ⅱ) 집권기의 시칠리아에서 시작된 것은 우연이 아니었다. 여기에는 이슬람교의 영향을 보여주는 몇 가지 공통적인 특징이 있다. 예를 들어 삼단논법(syllogisme)이나 형식논리학(logique formelle)에 대한 무한한 신뢰, 사실이나 과학 일반에 대한 상당한 무관심, 계시(신의 존재)라는 예정된 결론을 강화하기 위한 이성에의 호소 등이 그것이다. 그러나 이슬람 전위대를 통해 완성된 형이상학이 영혼불멸성이라는 추상적인 원칙을 도출(앞서 살펴보았듯이 창조에 대한 문자적 해석은 거부하면서)하기 위해 경전의 산만한 결론을 세심하게 다듬었는 데 반해, 서구 스콜라주의는 이 부분에서 아직 열등한 수준에 머물러 있었다. 당대 가장 뛰어난 지성이었던 토마스 아퀴나스-그의 『이교도대전(*La Somme contre les Gentils*, 1259?)』에서 드러난 바와 같이-조차도 이 지점에서는 이븐 루시드에 미치지 못했는데, 그는 루시드의 결론이 너무 경솔하고 신앙을 위협한다고 간주해서 거부해버렸다.

그런데 서구 스콜라주의의 이러한 빈곤은 정확히 유럽의 이점으로 작용했다. 왜냐하면, 그러한 빈곤이 사실상 이슬람교의 세련된 해석보다 더 강한 불만을 초래했기 때문이다. 이런 이유로 서구 스콜라주의는 경험주의의 공격에 거의 저항할 수 없었는데, 이 공격은 로저 베이컨(Roger Bacon, 1219~1292)-그는 스콜라주의의 변증법적 삼단논법에 맞서 경험의 중요성을 복원했다-이 형이상학과는 동떨어진 사유방식을 창시하면서 본격화되었다. 십자군 전쟁을 연구한 역사가는 얼마나 많은 아랍인이 프랑스인의 행동에 분개했는지를 알고 있다. 특히 미신-예를 들어 물·불·독 따위의 시련을 통해 판결하는 신명재판(ordalies)-에 근거를 둔 그들의 '정의'는 샤리아의 섬세한 해석에는 미치지도 못하는 것이었다. 오늘날 우리가 샤리아를 '중세적'인 것으로 평가할 때, 그러한 사실을 너무 쉽게 망각하고 있다. 여하튼 그 시대에는 박식한 결의론(casuistique)-도덕이나 양심 문제를 교리로 해결하는 신학(역주)-으로 가득 찬 무슬림 '법'을 넘어서기보다는 프랑스 법과 같은 원시적인 '법'을 제거하는 것이 훨씬 쉬웠을 것이다.

그러므로 기독교 스콜라주의가 성취한 형이상학적 승리는 서구에서 매우 이른 시기에 사라졌다. 겨우 세 세기 만에 공납제 사회의 지평을 넘어서기 위한 객관적인 조건이 마련되었다. 16세기부터 르네상스와 더불어 자본주의가 발전했고, 중세의 사상체계에 대한 재검토가 동시에 시작되었다. 비교는 필수 불가결하다. 공납제 양식의 주변부 형태인 봉건제는 공납제 이데올로기의 주변부 양식에 해당한다. 그리고 이슬람 형이상학은 해당 지역에서 완성된 형식의 공납제 이데올로기를 형성했는데, 그것은 헬레니즘·동방 기독교에서 유래한 것이었다.

여기서 암시된 내용은 다음과 같은 결론을 이끈다.

첫째, '고대/중세' 사이의 단절은 유럽중심적 역사가 관례화하는 시기, 즉 서로마제국의 말기(초대 기독교 시기인)에 해당하지 않는다는 것이다. 필자는 이 단절을 더욱 앞선 알렉산더제국의 시기, 즉 동방의 헬레니즘 통합기(기원전 300년)에 위치시킨다. 그러므로 중세는 헬레니즘(로마제국을 포함한), 비잔틴, 이슬람(오스만제국을 포함한), 서구 기독교(봉건적인) 등의 문화를 계승(혹은 공동으로 확장)한 시기가 된다.

로마제국 말기로 고착된 관례적인 단절은 한 가지 편견이 잘 자리잡혀있음을 보여준다. 그것은 기독교 시기에 질적이면서도 결정적인 단절이 이루어졌다는 편견이다. 그러나 사실은 그렇지 않다. 그러한 단절은 확실히 유럽의 입장에서는 매우 중요하다. 왜냐하면, 이러한 단절이 미개성의 시대(켈트, 게르만, 슬라브의)가 조직적인 계급사회(여기서는 봉건적 형태의)로 점차 이행했음을 전제하기 때문이다. 그런데 그러한 단절은 동방(비잔틴제국과 이슬람 권역)에서는 두드러지지 않았다. 그러므로 상기한 전유는 과도한 유럽중심적 기획으로 번역된다. 헤지라의 단절도 이것을 준용할 수 있다. 이러한 단절은 분명히 아라비아반도나 동방의 이슬람 권역(이집트와 페르시아)의 해석과 동일한 의미로 해석되지 않는다.

둘째, 제안된 '고대/중세' 사이의 단절은 지배적인 생산양식이 주요하게 변화했음—예를 들어 노예제에서 봉건제로의 이행에서처럼—을 의미하지 않는다.

셋째, 그러므로 제시된 단절은 순전히 사상사나 이데올로기 형성사에 해당한다는 점이다. 이러한 주장은 앞선 주장에 대한 논리적인 귀결이다. 따라서 이러한 단절은 어떤 의미에서는 매우 상대적이다. 가설은 다음과 같다. 즉, 상당 기간에 걸친 공납제 사회의 고유 이데올로기는 헬레니즘 시기를 기점으로 문명화된 동방(문명화된 동방 국가들이라는 표현이 더욱 정당할 것이다)에서 더 일관적이고, 더 정합적이고, 더 '결정적인' 방식(어떤 의미에서는)으로 서서히 구축되었다는 사실이다. 따라서 그것의 결정체는 헬레니즘(비잔틴제국의 기독교를 포함하여), 이슬람교, 서구 기독교를 계승하거나 혹은 그것들과 공존한 형태를 띠게 된다.

넷째, 이와는 달리 '중세/근대' 사이의 단절은 자본주의 생산양식의 이행과 실제로 일치했다는 점이다. 따라서 사상체계(과학, 철학, 사회도덕 체계와 같은)에서 종교의 위상은 급진적인 재해석의 대상이 되었다.

헬레니즘은 공납제 이데올로기를 철학적으로 공식화했으나, 종교적인 색채는 미약—마치 유교처럼—했다. 여기서 신의 능력은 비창조적인 자연(Nature incréée)과 동일한 실체가 되었는데, 여기서 후자는 진화하지 않는 운동을 끊임없이 반복하는 자연법칙의 지배를 받는 것으로 이해되었다. 반면, 기독교와 이슬람교의 종교적인 교리에서 신은 자연의 외부에 존재하며, 동시에 그러한 자연의 창조주로 여겨졌다. 따라서 갈등은 헬레니즘 철학과 성서(le Livre)에 근거를 둔 종교들 사이에서 불가피한 현실이었다.

기독교는 다신교를 용인했던 황제의 권력과 충돌하면서 삼백 년 동안 '불법화'되었다. 훗날 완성될 기독교의 교리는 이 기간을 거치면서 모습을 갖춰가기 시작했다. 이 당시의 환경이 헬레니즘 철학과 양립할 수 있도록 종교를 새롭게 해석했다. 그런데 이러한 해석은 앞서 언급했듯이, 헬레니즘 계열의 기독교 사상가가 이미 시도했던 해석이었으며, 새로운 신앙을 전파하려던 이들이 취했던 방식과는 주로 상충하는 해석이었다. 실제로 이들의 새로운 신앙은 헬레니즘적이기보다는 대중적이었으며, 따라서 헬라어보다는 대중의 언어(콥트어, 아람어, 시리아어, 칼데아어)로 표출되었다. 그 결과 이들 대중은 억압적 권력이나 다신론과 결합한 신플라톤주의 철학-사실상 이들은 이 철학을 알지 못했다-을 거부하지 않을 수 없었다.

역사적 상황은 황제가 기독교인이 되면서 변화했다. 주교들의 제1차 공의회-325년의 니케아(Nicée) 공의회-가 콘스탄티누스(Constantin) 황제에 의해 직접 소집된 사실이나, 신을 창조주라 선언함으로써 헬레니즘과 단절한 종교적 교리를 만들어낸 사실 등은 우연이 아니다. 이것은 국교로 격상된 종교의 새로운 기능에 완벽하게 부합했다. 따라서 권력은 철학자를 체계적으로 축출하지 않을 수 없었다. 527년 유스티니아누스(Justinien) 대제가 사상적 자유의 마지막 피난처라고 할 수 있는 아테네 학당을 폐쇄하자 마지막 남은 철학자까지 사라지고 말았다. 서로마제국 시기 야만족의 침입은 이러한 사상의 몰락을 더욱 재촉했다. 뒤이은 신학 논쟁에서 주도권을 쥐게 된 '이교도들'은 쇠락해진 헬레니즘에 더는 주목하지 않았다. 오히려 그들은 이집트, 시리아 등의 동방 민중의 저항이나 새로 정복한 야만 민족의 '민족적' 저항에 주목했다.

그러므로 신플라톤주의 철학이 재등장하기까지는, 게다가 그러한 사상적 잿더미 속에서 신플라톤주의적 자질(이성)이 신앙과 다시 화해하기까지는 수 세기가 소요되었다. 그런데 이 시기는 자본주의의 출현에 상응하는 어떤 새로운 이데올로기의 등장으로 간단하게 설명이 된다. 이를 이슬람교의 여정과 비교하자면, 해당 여정은 이성과 신앙을 화해시키려 했던 세력(철학자들, 즉 칼람 세력)과 그것에 무관심했던 세력 사이의 갈등으로 점철된다.

헤지라 이후 삼백 년 동안, 이 갈등은 종교에 대한 철학적 해석–알 라지(Al Razi, 865~935?)의 무신론에 이르기까지–에 집중되었는데, 이 당시 종교는 이성의 함의를 존중했다. 이 시기가 무슬림 세계의 황금기였다. 이러한 개화 덕분에 동방은 콘스탄티노폴리스의 교조주의적 독재 권력에서 벗어나 신플라톤주의 철학의 부활을 신속하게 이끌었다. 칼리프 권력은 정복지의 지적 다양성이나 풍요로움에 맞설 뿐만 아니라 수 세기에 걸친 기독교인의 엄청난 출현에 맞서 확실히 이러한 관용을 수용해야만 했으며, 때로는 그것을 지지해야만 했다.

그러나 칼리파 권력은 이러한 개화를 감추기 위해 빠르게 개입했다. 이븐 한발(Ibn Hanbal, 헤지라 290년 사망)이 사도신경(Credo)을 정식화한 것은 단지 헤지라 3세기였다. 권력은 사도신경을 공인했으며, 다른 모든 것을 배제한 채 필수 경전(코란과 하디스)을 해석하는 유일한 기준으로 이것을 강요했다. 사도신경은 창조의 교리, 이슬람 경전의 영원성(상대주의적 역사해석이 인정치 않는)을 재확신했으며, 육신의 부활과

'신적 자질(qualités de Dieu)'에 대한 열거 등을 문자 그대로 받아들였다. 그런데 이러한 사도신경은 온전히 반동적이다. 이성과 신앙을 일치시키려는 여타의 사상은 체계적으로 억압되었다. 이븐 한발이 신당(Parti de Dieu), 즉 헤즈볼라(Hezbollah)의 창시자였다는 것은 상기할 필요조차 없다. 이를 바탕으로 그는 종교 및 사회에 관한 71개의 다양한 해석(이 숫자는 이 당시 그가 기술한 유대교 '정파'의 숫자다)을 사탄의 해석으로 규정했다. 오늘날 정치적 이슬람이 사도신경을 제외한 다른 어떤 경전도 인정하지 않는다는 사실은 여기에 명시할 필요조차 없다. 이로 인해 앞서 언급된 이슬람교–이른바 '선조'의 이슬람교라 불리는 살라프파 이슬람교(Islam Salafi)–는 헤지라 5세기부터 종교적인 해석에 있어서 진화가 정체되었고, 따라서 쇠퇴하기 시작했다. 그런데 이러한 보수적인 이슬람교의 '유일사상'은 당시 기독교와 크게 다르지 않았다. 다마스쿠스의 성 요한(St. Jean Damascène)도 나름대로 '100가지(71가지를 대신하여) 해석'이라는 공식을 창안했는데, 그 가운데 99가지는 사탄(즉 '이교도')에 의해 오염된 것이며, 오로지 한 가지만이 신도에게 적합한 것이었다.

이 문제와 관련된 주요 논쟁은 필자가 인용했던 오늘날의 아랍 사상가–특히 후세인 므로에(Hussein Mroué), 타예브 엘 티지니(Tayeb el Tizini), 아흐마드 사덱 사아드(Ahmad Sadek Saad), 조르주 타라비시(Georges Tarabishi)–에 의해 활발히 전개되었으나, 아랍어권을 제외하고는 잘 알려지지 않았다. 필자도 이들의 논쟁에 참여했고, 여러 출판물(아랍어로 된)을 통해 몇 가지 관점을 비판했다. 필자의 생각에 이들의 관점은 자본주의 이데올로기와 '봉건제' 이데올로기 사이에 존재하는 근대적인 갈등을 무시하고 있다. 사실상 필자의 시각은 조르주 타라비시(Georges Tarabishi)가 드러낸 더할 나위 없는 박식함이나 섬세함과 완벽하게 일치한다고 말해야 할 것이다. 우리 둘 모두는 종교 일반뿐 아니라 특히 국교를 특징짓는 '유일사상'을 정립하려는 시도를 강조했다. 필자의 생각에 공납제 이데올로기에 내재한 특징은 바로 이것이다. 이러한 관점에서 볼 때, 다양성은 공납제 이데올로기에 의해 지속해서 위협받는 대상의 다름 아니다.

제3장

다른 전(前)자본주의 권역의 공납제 문화

중심부 및 주변부 공납제 문화에 대한 앞선 가설은 오로지 유로·아랍·이슬람 세계에만 한정된 것인가?

아프리카나 아시아는 전형적인 비서구권이며 비기독교권이다. 그러나 이 세계 역시 유교, 도교, 불교, 힌두교, 이슬람교, 애니미즘 등의 뿌리를 바탕으로 다양화되었다. 이들 사회에서 종교는 근대 자본주의가 확산하기에 앞서 다수의 거대 문화권을 형성하고 있었다. 문화적인 측면에서, 19세기 유럽의 종족주의(ethnicisme)가 내세우려고 했던 논리–인도·유럽인(Indo–Européens)과 셈족(Sémites) 사이의 대립이라는–는 현실적으로 중요성이 떨어진다.

만일 '오리엔탈리즘적 유럽중심주의(eurocentrisme orientaliste)'가 '동방'의 모든 신화를 주조했다고 한다면, 그러한 신화는 '아프리카·아시아'의 전도된 신화와 대립하지 않을 것–물론 두 대륙의 사회문화권에 고유한 구체적인 분석은 존재할 수 있다–이다. 마찬가지로 그것은 불변의 '특수성(유교나 이슬람교 등에 내재한)'–문화주의적이고 민족주의적인 대응으로 치닫는–은 물론이거니와 그러한 특수성이 초래하는 비타협적 판단이라는 이중의 암초를 피해야만 한다. 그러나 이러한 논리는 쉽게 그 유약함을 드러낸다. 예를 들어 유교는 과거에는 중국의 후진성의 원인으로 간주되었으나, 이제는 일본과 한국의 '기적'을 설명하는 새로운 동인으로 거론되기 때문이다.

뒤이은 내용에서 앞서 열거한 문화권 각각의 공납제 이데올로기가 어떻게 형성되었는지 그 과정을 분석하지는 않을 것이다. 단지 유교권의 사례를 중심으로 유로·아랍·이슬람의 역사에서 도출한 가설이 얼마나 유용한 것인지를 보여줄 것이다.

매우 정합적인 성격을 지닌 유교는 중국과 같이 완성된 공납제 사회의 완성된 이데올로기였다. 비록 종교적인 부분에서는 견해차가 존재할지라도 유교는 사회적인 위계질서가 인간에게 영원히 필요하다고 주장하는 하나의 시민 철학(종교가 아니라)이다. 이러한 주장은 오늘날에는 다소 낡아 보이는 사회심리학에 암묵적인 토대를 두고 있다. 그런데 이처럼 완성된 공납제 양식의 완성된 이데올로기가 드러내는 특징은, 마치 오늘날 서구의 경제적 소외에 관한 이데올로기가 그러한 것처럼, 변화를 거부하고 그러한 변화에 적극적으로 저항한다는 사실을 통해 설명된다. 그러므로 유교가 영향력을 잃기 위해서는 자본주의라는 외부 충격으로 뒤흔들린 중국이 사회주의 혁명, 특히 문화혁명을 거쳐 그러한 자본주의를 넘어서는 과정을 기다려야만 했다.

일본의 기적은 비유럽 지역에서 성장한 유일한 선진자본주의로 정의된다. 그러므로 이러한 기적은 사회변화의 영역에서 '이데올로기/토대' 관계를 설명하는 전형적인 비유럽적 분석이라는 차원에서 예외적인 연구영역을 제공한다.

일본과 관련하여 자주 모순적인 결론이 도출된다. 가령 일본이 민족문화를 상실한 채 빈 껍데기만을 지니고 있었다거나, 고유한 가치체계–예를 들어, 기업에서의 가족주의(paternalisme)–를 이윤 법칙에 병합·통합했다는 논의 등이 그것이다. 이를 근거로 일본이 사실상 시장 소외가 완벽하게 잘 구축된 자본주의 이데올로기를 향해 직접적으로 이행했다는 주장도 제기되고 있다. 그런데 일본은 기독교 유럽이 역사적으로 경험했던 부르주아 개인주의에 해당하는 이행기를 거치지 않았다. 일본의 자본주의는 오히려 다른 유형의 사회를 계승했는데, 그것은 미완의 공납제 사회에 해당하는 봉건제 사회였다. 일본의 자본주의 이데올로기는 부분적으로는 이 지역 문명의 어머니인 중국 이데올로기의 영향을 받았다. 그렇지만 일본의 공납제는 중국의 이데올로기를 총체적으로 가져오기에는 역부족일 정도로 미완의 상태였다. 불교의 상대적인 성공은 이에 대한 하나의 증거가 아닐까? 힌두교에 반발했던 불교는 인간과 자연의 분리를 주장한다는 점에서 셈족의 종교와 비교될 수 있다. 그런데 불교는 중앙집권화된 인도나 중국에서는 이들 고유의 국가 이데올로기로 성장하는 데 성공하지 못했다. 반면 지방분권적인 일본에서는 성공했다. 물론 일본의 전(前)자본주의 이데올로기는 유럽의 이데올로기와 조건이 달랐기 때문에 이들 요소가 자본주의 이데올로기로 통합되는 데에는 더욱 어려움을 겪었다. 그런데도 일본의 자본주의 이데올로기는 앞서 출현한 공납제 이데올로기 가운데 순전히 중국적인 이데올로기(불교)에 의해 활기를 띠었다. 결국 자본의 집중화를 특징으로 하는 선진자본주의 양식–허버트 마르쿠제(Herbert Marcuse, 1898~1979)의 『일차원적 인간: 선진 산업 사회의 이데올로기 연구(1964)』가 묘사한 사회조직에 상응하는–은 투명한 잉여 공제를 특징으로 하는 봉건제 양식과 이러한 방식으로 다시 조우했다.

미치오 모리시마(Michio Morishima)[3]는 도쿠가와 막부(Bakufu Togukawa) 시대에 나타난 일본 유교의 주변부적 성격을 잘 보여주었다. 이러한 성격은 일본의 봉건제와 평행을 이루며, 공납제 양식의 주변부 형태에 상응한다. 선의(bonté)와 인본주의를 강조한 중국 유교가 제국적·시민적 관료주의를 정초했다면, 상급자에 대한 복종으로 이해되는 충성심(loyauté)과 결합한 일본 유교는 군사적·봉건적 관료주의를 낳았다. 이때 후자의 관료주의는 근대 시기 민족주의적인 성격을 띠었으며, 모리시마의 행복한 표현에 따르면, 자본주의 노동시장이 마치 '충성시장(marché de la loyauté)'의 근대적 표현처럼 이해되었다.

앞서 지적했듯이, 유교의 놀라운 특징 가운데 하나는 그것의 시민적이고 비종교적인 성격이다. 헬레니즘도 어느 정도는 그러했다. 그러나 헬레니즘은 종교적인 성격으로 변화–기독교와 이슬람교–했다. 이러한 변화가 대중의 형이상학적 열망에 더욱 효과적으로 부응할 수 있었다. 중국에서 종교의 역할은 토속적인 성격의 도교가 담당했는데, 그것은 초자연적인 힘에 근거한 '처방(recettes)'을 일러주는 일종의 샤머니즘이

---

3 Michio Morishima, *Capitalisme et Confucianisme*, Flammarion, 1987. 막부(Bakufu)는 봉건적인 군사제도인데, 1860년대 메이지 유신 이전의 다섯 세기 동안 토쿠가와 쇼군(les Shogun Tokugawa) 왕조를 거치면서 일본을 지배한 제도이다.

었다. 그렇지만 개화된 지배계급은 이러한 처방을 따르지 않는 것을 명예롭게 생각했다. 초자연적인 힘이 존재하더라도(그리고 그러한 힘의 존재가 암시되었더라도), 완벽한 유학자는 이러한 힘을 다룰 수 있다는 헛된 욕망을 버리려 했다. 따라서 유교는 초자연적인 힘의 존재를 질문하지 않고서도 비할 바 없는 절제된 품격을 지닌 하나의 완벽한 형이상학이 되었다. 필자의 생활권인 유로·아랍 지역에서 헬레니즘과 종교는 시간에 따라 순차적으로 각각의 양식이 등장한 반면, 중국에서 이들 각각은 신자를 달리하면서 공존했다. 즉, 엘리트는 비종교적인 양식을, 대중은 종교적인 양식을 취했다. 아마도 이러한 특징은 공납제 문화의 유연성이자, 따라서 장수의 부가적인 요인이었다. 이러한 특징은 훗날 외부의 동력(일본의 경우 서구과학, 중국의 경우 마르크스주의)에 상대적으로 개방적일 수 있었던 요인이 되기도 했다. 여기서 이러한 외부의 동력은 종교적인 형태의 신앙과 충돌하지 않았다. 이러한 신앙이 특별히 엄중한 경우에도 마찬가지였다.

만일 중국의 완성된 공납제 문명이 유교·도교와 상보적으로 협력하여 섬세하게 작동했다고 한다면, 일본의 유교 문명-위계적 복종으로 환원되는-은 신도(Shintoïsm)와 융합했다고 할 수 있다. 신도는 도교를 다소 단순화한 일본식 해석이었으며, 그 안에서 황제-신격화된-는 권력적 피라미드의 정점을 차지하며 동시에 초자연적 힘의 상징이 되었다. 그러나 이러한 노골적인 역사는 필연적으로 상당한 불만을 초래했고, 대중이 불교의 인본주의에 몰두하는 계기를 제공했다.

중국과 일본의 관계는 중심과 주변의 관계처럼 작동했는데, 이는 지중해 지역의 동방과 서구의 관계에 상응했다. 게다가 그 관계는 생산양식의 토대적인 측면(여기에는 야만적인 유럽의 봉건제와 유사한 일본의 봉건제가 있다)에서만큼이나 이데올로기적인 측면에서도 동일한 '기적'을 만들어냈다. 즉, 체제의 주변부에서 자본주의로의 급속한 발전이 이루어졌다는 사실이다. 필자의 생각에 이들의 유사한 발전은 지역의 특수성을 가로질러 보편법칙을 탐구하는 것이 헛되지 않음을 증명하며, 이 영역에서 불균등발전에 관한 가설이 논박하기 힘든 풍요로운 설명을 제공한다는 사실을 훌륭하게 증명한다. 만일 이 가설이 입증된다면, 유럽의 특수성을 둘러싼 모든 유럽중심적 시각은 붕괴될 것이다.

문화적인 측면은 더욱 깊게 분석해야 할 또 하나의 영역을 구성한다. 유교 문화권은 전반적으로 자본주의-특히 일본, 한국, 대만은 성공적으로-로 이행했거나 이른바 사회주의 혁명(중국, 북한, 베트남)을 수행했다. 반면, 아시아와 아프리카 사이의 또 다른 문화권(힌두교, 불교, 이슬람교, 애니미즘 등)은 객관적으로 유교 문화권과 유사했거나 심지어는 더욱 우호적인 조건이었음에도 불구하고 가시적인 미래에는 자력으로 자본주의적 발전이나 사회주의적 혁명을 성취하는 것이 힘들어 보인다. 그렇다고 이들 사회의 지배적인 이데올로기-특히 이슬람교와 힌두교-가 혁명적이거나 진보적인 역사로 이행하려는 과제에 절대적으로 장애가 된다고 결론을 내릴 필요는 없다. 반대로 우리는 이슬람교가 무엇보다 쌍둥이 대적자인 기독교만큼이나 유연할 수 있었다는 것을 주장하며, 또한 이슬람교에서도 '부르주아 혁명'이 필요했으며 동시에 가능했었다는 사실을 주장하려고 한다. 아쉽게도 오늘날 해당 지역의 실제적인 역사는 지금까지도 그러한 혁명을 허용치 못하고 있다. 그러나 이러한 유연성의 관점에서 보았을 때, 유교는 해당 지역의 빠르고 긍정적인 진화를 설명하는 몇 가지 상대적인 이점을 가지고 있었던 것으로 파악된다. 여기서 시민적인 성격의 유교 이데올로기가 지닌 이점을 언급하도록 하자. 또한 유교가 사회를 두 가지 현실로, 즉 미시사회적으로는 가족으로, 거시사회적으로는 국가로 파악했으며, 이를 바탕으로 두 가지의 정당한 도리, 즉 가족에 대한 헌신과 국가에 대한 충성을 끌어냈음을 추가하도록 하자. 자본주의의 불균등발전에 맞서기 위한 도전이 민중적·민족적 혁명을 요청하거나 혹은 그러한 혁명의 주도권을 요청하는 사회에서 아마도 유교의 이러한 특성은 하나의 이점이 될 것이다. 이에 비해 아랍·이슬람권의 투쟁은 아랍 민족주의와 이슬람 근본주의 사이를 오가며 민감하게 요동쳤으며, 종교적 갈등과 인종적 갈등 사이에서 소모적으로 분열해왔음을 확인할 수 있다.

불교는 준(準)세속적인 형이상학을 만들어냈는데, 이는 많은 측면에서 유교나 헬레니즘 형이상학과 유사한 것이다. 헬레니즘은 두 세기가 지난 이후에서야 아프가니스탄까지 진출한 불교의 영향을 받았다. 석가는 자력으로 지혜를 끌어낸 현자였을 뿐, 자신을 계시받은 예언자로 주장하지 않았다. 게다가 석가는 공자나 세속적인 헬레니즘 철학자와 마찬가지로 계시자(êtres inspirés)라는 범주가 진지하게 고민될 수 있을지를 의심했다. 따라서 그는 인간이 어떤 계시에 의존하지 않고서도 인간의 지혜에서 자신만의 지혜를 끌어내면서 스스로 도덕을 완성해야 한다고 결론 내렸다.

석가가 도달한 결론은 그 내용에 있어서 공납제 형이상학을 정의할 때 요구되었던 결론과 같다. 권고된 도덕은 보편적인 영향력을 지니고 있으며, 다양한 종교적 신앙을 초월하여 전 인류에게 호소한다. 게다가 신을 추구하는 것은 환상이며 초자연적 힘은 불가피하게도 인식 불가능하기에 이것들을 중요하게 다루지도 않는다. 이러한 명제가 함축하는 엄청난 관용은 불교사상의 공적으로 평가되어야 한다. 이 지점에서 불교사상은 소위 계시종교(religions révélées)가 고취하는 흔한 광신적인 행태와는 구분된다. 또한 중용(Juste milieu)이라는 불교의 도덕은 유교와 마찬가지로 공납제 사회의 재생산에 필수 불가결한 보수적이면서 개혁적인 사회질서를 존중하도록 이끈다.

신의 영역을 질문하는 불가지론은 개인화된 영혼, 게다가 책임감 있는 불멸의 영혼이라는 인식을 배제하지 않는다. 불교에서 이러한 추론은 '현자(sage)'의 숙고라는 논리의 결과물이다. 이러한 토대에서 불교는 영혼의 윤회와 관련된 신앙을 자신의 원천인 힌두교에서 빌려온다. 게다가 공납제 이데올로기에 부합한 불교의 엘리트주의는 이집트의 영지주의 이데올로기와 매우 흡사한 교리를 만들어낸다. 여기서 인간은 중용의 도덕을 실천하고 이성과 형이상학적 지혜를 조화시키는 '수도승(moines)'과 허약한 수준의 사회도덕에 만족하는 '평민(communs)'으로 나뉜다.

불교가 인도와 중국 등 아시아의 광활한 영역에서 철학적 전성기에 도달한 이후 이 두 사회에서 모두 쇠퇴했다는 사실은 흥미로운 점이다. 인도에서 진실한 종교로 인정받았던 힌두교는 불교적 해석을 억압했다. 물론 지역적으로는 불교적 전례가 유지되었지만, 엘리트는 이를 경멸했다. 불교의 이러한 쇠퇴는 기독교의 맹렬한 공격을 받았던 헬레니즘의 쇠퇴와 비교될 수 있다. 중국의 경우에도 불교의 쇠퇴는 아마도 민족문화의 결실인 유교철학과 불교철학이 매우 유사했다는 사실로 설명이 된다.

인도와 중국에서 진행된 이러한 이중적인 쇠퇴는 불교의 해석에 일종의 미끄러짐(dérapage)을 수반했고, 티벳이나 인도차이나 지역에서 불교는 준(準)종교로 전락했다. 아마도 이러한 사실은 세속적인 성격의 형이상학이 직면하고 있는 온갖 어려움을 증명할 것이다.

종교적인 형태(기독교, 이슬람교, 힌두교)의 형이상학과 세속적인 형태(헬레니즘, 유교, 불교)의 형이상학을 비교·분석하는 것은 공납제 이데올로기나 공납제 문화와 관련된 숙고에 유용한 영감을 제공할 수 있다. 아마도 이러한 비교는 공납제 양식의 문화를 건설하는 데 필수적인 요소가 무엇인지를 일러준다. 예컨대, 인종·부족 간의 대립을 넘어 제국으로의 이행에 도움이 되는 보편적 자질, 과학적 이성과 초자연적 인식 사이의 화해, 사회적 위계를 존중하는 보수적 도덕 등이 바로 그것이다. 그런데 이러한 요소는 종교적인 교리의 형태로 드러날 수도 있지만 세속적인 철학적 개념으로 공식화될 수도 있다.

아마도 상당수의 기독교인(유럽인과 미주인), 무슬림(아랍인을 포함하여), 힌두교인은 자기 종교의 내재적 우월성을 광범위하게 받아들일 것이다. 그렇지만 세속적인 형이상학에 관한 이들의 숙고가 한층 성장하기 위해서는 그들 스스로가 더욱 겸허해야 하고 고유의 신념을 지나치게 강조하지 말아야 한다.

필자의 생각에 공납제 문화에 관한 이론을 구축하는 데 필요한 요소의 일부가 바로 이것이다. 공동체 문화에 대한 이론구축도 병렬적인 개념을 통해, 즉 총체적인 사회현실을 구성하는 다음과 같은 세 가지 요소가 동시에 작용했다는 것을 강조할 때 가능하다.[4] 즉, 계급이나 국

4 Cf. Samir Amin, *Classe et nation*, Munit, 1979, 제2장.

가가 없는 사회에서의 사회적 재생산 요구, 이러한 조건을 지배하는 친족 이데올로기, 그리고 우리가 '애니미즘'(혹은 '토착')이라 부르는 종교가 드러내는 사회적 단위체가 바로 그것이다. 그런데 마지막에 언급된 애니미즘과 같은 종교(그것이 초자연적인 힘에 대한 복종을 강조하며, 이성의 활동을 더욱 제한한다는 의미에서)를 과연 생산력의 조야한 발전단계로 단순히 이해할 수 있을까? 이 종교가 드러내는 인간에 대한 미약한 관심은 공동체 사회가 분쇄되고 있다는, 따라서 이 단계의 발전수준으로는 지평선 너머의 광대한 영역으로 더욱 발전할 수 없다는 현실을 반영하고 있는 것이 아닐까?

제3부

자본주의 문화

제1장

유럽중심주의의 왜곡된 보편주의와 문화주의적 퇴보

르네상스와 함께 두 가지 급진적인 변화가 나타났다. 그리고 그것이 근대세계로의 이행을 이끌었다. 하나는 유럽이 자본주의 사회를 건설했다는 점이고, 다른 하나는 그러한 유럽이 세계를 지배했다는 점이다. 이것은 동전의 양면과도 같은 것이다. 어느 한 면을 강조하기 위해 이 두 내용을 구분하는 이론은 불충분하고 모순적일 뿐 아니라, 흔히 말해 매우 비과학적이다. 이 새로운 유럽 세계는 자본주의 사회를 위한 물적 토대를 마련함으로써 형이상학적 지배에서 동시에 해방되었다. 그리하여 근대세계의 문화혁명은 엄청난 속도로 과학적인 진보를 성취했으며, 민주주의를 향한 열망을 간직한 세속 사회를 건설하면서 체계적으로 생산력을 발전시켰다. 이와 동시에 유럽은 유럽문명의 보편성을 의식하고, 이를 바탕으로 세계를 정복해 나갔다.

이렇게 구축된 신세계는 인류의 유구한 역사상 처음으로 자본주의 경제체제라는 근본 법칙을 통해 점차 통합되었으며, 사기업의 지배, 임노동, 기업적 생산품의 자유무역을 발판으로 성장하기 시작했다. 이 세계는 해당 기업뿐만 아니라 국가나 정당의 정책까지도 합리적으로 결정되는 세계였다. 이들 국가나 정당은 과거 권력이 강요했던 논리가 아니라 경제적 이해에 따라 결정했다. 이제부터 경제적 이해는 직접적이고 궁극적인 활동의 원리가 되었다. 이러한 새로운 합리성은 인간의 이해관계라는 확실한 개념을 정식화했으며, 이성의 최고 형태인 사회를 민주적으로 경영할 것을 요청했다. 그리고 사회생활을 조직하거나 소비생활을 유지하는 데 필요한 다양한 형태의 열망을 하나로 통합했다.

문화적인 측면에서 이러한 혁명은 종교의 영역에서뿐만이 아니라 사상과 사회생활을 포함한 모든 영역에 부과되었다. 이러한 혁명의 임무는 새로운 사회적 요구에 맞게 재해석되었다. 그런데 종교혁명의 이러한 측면은 신앙의 형이상학적 측면이 잠재적으로는 유연한 것이며, 따라서 초역사적인 문화적 불변항이 아니라는 사실을 보여주는 것일까? 혹은 일부의 생각처럼 그러한 혁명은 오로지 기독교만이 수행할 수 있는 가능성으로 인정해야 하는가?

사실 합리성이나 보편주의에 대한 열망은 근대세계의 결과물이 아니다. 애초부터 합리성-이 개념은 확실히 상대적이다. 그런데 우리가 이러한 상대성을 극복할 수 있는가?-은 인간 행위의 모든 것을 주조했다. 게다가 이미 살펴보았듯이 거대 공납제 이데올로기는 인간의 소규모 집단(인종, 민중, 성(性), 사회계급으로의)의 한계를 뛰어넘어 인간에 대한 보편적 관념을 형성했다. 그러나 이러한 열망에도 불구하고 보편주의는 잠재적인 것으로 남아있다. 왜냐하면, 어떠한 사회도 그러한 가치를 세계적인 차원에서 강요하거나, 혹은 그러한 차원에서 강요받지 못했기 때문이다.

르네상스는 공납제 이데올로기와 단절한 순간일 뿐 아니라, 유럽의 자본주의가 세계를 정복한 시점이기도 하다. 아메리카 대륙의 발견과 르네상스의 시작이 모두 1493년이라는 것은 우연이 아니다. 르네상스 시기가 인류사 전체에서 질적인 단절을 이루었다면, 그것은 정확히 그 시점부터 유럽인이 자신의 문명을 바탕으로 세계정복이 가능하다는 생각을 가졌기 때문이다. 따라서 유럽인은 그들이 이민족을 정복하는 데 사실상 상당한 시간이 걸렸음에도, 어떤 의미에서는 절대적인 수준의 우월의식을 드러냈다. 그들은 처음으로 진정한 의미의 세계지도를 그렸다. 지구상에 거주하는 모든 민족을 알았고, 그러한 지식의 이점이 무엇인지를 아는 유일한 민족이었다. 어떤 제국이 자신을 방어할 군사적인 수단을 갖추고 있을지라도, 이들 유럽인은 그들보다 더욱 강력한 무기를 개발할 수 있다는 사실을 알고 있었다. 유럽중심주의가 형성되기 시작한 것은 이러한 의식이 가능했던 시기이지, 그 이전이 아니다.

오늘날 우리는 이 당시 유럽에서 발전한 사회형태가 새로운 것이고 자본주의라는 개념을 통해 분석할 수 있다는 사실을 알고 있다. 이처럼 새로운 경제적·사회적 양식은 이전 사회를 규정지은 모든 양식과는 달리 정복적 능력까지 갖추고 있었다. 분명 자본주의의 맹아적 형태(사기업, 시장교환, 자유로운 임노동 등)는 오래전부터 지중해 지역에, 특히 아랍·이슬람 지역과 이탈리아 지역에 존재했다. 우리가 앞선 지면을 통해 분석했던 지중해 체제는 어떤 의미에서는 자본주의 경제체제에 선행하는 역사이다. 그런데도 이 지중해 체제는 완성된 형태의 자본주의로 나아갈 수 있는 질적인 진전을 스스로 만들어내지 못했다. 오히려 진화의 동력은 선진적인 지중해 연안 지역을 벗어나 주변적인 유럽의 북서부 대서양지역으로 이동했다. 이곳에서 자본주의가 완성된 형태로 번영하는 역사와 그 이전의 상태에 머문 역사를 가르는 루비콘강이 형성되었다. 이렇게 자본주의적 세계체제는 과거의 중심부였던 지중해 연안을 주변화하면서 대서양을 중심으로 성장했다.

그러므로 잠정적인 세계체제로서의 자본주의는 어떤 의미에서는 우리가 그것의 잠재적 정복력을 의식하기 전까지는 존재하지 않았다. 베니스(Venise)는 13세기에 이미 자본주의 방식으로 조직되었다. 그러나 베니스의 상인은 자기 사회를 자본주의적인 개념으로 분석하지 않았을 뿐 아니라, 자신의 체제가 세계를 정복할 수 있다고 생각지도 않았다. 십자군 전쟁을 거치면서 기독교인과 무슬림은 각자 자신을 종교적으로 우월한 신앙의 파수꾼으로 여겼다. 그러나 이 단계에서 그들은 기독교나 이슬람교가 각자 나름대로 보유하고 있던 보편주의를 상대방에게 강요하지 못했다–역사적 사실이 이를 입증하듯이–. 이는 한쪽의 판단이 '유럽중심적'이 아니었듯이, 다른 쪽의 판단이 '이슬람중심적'이지 않았기 때문이다. 단테(Dante)는 예언자 무함마드를 지옥으로 떨어뜨렸다. 그러나 이것은 에드워드 사이드(Edward Said, 1935~2003)가 생각했던 것과는 달리,[1] 유럽중심적 세계관을 보여주는 신호가 아니었다. 상반된 두 이념의 입장에서 그것은 단지 대칭적인 현상일 뿐이기 때문에, 오히려

1 Edward Said, *L'Orientalisme,* Le Seuil, Paris, 1980, pp. 319–336.

평범한 지역주의(provincialisme)에 불과한 것이었다.

막심 로딘슨(Maxime Rodinson, 1915~2004)은 근대의 유럽중심적 오만함 속에서 중세 유럽의 이슬람에 대한 시각-무지와 두려움으로 가득 차 있는, 게다가 이슬람교에 대한 신앙보다 자신의 종교적 신앙이 우월하다고 여기지만 인간적으로는 어떠한 우월감도 드러내지 못하는-을 구분했다.[2] 그러나 뒤이어 형성된 유럽중심주의는 이러한 진부한 차이를 넘어섰다. 왜냐하면, 그것은 세계사에 관한 이론을 함축하고, 그 이론에서 도출된 세계적인 정치기획을 함축했기 때문이다.

상황은 르네상스와 함께 변화하기 시작했다. 왜냐하면, 새로운 의식이 유럽인들 사이에서 생겨났기 때문이다. 물론 이 당시의 의식이나 그 이후 상당 기간에 걸쳐 형성된 의식은 오늘날의 의식, 즉 세상을 실질적으로 정복했을 뿐만 아니라 자기 사회를 자본주의 방식으로 건설했다는 유럽인의 우월성의 토대가 되는 의식과는 다른 것이었다. 그러나 이것이 중요한 문제는 아니다. 여하튼 르네상스 시기 유럽인은 새로운 시대를 그러한 방식으로 분석하지 않았다. 거칠게 표현하자면, 그들은 자신이 '자본주의를 건설했다'는 사실을 알지 못한 채, 자신의 우월성을 다른 요소, 즉 '유럽성(européanité)'이나 기독교 신앙, 혹은 그 당시 새롭게 고안한 그리스인 조상 등과 같은 문화적인 요소에 그 공적을 돌리고 있었다. 그리고 그것은 나중에 살펴보겠지만 우연이 아니었다. 유럽중심주의의 완성체는 여기에 있다. 달리 말해, 근대세계의 유럽중

2 Maxime Rodinson, *La Fascination de l'islam*, Maspero, 1982. 또한 Jean-Jacques Waardenburg, *L'Islam dans de miroir de l'Occident,* Mouton, Le Haye, 1963; Bernard Lewis, *Comment l'islam a découvert l'Europe*, La Découverte, 1984; 그리고 Bernard Lewis, *Sémites et anti-Sémites*, Fayard, 1987.

심적 이데올로기는 자본주의를 규정하는 다양한 요소가 결정되기에 앞서 이미 등장했다는 것이다.

추후 진행될 자본주의에 의한 세계정복사는 다음의 사실을 알려준다. 이러한 정복이 지구상에 존재하는 모든 사회를 결코 유럽식-게다가 진보적으로-으로 동질화(homogénéisation)하지 못했다는 사실이다. 이러한 정복은 오히려 세계체제의 수준의 양극화를 더욱 심화했다. 따라서 중심부는 완성된 형태로 발전했지만, 주변부는 더욱 낙후하여 이를 극복할 수 없는 상태에 도달했다. 게다가 이러한 '현실자본주의적' 모순을 자본주의 체제 내에서는 해결할 수 없는 우리 시대의 가장 심각한 주요 모순으로 만들어 버렸다.

새로운 세계는 자본주의적이다. 이 세계는 자본주의 생산양식이 드러내는 특징을 통해 정의되고 인식된다. 그렇지만 이 세계에서 생성된 지배이데올로기는 그러한 생산양식의 본질을 명확히 이해한다고 해서 해명되는 것이 아니다. 그것만으로는 지배이데올로기가 무엇을 정당화하는지를 놓칠 가능성이 크다. 이러한 사실을 인정하는 것, 그것이 바로 이 새로운 자본주의 세계가 실제의 역사적 한계와 대면해야 함을, 따라서 자신의 내재적 모순을 드러내야 함을 인정하는 것이다. 지배이데올로기가 미래에 대한 전망을 제시하기 위해서는 이처럼 파괴적인 유형의 의심을 제거해야 하며, 초역사적인 '영원한 진실'에 토대를 두고 있는 것으로 승인되어야 한다.

새로운 자본주의 세계의 지배이데올로기는 서로 분리되지 않는 세 가지 보완적인 기능을 갖추고 있다. 첫째, 이 지배이데올로기는 자본주의 생산양식의 본질적인 기능을 은폐한다. 그리하여 경제적 소외-자본주의 사회를 재생산하는 토대로서의–에 관한 명확한 이해를 초역사적·도구적 합리성 담론으로 대체하며 흩트린다. 둘째, 이 지배이데올로기는 자본주의 기원에 관한 시각을 왜곡한다. 이러한 기원을 인간사회의 진화에 관한 일반법칙을 탐구하면서 조망하는 것이 아니라, 다음과 같은 이중의 신화를 동원해서 해결한다. 즉, 한편에서는 이른바 유럽적이라고 일컬어지는 역사적 특수성을 과장하는 신화를, 다른 한편에서는 상반된 다른 인류의 역사적 특수성을 대조적으로 접목한 신화를 동원한다. 이들 신화를 바탕으로 지배이데올로기는 자본주의가 단지 유럽의 기적일 수밖에 없다고 결론 내린다. 셋째, 이 지배이데올로기는 현실자본주의의 근본적인 특징–특히 그것의 내재적 특징이라고 할 수 있는 '중심부/주변부'의 양극화–을 세계체제 수준의 재생산과정에 연결하기를 거부한다. 그런 이유로 지배이데올로기는 세계 그 자체를 분석단위로 고려하기를 거부하며, 세계를 구성하는 국가들 사이의 불균등이 오로지 해당 국가의 '내부' 요인 때문이라고 탓하면서 손쉽게 위기를 모면한다. 결국 지배이데올로기는 다양한 민족을 특징짓는 초역사적 특수성을 강조하며 자신의 선입견을 강화한다.

이러한 방식을 통해 지배이데올로기는 사회 체제로서의 자본주의와 이것이 수반하는 세계적 규모의 불균등을 동시에 정당화하며, 이러한 정당화 과정에서 요구된 것을 영원한 진실인 양 포장한다. 유럽에서 탄생한 이러한 이데올로기는 르네상스 시기와 18~19세기의 계몽주의를 거치면서 형성되었다. 기독교 편애(christianophile) 신화, 그리스인 선조 신화, 그리고 오리엔탈리즘이라는 인공적이고 대조적인 신화는 유럽적·유럽중심적 문화주의로 새롭게 모습을 갖춰가며, 이러한 문화주의로 인해 저주받은 대상, 즉 불멸의 인종주의(racisme inéliminable)와 떼려야 뗄 수 없는 한패가 되었다.

마르크스주의는 계몽주의 철학의 연장이자 단절이라고 할 수 있는 모순의 역사를 통해 형성되었다. 이러한 역사 가운데 우리가 주목해야 할 부분은 마르크스주의가 지배이데올로기의 토대인 경제주의를 탈신비화했다는 사실이다. 마르크스 이후에는 누구도 마르크스만큼 생각하지 못했다. 그러나 마르크스주의는 여전히 넘어서기 힘든 한계에 직면해 있다. 그것은 마르크스주의가 특수한 진화론을 계승했다는 사실과 관련이 있다. 마르크스주의는 부르주아 진화론에 스스로 저항했음에도 불구하고, 그러한 진화론에 내재한 유럽중심주의를 해소하지 못했다. 사태가 이리된 이유는 현실자본주의가 직면한 진정한 역사적 과제를 제대로 이해하지 못했기 때문이다. 이 때문에 자본주의는 세계적인 차원에서 양극화를 심화하면서도 세계의 동질화라는 실현 불가능한 목표만을 앞세우고 있는 것이다.

그러므로 시국은 총체적인 난관에 직면해 있다. 그런데도 오늘날의 세계는 이를 해결해야 할 과제 앞에서 목전의 절망적인 탈출구를 향해 도망치고 있을 뿐이다. 그것은 사실상 양방향의 문화주의적 퇴보를 의미한다. 서구의 입장에서는 유럽중심적인, 따라서 지역주의적인 퇴보이며, 제3세계의 입장에서는 '전도된' 형태의 유럽중심적 퇴보가 그것이다. 그러므로 이 두 가지 퇴보를 비판적으로 검토하는 것은 그 어느 때보다도 이러한 난관을 해결할 수 있는 보편주의를 요청하는 데 핵심적인 사안이 된다.

제2장
형이상학의 쇠퇴와 종교에 대한 재해석

르네상스는 중세사상과 단절한다. 근대사상은 형이상학에 관한 지배적인 관심을 포기함으로써 중세사상과 구분된다. 그런 의미에서 부분적 진리의 중요성이 체계적으로 더욱 높이 평가되는 데 반해, 절대적 지식을 추구하는 것은 초심자의 몫으로 돌아간다. 이제 인식 가능한 다양한 영역에 대한 세밀한 과학적 연구가 고무된다. 그러한 연구는 본질상 사실에 대한 경험적 입증을 수용하는 것이기에, 과학과 기술 사이의 단절은 상대화된다. 근대과학은 결정적으로 귀납의 가치를 인정하며, 연역에 갇혀 있던 이성적 사고의 한계를 넘어선다. 오늘날 지적 우선순위의 이러한 조정이 초기 자본주의적 생산관계에서 생산력 발전을 이끌었다는 사실-이는 매우 분명하다-은 쉽게 확인된다. 철학에 대한 과거의 정의-헬레니즘 이래로 형이상학과 동의어가 되었던-는 포괄적·절충주의적 정의로 탈바꿈한다. 이러한 정의는 다소 일반적이라 할 수 있는 다음의 숙고를 모두 포용한다. 즉, 경험적 현상이나 그러한 것으로 합리화된 현상을 지배하는 논리체계, 미학적인 혹은 도덕적인 가치체계, 더 나아가 사회진화 관념(역사철학을 위해 요구되는)-그것이 다소 부적절한 것이라 할지라도-에서 유래된 가치체계 등이 그것이다. 이러한 것들은 우리가 박물관으로 미처 보내지 못했던 형이상학의 주변에서 근대철학의 세부 항목을 형성한다.

이러한 항목이 병렬적으로 절충된다고 하여 그 이유를 기성 권력-절대군주와 교회-과 타협하려고 했던 신생 부르주아 계급의 기회주의에서 찾을 수 없다. 왜냐하면, 스콜라주의 형이상학은 한편에서는 도덕에 관한 관심을, 다른 한편에서는 우주생성론에 대한 열망을 동시에 통합하면서 형성되었기 때문이다.

오늘날 이것들은 인간의 조건에 내재한 심오하며 항구적인, 따라서 제거할 수 없는 두 가지 경향성을 의미한다. 확실히 부르주아의 성공 시대라고 할 수 있는 19세기는, 과거를 지배한 형이상학이나 심지어 미래를 주도할 과학까지도 더는 두려워하지 않는 간결한 사고방식을 동원하면서 도덕에 관한 근심을 삭제하려고 했다. 미국의 기능주의는 이러한 도덕적 과업을 평범하고 즉각적인 사회적 요청으로 빠르게 환원했다. 그들은 이것을 '과학적으로' 분석할 수 있고, 따라서 이에 대한 '교육'을 통해 개인을 '해방(아니면 조종?)'할 수 있다고 주장했다. 또한 우주생성론-항상 실소를 자아내는-과 관련하여 이들은 이것의 유산을 유지·보수하는 역할을 점성가(자신의 직업을 결코 상실한 적이 없는)에게 맡겼다.

유럽의 계몽주의 철학은 유럽식 자본주의 이데올로기를 위한 본질적인 틀을 결정지었다. 이 철학은 일련의 인과론적 결정인자를 규정짓는 기계론적 유물론의 전통에 의지했다. 이들 가운데 핵심적인 것은 과학과 기술의 발전(자율적인)이 사회생활의 모든 영역을 결정한다는 논리이다. 즉, 기계적인 진보가 사회관계의 변화를 요청한다는 논리이다. 이제 계급투쟁은 역사에서 추방되고, 그 자리에 외부 요인이나 혹은 자연법칙처럼 부과되는 기계적 결정론이 위치한다. 흔히 이상주의와 대립한다고 여겨지는 이 조야한 유물론은 사실상 그것의 쌍둥이 형제, 즉 동전의 양면에 불과하다. 신(섭리)이 인간을 진보의 길로 인도한다는 주장이나, 이러한 기능을 과학이 담당한다는 주장은 동일한 결론에 도달한다. 소외에서 벗어난 의식적인 인간이나 사회계급이라는 관념 등은 이러한 도식에서 사라진다. 그로 인해 해당 유물론의 이데올로기는 종종 종교적으로 표출–프리메이슨(les francs–maçons)이나 혹은 절대자(Être Suprême)에 대한 신앙이 그러하듯이–되며, 다음의 두 가지 이데올로기를 아무런 거리낌 없이 화해시킨다. 예컨대, 미국에서 사회적 행위(그리고 그것에 대한 '과학적' 설명)를 지배하는 것은 조야한 유물론이지만, 그들의 '영혼 내부에' 순수하게 남아있는 이데올로기는 종교적 관념론이다. 부르주아 사회과학은 이러한 조야한 유물론을 결코 넘어서질 못했는데, 그것이 소외의 재생산 조건, 요컨대 자본에 의한 노동착취를 실현하는 조건이었기 때문이다. 이러한 사회과학은 필연적으로 시장가치를 지배적인 가치로 등극시킨다. 따라서 시장가치가 사회생활의 모든 국면을 관통하며, 사회생활의 모든 것은 시장가치의 논리에 종속된다. 과학, 기술, 조직 등과 관련된 분과 학문이 이데올로기의 역할을 발견하는 곳도 바로 이 지점이다. 이들 철학은 인간과 자연의 분리–심지어 대립–를 무모한 수준까지 끌어 올리는데, 그런 의미에서 온전히 '반(反)힌두교적'

–만일 힌두교가 인간과 자연의 통일성을 강조하는 것으로 정의될 수 있다면–이라고 정의할 수 있다. 이들 철학은 자연을 사물로 취급할 뿐만 아니라 심지어 그것을 파괴하며, 생태학적 연구가 상기하듯이 인류의 생존 그 자체를 위협한다.

이러한 방식으로 조금씩 새로운 관념이 생겨났고, 현실에 대한 기여가 나타나기 시작했다.

시민사회의 자율성은 신흥 근대세계의 첫 번째 특징인데, 그것은 경제생활(그 자체는 시장관계가 일반화함에 따라 모호해지긴 했지만)과 정권의 분리에 기초를 두고 있다. 이것이 신흥 자본주의 양식과 모든 전(前)자본주의적 사회구성체 사이의 질적인 차이를 설명한다. 시민사회의 이러한 자율성이 자율적인(따라서 근대 민주주의적인) 정치적 삶이라는 개념과 동시에 사회과학이라는 개념을 가능케 한다. 처음으로 사회는 인간의 의지, 심지어 지배자의 의지를 떠나 외부의 법칙에 따라 규정되는 것처럼 보인다. 이에 대한 증거는 경제적 관계나 그것이 진화한 수준에서 즉각 확인된다. 이븐 할둔(Ibn Khaldun, 1332~1406)이나 몽테스키외(Montesquieu, 1689~1755)의 시대와는 달리, 이제 사회법칙을 발견하는 것은 더는 근거 없는 호기심이 아니다. 오히려 그것은 '자본주의를 경영'하기 위해 긴박하게 요청된다. 따라서 이러한 경제학적 토대를 바탕으로 사회과학이 세력을 확장하며 구축된 것은 우연이 아니다.

시민사회의 이러한 자율성은 직접적으로 라이시테라는 결과로 이어졌다. 이제부터 사회생활의 모든 영역은 독립적인 이해가 가능해졌다. 형이상학적 열망을 충족시키려 했던 욕구는 개인의 양심에 맡겨졌다. 그리고 종교는 공식적인 구속력을 지녔던 자체의 위상을 상실했다. 그런데 라이시테는 널리 퍼진 유럽중심적 편견과는 다르게 교회의 무거운 멍에에서 '해방'을 요구했던 기독교 사회의 고유한 결과가 아니었다. 그렇다고 보편화의 사명을 띤 국가, '민족', 교회 간의 갈등에서 파생된 결과도 아니었다. 사실상 교회는 종교개혁을 거치면서 영국성공회, 루터파 등의 형태로 '민족화'되었다. 서구에서 교회와 국가 사이의 융합은 새로운 형태의 신정정치를 건설한 것이 아니라, 말하자면 종교적인 형태의 라이시테—비록 교권을 옹호하는 반대파의 공격을 받았을지라도—를 건설했다는 것이다. 그렇다고 이러한 라이시테가 신앙을 송두리째 뿌리 뽑았던 것은 아니다. 오히려 형식적이고 신화적인 불순물을 정화하면서 장기적으로는 그러한 신앙을 보강했다. 오늘날 기독교인—지식인이든 아니든 간에—은 인간이 아담이 아닌 원숭이의 후손이라는 사실을 받아들이는 데에는 어떠한 거리낌도 없다.

형이상학적 관심이 약화함에 따라 대신 자연과학이 자율성을 누렸다. 우주생성론은 다양한 영역의 지식을 총체적으로 통합하려고 했으나, 과학적 사고는 이러한 노력을 혐오하고 공격했다. 철학은 이제 자연철학으로 회귀했으며, 상대적이고 잠재적인 수준에서 당대의 지식을 종합하는 데 만족했다. 물론 상대적인 지식을 절대화하려고 했던 시도가 여기저기서 문제를 초래했다는 사실은 부인하기 어렵다. 당대의 가장 선진적인 과학이나 가장 혁명적인 명제를 제기했던 과학(가장 오래된 신념을 뒤집었다는 점이나 혹은 가장 현저한 방식으로 물질적인 진보를 요청했다는 점에서)은 제국주의로 돌아섰으며, 미개척 분야의 지식을 병합하기 시작했다. 역학, 진화론, 원자론 등이 의술, 정치학, 경제학 등을 매우 빠르게 흡수–유추를 통해–했다.

그러나 새로운 사회가 '행복'을 보장했던 것은 아니다. 인간의 근심이 우주생성론이나 합리적 형이상학을 통해 치유되지 않듯이, 모호한 실증과학을 통해서는 더욱 치유되지 않기 때문이다. 게다가 이 새로운 사회는 계급사회, 즉 일상적인 착취와 억압이 존재하는 사회이다. 따라서 '다른 사회'–흔히 유토피아라 일컫는–를 향한 열망도 도덕에 관한 관심을 요청했다.

근대 이데올로기가 형이상학의 독재에서 벗어났다고 해서, 그것이 그만큼 종교적인 요청을 배제했다는 의미는 아니다. 왜냐하면, 형이상학적 관심은 종교적 사실–그러한 관심의 표현인–과 사회적 진화 사이의 상호작용이 무엇인지를 고려하도록 이끌기 때문(그런 의미에서 '인간은 형이상학적 동물'이다)이다. 그것은 종교적 교리를 불변항으로 취급하는 신학의 영역을 벗어날 때만 가능한 것이다. 역사의 진화과정에서 이데올로기로서 종교의 영향력은 사실상 유연하고 다양한 방식으로 해석된다.

종교는 인간과 자연의 관계, 게다가 인간들 사이의 관계라는 두 가지 문제를 전체적으로 해결한다. 그런 의미에서 종교는 인류학적인 초역사적 소외의 표현이자 동시에 역사적 조건에 따라 모습을 달리하는 사회질서를 온전히 정당화하는 수단이다.

종교는 나름의 방식으로 인간과 자연의 관계를 차별적으로 정의하는데, 어떤 종교는 자연을 지배하는 인간의 소명을 강조하기도 하고, 다른 종교는 인류가 자연의 일부라는 사실을 강조하기도 한다. 종교의 이러한 측면을 너무 강조하다 보면, 이를 둘러싼 종교의 이러저러한 답변이 마치 사회진화의 본질적인 결정인자인 양 맹목적으로 판단할 우려가 크다. 이 지점에서 기독교, 이슬람교, 힌두교, 불교, 유교, 도교, 애니미즘에 관한 강경한 해석이 도출될 수 있다. 예컨대, 어떤 종교는 진보에 '개방적'인 데 반해, 다른 종교는 장애가 된다는 해석이 그것이다. 역사적 경험은 이러한 해석이 허무하며 언제라도 뒤집힐 수 있다는 사실을 보여주고 있다.

종교가 권장하거나 정당화하는 인간관계를 개념화할 경우, 종교의 유연성이나 종교적 해석의 수용 가능성은 다음의 사실을 숙고하게끔 이끈다. 즉, 특정한 역사적 조건에서 탄생한 이데올로기는 자신의 기원적 사명과는 현저히 다른 후차적 사명을 가질 수 있다는 사실이다. 그런 의미에서 종교는 자신이 탄생한 사회적 조건보다 완벽하게 오래 생존하기에 초역사적이라고 할 수 있다.

이러한 상황에서, 예를 들어 기독교, 이슬람교, 유교를 봉건제나 공납제의 이데올로기라고 주장하는 것은 치명적인 실수처럼 보인다. 물론 그러한 주장은 해당 종교에 대한 특유의 해석을 통해 그러하거나 그러했을 수 있다. 그러나 기독교가 새로운 해석을 통해 실제로 그러했던 것처럼, 나머지 종교들 역시 자본주의 이데올로기로 둔갑할 수도 있다.

이 지점에서 유럽중심주의는 목적론, 즉 전체 유럽의 역사가 필연적으로 자본주의의 발현을 준비했다는 논리를 드러낸다. 다른 종교보다 유럽의 종교로 여겨진 기독교가 개인의 탄생이나 자연에 대한 지배력을 행사하는 데 더욱 유리했기 때문이라는 것이다. 반대로 이슬람교, 힌두교, 유교 등은 예컨대 자본주의 사회로의 변화에 걸림돌이 되었다고 주장한다. 그러므로 기독교가 처음부터 자본주의로의 발전을 위한 유연성을 지니고 있었다던가 혹은 그러한 맹아를 내재하고 있었다는 바로 그 논리에서 다른 종교의 유연성은 부인되고 만다.

이러한 관점에서 기독교가 수행했던 혁명–'부르주아 혁명'이라 평가할 수 있는–은 재검토될 필요성이 있다. 확실히 종교는 형이상학적인 갈망을 충족시키며, 이를 향한 종교적인 신앙은 사회 체제를 넘어선다. 그러나 종교는 동시에 자신이 출현한 구체적인 사회적 조건의 결과물이기도 하다. 사회변화를 수용하거나 심지어 요구하는 진보세력은 종교의 특징들 가운데 전자의 측면(형이상학적 요청)을 강조–특히 해당 세력이 신앙을 구원하려고 했을 때–했으며, 동시에 경전을 자유롭게 해석하면서 후자의 측면(사회적 산물로서의 종교)을 상대화했다. 기독교는 근대사상의 탄생과 마주하면서 이러한 혁명을 경험했다. 그러면서 중세 스콜라주의에서 떨어져 나갔다.

자본주의 이데올로기는 다양한 단계를 거치며 형성되었다. 첫 번째 단계는 종교개혁을 거치면서 기독교가 각색되는 단계였다. 그러나 이 시기는 유럽의 특정 문화권에 제한된 초기 단계에 불과했다. 자본주의가 영국에서 출현하고 성장했기 때문에, 부르주아 혁명은 그곳에서 종교적인 형태로, 따라서 특별히 소외된 형태로 모습을 드러냈다. 현실 세계를 장악했던 영국의 부르주아는 어떠한 철학적 도움도 필요치 않았다. 생산력을 발전시키기에는 조야한 유물론이나 다름없는 경험주의 철학만으로도 충분했기 때문이다. 이들은 이 철학에 만족했다. 소외로 치달은 정치경제학이 영국에서 발전할 수 있었던 이유는 이러한 경험주의가 철학을 대체했기 때문이었다. 그러나 영국을 벗어난 유럽대륙에서 개신교는 이러한 임무를 수행하지 못했다. 왜냐하면, 유럽대륙의 자본주의는 영국과는 달리 아직 충분히 성장하지 못했기 때문이다. 그러므로 두 번째 단계의 자본주의 이데올로기는 철학적이고 정치적인 언술을 더욱 노골적으로 요구하기 시작했다. 따라서 이 단계에서 자본주의에 고유한 이데올로기는 개신교나 가톨릭교가 아니었다.

자본주의 고유의 이데올로기가 이전 형태의 이데올로기에서 벗어나 자본주의로 이행하는 데에는 사실상 오랜 시간이 소요되었다. 경제적인 소외는 그러한 이데올로기의 내용이며, 해당 이데올로기가 신비화하거나 혹은 그로 인해 신비화된 내용—사회에 영향을 미치는 외부 요인으로 고려된 수요와 공급—으로 표현된다. 이 단계에 도달한 자본주의 이데올로기는 이제 이전의 모습을 포기하거나 삭제한 완전히 새로운 형태의 이데올로기가 된다.

이러한 정의를 보완하기 위해 종교의 잠재적인 유연성과 관련된 몇 가지 관찰을 추가하도록 하자. 그것은 기독교 역사와 유럽 사회의 관계를 질문하는 것이다.

첫 번째 관찰은 이러하다. 여기서 사용된 필자의 가설은 베버의 가설이 아니라, 헤겔에 대한 마르크스의 표현을 빌자면, '재조정된(remis sur ses pieds)' 베버의 가설이라는 점이다. 베버는 자본주의를 개신교의 산물로 간주한다. 그러나 필자는 여기서 초기 자본주의의 생산관계를 통해 변형된 사회는 공납제 이데올로기, 요컨대 중세 스콜라주의의 형성과정을 질문할 필요가 있다고 말한다. 사상 분야를 변화시킨 것은 사회의 실제적 변화이며, 그것이 르네상스나 근대철학이 출현할 수 있는 조건을 조성했다. 현실사회가 종교적 신앙을 재조정한 것이지, 그 역이 아니라는 것이다. 신흥 지배이데올로기가 형성되기까지는 거의 이삼백 년이 소요되었는데, 이 이행기가 바로 16~19세기에 걸친 중상주의 시기이다. 결정적인 계기는 영국의 정치경제학과 더불어 출현했다. 이 당시 산업혁명과 프랑스혁명은 부르주아 세력의 승리를 이끌었으며, 임노동의 일반화를 부추겼다. 그러나 그것은 우연이 아니었다. 이제 지배적인 관심사는 형이상학에서 경제학으로 무게중심을 옮겼고, 경제 이데올로기가 지배이데올로기가 되었다. 그러나 더욱 정확히는 경제가 지배이데올로기의 내용을 차지하게 된 것이었다. 앞선 시기의 인간이 자신의 운명을 신의 섭리에 맡겼던 것처럼, 당대의 평범한 시민은 그것이 가격, 일자리 그리고 그 외의 사항을 결정짓는 '수요·공급의 법칙'에 달려 있다고 생각-오늘날에는 과거보다 더 많은 시민이-하지 않았겠는가?

두 번째 관찰은 다음과 같다. 즉, 종교혁명에도 나름의 방식이 있다는 사실이다. 종교혁명은 새 시대에 적응하기 위한 명석함의 표현도 아니며, 견유적(cynique)이면서 재능있는 예언자의 작품은 더더욱 아니다. 루터는 '기원으로의 회귀'를 요청했다. 그것은 그가 중세 스콜라주의를 일종의 '일탈'(이데올로기 논쟁을 항상 뜨겁게 달구는 개념인)로 해석했다는 것을 의미한다. 그는 중세 스콜라주의를 '경시(dépasser)'하지 않았지만, 근원적인 순수성-신화적인-을 '복원'하기 위해 해당 철학을 '제거(gommer)'하려고 했다. 종교혁명에서 확인되는 이와 같은 모호한 태도는 해당 사회의 실제 상황을 반영한 것도 아니었으며, 그렇다고 해당 사회에 고유한 문제도 아니었다. 형이상학적 요청에 응답하는 것은 종교적인 신앙이지만, 그러한 요청의 본질에는 종교적 신앙을 시대적 상황에 맞게 각색하려는 완곡한 의도가 함축되어 있다. 또한 현실사회적 관점에서 부르주아 혁명의 모호함-이 혁명은 공납권력을 쫓아내고 이 과정을 수행하기 위해 민중의 도움을 요청하지만, 결국 자본주의라는 새로운 질서 속에서 민중을 더욱 심하게 착취한다—은 '부르주아적 종교개혁'과 '대중의 이단 종교(직설적으로 표현하자면)' 사이를 오가며 소란스럽게 공존했다.

세 번째 관찰은 다음과 같다. 오늘날 우리는 기독교의 두 번째 혁명을 목전에 두고 있다는 점이다. 그러므로 필자는 해방신학이 건설한 상호의존성, 요컨대 신앙과 경전 사이의 상호의존성이 기독교를 장차 사회주의 세계에 적응시킬 수 있다고 말하고 싶다. 이러한 해방신학이 선진적인 중심부가 아니라 기독교화된 오늘날의 주변부—특히 라틴 아메리카, 필리핀 등지의—에서 가장 성공할 것이라는 사실은 허언이 아니다.

제3장

유럽중심적 문화주의의 형성

근대 이데올로기는 자본주의 생산양식이라는 추상적인 환경에서 형성된 순수한 것이 아니다. 자본주의의 본질에 대한 근대적인 인식은 상대적으로 후대의 일이다. 엄밀히 말해 그러한 인식은 19세기 마르크스주의에서 절정에 달한 사회조직에 대한 비판을 거치면서 노동운동과 사회주의운동을 거치면서 형성되었다. 이러한 의식이 출현했을 때, 근대 이데올로기는 이미 르네상스에서 계몽주의에 이르는 삼백 년의 역사를 가지고 있었다. 따라서 이 이데올로기는 순전히 유럽적·이성적·세속적이었으며, 보편주의에 대한 새로운 함의를 함축하고 있었다. 사회주의의 비판은 이러한 이데올로기의 역사적 영향력이나 사회적 내용물을 더욱 세련화하기보다는 오히려 19세기 이래로 부르주아 이데올로기를 문화주의적인 명제로 만드는 데 도움을 주었다. 따라서 지배이데올로기의 유럽중심적 성향은 더욱 두드러졌다.

이러한 방식으로 지배문화는 '영원한 서구', 요컨대 기원적으로 유일하면서 독창적인 서구라는 개념을 창조해냈다. 이렇게 자의적이고 신화적인 문화는 동일한 신화 속에서 '타자'('동방들'이나 '동방')에 대한 인위적인 문화를 동시에 강요했다. 그러나 이것은 변화보다는 지속성을 더욱 강조하려는 의도에서 비롯된 것이었다. 유럽중심적인 문화주의의 가설은 널리 알려진 '서구적' 혈통–고대 그리스, 로마제국, 그리고 봉건제에서 자본주의로 이행한 기독교 유럽–을 공식화했는데, 이것은 해당 가설의 가장 대중적인 관념 가운데 하나였다. 이 과정에서 초등학교 교과서나 일반 여론 등은 유럽문화나 유럽문명의 혈통을 정당화하는 학술적인 가설만큼이나 중요한 역할–심지어 매우 중요한 역할–을 했다.

이렇게 형성된 문화주의는 첫째, 우리가 대칭적으로 이해하는 반명제('동방')에서도 그러하듯이 고대 그리스가 성장한 바로 그 환경–엄밀히 말해 그것은 '동방'이다–에서 고대 그리스를 제거한다. 그리고 작위적으로 헬레니즘에 유럽성(européanité)을 부여한다. 둘째, 유럽이라는 문화적 단위의 근원에 인종주의적 함의를 새겨넣는다. 셋째, 기독교를 강조하면서 그것을 인위적으로 유럽성에 연결한다. 또한 유럽이라는 문화적 단위가 영속적일 수 있는 근원적 요소가 기독교라고 해석한다. 이때 기독교는 종교적인 현상에 관한 비과학적이면서도 동시에 이상주의적인 시각(이것은 종교가 자신의 존재를 드러내는 시각이며, 자신을 비춰보는 방식이다)에 부합하는 요소가 된다. 넷째, 근동과 중동에 관한 관념을 평행상태(완벽히 대칭적인 형태의)에 놓으면서 일부는 동일한 방식의 인종주의를 표출하며, 일부는 종교의 불변성이라는 시각을 강조한다.

여기에 명시된 네 가지 요소들은 시대, 방법, 행위자 등에 따라 다양한 방식으로 결합된다. 순수하게 말하자면 유럽중심주의는 사회와 역사를 총체적으로 조리 있게 고려하면서 다양한 요소를 통합적으로 다루는 사회이론이 아니다. 오히려 그것은 앞서 제시된 다양한 사회이론을 변형시키는 일종의 편견이다. 그러므로 이러한 유럽중심적인 편견은 시대가 요구하는 이데올로기가 무엇이냐에 따라 어떤 것은 취하고, 어떤 것은 버리면서, 창고 안에 저장해둔 요소들을 선별적으로 다룬다. 실제로 유럽의 부르주아 계급은 오랜 기간 기독교를 의심-심지어 경멸-하면서 그리스 신화를 과장해 왔는데, 이는 잘 알려진 사실이다. 이와 같은 네 가지 문화주의적 요소들이 서로 다른 모습의 유럽중심주의로 변형되는 일련의 과정을 검토해보면, 어떻게 강조점이 이곳에서 저곳으로 옮겨 다녔는지를 확인할 수 있다.

이들 가운데 그리스인 선조 신화는 유럽중심주의 형성에 본질적인 기능을 수행했다. 그것은 진정한 질문-자본주의는 왜 다른 지역에 앞서 유럽에서 출현했는가?-을 제거하기 위해 인위적으로 조성된 감정적인 주장이다. 더 나아가 합리성이 그리스의 유산이었다는 관념을 강조하면서 한 무더기의 오답을 쏟아낸다. 이러한 신화에 따르면, 그리스는 합리적인 철학의 어머니였지만, '동방'은 결코 형이상학의 수준을 넘어서질 못했다. 이러한 사고를 바탕으로, 소위 서구사상사 또는 서구철학사에 관한 발제(이것은 이른바 동방사상사나 동방철학사라는 본질상 다른 영역을 상정한다)는 항상 고대 그리스를 첫 장으로 시작한다. 게다가 '동방'에 대한 인용을 생략한 채, 그리스에서 전개된 학파의 다양성과 그들 사이의 갈등, 종교적인 속박에 대항한 자유로운 사상의 개화, 인문주의, 이성의 승리(기적과도 같은)를 강조한다. 이 과정에서 헬레니즘에 전파된 동방의 기여는 삭제된다. 그리스 사상에 대한 이러한 규정은 르네상스 이후에 시작되지만 유럽사상에 의해 다시 채택되며, 근대철학에서 무르익는다. 고대 그리스와 유럽의 르네상스를 가르는 이천여 년의 세월은 길고도 모호한 이행기로 여겨진다. 왜냐하면, 이 시기는 고대 그리스의 사상을 넘어설 수 없었던 시기로 여겨지기 때문이다. 이 이행기 동안 유럽에서 형성되어 유럽을 지배한 기독교는 철학보다는 윤리학처럼 이해되었고, 따라서 사상적으로는 별로 만족스럽지 못한 교리논쟁에 오랫동안 치우쳐 있었다. 이러한 한계는 기독교가 아리스토텔레스주의를 재해석–중세 말기의 스콜라주의를 통해–하여 통합할 때까지, 르네상스와 종교개혁을 거치면서 자신의 기원 논쟁으로부터 해방될 때까지, 그리고 시민사회가 기독교의 사상적 전유에서 해방될 때까지 지속되었다. 아랍·이슬람 철학은 그리스의 유산을 르네상스에 전달한 것을 제외하고는, 마치 어떠한 역할도 하지 못한 것처럼 취급되었다. 이러한 인식이 주류를 이루면서 이슬람교는 헬레니즘의 유산을 넘어서지 못한 이데올로기, 따라서 그것을 시도했더라도 실패했을 이데올로기로 여겨졌다.

이러한 초기 형성과정은, 그 기원이 르네상스로 거슬러 올라가며, 학식을 갖춘 부르주아가 중세의 종교적 편견에서 벗어나는 데 이데올로기적으로 핵심적인 기능을 수행했다. 케임브리지대학이나 소르본대학에서 부르주아 식자층을 계승한 세대들은 페리클레스(Périclès)에 대한 존경심을 표출–심지어 초등학교 교과서에 실릴 정도로–했다. 그리스인 조상에 대한 강조는 확실히 오늘날에는 예전만큼 강하지 않다. 그 이유는 아마도 그들이 완성된 형태의 자본주의를 구축했다는 명백한 사실이 정당성 논쟁을 넘어설 수 있는 내적 확신으로 작용했기 때문일 것이다. 이러한 시각에서 민주화된 교육제도는 과거 헬레니즘이 교양 있는 엘리트와 무식한 일반 시민을 구별했던 문화를 흐릿하게 만들었다.

그런데 이러한 형성과정은 완벽히 신화적이다. 마틴 버널(Martin Bernal, 1937~2013)은 '날조된 고대 그리스'로 명명한 역사를 추적하면서 그 사실을 밝혀냈다.[3] 그에 따르면, 고대 그리스인은 자신이 고대 동방의 문화권에 속한다는 사실을 완벽하게 인식하고 있었다. 그들은 자신의 지적 유산이 이집트인이나 페니키아인에게서 전파되었다는 사실을 인정했을 뿐만 아니라, 유럽중심주의가 제시한 '반동방(anti-Orient)'이라는 개념으로 자신을 인식하지 않았다. 오히려 그리스인은 적어도 신화적으로는 이집트인을 조상으로 여겼다—물론 그것이 중요한 사안은 아니다—. 더 나아가 버널은 19세기의 '헬레니즘 추종주의(Héllenomanie)'가 낭만주의 운동에 뿌리내린 인종주의의 영향을 받았고, 게다가 그러한 낭만주의 운동의 창시자들이 사이드(E. Said)에 의해 오리엔탈리즘에 영향을 준 것으로 분석된 인물과 종종 동일 인물이었다는 사실을 보여주었다. 또한 그는 고대 그리스의 '탈(脫)레반트화(délevantinisation)'가 언어학자들에게 어떤 의심스러운 곡예를 강요했는지를 제시했다. 실제로 그리스에서 사용된 고급 어휘의 절반가량은 이집트와 페니키아의 언어에서 차용된 것이었다. 그러나 주류 언어학은 불가사의한 '원(原)아리안(proto-aryen)' 언어를 발명했고, 이것으로 동방의 언어라는 개념을 대신했다. 유럽중심주의에 내재한 소중한 신화, 즉 그리스의 '아리안적 순수성'이라는 신화는 이렇게 보호되었다.

그러므로 지중해를 동서로 나눴던 분열은 후일 남북의 분열로 대체

3 Martin Bernal, *Black Athena: The Afroasiatic Roots of Classical Civilization. Vol. 1: The Fabrication of Ancient Greece 1785-1985,* Free Association Books, London, 1987.

되었으며, 이것이 인위적으로 과거에 투사되었다는 사실을 알 수 있다. 이것은 때론 놀라운 결과를 가져왔다. 카르타고(Cartage)는 페니키아의 도시였기 때문에 '동방'의 도시로 분류되었다. 따라서 로마와 카르타고 사이의 전쟁-기원전 264~146년 사이에 일어난 포에니 전쟁(역주)-은 유럽의 식민주의 세력이 '동방의 마그레브'(아랍어로 마그레브는 '서구'를 뜻하기 때문에 용어상 기묘한 모순이다)를 정복한 전례가 될 것이다. 과거 혹은 근대 프랑스의 식민 정복을 옹호했던 이들의 야심에 찬 저술(오늘날에는 제2차 세계대전 이후의 반식민주의적 자기비판에 대한 '재검토'가 유행이다)[4]에서부터 무솔리니의 파시즘이나 유럽 전역에서 사용되고 있는 개론서에 이르기까지, 이러한 남북 분열은 영원하고 자명하며 지리(연역적으로 좀 더 과하게 말하자면 역사)에 각인된 것처럼 제시되었다. 유럽의 그리스 병합은 처음에는 르네상스 예술가와 사상가에 의해 선언되었으나, 뒤이어 오스만제국이 성장했던 이백 년 동안에는 잊혔었다. 그러다가 '유럽의 병자(Homme malade de l'Europe)' 취급을 받던 오스만제국이 쇠퇴하고 대신 제국주의가 발흥하여 자신의 전리품에 대한 분할을 명확히 하는 그 순간에, 바이런(Byron)과 위고(Hugo)에 의해 그러한 병합이 다시 선언-특히 그의 시 「소년(*Enfant*, 1829)」을 통해-되었고, 유럽공동체(ECC)가 아테네를 유럽의 '문화적 수도'로 결정하면서 대관식은 최종적으로 마무리되었다. 이러한 찬사가 자본시장이 형성되어 헬레니즘의 마지막 흔적들이 사라져가던 바로 그 순간에, 특히 미국

4 이러한 재검토의 실례는 미셸 르로이(Michel Leroy)의 저작 *L'Occident sans complex*(Club de l'Horloge, 1987)-이 저작에 대해서는 1987년 6월 28일 *Le Monde*에서 앙드레 로랑(André Laurens)이 친절하게 논평한 바 있다-에 실린 "Faurisson"을 들 수 있다.

의 대중문화를 곳곳에 전파하던 관광객의 물결 속에 사라져가던 바로 그 순간에 전개되었다는 사실은 흥미로운 것이다.

이러한 거짓 병합을 드러낸다고 하여, 그것이 자연철학-자연발생적 유물론이라 할 수 있는-에 자리한 '그리스 기적'의 중요성을 결코 훼손하는 것이 아니다. 그러나 다시 한번 말하지만 이러한 병합은 공동체 양식에서 공납제 양식으로의 전환을 가능하게 했던 그리스적 후진성의 산물이었으며, 그마저도 형이상학이 중시되는 중세에는 사라졌다가 근대에 들어서야 다시 재발견된 것이었다. 마르크스의 직관은 종종 대단히 섬세하며, 당대의 이론적 가능성을 뛰어넘는다. 그는 고대 그리스에 대한 우리의 공감이 '유년기'(유럽에 한정된 것이 아닌 인류 전체의 유년기)를 상기시킨다고 보았으며, 게다가 엥겔스는 서구 '야만인'뿐만 아니라 심지어 훨씬 오래된 유년기를 연상시키는 북아메리카의 이러쿼이인(Iroquois)이나 다른 인디언 부족 등에 대해서도 이와 유사한 공감을 증언했다. 훗날 상당수 인류학자-유럽인이지만 이 분야에서 유럽중심주의적 시각을 지니지 않았던-도 유사한 이유에서 소위 '원시인'이라고 불리는 다른 민족에 대해 그러한 유혹을 경험하기도 했다.

그러나 르네상스는 열다섯 세기에 걸친 중세 역사를 거치면서 그리스에서 멀어졌다. 이러한 상황에서 유럽문화가 주장하는 연속성은 어떻게, 그리고 무엇을 근거로 형성되는가? 19세기는 이를 위해 인종주의 가설을 만들어냈다. 린네(Carl von Linné), 퀴비에(Georges Cuiver), 다윈(Charles Darwin)을 거쳐 고비노(Arthur de Gobineau)와 르낭(Ernest Renan)에 이르는 동안 '인종(races)'은 동물종이나 진화론(darwinisme)의 분류방식을 통해 사회진화론에 배치되는 영속적인 특징, 즉 유전적 특성을 물려받는 것으로 이해되었다. 이러한 심리학적 유형의 논제는 사회 변화의 원인을 다소 광범위한 수준에서 다양하게 설명한다. 이 당시 새로 형성된 학문인 언어학은 생물 종의 과학적 분류 방법에서 어족(familles de langues)에 대한 영감을 끌어왔으며, 이를 바탕으로 해당 민족의 언어적 특수성으로 소위 민족적 특수성을 설명했다.

물론, 이러한 종류의 이데올로기 구축은 우리가 인정하는 대립적인 개념을 동시에 건설하는 것을 의미한다.[5] 인도·유럽어족과 셈어족(히브리인과 아랍인을 포함하는) 사이의 대립은 이미 과학적으로 확립되었고 논쟁거리가 없는 교리처럼 거창하게 선전되었으며, 유럽중심주의가 구축한 결과물 가운데 가장 그럴듯한 사례의 하나가 되었다. 이런 종류의 인용은 배가될 수 있다. 이것은 누군가에게는 자유를 향한 내적 성향이나 자유롭고 합리적인 정신을 부여하는 것인 반면에, 다른 누군가에게는 비굴하고 허술한 성향을 부여하는 것과 관련이 있다. 이것은 마치 인도·유럽어족의 '완벽함'에 반하는 셈어족의 '기괴함과 미숙함'을 언급하는 르낭의 주장과도 같다. 이러한 전제에서 유럽중심주의는 절대적 지식 탐구에 매몰된 '동방철학'과 인본주의적이면서 과학적인 '서구철학(고대 그리스와 근대 유럽의)'의 대립을 즉각 추론해냈다. 이러한 방식으로 종교의 영역에 인종차별적인 결론이 병치되었다. 그러나 기독교 역시 이슬람교나 다른 종교와 마찬가지로 절대 탐구를 추구했으며, 서구를 정복하기에 앞서 동방에서 탄생한 종교였다. 이제 우리는 기독교와 이슬람교의 근본적인 차이와도 같은 미묘한 차이를 제시하기에 이르렀는데,

5 *Les Chemins de la philosophie dans les pays de la chrétienté et de l'islam*, en arabe, Dar el Saqi, 1988.

이러한 차이가 양자에 대한 역사적 해석이나 그러한 해석의 변화 가능성에도 불구하고 두 종교를 있는 그대로 정의하는 것처럼 만들었다. 이는 마치 종교가 역사를 초월한 영원한 자질을 지니고 있다는 논리와도 같았다. 시대에 따라 변화하는 다양한 종류의 기성 관념이 여러 민족의 내재적 성향과 연결될 수 있다는 사실을 지적하는 것은 흥미로운 일이다. 동방 셈족의 이른바 열등성은 19세기에는 소위 '왕성한 성욕'(이것은 훗날 흑인에게 적용된다)을 둘러싸고 구축되었다. 그런데 오늘날 정신분석학은 동방 민족의 동일한 열등성이 이들의 유난히 강한 '성적 억압'에서 비롯되었다고 그 탓을 돌리고 있다! 이에 편승—독자는 그것을 확실히 이해할 것이다—하여, 유럽인의 케케묵은 반유대주의적 편견은 유대인과 아랍인을 한데 묶고서는 진지한 과학인 양 행세하고 있다.

유럽인과 동방의 셈족을 분리했던 인종주의 가설은 일련의 유추적 가설을 만들었으며, 동일한 추론 모델을 바탕으로 한편의 유럽인과 다른 한편의 비유럽인(흑인과 아시아인)을 분리하는 유사한 대립을 구축했다. 그러나 언어학적 차원에서 마련된 '인도·유럽어족'의 토대는 본연의 증거능력을 상실하고 말았다. 왜냐하면, 인도인—저발전과 피식민으로 인해 멸시당한—은 인도·유럽어에 유창하기 때문이다. 이로 인해 유전적 인종주의(생물학으로 설명되는)는 점차 '지리적' 인종주의(지리적 조건에서 비롯된 후천적 속성이나 전이 가능한 속성으로 설명되는)로 대체되기 시작했다. 이러한 지리적 결정론에서 비롯된 편견이 여론에 편입되어 정치인과 고위인사들 사이에서 광범위하게 공유되었지만, 이들 가운데 어떠한 것도 과학적 근거를 확보하지 못했다. 이슬람권보다 훨씬 낙후했던 13세기의 유럽을 방문한 아랍인 여행자 이븐 바투타(Ibn

Batouta, 1304~1368)—훗날의 역사가 그의 오류를 냉정하게 입증할 것임을 알지 못한 채—는 유럽의 지체를 단순히 해당 지역의 불리한 기후 탓으로 돌렸다! 그러므로 이를 뒤집은 지리적 결정론도 더는 언급할 가치는 없다.

이러한 유형의 판단은 어떤 민족이나 어떤 부류의 민족에게 다소간 영속적인 속성을 부여하며, 이것을 그들의 상태와 진화에 관한 적실정이 있는 설명으로 간주한다. 그런데 그러한 판단은 항상 세부적인 사실에서 총체적인 결론을 끌어내는 피상적인 방법론에서 비롯된다. 따라서 이러한 판단의 설득력은 선택된 세부 내용에 크게 의존하는데, 그 내용이 사실로 널리 인정받으면 확신을 불러일으키거나 혹은 포괄적인 결론을 고취할 수도 있다. 그러나 분석이 더욱 신중해지려면 다른 방향의 질문을 제기할 필요가 있다. 우선, 질문을 뒤집어야 한다. 유럽중심주의가 주장하는 특징이 어떤 상태나 진화의 원인이나 결과라고 할 수 있는가? 그 다음에는 해당 현상의 적합성이 어느 정도인지를 질문해야 하는데, 이때 이러한 적합성은 더욱 복잡하고 유연한 현실을 단순화해서 표현한 것일 수도 있다. 그러나 이러한 방식의 추론이 유럽중심주의 일반을 정당화하는 데에만 필요한 것이 아니라는 사실을 상기해두자. 얼마나 많은 담론이 유사한 방식으로 프랑스인, 영국인, 독일인의 특성을 역사나 구체적인 사회적 조건에서 벗어난 영역에서 찾고 있는가?

그 결과 '유럽성'이라는 정체성은 '타자'의 정체성과 거리를 두면서 형성되는데, 양자는 거의 동등하게 신화적이다. 이제 유럽인은 유럽성의 특징을 세밀하게 탐구해야 할 운명 앞에 놓이게 된다. 이때 각 민족은 이러한 '모델'에서 다소 멀거나 가까운 것처럼 파악된다. 크롬머 경(Lord

Cromer, 1841~1917)은 영국의 모든 지배계급과 식자층의 생각을 대변했다. 그는 (상기한 논리 속에서) 자발적으로 영국인과 독일인이 프랑스인이나 여타의 라틴 민족(아랍인이나 흑인으로 전환되는) 혹은 '준아시아적인' 러시아인보다 더욱 '유럽적'이라고 판단했으며, 따라서 그들이 분명 더 '우월한' 민족이라고 스스로 판단-마치 어떤 증거라도 있는 양-했다. 이러한 담론은 히틀러(Hitler)에 의해 영국인과 독일인 사이의 우선순위만 뒤바뀐 채 마무리되었다. 그러므로 비유럽인은 항상 유럽인의 '부뇰(bougnoul)'-식민지배 시기 북아프리카 원주민, 흑인, 메티스, 아랍인 등을 지칭하던 경멸어(역주)-일 뿐이었다!

가장 원시적인 형태의 인종주의는 오늘날 어느 정도 규탄받고 있다. 유전적 인종주의는 이러한 생물학적 속성-때로는 '인종적 속성'이라고 말해지는-이 문화적인 다양성을 창출할 수 있다고 가정하며, 게다가 그 자질을 위계화할 수 있다고 전제한다. 19세기를 거쳐 히틀러에 이르기까지 유럽은, 심지어 교양있는 유럽인도 이러한 어리석음에 빠져있었다. 그런데도 유연한 형태의 인종주의는 지리적인 조건이나 생태적인 조건을 바탕으로 사회를 뛰어넘는 견고한 결과물을 만들어냈다. 한층 더 유연한 형태의 문화적 인종주의는 개인이 출신배경과는 별도로 다른 문화에 동화될 수 있다고 여길 정도이다. 예컨대, 프랑스에서 성장한 흑인 아이는 프랑스인이 될 수 있다는 주장이 그것이다.

최근의 문화주의 가설-제2차 세계대전 이후에 등장한-은 확실히 유럽이라는 공통의 정체성을 확신했고, 그 대신 유럽 민족 간의 차이를 강조했던 이전의 태도에서 멀어졌다. 이와 동시에 인종주의-특히 유전적 인종주의-는 애초 교양인이 신뢰했던 과학성을 상실했다. 그러므로 유럽이라는 집단적인 정체성은 그 근거를 새로 마련해야 할 처지에 놓이게 되었다. 이러한 경쟁적 민족주의와 인종주의라는 이중의 위기에 처해 있던 유럽 국가들 사이에서 기독교는 거의 운명과도 같은 탈출구를 제공했다. 필자의 생각에 오늘날의 유럽을 특징짓는 신흥 기독교는 적어도 부분적으로는 이러한 현실에 대한 무의식적인 반응이라고 할 수 있다.

그러나 기독교가 유럽의 정체성을 드러내기 위해서는, 이른바 항구성을 강조할 수 있는 포괄적이고 비역사적인 방법론을 수용해야만 했다. 그래야만 이슬람교, 힌두교 등과 같은 다른 종교를 반박할 수 있기 때문이다. 따라서 이와 같은 항구적인 요소가 진화를 설명하는 비교사회학의 축이 되어야 했으며, 이러한 항구성이 타당하다는 가설이 전제되어야 했다.

그런데 기독교를 유럽성의 토대로 보는 이와 같은 잠재적인 선택은 일반 사회이론이나 특히 유럽중심주의에 대해 민감한 문제를 제기한다. 기독교가 르와르강(Loire)이나 라인강(Rhin)에서 출현한 것이 아니기 때문에, 그것의 기원-기독교의 형성 배경은 동방이다-에 대한 관념을 서구의 목적론에 재통합시킬 필요가 있었다. 즉, 신성가족(Sainte-Famille)은 물론이거니와 이집트나 시리아 교회의 교부(Pères)조차도 미성숙한 유럽인이 되어야 했다. 기독교를 알지 못했던 고대 그리스를 선조의 계보에 재통합시켜야 했고, 그리스와 고대 동방-그리스와 문명을 공유했던-의 인위적인 대비를 강조해야 했다. 그리고 문명화된 그리스인과 여전히 미개했던 유럽인을 정신적으로나마 결합할 수 있는 하나의 공동체를 보완적으로 창조해야만 했다. 이러한 방식으로 유전적 인종주의라는 굵은 뼈대는 절대 제거되지 않는 고유의 특성이 되었다. 이 속에서 기독교의 특수성은 특별하면서도 절대적인 덕목으로 칭송·미화되었는데, 이 덕목이 서구의 우월성이나 타민족에 대한 정복을 해명하는 단순한 목적론의 근거로 활용되었다. 이러한 유럽중심주의의 결정체는 종교에 대한 해석을 근거로 형성되었는데, 이러한 해석은 종교적 근본주의에 대한 여타의 해석과 다름없는 것이다. 이러한 방식으로 서구는 자신을 기독교로 이해했고, 그러한 방식으로 정의(흔히 서구·기독교 문명이라고 칭하듯이)했다.

더 나아가 서구는 자신을 프로메테우스(Prométhée)에 가장 근접한 존재로 간주하면서 다른 문명과 대립각을 세웠다. 길들지 않은 자연의 버거운 위협 앞에서 원시인은 단지 두 가지 선택만을 할 수 있다. 자연과 더불어 살거나 아니면 자연을 거역하는 것이다. 힌두교는 첫 번째 자세를 취했는데, 그것은 인간을 대자연의 일부로 규정하고 인간의 무기력을 용인하는 것이었다. 이에 비해 유대교는, 훗날의 기독교나 이슬람교 계승자와 함께 인간과 자연의 원초적인 분리, 인간–신의 이미지인–의 우월성, 그리고 자연의 종속성을 선언했다. 이때 자연은 영혼이 없을 뿐만 아니라 인간 행위의 객체로 축소되었다. 이러한 명제는 잠재적으로 자연을 정복할 수 있는 체계적인 연구의 성장을 함축했다. 그러나 셈족의 종교가 탄생했던 초기 단계에 이러한 선언은 단지 이상에 불과했다. 자연에 영향을 미칠만한 현실적인 수단이 당시에는 존재하지 않았기 때문이다. 따라서 이 당시 인간의 행위는 단지 수호신에게 호소하는 수준에 머물렀다. 사실상 기독교도 이러한 수준에 머물고 말았는데, 해당 종교가 복잡하고 발전된 사회, 게다가 위기에 처한 사회에서 성장했음에도 그러했고, 따라서 종교의 두 번째 측면, 즉 종교의 사회적 측면이 상당한 수준까지 발전했음에도 그러했다. 그런데 이러한 상황은 새로운 제국을 건설했던 이슬람교도 마찬가지였다.

자본주의 문명은 사실상 프로메테우스적이기 때문에, 이러한 가설은 일정 수준 진실이라고 할 수 있다. 그러나 프로메테우스는 그리스인이지, 기독교인이 아니다. 필자가 강조하려는 것은 소위 유대·기독교적이라 언급되는 유럽중심적 가설이 침묵하는 내용이다. 요컨대, 헬레니즘적 통합과정에서 그리스의 기여는 수동적인 내면에 영감을 불어넣었던 형이상학과는 달리 자연철학을 통해 자연에 대한 행위를 요구했다는 사실에 놓인다. 이러한 점에서 기독교나 이슬람교의 형이상학은 예를 들어 힌두교의 형이상학과 근본적으로 다른 것이 아니다. 헬레니즘(이슬람교와 같은 다양한 양태를 포함해서)의 형성과정에서 이집트의 기여는 개인의 도덕적 책임성을 강조했다는 사실에 있다. 그런데 어떤 의미에서 기독교는 헬레니즘의 프로메테우스적인 기여보다는, 오히려 이집트의 기여가 더욱 두드러졌다. 왜냐하면, 전자의 기여는 르네상스 시기에 비로소 재등장했기 때문에 서구 기독교가 성장했던 장기의 봉건제 이행기 동안에는 잊혔던 반면에, 후자의 기여가 기독교를 인간과 신에 대한 사랑을 강조하는 보편주의 윤리로 만들었기 때문이다. 이에 비해 이슬람교는 이 두 가지 기여를 균형 있게 다루었는데, 그 수준은 아랍·이슬람 문명이 전성기에 도달할 만큼 서구 봉건제 문명보다 훨씬 더 발전된 수준이었다.

유럽을 뒤덮은 이데올로기적 장막과 관련하여 마지막으로 언급할 사항은 다음과 같다. 유럽이 자신을 정의하는 데 활용했던 기독교는 헬레니즘이나 이슬람교와 마찬가지로 그 기원이 동방이라는 사실이다. 그런데도 서구는 그것을 전유해버렸다. 대중의 상상력에는 신성가족이 금발의 유럽인일 정도이다. 그러나 이것이 중요한 사안은 아니다. 이러한 횡령은 온전히 정당할 뿐만 아니라 유익할 수도 있기 때문이다. 봉건제가 주변부 생산양식이라는 특징을 고려해 볼 때, 유럽에 의해 전유된 기독교 역시 주변부적이었으며, 따라서 놀라운 유연성을 지니고 있었다고 해석할 수 있다. 그러한 유연성이 자본주의로의 이행을 빠르게 재촉했다.

오리엔탈리즘은 비유럽 사회를 연구한 서구의 전문가나 학자의 연구를 총체적으로 수집한 것이 아니다. 엄밀히 말해 그것은 오해나 불미스러운 분쟁을 비껴가는 데 필요한 것이다. 이 개념을 바탕으로 '동방'이라는 신화적인 이데올로기가 어떻게 구성되었는지를 이해해야만 한다. 이 신화의 형질은 불변항처럼 다뤄지며, '서구'의 형질과 대립하는 것처럼 단순하게 정의된다. 이러한 '대립적' 이미지가 유럽중심주의의 본질적인 실체를 구성한다. 사이드는 이러한 이데올로기의 형성과정이 참으로 현실적이고 지배적임을 입증했다. 이 주제에 대해서는 그가 치밀한 논의를 제시했기 때문에, 여기서 그 세부 내용을 다시 언급할 필요는 없을 것이다.[6]

자본주의와 함께 정복 능력을 갖춘 유럽은 타자—특히 '동방'—를 대변하고, 심지어 이들을 판단할 권리를 갖는다. 이러한 권리는 지역주의

6 이에 대해서는 에드워드 사이드(Edward Said)의 『오리엔탈리즘(*L'Orientalisme*, 1978)』을 참조하라. 필자는 뒷장에서 기술한 많은 내용을 이 책에서 빌려왔다. 특히 셈족의 언어를 다룬 르낭에 대한 그의 비판(p. 169), 동방인의 성욕에 관한 오리엔탈리즘적 망상들(p. 219), 세부적인 관찰에서 발전시킨 그의 포괄적인 결론들(p. 286), 크롬머 경(Lord Cromer)의 인종주의에 대한 인용(p. 243) 등이 그것이다. 물론 이것이 사이드의 방법론에 대한 필자의 비판을 배제하는 것은 아니다.

에 매몰될 위험성도 존재했지만, 그 자체로는 논쟁의 대상이 아니다. 따라서 더욱 널리 확장될 필요가 있었다. 부르주아 사상으로 무장된 유럽인과 달리, '동방'은 자신을 대변할 능력이 부족했고, 이 점은 사실이었다. 유교제국의 중국인이나 아바스 칼리파제국의 아랍인은 중세 유럽인과 마찬가지로 자신들이 창안한 개념적 도구를 바탕으로 자신의 사회를 분석할 수 있었는데, 이러한 개념적 도구는 해당 사회의 고유한 발전과정을 정의하고 규율하는 것이었다.

그러나 타자에 대한 유럽 자본주의의 재현방식은 이제 자본주의적 발전에 내재한 본질적인 성향으로 인해 제한을 받았다. 실제로 자본주의적 발전 그 자체는 양극적이다. 왜냐하면, 자본주의는 유럽(북미와 일본을 포함한)을 체제의 중심부로 만들고, 다른 지역을 주변부로 축소했기 때문이다. 타자에 대한 재현이 이러한 양극성을 지배했으며, 사실상 이러한 양극성을 정당화했다. 우리가 오리엔탈리즘을 비판해야 하는 이유는 그것이 순전히 잘못된 판단을 양산하기 때문이다. 따라서 진정한 보편주의를 구축하기 위한 첫 번째 과제는 이러한 오류를 밝혀내고, 그것의 기원을 추적하는 것이다.

그런데 사이드가 제안한 오리엔탈리즘에 대한 비판은 어느 측면에서는 불충분했으며, 다른 측면에서는 과도한 오류를 범했다. 요컨대, 그는 우리가 신중히 고민해야 할 대안적인 이론 체계를 적극적으로 제안하지 않았다는 점에서는 충분하지 못했으며, 유럽중심주의가 중세 유럽인의 시각에 이미 자리잡혀 있었다고 생각한 측면에서는 너무 과도했다. 사이드가 범한 이러한 오류는 유럽중심주의가 개념적으로 통속화될 때 나타날 수 있는 위험성을 보여준다. 이와 관련하여 필자는 로딘

슨이 동방의 이슬람에 대한 과거 유럽의 시각과 19세기에 의기양양해진 유럽중심주의적 시각을 구분하면서 그러한 오류를 선제적으로 수정했다는 사실을 언급한 적이 있다. 이러한 오류는 사실상 사이드가 지역주의에서 벗어나지 못했음을 보여준다. 사덱 엘 아즘(Sadek J. El Azm, 1934~2016)이 사이드의 분석을 '전도된 오리엔탈리즘(orientalisme inversé)'으로 규정했던 이유가 바로 그 때문이다.[7]

타자를 분석할 유럽인의 권리를 보완하는 것은 바로 서구를 분석할 타자의 권리이다. 분석과 비판이라는 보편적인 권리는 확실히 위험성이 수반되지만 감내할 필요가 있다. 이것은 단순히 무지나 불충분한 개념—이러한 불충분함을 넘어서는 일은 언제나 상대적이며 상대적인 상태로 남아 있다—으로 인해 빠질 수 있는 위험성만은 아니다. 그것은 또한 다양한 감정을 정확히 측정할 수 없는 위험성과 그로 인해 잘못된 논쟁에 개입될 위험성을 포함한다. 그러한 논쟁은 상호 간의 몰이해를 감출 뿐만 아니라 관념의 진보도 방해할 수 있다.

문화적인 차원에서 이들 각자가 내세운 가설은 이러한 종류의 위험성을 드러낸다. 사회현실을 이해·분석하고자 하면서도, 예를 들어 종교적 신앙과 같은 요인으로 인해 그러한 확신이 흔들릴 위험성도 존재한다. 만일 보편주의적 기획을 진전시키길 원한다면, 우리는 그러한 위험성을 인지하고 수용해야 한다. 우리에게는 사회적 현실로서의 경전—신성하게 여겨진—을 분석해야 할 권리와 의무가 있으며, 경전에 대한 사회적 해석을 마치 세속철학을 분석하듯이 명시해야 할 권리와 의무가 있

7 Sadek Jalal El Azm, *L'Orientalisme et l'orientalism inversé*(en arabe), Beyrouth, 1981.

다. 더 나아가 그것의 유사점과 차이점을 밝혀내고, 기원과 영향을 드러내며, 그 발전과정을 제시할 권리와 의무가 있다. 필자가 보기에 이러한 과정이 개인의 신앙을 뒤흔들 것으로 생각지 않는다. 신앙이란 정의상 과학이 답을 주지 못하는 욕망에 응답하는 것이기 때문이다.

예를 들어 사이드는 이슬람교를 기독교 내의 아리안적 이단과 비교했던 유럽 출신의 일부 오리엔탈리스트를 매우 유감스럽게 생각했다.[8] 종교에 대한 사회과학자의 분석은 비교신학일 뿐 신학 그 자체에 대한 분석은 아니다. 문제는 해당 비교가 설득력이나 논거가 충분한 추론인지, 아니면 그릇된 추론인지를 아는 데 있다. 이것은 종교를 하나의 사회적 사실로 고려하는 과학의 영역에서 시행될 필요가 있다. 이슬람교를 신봉했던 이집트인 카멜 무스타파 엘 치비(Kamel Moustapha El Chibi, 1921~2006)는 시아파(chiisme)와 수피파(soufisme)에 대한 자신의 연구에서 이슬람교, 기독교, 동방의 다른 종교 간의 상호침투성을 어떠한 편견도 없이 분석했다.[9] 필자의 생각에 사이드는 이러한 분석을 배제한 채 지역주의라는 함정에 매몰된 것 같다.

유럽중심적 문화주의를 구성하는 요소가 어떻게 형성되었는지 그것의 선행적인 발전과정을 밝히는 것은 이처럼 복잡한 현상들의 본질이나 그것들의 기여를 더욱 선명하게 보여줄 수 있다.

유럽에서 기원한 자본주의는 세계적인 차원으로 팽창하면서 사회를 과학적으로 분석하는 차원(즉 사회의 진화법칙을 발견하기 위한)에서만큼이나 역사의 한계를 넘어서려는 인간적 기획을 구상하는 차

8 Edward Said, *op. cit.*, pp. 80−83.

9 Kamel Moustapha El Chibi, *Chiisme et soufisme*(en arabe), Beirut et Le Cairo, 1982.

원에서도 보편주의를 요구했다. 자본주의에 토대를 둔 지배이데올로기나 지배문화는 이러한 과제에 응답할 수 있었는가? 이 질문에 대답하기 위해서는 확실히 자본주의 이데올로기에 내재한 공리(axiomes)와 정리(théorèmes)를 미리 탐구해야 하며, 해당 이데올로기의 파생명제(corollaires)를 모든 영역의 사회사상에, 다시 말해 오늘날의 세계체제적 전망에 적용해야 한다. 이때 세계체제는 자본주의 이데올로기가 세계사적 개념('저발전'이나 '발전전략'을 포함하는)으로 환원된 체제이다. 그러므로 세계체제의 역사적 한계나 모순의 본질이 무엇인지를 정확히 이곳에 자리매김할 필요가 있다.

자본주의 체제의 지배이데올로기와 지배문화는 오로지 유럽중심주의로만 환원되지 않는다. 유럽중심주의는 지배이데올로기의 한 측면일 뿐이기 때문이다. 그런데 이러한 측면이 자신의 육중한 육체에 숨어서 주요 장기를 갉아 먹고 해를 끼치는 암 덩어리—즉 경제주의(économisme)—처럼 성장한다. 그러므로 유럽중심주의는 역사에 대한 합리적인 설명을 부분적이고 병렬적일 뿐만 아니라 때로는 모순적인 의사이론(pseudo-théories)과 맞바꾼다. 그런데도 이러한 유럽중심주의는 각개의 요소가 상보성을 띠면서 유럽인에게 놀라울 정도로 만족스런 신화를 제공하며, 그들의 잠재의식에 존재하던 온갖 죄책감을 한마디로 말해 완벽하게 제거해버린다.

그러나 유럽중심주의가 순수한 의미의 이론이 아니라고 해서, 그것이 타자에 대한 서구인의 편견, 무지, 실수 등을 단순히 수집해 놓은 것을 의미하는 것은 아니다. 만일 유럽중심주의가 이들 요소의 단순한 총합이라고 한다면, 그것은 모든 시대에 걸쳐 모든 민족이 공유하는 평범한 자민족중심주의(ethnocentrisme)에 불과한 것이다. 하지만 타자에 대한 무지와 불신, 게다가 맹목적인 애국주의(chauvinisme)와 인종혐오(xénophobie) 등은 오늘날 모든 사회의 진보를 저해하는 암적인 요인일 뿐, 그 외에 다른 것이 될 수 없다.

이러한 유럽중심주의적 왜곡이 자본주의의 지배문화를 결정해왔으며, 그러한 문화의 토대로 선전되었던 보편주의를 향한 야망을 거부했다. 이미 언급했듯이, 유럽중심주의는 비교적 근대에 형성된 것이다. 계몽주의 시대의 부르주아 문화는 보편주의를 향한 기획에서뿐만 아니라 종교(여기서는 기독교)의 보편주의적 야망에서도 확인되었다. 계몽주의 문화는 반계몽적이었던 중세 기독교 시대에 특별한 공감을 드러내지 못했다. 고대 그리스·로마 시대를 재발견했지만, 그 시대에 대한 칭송은 적어도 부분적으로는 새로운 유럽성을 확립하기 위해서가 아니라 오히려 기독교 교회의 반계몽주의를 규탄하기 위한 것이었다. 그런데도 계몽주의 문화는 자력으로는 극복할 수 없는 현실적인 모순에 직면해 있었다. 초기 자본주의가 전개되었을 뿐만 아니라 계몽주의 문화를 탄생시킨 유럽이라는 공간은 실제로 존재했으며, 부정할 수 없는 현실이었기 때문이다. 이처럼 새로운 세계의 맹아는 같은 지역의 선행자(봉건 유럽)뿐만이 아니라 세계의 다른 지역(이웃이라고 할 수 있는 동방의 이슬람권과 뒤이어 알게된 원거리의 중동)보다도 물질적으로나 혹은 다른 여러 가지 측면에서 훨씬 우월한 상태였다. 그런데도 계몽주의 문화는 이러한 우월성을 보편주의를 향한 자신의 야망과 조화시키지 못했다. 오히려 훗날에 형성될 대립을 해명할 수단을 마련하기 위해 점차 인종주의를 향해 비껴나갔다. 게다가 계몽주의 문화는 유럽의 초창기 세계주의와 훗날의 민족주의적 갈등을 조화시키는 데에도 별로 성공적이지 못했다. 사실상 유럽에서 자본주의는 민족주의적 갈등을 통해 형성되었다. 그러므로 계몽주의 문화는 19세기를 기점으로 앞선 세계주의에서 빈약한 민족주의로 미끄러졌다고 볼 수 있다.

따라서 자본주의에 토대를 둔 사회이론은 점차 유럽의 역사가 예외적이라는 결론으로 치달았다. 그것은 근대세계(자본주의)가 유럽에서 형성되었다는 의미(이것은 그 자체로 부인할 수 없는 사실이지만)에서가 아니라, 그것이 다른 곳에서는 탄생할 수 없었다는 의미에서 그러했다. 이러한 방식으로 자본주의는 우월한 사회조직의 원형을 서구의 모델에서 마련했으며, 그러한 원형을 발전시킬 기회를 얻지 못했던 다른 사회는 오로지 문화적 특수성이라는 족쇄–해당 사회의 낙후성의 원인인–에서 해방될 때만이 그러한 원형을 재생산할 수 있는 것으로 여겨졌다.

이 지점에서 자본주의의 지배이데올로기는 초기 기독교의 보편주의적 열망과 조우–처음에는 사실상 그러한 기독교에 저항했음에도 불구하고–했다고 생각했다. 왜냐하면 기독교도 이슬람교, 불교, 그리고 여타의 종교와 마찬가지로 보편주의적 열망을 자양분으로 삼았기 때문이다. 이들 종교는 인간 개개인을 본질상 동일한 사명을 띤 하나의 피조물로 개념화했다. 인간은 출신배경이나 물질적·사회적 조건과는 상관없이 내적 확신만으로 가장 고귀한 존재가 되었다. 물론 종교사회가 이러한 보편주의적 원칙을 항상 유지했던 것은 아니다. 예컨대, 사회적 위선(불균등을 정당화하는), 이교, 비신도(혹은 단순 비순응주의자) 등을 겨냥한 배타적 광신주의는 가장 빈번한 것이었고, 오늘날에도 마찬가지이다. 그러니 원칙만을 다루도록 하자. 기독교와 자본주의가 내세운 보편주의적 열망은, 마치 그것이 상보성과 절대성의 증거라도 되는 양 '서구·기독교 문명'이라는 공동의 표현으로 혼합되었고, 그러한 방식으로 고착되었다.

모든 지배적인 사회현상이 그러하듯이, 유럽중심주의도 다양한 일상에서 쉽게 이해된다. 그러나 엄밀히 말해 그것을 정의하기란 쉬운 일이 아니다. 유럽중심주의는 지배적인 다른 현상과 마찬가지로 다양한 영역에서 관찰된다. 예컨대, 개인 간의 일상적 관계, 정치적인 정보나 의견, 사회·문화적 여론, 사회과학 등이 그것이다. 이것들은 때로는 폭력적-합리화된 인종주의에 이르기까지-이며, 때로는 세밀하다. 이것들은 대중적인 여론을 통해 표현되지만, 마치 정치학, 제3세계학, 경제학, 역사학, 신학 등은 물론이거니와 온갖 종류의 과학적 정식과 사회사상을 꿰뚫고 있는 박식한 전문가의 언어에서도 나타난다. 그러므로 이어지는 장에서 필자는 유럽중심주의적 편견을 드러내기 위해 대중매체가 쏟아내는 이러한 여론이나 의견을 종합하는 데서 출발할 것이다. 이러한 여론이나 의견에는 실제로 선거 가능한 연령대의 성인들-이들이 드러낼 수 있는 의견충돌과는 별도로-의 광범위한 합의가 존재하고 있기 때문이다.

서유럽은 단지 물질적으로 풍요롭거나 혹은 군사적으로 강력한 세계만을 의미하지 않는다. 그 세계는 또한 과학적 정신, 합리성, 실용성 등에서 승리한 세계이다. 게다가 관용, 의견의 다양성, 인권과 민주주의에 대한 경외, 평등-적어도 권리와 기회의 평등-과 사회적 정의 등에서도 승리한 세계이다. 따라서 지금까지 알려진 세계 가운데 최상의 세계이다. 이러한 첫 번째 가설은 그 자체로는 논란의 여지가 적은 사실을 기록한 것이다. 그리고는 어떠한 다른 세계도 이러한 수준을 넘어설 수 없다는 파생적인 가설(부, 민주주의, 심지어 사회정의 등과 관련된)을 강화한다. 이때 다른 세계는 서구를 모방해야만 발전할 수 있다고 가정한다. 그리고 이들이 현재 하는 것이 모방-낡은 교조주의(마르크스주의 등)나 시대착오적인 운동(종족주의나 종교적 보수주의 등)과 같은 저항이 존재했기 때문에 비록 그러한 모방이 느리고 불완전할지라도-이고, 심지어 그렇게 해야만 한다고 전제된다.

결국 우리는 유럽화에 순응하는 것을 제외하고는 다른 미래를 생각할 수 없다. 가장 낙관적인 입장에서 이 유럽화는 단순히 상위의 모델을 빌리는 것으로 번역되며, 자연스럽게 요구되는 필연의 법칙으로 이해된다. 그리하여 유럽에 의한 지구의 정복은 운명적으로 다른 민족을 미개 상태에서 깨어나게 했다는 차원에서 정당화된다. 그러므로 비유럽 민족인 타자의 처지에서는 오로지 다음과 같은 대안만이 존재할 뿐이다. 유럽화를 수용하고 그 요구를 내면화하든지, 아니면 그것을 거부하고 운명적인 퇴보에 갇히는 것이다. 그런 의미에서 세계의 점진적인 서구화는 유럽에 의해 창조된 인본주의적 보편주의가 승리했음을 표현하는 것일지도 모르겠다.

세계의 서구화는 다른 이들에게 기업과 시장의 자유, 라이시테, 다원적 선거민주주의 등과 같은 처방을 수용할 것을 강요했으며, 그것이 유럽의 우월성을 구축하는 데 도움을 주었다. 이러한 처방은 자본주의 체제가 우월하다는 믿음을 이미 함축한다고 볼 수 있다. 절대의 영역에서 해결하지 못했던 욕구를 자본주의 체제가 해결했다거나, 혹은 적어도 가시적인 미래에 해결할 수 없는 욕구를 그 체제가 해결했다는 논리가 여기에서 비롯된다. 마르크스주의와 그것이 영감을 제공한 사회주의 레짐은 단지 이러한 역사의 화신일 뿐이며, 서구화와 자본주의를 향한 이행과정에 나타난 하나의 삽입구일 뿐이다.

이러한 조건에서는 서유럽이 타자에게서 배워야 할 것이 거의 없다. 미래를 결정할 가장 결정적인 진보는 서유럽이 발전시킨 과학·기술적 진보나 사회적 진보에 있다. 여기에는 남녀평등에 대한 인식, 환경에 대한 근심, 또는 노동조직의 파편화에 대한 비판 등이 포함된다. 나머지 세계를 뒤흔든 역동적인 사건–사회주의 혁명, 반식민 해방전쟁–은 비록 해당 사건의 급진성에도 불구하고 미래에 있어서는 서구가 개척한 진보에는 미치지 못하는 것–거의 알아차리지 못할지라도–이었다. 이러한 역동적인 사건들은 해당 민족이 자신의 후진성을 극복하기 위해 거칠 수밖에 없었던 우발적인 사건이나 다름없었다.

그러나 여기서 제시된 유럽중심주의의 초상은 오늘날 대단히 진부해 보인다. 왜냐하면, 그것은 때로는 모순적인 해석의 공통분모만을 모아놓은 것–비록 다양해 보일지라도–이기 때문이다. 예컨대, 좌파나 우파는 경제적 효율성, 사회정의, 민주주의 등과 관련하여 개념상 급진적인 차이는 아닐지라도 적어도 그것들을 발전시킬 수 있는 수단적인 측면에서는 매우 다양한 견해를 가지고 있었다. 이들 간의 의견 차이는, 대안으로 고려하기 힘든 급진적인 방안들은 제외한다면, 앞서 언급한 일반적인 합의를 넘어서질 못한다.

이러한 유럽중심적 세계관은 두 가지 공리에 토대를 둔다. 물론 그것이 항상 명백한 것은 아니었으며, 주요 공식에서조차 잘 적용된 것은 아니었다. 첫째는 각 사회에 고유한 내부 요소가 그들 사회의 진화를 비교하는 데 결정적이라는 공리이다. 둘째는 서구의 발전된 자본주의 모델이 전 세계에 일반화될 수 있다는 공리이다.

어느 누구도 자본주의의 세계적인 팽창이 해당 국가들 사이에서 불균등을 수반한다는 명백한 사실—그 자체로 확인 가능한—에 이의를 제기하지 않는다. 그런데 이러한 불균등은 본질상 '따라잡기'를 어렵게 만드는 다양한 내부의 장애에서 비롯된 일련의 사건인가? 아니면 자본주의 체제 내에서는 극복될 수 없는 자본주의의 팽창이 초래한 필연적인 결과인가?

이에 대한 주된 해석은 그것이 내부 요인에서 비롯된 일련의 사건일 뿐이고, 중심부와 주변부 사이의 양극화 문제는 결국 자본주의 내에서만 해결할 수 있다는 것이다. 이러한 견해는 '민족자결'이라는 관념에 토대를 둔다. 이처럼 단순하고 편안한 주장은 마치 부르주아가 객관적인 사회적 조건에도 아랑곳하지 않고 프롤레타리아의 운명을 그들의 무능력 탓으로 돌리면서 개인의 책임을 강조한 역사를 상기시킨다. 어떻게 이 사실을 망각하란 말인가?

이 단계에서 우리는 일반성을 상실한 사회이론과 마주한다. 실제로 이 지점에서 사회이론은 역사이론과 다를 뿐만 아니라 심지어 대립적이다. 그러나 명백히 구분되는 다양한 사회이론에도 불구하고 필자는 이 지점에서 유럽중심적 합의가 진행되고 있음을 간파할 수 있다. 예를 들어, 서구는 1인당 소득이 제3세계에 비해 15배나 더 높다. 여기서 부르주아 사회이론은 마르크스주의의 주류적인 해석과 유사한 결론을 제시한다. 즉, 서구의 노동생산성이 주변부보다 평균 15배나 더 크다는 해석이다. 그런데 많은 대중이 공유하는 이러한 견해는 매우 잘못되었고, 기

만적인 결론을 부추길 뿐이다.[10]

이러한 합의는 다음의 공리에 의존하고 있다. 즉, 세계체제에서 관련 대상국의 행위는 원칙적으로 '내부 요인'—세계체제에서 자신의 발전에 유리하거나 혹은 불리할 수도 있는—에 의존한다는 점이다. 이 논리는 내부 요인이 긍정적으로 변해야만 따라잡기가 가능하며, 세계체제로의 통합이 내부 요인을 부정적으로 만들지는 않는다는 의미이다. 반면, 외부 요인과 내부 요인이 뒤얽히는 것은 불리하게 작용할 것이며, 중심부와 주변부 사이에 양극화를 불러올 것이라고 본다. 예를 들어, 혹자는 서구의 성취가 계급투쟁의 산물이며, 이러한 계급투쟁이 국민소득과 민주주의를 덜 불균등한 방식으로 분배했다고 말할 수 있다. 이러한 주장은 다소 진부하지만 엄연한 사실이다. 특히 우파 이데올로기가 불균등을 진보의 원동력이라고 주장—여러 가지 역사적 교훈에도 불구하고—한 이후로는 더욱 그러하다. 그러나 여기서 다른 명제가 도출될 수 있다. 즉, 주변부 사회가 동일한 결과를 달성하기 위해서는 유럽 사회와 유사한 투쟁만으로는 충분하지 않다는 것이다. 비록 주변부가 이들 사회의 계급동맹을 모방한다고 할지라도, 내부의 진보적인 계급동맹이 국제적인 계급동맹—세계체제에서 지배자본의 흐름을 장악하고 있는—으로 인해 지극히 어려워지고 불가능해질 것이기 때문이다.

---

10 저발전과 관련된 담론의 기만성은 세계화된 가치, 그리고 내·외부 요인들 사이의 변증법 등에 대한 토론을 통해 논증된다. Cf. 이 책의 제4부, 그리고 *Classe et nation,* chap. VI, VII et VIII; *La Loi de la valeur et le matérialisme historique,* Munit, 1977, chap. II, V et VI, conclusion; *L'Echange inégal et la loi de la valeur,* Anthropos, 1973; *L'Avenir du maoïsme,* Munit, 1981, première partie; *La Déconnexion,* La Découverte, 1986; "L'État et le développement", in *Socialism in the World,* n°58, 1987, Belgrade.

그러므로 실제에 있어서 내부 요인은 단지 주변부 사회가 세계적인 가치와 '절연(déconnexion)'하고 그 지배로부터 해방되는 순간에만 사회진화에 결정적인 역할을 할 수 있다. 이러한 '절연'은 초국적인 동맹의 해체, 즉 매판적인 토착 지배계급이 세계화된 자본에 복종할 것을 요구하는 바로 그 동맹의 해체를 의미한다. 이러한 단절을 수행하지 않는 한 내부의 잠재요인이 결정적인 역할을 한다고 말하는 것은 쓸모없는 일이며, 그러한 요인을 세계를 지배하는 요인과 분리하는 인위적인 행태일 뿐이다.

그러므로 문제가 되는 지배이데올로기는 세계관을 지배하는 세계적인 수준의 정치적 기획, 요컨대 모방과 따라잡기를 강요하는 동질화의 기획 그 자체이다.

그런데 이러한 기획은 불가능하다. 지구상의 60억 인구가 서구의 생활양식이나 소비양식을 따라하는 것은 절대적인 난관, 특히 생태학적인 난관을 초래할 것이라는 여론은 이미 이러한 불가능성을 함축하고 있지 않은가? 성취 불가능하다는 사실을 미리 알고 있다면, '서구를 모방하세요'라고 말하는 것이 무슨 쓸모가 있는가? 50억에서 100억의 인류가 상대적으로 높은 생활 수준을 향유하는 것이 불가능하다는 것은 직관적인 상상만으로도 충분하다. 서구를 포함하여 지구상의 모든 분야와 모든 지역에서 엄청난 변혁이 일어나지 않고서는 불가능하다. 그렇다고 필자의 주장이 예를 들어 사회주의 세계처럼 이상적으로 동질화된 세계를 만들자고 제안하는 것은 아니다. 단지 서구화된 세계가 현재의 시점에서는 관리될 수 없다는 사실을 강조하고자 한다.

유럽중심주의는 불가능한 기획이다. 그 안에서 참된 신학으로 군림한 시장이데올로기(게다가 그것이 민주적이라는 거의 자동화된 보충적인 이데올로기와 함께)는 기괴한 것에 가깝다. 엄청난 규모의 인구이동이 수반되지 않은 상황에서 상품시장과 자본시장만 점진적으로 통합하는 것은 결국 여러 민족이 누리고 있는 서로 다른 경제적 상황을 결코 균등하게 만들 수 없기 때문이다. 네 세기에 걸친 자본주의 발전사는 이미 이러한 사실을 입증했다. 지난 30년 동안 남북 간의 격차는 한치도 줄어들지 않았다. 이 기간 동안 '발전이데올로기(엄밀히 말해 유럽중심적 기획에 토대를 둔)'는 단지 식민화의 부정적 함의를 없애기 위해 야누스적인 노력을 했을 뿐이다.

유럽중심주의는 오늘날 제3세계가 자본주의로 전환함에 따라 인구가 팽창한 것과 마찬가지로 유럽의 인구팽창이 미주지역이나 전 세계 곳곳으로 폭발적인 이주를 초래했다는 사실을 너무 쉽게 망각한다. 만일 이러한 대대적인 정복적 이주–오늘날 유럽을 떠난 유럽인이 유럽 본토인의 두 배에 달한다는 차원에서–가 없었더라면, 유럽은 오늘날 제3세계가 경험하는 것과 유사한 인구학적 압력 속에서 농업혁명과 산업혁명을 수행했어야 할 것이다. 시장에 의한 해결이라는 지루하면서도 쉽없이 재생되는 선전은 이 지점에서 말끔하게 사라진다. 다시 말해 세상이 통합되었기에 인류도 마치 상품이나 자본처럼 곳곳에서 통합될 수 있다는 주장은 쉽게 말해 불가능하다는 논리이다. 이 지점에서 가장 광신적인 시장옹호론자는 자신이 다른 차원에서 원색적으로 비난했던 보호무역주의를 다시 들고나올 것이다.

이러한 비판을 보강할 필요가 있을까? 겉으로 드러난 부정적인 측면이 항상 부인되었던 것은 아니다. 서구의 좌파 이데올로기조차 유럽의 팽창적인 식민화가 유럽의 진보에 호의적이었다는 사실을 인정했다. 게다가 일부의 급진주의자는 '식민화의 문명화 역할'을 인정하려고 했다. 그러나 그렇다고 해서 이들의 의견을 서구사상 일반으로 확대해서 쉽게 비난할 필요는 없다. 흑인 노예무역이나 인디언 대량학살에 드러난 잔혹함과 황폐함을 누구도 부정하지 않기 때문이다. 그러나 서구의 주류 사회사상은 유럽 특유의 내적인 변화를 강조하며, 이러한 전환이 다른 지역에서는 실현되지 않았다는 사실을 인정하는 데 만족스러워한다. 게다가 이를 근거로 비유럽 사회에 고유한 내부 요인을 거의 절대적으로 비난한다.

자본주의의 불균등 발전과정에 나타난 식민주의의 폐해에 대한 인식은 충분치 못하다. 설사 그러한 인식이 있었다고 하더라도 주류의 인식은 중심부와 주변부 간의 모순이 근대세계의 근본적인 모순이라는 사실을 원칙적으로 부인하고 있기 때문이다. 확실히 1914년까지 세계체제는 중심부와 주변부 사이의 양극화―'현실자본주의'―라는 토대에서 점진적으로 성장했고, 그것을 사실로 받아들였다. 그러나 이 시점 이후의 양극화는 더는 당연시되지 못했다. 사회주의 혁명과 구(舊)식민지의 독립투쟁이 이러한 사실을 방증한다.

오늘날의 미디어는 모든 민족에게 세계체제적으로 결정된 운명과는 다른 운명을 희망케 한다. 하지만 좌절은 날마다 점증하며, 원하건 원치 않건 간에 중심부와 주변부 사이의 양극화는 우리 시대의 가장 격렬한 모순이 되고 있다. 그런데도 우리는 이러한 대립과 좌절을 양산하는 세계체제를 문제 삼기보다는 현실을 회피하는 정책을 고집스럽게 추구한다. 사회를 관리해야 할 '경제학자'는 전적으로 '경제의 세계적 경영'만을 근심하며, 따라서 그들이 꿈꾸는 세상은 이러한 인위적인 세상에만 존재한다. 그러나 오늘날의 문제는 이러한 경영에 있는 것이 아니라 세계 사회의 개혁이라는 객관적인 요청에 있다. 만일 이러한 개혁이 불가능하다면 민족 전체에 대한 대규모 학살이나 세계적인 차원의 분쟁을 초래하는 최악의 야만성만이 유일한 탈출구가 될 것이다. 그러므로 필자는 근대세계에 편안히 안착한 이들의 편협한 시각 이상의 것을 보지 못하게 만드는 유럽중심주의를 고발한다. 근대의 주류문화는 인문주의적 보편주의에 토대를 두고 있는 것처럼 가장한다. 그러나 유럽중심주의의 입장에서 근대 문화는 사실상 그러한 보편주의와 모순관계이다. 유럽중심주의는 유럽식 모델에 저항할 수도 있는 민족이나 문명의 파괴를 지지하기 때문이다. 이러한 의미에서 나치즘은 특이한 일탈이 아니라, 오히려 유럽중심주의의 가설을 극단적으로 드러낸 공식처럼 파악된다. 따라서 이러한 논리는 항상 잠재적이라 할 수 있다. 그러므로 문제는 유럽중심주의가 오늘날 인간성을 옥죄고 있다는 바로 그 사실에 있다.

'단일한 세계경제체제'에서 진보를 꿈꾸는 것은 불가능하다. 『계급과 민족』[11]의 결론에서 언급한 바와 같이 현실자본주의에 내재한 '중심부/주변부' 사이의 모순은 세계체제 내에서는 극복될 수 없다. 따라서 평등한 세계를 재건하기 위해 필자는 세계경제체제를 혁파하는 긴 이행이 필요하다고 판단한다. 로마제국의 사례—제국적 차원에서 진행된 공납의 집중화가 마치 봉건적 분화를 요구(이러한 요구는 추후 자본주의의 토대를 위한 재집중화의 조건이 되었다)했던 해당 민족의 진보에 방해가

11 Samir Amin, *Classe et nation dans l'histoire et la crise contemporaine, op. cit.*

되었던―에 비추어 볼 때, 자본주의적인 잉여의 집중은 오늘날 이로 인해 희생된 민족의 진보에 방해가 될 뿐이다. 이러한 차원에서 제안된 '절연'은 단 하나의 합리적인 대응이다. 제3세계의 투쟁과 마찬가지로 사회주의 국가의 경험은 유럽중심주의의 척도와는 전혀 다른 방식으로 분석·평가되어야 한다. "그들도 우리(서구인)처럼 할 수 있지만 그러지 않았다. 그것은 그들의 책임이다"라는 무기력한 담론만을 지속해서 반복하는 것은 자본주의에 의해 희생된 민족이 직면하고 있는 문제를 단번에 제거한다.

지배이데올로기에 내재한 이러한 유럽중심주의는 서구 사회과학의 실질적인 패러다임을 구성한다. 패러다임의 특성을 간파한 토마스 쿤(Thomas Kuhn, 1922~1996)[12]이 언급한 바와 같이 이 패러다임은 누구도 알아차릴 수 없을 만큼 은밀하게 작동한다. 이로 인해 수많은 전문가, 역사가, 지식인 등이 유럽중심주의의 이러저러한 공식은 부인하지만, 그것이 초래한 총체적인 비논리성에 대해서는 어떠한 언급도 하지 않는다. 혹자는 그리스가 유럽문명의 기원이 아니라는 사실을 인정하며, 혹자는 기독교식 보편주의가 다른 종교의 그것과 다르지 않다는 사실을 인정한다. 따라서 혹자는 '서양/동양'이라는 이분법을 거부하기도 한다. 필자는 이들의 판단에 이의를 제기하지 않으며, 그것들을 '집합적으로' 판단하려는 어떠한 의향도 없다. 그렇지만 필자는, 만일 우리가 인류문화에서 그것의 진화를 이끄는 일반법칙이 무엇인지를 밝히려 하지 않는다면, 그것은 유럽중심주의가 지배하는 거짓 관념을 자유롭게 방치

12 Thomas Kuhn, *The Structure of Scientific Revolutions*, Chicago, 1970.

하는 것이라는 사실을 주장하고자 한다.

그러므로 이 패러다임은 또 다른 패러다임, 즉 사회의 일반법칙에 귀속되는 명시적인 가설과 대비될 필요가 있다. 그것은 유럽의 조속한 발전뿐 아니라 오늘날 우리 세계가 직면해 있는 과제를 동시에 설명하는 패러다임이다. 이러한 계획은 어떤 이에게는 너무 성급한 것처럼 보일 수 있다. 물론 필자는 여기서 어떠한 대안적인 체제를 공식화하려는 의도는 없다. 다만 이러한 제안이 유럽중심주의의 한계를 극복하고 어떤 보편주의를 정교화하는 데 유용하게 쓰일 수 있기를 희망할 뿐이다. 아마도 어떤 전문가는 필자의 가설이 이곳저곳에서 너무 일반적이라고, 혹은 논거가 충분치 않다고, 혹은 어느 세부 사항이 모순적이라고 주장할 것이다. 그러나 그것은 새로운 패러다임을 제안하고자 할 때 지급해야 할 필수 비용이다. 토마스 쿤은 신규 패러다임이 기존의 지식을 백과사전처럼 종합하는 것이 아니라, 오히려 새로운 길을 개척하는 것이라고 주장했다. 그래서 그는 이러한 종류의 제안이 박식한 석학의 연구성과보다는 오히려 사회영역의 다양한 한계를 고민하는 '외부자(outsiders)'의 연구성과에서 나올 수 있다는 사실을 인정했다.

유럽중심주의를 비판하는 것에 대한 저항은 항상 극단적이다. 그것이 금기의 영역이기 때문이다. 필자는 듣지 않는 자에게 들려주길 원한다. 지배이데올로기에 내재한 유럽중심주의를 문제 삼는 것은 그것의 경제적 가치를 문제 삼는 것보다 더욱 어려운 일이다. 왜냐하면, 유럽중심주의를 비판하는 것은 이 세계를 소유한 자의 위상을 직접적으로 문제 삼는 것이기 때문이다.

이러한 저항은 다양한 방식으로 전개된다. 이 가운데에는 필자가 이미 언급했었던 개념적 통속화(banalisation)의 방식이 존재한다. 물론 현실주의적인 방식도 존재한다. 남반구의 저발전 국가는 실제로 구(舊) 동구권 국가가 그러했듯이 아직까지 더 나은 사회모델을 제시하지 못하고 있다. 오늘날 이들은 서구모델로의 가입을 강요받고 있다. 그러나 서구화로 인한 타격은, 예컨대 스탈린주의와 모택동주의가 연이어 사회주의 건설을 위한 결정적인 해법을 제공하는 것처럼 보였던 일련의 시기보다도 더욱 강렬해 보인다. 그러므로 이들이 자본주의 노선이 아닌 다른 노선을 추구한다는 것은 분명히 유토피아적이다. 그러나 여기서 필자는 자본주의적 유토피아-하나의 목표(세계의 유럽화)만을 고집스럽게 추구하는-가 오히려 불가능하며, 그러한 의미에서 '절연'이 유일한 현실적인 노선이라고 말하고 싶다. 이를 위해서는 그러한 절연이 실현될 수 있다는 사실과 그것이 실현되는 긴 이행기 동안에 어떠한 어려움이 초래되는지를 파악해야 한다. 또한 그러한 절연이 서구에게 요청하는 변화가 무엇인지를 이해해야 하며, 따라서 그러한 절연을 세계적인 차원에서 총체적으로 재구성할 수 있어야 한다. 따라서 충분히 인내해야 하며, 온갖 미디어가 조장하는 것보다 훨씬 장기적인 시각에서 세계를 조망해야 한다.

제4장

현실자본주의 도전에 직면한 마르크스주의

오늘날 서구에서 마르크스의 흔적을 지우는 것이 유행이다. 서글픈 일이다. 마르크스주의를 사장하는데 앞장섰던 이론가는 세상에 대한 마르크스의 식견을 넘어서질 못했다. 오히려 그들은 일말의 비판의식도 없이 자본주의를 정당화하는 편안한 자리로 서둘러 되돌아왔다. 필자는 이미 유럽중심주의의 허약성뿐 아니라, 그것을 지탱하고 있는 계몽주의자의 기계적 유물론이 드러낸 허약성까지도 살펴보았다. 그런데 유럽중심주의의 부산물(소위 신고전주의라 불리는 부르주아 경제학과 같은)은 마르크스 이전만큼이나 그 이후에도 본질적인 질문을 교묘히 피해나갔다. 그것은 자본주의를 정의하는 경제적 소외의 본질이 무엇이냐는 질문이다. 마르크스가 성취한 핵심적인 공헌은 자본주의 생산양식을 근본적으로 비판했다는 사실에 있다.

그러나 그것이 전부는 아니다. 역사유물론에 잠재된 야망은, 한편에서는 사회진화에 대한 일반이론을 바탕으로 세계사를 재해석하는 데 놓이고, 다른 한편에서는 효과적인 정치전략을 마련함으로써 자본주의를 극복하는 방향을 제시하는 데 놓인다.

바로 이 지점에서 이데올로기 간의 진정한 갈등이 존재한다. 한편에는 자본주의를 정당화하는 지배 문화가 있다. 이 문화는 보수적인 정치를 수단으로, 요컨대 자본주의의 탄생에 관한 신화적인 설명(유럽중심주의적 설명)을 제안하면서 이 세상을 '있는 그대로' 인정(이 세상을 특징짓는 '남/북'의 양극화까지도)하는 정치를 수단으로 연명한다. 그러나 다른 한편에는 아직 완성되지는 않았지만, 전혀 다른 문화에 대한 모색이 존재한다. 이 문화는 자본주의가 풀지 못했고 풀 수 없는 모순을 극복할 수 있는 전혀 다른 사회질서를 건설하는 데 도움을 주는 것이다.

엄밀히 말해 마르크스주의는 계몽주의의 역사적 한계에서 출발했고, 실제의 사회적 현실, 즉 자본주의적이고 민족적인, 게다가 유럽적이고 세계적인 기획을 합리화하는 과정에서 출현했다. 그래서 마르크스주의의 분석 도구는 계몽주의가 직면했던 모순을 극복할 수 있는 잠재력을 지니고 있다. 따라서 '현실마르크스주의(Marxisme réellement existant)'는 계몽주의에 대항하면서 동시에 계몽주의에서 출현했고, 이러한 기원적 환경 탓에 여전히 미완의 상태로 남아 있다.

그러므로 마르크스의 가설뿐 아니라 현실마르크스주의의 주류적 흐름이 교조화한 가설을 넘어설 필요가 있다. 그러나 일을 그르치지 않으려면, 세계사에 대한 해명과 자본주의 극복 전략이라는 이중적 차원에서 고전적 마르크스주의의 약점을 규명할 필요가 있다.

마르크스주의는 인종이나 기독교가 아니라 생산양식, 토대와 상부구조, 생산력과 생산관계라는 개념에 근거해서 자본주의의 탄생을 다르게 설명한다. 그런 이유로 마르크스주의는 부르주아적 절충주의와는 달리 사회의 보편적 역동성을 고심하며, 그러한 역동성을 바탕으로 서로 다른 사회를 조망하는 총체적인 방법론(물적 토대와 정치·이데올로기적 상부구조로 구성된)을 제안한다. 회의론자는 이를 과도한 야망이라고 말할 것이다. 그러나 필자는 이것을 필요한 야망이라고 말하고 싶다. 이러한 이중적 속성은 확실히 마르크스주의의 능력이지만 동시에 그것의 발전을 가로막는 위협이기도 하다. 타고난 게으름 탓에 모든 것의 답변을 마르크스주의에서 찾으려 할 수도 있다. 이 경우 비판하고 보완하는 노력은 교조주의나 텍스트 분석에 자리를 넘겨줄 수 있다. 당대의 지적 환경에 영향을 받았던 마르크스도 고대 그리스·로마의 노예제, 봉건제, 자본주의라는 단계적인 일반성이나 단계적인 특수성을 암시한 일련의 명제를 바탕으로 자신의 개념 도구를 마련했다. 그러나 19세기 중엽 우리는 비유럽 민족에 대해 무엇을 알고 있었는가? 별다른 것이 없다. 그런 이유로 마르크스는 성급한 일반화를 경계했다. 그런데도 그가 노예제-봉건제-자본주의라는 연속성이 유럽에 고유한 것이라고 선언한 글은 잘 알려져 있다. 게다가 그는 미완의 초고이기는 하지만 '아시아적 생산양식'과 관련된 수고를 남기기도 했다. 따라서 마르크스주의는 마르크스의 이러저러한 조심성에도 불구하고 보편이론이 되기 위해 유럽의 특이성을 일반화하는 유혹에 굴복하고 말았다.

결국 마르크스주의는 마르크스의 조심성에도 불구하고 지배세력에 굴복했고, 유럽중심주의의 품에 안겨버렸다. 마르크스주의를 유럽중심주의적으로 해석하는 것은 해당 이론의 보편적인 역량에 반하는 것이다. 그런데도 이러한 해석은 가능할 뿐 아니라, 실제의 해석도 그러하며, 아마도 그러한 해석이 지배적인 것처럼 보인다. 마르크스주의에 내재한 유럽중심주의는 특히 '아시아적 생산양식'이라는 테제와 '이중 노선'이라는 테제, 즉 유럽의 노선은 개방적이고 자본주의를 향해 나아가지만 아시아의 노선은 정체적이라는 유명한 테제에서 잘 드러난다. 그러나 그것은 정반대의 가설이 될 수 있다. 왜냐하면 이들은 스탈린(Joseph Staline, 1878~1953)의 5단계 이론, 즉 원시공산제–노예제–봉건제–자본주의–사회주의라는 단계론의 보편성을 주장하면서, 그러한 유럽식모델이 규범인 양 전 지구상에 전파하고, 그러한 '철갑옷(corset forcé)'–상대편이 정당하게 비판할 수 있는–을 착용토록 강요했기 때문이다.[13]

그런데 필자의 생각에 부르주아의 지배적인 문화나 속류 마르크스주의에 공통으로 내재한 유럽중심주의라는 난관을 헤쳐나가는 것은 가능해 보인다. 자본주의 탄생과 관련이 있는 불균등발전론이 그 길을 예비한다. 이 이론은 공납제의 주변부 양식인 유럽식 봉건제가 더욱 큰 유연성을 지니고 있었기 때문에 유럽의 자본주의가 빠른 시기에 성공적으로 성장할 수 있었음을 암시한다. 우선적으로 이 가설은 생산관계가 구축되는 토대적 수준에서 봉건제 방식이 공납제의 주변부 형식–원시적 형식–에 불과했다는 것을 보여준다. 앞선 서술에서 우리는 유럽의 주변부 공납제와 아랍·이슬람 권역이었던 동방의 중심부 공납제 사이의 관계를 문화와 이데올로기의 수준에서 살펴보았다. 이 방법은 생산관계

13 Cf. 이 책의 제3부를 참고하라. 또한 *Classe et nation, op. cit.*, chap. I, II, III, IV, et V 그리고 "Modes of Production, History and Unequal Development", *Science and Society*, Summer 1985를 참고하라.

(공납제인가, 아니면 봉건제인가)와 문화(중심부 공납제인가 아니면 주변부 공납제인가)에 대한 분석이 세상의 다른 지역에도 동등하게 적용되며, 특히 중국과 일본이 보여준 대조적인 역사를 잘 설명한다. 이 가설이 유럽중심주의라는 지배적인 난관을 해결할 수 있다고 인정할 수 있는 이유는 바로 그것의 풍부한 설명력 때문이다.

자본주의를 넘어서기 위해 마르크스가 내세운 주장은 자본주의의 세계적 팽창에 대해 펼쳤던 그의 생각과 긴밀하게 연결되어 있다.

그런데 이 지점에서 마르크스는 당대의 과도한 낙관주의에 물들어 있었다. 그는 자본주의의 이러한 팽창에 저항할 수 없으며, 또한 그것이 이전의 생산양식은 물론이거니와 사회·문화·정치와 같은 모든 형식을 빠르게 지워버릴 것이라고 생각했다. 한마디로 말해 이러한 팽창은 사회적 양극화('부르주아/프롤레타리아' 사이의)를 초래하면서도 지구사회 곳곳을 일반적이면서도 유사한 방식으로 동질화할 것이라 생각했다는 것이다. 이러한 믿음은 세계적인 노동혁명을 향한 그의 전망과 프롤레타리아 국제주의에 대한 그의 희망을 설명한다. 이러한 조건에서 마르크스는 계급 없는 사회(공산주의)로의 이른바 사회주의적 이행을 상대적으로 단순한 과정으로 생각했고, 따라서 노동계급에 의해 완벽하게 관리될 수 있다고 생각했다.

그러나 현실자본주의는 그러한 것이 아니다. 자본주의의 세계적 팽창은 지구를 동질화시키지 못했다. 오히려 양극화라는 새로운 현상을 초래했고, 체제의 주변부에 존재하는 전(前)자본주의 사회를 중심부 지배자본의 재생산과정에 종속시키고 말았다. 그러므로 자본주의는 세계적인 수준으로 팽창하면서 양극화를 재생산했을 뿐만 아니라 심화시켰으며, 따라서 세계적인 수준의 프롤레타리아혁명과는 다른 혁명을 의제로 만들고 있다. 이 혁명이 주변부 민족의 혁명인바, 그들이 바로 자본주의 팽창의 주요 희생자이기 때문이다. 여기서 우리는 불균등발전론의 두 번째 명제와 마주한다. 자본주의를 문제 삼기에는 구(舊)공납제 사회에서와 마찬가지로 자본주의 체제가 발전된 중심부에서보다 그렇지 못한 주변부에서 더욱 강렬하다는 것이다. 이에 대해 고민해야 하고, 여기서 결론을 이끌어야 한다.

그런데 경제·사회 분야의 지배적인 사상체계는 현실자본주의의 이러한 근본적인 문제를 소외시킨다. 자본주의는 경제가 사회생활을 지배하는 체제이기 때문에, 오늘날의 다양한 세계관이 특히 경제와 연계되는 것은 자연스러워 보인다. 그러나 이러한 관점에서 지배담론은 완벽히 모순적이다. 이 담론은 한편에서는 경제가 세계적이라고 선언하지만, 다른 한편에서는 서로 다른 국가의 성장 격차를 해당 국가 특유의 '내부' 요인에 결부시킨다. 이러한 지배담론은 논의의 장에서 다음과 같은 미묘한 문제를 단숨에 제거한다. 즉, 자본주의 체제가 통합되어 있으면서도 다채롭다는 사실을 어떻게 설명할 것인가? 왜 이러한 성장 격차는 점진적으로 축소되지 않는가? 내부 요인과 세계적인 수준에서의 요인은 어떻게 유기적으로 연결되는가? 이러한 차이가 완고한 이유는 이해관계자의 이질적인 특성 때문인가, 아니면 자본주의의 팽창에 내재되었기 때문인가? 이 모든 질문에 대하여, 부르주아 '발전'이론은 속류 마르크스주의의 지배적인 분석과 마찬가지로 지엽적인 설명만을 쏟아낼 뿐 양자의 양립 가능성에 대해서는 크게 고민을 하지 않으며, 게다가 통합성과 격차를 동시에 이해할 수 있는 효과적인 개념체계에 대해서도 별다른 고민을 하지 않는다.

이처럼 불만족스러운 절충주의와는 달리, 세계화된 가치(valeur mondialisée)라는 개념은 자본주의에 내재한 모순을 엄밀하게 설명할 수 있는 비유럽중심적·보편주의적 패러다임의 핵심적인 개념이 될 수 있다. 사실상 이 개념은 자본주의를 특징짓는 양극화의 이중성을 드러낸다. 이 개념은 한편에서는 세계적인 차원에서 불균등한 소득분배를 통해, 그리고 다른 한편에서는 주변부의 불균등한 소득 재분배를 통해 모순을 드러낸다. 이러한 국가적·사회적 양극화의 이중성은 세계적인 규모의 자본축적 법칙을 설명하는 현실적인 조건이 된다. 그것은 자본주의가 세계적인 규모로 확장할 수 있는 재생산 조건을 창조하며, 초국가적 계급동맹, 즉 주변부의 지배계급과 제국주의를 연결하는 동맹이 기능할 수 있는 물적 조건을 마련한다. 또한 체제의 중심부와 주변부에서 각각 질적으로 다른 정치·사회적 조건을 재생산한다. 이러한 양극화는 체제의 중심부에서는 경제의 자기중심성을 바탕으로 생산성의 증대를 통해 노동수입의 증가를 초래하고, 이를 토대로 선거민주주의 방식의 정치적 합의가 작동할 수 있도록 보장한다. 이에 비해 주변부에서는 생산성의 발전과 노동수입의 증가를 각각 분리시키며, 민주주의 그 자체를 불가능한 현실로 만든다. 이러한 축적과정과 관련된 가치의 이전 방식은 세계화된 가치에서 파생된 가격구조로 인해 그 자체가 불분명한 것이 된다.[14]

물론, 이러한 개념은 철저히 거부되었는데, 필자의 생각에 이것은

14 Michel Leroy, *L'Occident sans complex*, Club de l'Horloge, 1987 참고.

유럽중심적 편견이 지닌 힘을 증언한다. 실제로 이러한 개념의 설득력을 인정하는 것은 세계화된 가치가 지시하는 것과의 결별을 통해서, 달리 말해 '절연'을 통해서 성장을 이룰 수 있다는 것을 인정하는 것이다. 따라서 주변부 민족에게 발전은 자본주의 세계체제 내에서는 하나의 난관임을 인정하는 것이다.

제5장

문화주의로 전락한 지역주의와 근본주의

지배적인 역사관은 다음의 근본 명제, 즉 역사의 여정은 문화로 인해 환원 불가능하다는 명제에 토대를 둔다. 이러한 환원 불가능성은 다양한 사회의 물질적인 진화를 폭넓게 뛰어넘는다. 유럽의 노선이라는 예외성은 이러한 명제의 일반적인 표현일 뿐이다.

이런 이유로 서구의 유럽중심주의적 문화주의와 제3세계의 전도된 유럽중심주의는 본연의 '환원 불가능한 정체성'을 확립하고 그것의 우수성을 정당화하려는 무모한 투쟁에 기력을 낭비한다. 이러한 문화주의로의 전환은 근본주의 경향에 사로잡힌 제3세계에서 만큼이나 지역주의에 매몰된 서구에서도 실제의 역사를 구성한다. 이러한 시각에서 각각의 역사는 독특하며, 일반적인 도식으로는 환원되지 않는다. 이러한 근본주의적 관념은 매우 자연스럽게 다양한 분석·설명·관점으로 대체된다. 이러한 논의는 학자나 연구대상에 따라 경제, 정치, 이데올로기 등과 같은 외부 결정론의 영향을 받기도 한다. 따라서 회의론이 관례화되며, 일반 가설에 대한 불신도 점증한다.

문화주의자에게 역사철학은 역사과학의 반명제이다. 다시 말해 역사철학은 항상 미리 결정된 경직된 틀 안으로 현실을 밀어 넣으려는 일반명제에서 기원한다는 것이다.

이러한 문화주의적 위험을 넘어서기 위해, 상기 가설의 중심축에서 벗어난 다른 질문을 제기하는 것은 온전히 정당하다. 요컨대, 모든 사회를 진화시키는, 따라서 보편사를 언급할 수 있는 일반적인 경향이 존재하는가?

이제 우리는 특수성보다는 일반성에 대한 탐구에 전념할 것이다. 모호하고 추상적인 원리를 규명하기 위해 외부에 드러난 각양각색의 다양성을 넘어서는 것이 모든 과학사상의 본질이 아니겠는가?

19세기는 확실히 역사를 철학적으로 해석하는 데 결정적인 영향을 미쳤다. 유럽은 자신을 자각했으며, 자신의 힘과 세계에 대한 정복력을 확인했다. 또한, 자본주의로 이어진 항구적인 생산력 혁명과 온갖 금기를 거부하는 사상의 자유를 정초했다. 이를 통해 유럽은 낙관론이 지배하는 사회로 성장했다. 이러한 조건에서 19세기 유럽이 오늘날의 현실과 연관된 온갖 종류의 역사철학을 생산했다는 사실은 놀라운 일이 아니다. 이들의 역사철학은 특히 현실사회의 거대한 두 가지 운동, 즉 민족운동 및 사회운동과 긴밀하게 관계를 맺으면서 형성되었다. 정도의 차이는 있지만, 모든 사조는 당대의 과학주의에 영향을 받았다. 그러나 필자가 보기에 이들 사조는 진보를 갈망하는 종교적인 신앙에 불과한 것이었으며, 자본주의적이면서 유럽중심적인 내용을 의심하지 않은 채 보편주의로 내달렸다. 유럽은 모든 측면에서 모델이 되었고, 자신의 문명에 의문을 제기하는 사상은 괴상망측한 것으로 취급되었다.

그러나 진자의 역행이 시작되었다. 파시즘, 세계대전, 사회주의 명분의 혁명, 황금기의 도래를 열망했던 이들의 절망, 식민전쟁의 공포, 해방정국기 아프리카 및 아시아 초기 정권의 불안정성, 핵무장 경쟁, 그로 인한 절멸의 공포 등등, 이 모든 것들은 자연스럽게 부동의 19세기 신앙을 동요케 했다. 따라서 진화의 노선이 다양해졌으며, 다를 수 있는 권리에 대한 요청이 출현했다. 분석의 대상이자 동시에 요청의 대상이었던 진화에 있어서 일반법칙보다 특수성은 더욱 중요한 요소가 되었다. 그런 이유로 보편주의에 대한 열망은 과학적으로뿐만 아니라 도덕적으로도 불신되었고, 따라서 파편적인 역사나 지역주의적 승리를 고려하기 시작했다.

문화주의적 반응은 서구인의 전유물이 아니다. 자본주의의 지배이데올로기는 체제의 주변부에서도 발견되는데, 거기서 비유럽 민족의 민족주의적 문화주의라는 뒤집힌 형태의 이데올로기가 모습을 드러낸다. 그러나 그것 또한 도전에 무기력할 뿐이다.

마르크스가 주장했다시피 만일 인류가 스스로 해결할 수 있는 문제만 제기한다면, 해결책은 즉시, 게다가 아무런 어려움 없이 도출된다고 추론할 수 있다. 그러나 인류의 역사는 오히려 발전과정에 드러난 모순을 극복하려 했던 고통스러운 투쟁의 역사이다. 역사에는 그러한 모순을 극복하지 못한 사회의 송장들로 가득 차 있다. 단순 부정을 통해 유럽중심적이고 제국주의적인 보편주의를 거부하기 어렵다는 것은, 달리 말해 유럽의 고유한 문화적 '특수성'을 인정해야 한다는 것은 이러한 위험성을 입증한다. 이와 관련해서 필자는 '이슬람 근본주의'[15]에 대한 필자의 비판을 간략히 소개하고자 한다.

오늘날 아랍·이슬람 세계는 두 가지 과제에 직면해 있다. 하나는 제국주의의 지배에서 벗어나 사회주의로의 세계적인 이행에 능동적으로 참여해서 민족적·대중적 발전노선(세계자본주의 체제로의 통합을 원하는 부르주아 특권계급의 권력과는 다른 권력에 기반을 둔)을 개척하는 것이며, 다른 하나는 중세 시대에 물려받은 사상체계에 의문을 제기하는 것이다.

19세기 이래로, 더 정확히는 이집트의 모하메드 알리(Mohamed Ali, 1769~1849)의 통치 이래로, 근대세계의 도전에 직면했던 아랍·이슬람 세계는 이러한 이중적 생존전략을 인식했다. 하지만 안타깝게도 아랍의 운명을 책임졌던 계급과 권력은 오늘날까지도 물질적·사회적 수준뿐 아니라 관념의 수준—적어도 부분적으로는—에서도 유럽의 부르주아 발전노선을 모방할 때 서구의 지배에서 벗어날 수 있다고 생각한다.

모하메드 알리는 물질적 근대화(기술적인 요소만 무분별하게 도입

15 필자가 인용한 나흐다(Nahda)의 역사나 관련 작품에 대한 분석은 풍성한 자료를 제공한다. 이와 관련된 탁월한 설명은 조르주 안토니오(Georges Antonios)의 『아랍의 부활(*Le Réveil arabe*, 1946)』을 참고하라. 비판적 분석을 위해 필자는 이 책 제1부에 인용된 아랍어 문헌을 참고할 것이다. 근본주의를 비판하는 훌륭한 문헌 가운데 적어도 다음의 문헌을 인용하고 싶다. Farag Foda, *Avant la chute*(en arabe), Le Caire, 1983; Fouad Zakaria, *La Raison et l'illusion*(en arabe), Le Caire, 1985; Hussein Ahmad Amin, *Guide du musulman malheureux,* Le Caire, 1987; Sadek Jalal El Azm, *L'Orientalisme et l'orientalisme inversé*, Beyrouth, 1981. 이와 더불어 *La Crise de la société arabe*(아랍어 판본)에서 제시된 사예드 코트브(Sayed Qotb)에 대한 필자의 비판을 보라.

함으로써)를 이데올로기 비판에서 제외하는 것은 가능하지만, 그것이 위험하다고 생각했다. 왜냐하면 그가 통합하려고 했던 이집트의 권력은 그러한 분리로 인해 부르주아 연합에 넘어갈 수 있다고 생각했기 때문이다. 따라서 그는 새로운 도전에 맞서기보다는 형식주의에 더욱 가까운 '온건 보수적 이슬람' 노선을 택했다. 향후 이집트를 특징짓는 문화적 이중성은 이러한 선택에 기원을 두고 있다.

나흐다(Nahda)-19~20세기에 전개된 이슬람 르네상스 운동(역주)-는 총체적인 문제제기가 가능하다는 사실을 일러준 운동이었다. 자말 알 아프가니(Jamal al-Afghani, 1838~1897), 모하메드 압두(Mohamed Abdou, 1849~1905), 라시드 레다(Rachid Reda, 1865~1935) 등에 의해 연속적으로 주창된 이 운동은 종교운동으로 환원할 수 없다. 이 운동이 근대화에 미친 다양한 시민사회적 공헌은 결코 적은 것이 아니다. 특히 언어개혁(이러한 개혁이 없었다면 아랍어는 오늘날과 같은 새로운 문화어가 되지 못했을 것이다), 관습비판(특히 1908년 세상을 떠난 카셈 아민(Qasem Amin)의 여성지위에 대한 비판은 오늘날에도 필적할만한 대상이 없다), 법률개정, 정치비판('동방의 전제정치'를 공격한) 등에서 그러했다. 그런데도 이러한 모든 발전은 어느 순간 종교적 해석을 개혁하는 문제와 충돌하고 말았다.

종교적 해석을 개혁하는 문제에 있어서 나흐다의 담론은 실제로 소심하고 모호했으며, 거의 실증적인 여백이나 다름없었다. 그것의 민족주의적·반제국주의적 어조는 정당화되었지만, 종교적인 결핍은 상쇄되지 못했다. 사상적인 측면에서 이러한 결핍은 아마도 신생 부르주아 계급의 연약함을 반영할 것이다. 나흐다가 해체해야 한다고 인식하지 못했던 것, 그것은 바로 형이상학적 정신이었다. 나흐다는 자신의 함의가 형이상학을 넘어선다는 사실을 이해하지 못한 채, 형이상학의 범주에 갇히고 말았다. 그리하여 라이시테라는 개념 그 자체가 나흐다에게 낯선 것이 되어버렸다. 나흐다는 원거리에서는 종교혁명이 필요하다고 공표하지만, 그것을 시작하지 않았다. 이러한 좌절로 인해 라시드 레다에서 오늘날의 무슬림형제단이나 이슬람 원리주의에 이르는 침체와 퇴보가 필연적으로 뒤따랐다.

20세기 초반 아랍·이슬람 세계의 전면에 등장했던 자유주의적 부르주아 계급은 주변부 자본주의라는 명백한 이유로 인해 소심한 상태에 머물렀다. 대중세력은 정치·사회적 투쟁의 측면에서뿐만이 아니라 사회개혁이나 그것의 이데올로기적 토대의 수준에서도 아직 자율성을 확보하지 못하고 있었다. 하지만 자유주의 부르주아 계급은 부분적으로나마 근대화(법, 정체, 교육 등에서 샤리아를 근대화하면서)를 실현–체계적이진 않았지만–하고 있었으며, 때로는 알리 압델 라젝(Ali Abdel Razek, 1888~1966)이 칭송한 라이시테와 같은 대담한 도약이 칼리파 제도가 폐지(1925)되면서 실현되었다. 그러나 이러한 도약이 내일을 보장하지는 못했다.

진정한 해방이나 발전이라는 측면에서 나세르주의(Nassérisme)는 자유주의적 부르주아 계급의 실패에 기원을 두고 있다. 그 결과 나세르주의는 국가의 대중적 개혁운동으로 더욱 전진할 수 있는 잠재성을 드러냈지만, 그것은 그것은 정치·사회적 기획을 개념화하거나 실행하는 차원에서, 혹은 사상을 개혁하는 차원에서 그러한 잠재성을 실현하지 못했다. 가말 압델 나세르(Gamal Abdel Nasser, 1918~1970)는, 비록 정치적인 분야에서는 '사회주의'의 점진적인 건설을 원했음에도 불구하고, 마치 모하메드 알리가 부르주아 계급의 도움 없이 자본주의를 이룩하려고 했던 것과 마찬가지로 민중에게 그 권한을 위임하려고 하지 않았다.

이러한 실패–이것은 무엇보다도 물질적 실패라고 할 수 있지만, 서구의 노골적인 공격도 이러한 실패에 책임이 있다–는 현실적인 위기를 초래했다. 이 위기는 민중적이고 민족적인 방식으로 난관을 타개할 수 있는 세력의 합을 의미하는 '좌파 세력'의 실패를 의미했다. 이러한 상황에서 여백은 '이슬람 원리주의'에 의해 거칠게 채워졌다. 그러나 이슬람 원리주의는 위기에 대한 대응이 아니라, 그것의 징후에 불과했다.

가장 비참한 형태의 이슬람 원리주의는 중세 형이상학에 의지했다. 이러한 원리주의는 무엇보다 인간의 이성을 불신했다. 사예드 코트브(Sayed Qotb, 1906~1966)가 지적했듯이, 위대한 시기에 성취되었던 이슬람교의 창조물–엄밀히 말해 합리적 형이상학–에 대한 이들의 엄청난 증오는 매우 염려스럽다. 이들에게 있어 우선권은 불가피하게도 의례, 자구(특히 샤리아의), 외부 '정체성' 표식(의복 등의)과 같은 급진적인 형식주의에 초점이 맞춰졌다. 여성의 지위 문제와 같은 가장 진부한 수준의 반동적인 편견(이것은 과거의 진보적인 해석과 갈등하고 있다)이 오히려 높은 평가를 받았다. 무지를 '큰 잘못(grande déviation)'–코란 제4장 27절이 명시한(역주)–으로 묘사하기보다는 오히려 황금기를 갈망하는 복고풍의 신화로 위장했다. 엄밀히 말해 이러한 황금기는 이슬람교와 아랍 세계의 역사적 성공을 이끈 우마이야왕조–아바스왕조에 앞선–의 창건을 의미했다. 그러나 이러한 황금기–거의 알려지지 않은–에 어떤 의미있는 사회기획이 제시되지는 못했다. 이러한 취약성, 게다가 시대적 과제에 대한 무의식 그 자체는 단순한 도덕적 교시에 불과한 다양한 글을 통해 반복적으로 드러난다. 예를 들어 그 유명한 '이슬람 정치경제학'도 그러한데, 이것은 서구의 가장 부실한 신고전주의를 모사—그것을 더욱 그릇되게 해석하면서—한 것에 불과했다. 게다가 조직적으로 모든 형태의 민주주의—심지어 가장 기초적인 형태의—를 거부하고, 대신 '이맘(Imam)'—이슬람 공동체의 최고 지도자 겸 성직자(역주)—에 대한 맹목적인 복종을 칭송했다.

하지만 근대적 과업은 형이상학을 포기하도록 요청했기 때문에 이러한 태도는 문제가 되었다. 이 점을 이해하지 못했기 때문에 이슬람 원리주의는 '문화적 정체성'에 관한 질문을 곡해했으며, '정체성'(그리고 '그것의 유산')이 마치 '근대화'(혹은 '서구화'와 동의어로 간주되는)와 절대적으로 대립하는 양 혼란한 논쟁 속으로 빠져들었다.

이들 원리주의자는 민족적 정체성을 불변의 요소로 간주했다. 따라서 아랍·이슬람인의 개성(들)이 시간에 따라 '기독교·유럽인'이나 다른 이들의 개성처럼 변화할 수 있다는 사실을 무시했다. 그리고는 인위적인 방식으로 기독교·유럽인을 만들어서 아랍·이슬람인과 대립시켰다. 여기서 라이시테에 관한 사예드 코트브의 터무니없는 주장이 나온다. 실제로 그는 라이시테가 기독교의 특수한 기여인 데 반해, 이슬람교의 이른바 '특수성'은 '종교와 사회의 분리(*din wa dounia*)'를 경시하는 데 있다고 생각했다. 그러나 중세 유럽은 중세 이슬람 사회와 마찬가지로 종교와 사회를 구분하지 않았는데, 그것은 지중해 양쪽 연안의 공납제 사회가 각각 필요로 했던 두 가지 형이상학이 동일한 사고방식을 만들어냈기 때문이다. 코트브가 놓치고 있는 부분이 바로 이것이다. 사실상 그는 정체성을 종교로 환원했으며, 따라서 불변의 본성으로 이해했다. 따라서 민족의 개성 그 자체가 불변이라는 명제에 다다랐다.

이러한 난관을 극복하려면 사상 일변도의 투쟁만으로는 부족하다. 그것은 무엇보다 정치·경제·사회적 난관을 실제적으로 헤쳐나가야 함을 의미하기 때문이다. 필자는 현실 세계의 변화가 이처럼 평범한 형이상학적 환상을 필연적으로 무너뜨릴 수 있다고 생각한다.

오늘날 이슬람 원리(근본)주의가 직면해 있는 난관은 이것만은 아니다. 인도에서 흑아프리카에 이르는 지역에서도 여러 징후는 유사한 방식의 문화주의로 드러난다. 필자의 생각에 민족주의 방식의 문화주의적 퇴보는 모든 경우를 통틀어 기원이 동일한 것처럼 보인다. 그런데 그것은 환원 불가능한 '특수성'이 역사적 여정을 결정한다는, 더 정확히는 공약 불가능한 서로의 역사를 결정한다는 유럽중심주의와 동일한 논리를 공유한다. 그러므로 여기서 이러한 '이슬람 원리(근본)주의'가 유럽중심적 근본주의—게다가 기독교적인 신근본주의(néo-fondamentalisme)의 형태를 취하는—와 다르지 않다는 점을 상기할 필요가 있다. 이슬람 원리(근본)주의는 단지 유럽중심적 근본주의의 반영일 뿐이고, 소극적으로는 그것의 보완일 뿐이다.

제6장

참된 보편문화를 위한 요건들

유럽중심주의를 새로운 패러다임으로 교체하는 작업은 긴 호흡이 필요한 어려운 일이다. 이에 대한 만족스러운 답변은 경제이론을 보충할 정치이론과 문화이론, 그리고 이들 간의 상호작용에 대한 이론에 있다. 이러한 이론은 지배적인 부르주아 사상에서뿐만 아니라 마르크스주의 계열의 사상—이 사상은 마르크스가 개시한 과업을 거부함으로써 경직화되었다—에서도 상당 수준 결여되어 있다.

어느 한 사회의 역사에서 문화이론이나 그것의 기능에 관한 이론이 중요한 이유는 무엇보다 지배적인 부르주아 사상이 사회과학적인 측면에서 문화주의 성향의 역사철학에 공개적으로 의존한다는 사실과 관련이 있다. 이러한 역사철학이 점차 설명력을 상실함에 따라 부르주아 사상은 특수성 너머의 일반성에 관한 모든 연구를 거부하는, 따라서 문화주의적 불확실성에 안주하는 불가지론으로 도피하고 말았다. 속류 마르크스주의의 지배적인 해석도 이와 근본적으로 다르지 않다. 이른바 '두 가지 노선'이라는 가설은 허망하게도 유럽의 예외성이라는 유럽중심주의적 편견을 역사유물론과 개념적으로 화해시킨다. 게다가 '5단계' 가설은 특수성을 제거하고는 다양한 역사적 여정을 기계적으로 유럽의 노선에 주입하면서 난관을 교묘히 피해나간다.

그렇다면 거부된 문화주의 이론을 무엇으로 대체할 것인가?

진정으로 보편주의적인 전망에서 사회이론을 재구성하기 위해서는 현실자본주의에 관한 이론이 토대가 되어야 한다. 이 이론이 자본주의의 세계적 팽창과정에서 드러난 주요 모순을 대상으로 삼기 때문이다.

이 모순은 다음과 같이 정의될 수 있다. 즉, 지구상의 모든 사회를 세계자본주의 체제로 통합한다는 논리는 보편화를 마치 객관적인 조건인 양 만들었다는 사실이다. 그러나 이러한 동질화의 경향은 상품 이데올로기의 보편화 사명만을 반영할 뿐이다. 따라서 그러한 경향은 자본주의 발전과정에 잠재되어 있으며, 따라서 불균등한 축적조건 그 자체가 된다. 이러한 동질화 경향의 물적 토대는 그 폭과 깊이에 있어서 시장의 지속적인 확대를 기반으로 삼는다.

문화생활은 사용가치의 활용방식을 조직화하는 것인데, 그러한 사용가치를 교환가치 일반에 종속시켜 동질화하는 것은 문화생활 그 자체를 동질화하려는 시도이다. 이러한 동질화 경향은 단기의 생산력 발전에서 비롯된 필연의 결과가 아니다. 오히려 그것은 이러한 자본주의가 초래한 결과이다. 왜냐하면, 전(前)자본주의 사회의 경우, 생산력 발전이 교환가치에 대한 사용가치의 예속을 의미하지 않았고, 그 결과 다양한 방식이나 양태로의 발전이 뒤따랐기 때문이다. 그러나 자본주의는 교환가치의 지배를 함축했고, 그 결과 표준화(uniformisation)를 강요했다. 자본주의에서 동질화 경향은 이데올로기나 정치의 영역에서는 유약했지만, 소비양식이나 생활패턴 등의 영역—산업생산기술에 이르기까지—에서는 거의 저항할 수 없는 수준이었다. 그러나 언어적인 측면에서 이러한 표준화 경향은 영어의 확산에도 불구하고 그 정도까지는 힘을 발휘하지 못하고 있다.

이러한 표준화 경향에 대해 우리는 어떤 자세를 취해야 하는가? 인류가 생산력의 진전을 반기듯이, 그러한 표준화에 만족해야 하는가? 아니면 19세기의 기계파괴운동—영국의 노동자들이 자본가에 맞서 투쟁하면서 기계를 파괴했던 19세기 초반의 러다이트 운동(Luddite, 역주)—의 반동적 성격을 상기하면서, 그것을 적극적으로 거부하기보다는 오히려 지지해야 하는가? 아니면 그러한 표준화가 계급적 역량을 저하시킨다는 사실을 단순히 한탄해야 하는가? 아니면 사회주의도 그러한 표준화를 수행하지만, 더 빠르면서도 덜 고통스러운 방식으로 수행할 것이라고 결론 내려야 하는가?

이와 관련하여 두 가지 흐름이 항상 공존했다. 마르크스 자신은 적어도 그가 활동했던 전반기에는 생산력의 진전이나 부르주아 계급의 성취를 논하면서, 게다가 그러한 표준화가 마을이라는 제한된 지역에 속박된 인간을 해방한다고 말하면서 그러한 표준화를 찬양했다. 그러나 그는 점차 그러한 표준화를 의심했으며, 향후 그의 글의 어조는 더욱 미묘하게 격해졌다. 노동운동의 주류적인 흐름은 '보편문명'의 건설을 칭송했으며, 제2인터내셔널은 문화가 서로 융합할 수 있다는 믿음을 드러냈다. 이처럼 순진한 사해동포주의는 1914년 전쟁으로 인해 허위로 판명 났으나, 제2차 세계대전 이후 미국화가 진보 혹은 근대화와 동의어가

되면서 재등장했다.

그렇기 때문에 자본주의에 대한 근본적인 비판은 자본주의 생산양식의 결과물인 소비양식이나 생활양식에 대한 비판을 동시에 요구한다. 이러한 비판은 우리가 흔히 언급하는 것만큼 유토피아적이지 않다. 서구문명을 위기로 몰아넣은 질병이 그것을 증명하고 있다. 실제적인 의미에서 표준화 경향은 상부구조를 자본주의라는 하부구조에 끼워 넣어 강화하는 것이다. 이것은 주요 모순을 소환하는 과정이기에 반동적이다. 그러므로 이러한 표준화를 거부하는 민중의 자발적 저항은 그러한 표준화의 토대인 착취관계에 종속되기를 거부하는 움직임이라고 할 수 있다.

이러한 표준화 경향은 불균등 축적이 초래하는 한계 때문에 결국 좌초할 것이다. 실제로 이러한 축적은 중심부에서는 표준화의 경향을 앞당기지만, 근대의 소비양식이 소수에게만 허락되는 주변부에서는 그러한 양식에 접근할 수 없는 다양한 민족의 대중을 실질적으로 소외시킨다. 기본적인 생존 수단까지 박탈된 이들에게 이것은 질병의 문제가 아니라, 비극의 문제이다.

그런데도 이러한 사회모델은 엄청난 능력—해당 모델이나 해당 모델의 내부 모순에 대해 무슨 말을 하든 간에—을 지니고 있다. 게다가 이 모델은 서구나 일본의 지배계급뿐만 아니라 노동자에게도 매혹적인 매력을 발산한다. 그러므로 그것은 사회 전체적으로 자본주의 이데올로기의 헤게모니를 입증한다. 제3세계의 부르주아 계급도 다른 목적을 인지하지 못하고, 서구의 소비모델만을 모방한다. 그러나 주변부 민족 그 자체는 열망과 가치를 동질화하는 자본주의의 확산과정에서 희생된 희생자이다. 그런데도 세계화된 미디어의 놀라운 언론의 힘은 양적으로나 질적으로나 자본주의의 불균등 확산이 초래한 모순적 증거를 확실하게 뒤집어버린다. 서구식 소비모델을 모방하려는 열망은 이제 일반 대중의 다양한 영역에도 투과된다. 그러나 자본주의는 이러한 열망을 더는 만족시킬 수 없는 체제이다. 자본주의의 세계적 팽창이 요구하는 종속에서 벗어나려면 대중사회는 이 새로운 모순을 현실적으로 고려해야 한다. 그들 사회 내부에서 갈등하고 있는 사회주의적 경향과 자본주의적 경향은 그러한 모순을 드러내는 한 가지 표현양식일 뿐이다.

이러한 모순, 즉 자본주의가 잉태한 가장 폭발적인 모순에 대해 정확한 조취를 취하는 것은 '중심부/주변부' 사이의 양극화를 분석의 가장 자리가 아니라 중심에 놓는다는 것을 의미한다.

오늘날의 세계를 이해하기 위해서는 분석의 초점을 불균등발전과 제국주의에 맞추는 것이 불가피하다. 이 경우, 그리고 이 경우에만 우리는 '자본주의 너머'로의 이행전략을 고민할 수 있다. 이때 어려움은 현실 그대로의 세계체제에서 벗어나는 데 있다. 이러한 어려움은 주변부 사회보다 중심부 사회에서 더욱 크다. 제국주의의 함의는 결정적으로 이 지점에 놓인다. 중심부 사회는 제국주의적 잉여를 통해 형성되었을 뿐만 아니라, 그러한 잉여를 가능케 한 지상의 천연자원의 혜택을 누리고 있다. 따라서 이들 사회는 지구적인 차원의 재건 필요성을 잘 이해하지 못한다. 이 때문에 중심부는 허상을 뒤집을 수 있는 반제국주의적 대중동맹을 구성하기가 매우 어렵다. 이에 비해 주변부 사회는 세계체제에서 이탈하는 것이 해당 사회의 생산력 발전의 조건이자 최대 다수의 대중이 원하는 요구가 된다. 이러한 근본적인 차이 덕분에 자본주의 체제안에서 돌파구는 현재까지는 체제의 주변부에서, 요컨대 '절연'이라는 개념이 함축하는 바와 같이 온갖 곤경과 마주하고 있는 주변부에서 시작될 수 있다.

결국 현실자본주의의 주요 모순은 반자본주의 혁명을 의제로 만든다. 이 혁명이 바로 민중–다른 누구보다도 자본주의의 비극적인 결과를 감내하는–에 의해 체험되고 있는 그러한 자본주의에 대항하는 것이다. 그러나 그에 앞서 자본주의가 완결하지 못했고, 또 완결할 수 없는 한 가지 과업을 종결해야 한다.

이러한 문제 가운데 일부는 확실히 새로운 문제는 아니다. 왜냐하면, 러시아혁명과 중국혁명도 처음에는 그러한 문제에 직면했기 때문이다. 그러나 이들 혁명을 역사적 교훈으로 삼아 다시 토론할 필요가 있다. 이들의 역사는 사회주의의 파산을 선언한 유럽중심주의의 독설적인 판단과는 완전히 다른 것이기 때문이다.[16] 이것을 일정 부분 손질한다면 반둥시기(ère de Bandung), 즉 1955년에서 1975년 사이에 절정에 다다랐던 급진적인 민족해방운동의 교훈을 상당 수준 회복할 수 있을 것이다.[17]

확실히 사회주의적–민족적·대중적이라고 평하는 것이 더 나을 수

---

16 사회주의와 필자의 민족적·민중적 이행에 대해서는 Samir Amin, *La Déconnexion, op.cit.*; id. "L'État et le development", *Socialism in the World*, n°58, 1987, Belgrade를 참고하라. 그리고 이 책의 제4부를 참고하라.

17 Samir Amin, *Bandung, trente ans après*, Le Caire–UNU, 1985. 이 책의 주제는 실제의 정치적 판단과 직접 관련되어 있다. 이와 관련하여 독자는 다음의 분석을 참고할 수 있다. 즉 *La Déconnesion, op. cit.*, chap. 2, section III; Amin, Arrighi, Frank, Wallerstein, *La Crise, quelle crise?*, Maspero, 1982; Samir Amin, *Une autre configuration des relations Est-Ouest et Nord-Sud est-elle souhaitable, possible, probable?*, Colloque de Delphes, 1986.

도 있지만—이라 일컬어지는 사회는 이러한 문제를 '해결'하지 못했다. 민족적·대중적 이행은 불가피하게도 우리가 생각했던 것보다 훨씬 더 장기적이어야 했으며, 자본주의의 세계적인 팽창의 논리와 항구적으로 갈등하면서 생산력 발전이라는 필수적인 과업을 수행해야 했기 때문이다. 게다가 사회 내부의 갈등관계(사회주의, 토착자본주의, 국가주의라는 세 가지 경향 사이의 변증법이라 불렀던)도 고려해야 했기 때문이다. 확실히 민족적·대중적 혁명(사회주의혁명이라 일컬어지는)을 수행했던 사회에서 내부 요인들 사이의 변증법은 결정적인 역할을 담당했다.

소비에트 기획은 '자본주의 이후'에 전개된 이러한 복잡성을 완벽하게 파악하지 못했기 때문에 약 40년 동안 주변부 민족 사이에서 큰 인기를 끌었다. 소비에트 기획에 대한 마오주의의 비판도 연달아서 약 15년 동안 상당한 영향력을 행사했다.

오늘날 이러한 도전의 현실적인 어려움이 더욱 선명하게 인식됨에 따라 순진한 열정은 옅어지고 '결정적' 처방에 관한 신중한 관심이 더욱 고조되었다. 이것은 사실상 실천과 사상을 진보시키는 문제이지만, 적극적인 차원에서는 그러한 진보의 '위기'에 관한 문제이기도 하다. 하지만 그것이 정상성으로의 '복귀'나 '항복'을 암시하는, 다시 말해 자본주의의 세계적 팽창의 논리에 재편되는 것을 함축하는 '실패'의 문제는 될 수 없다.

현실의 상황은 헬레니즘이라는 긴 이행기의 역사와 유사성을 보여주고 있다. 『계급과 민족』의 결론은 이러한 이행을 '혁명의식(conscience révolutionnaire)'과 반대되는 '쇠퇴(décadence)'의 개념으로 분석할 것을 제안했고, 잉여의 공납제적 집중화가 붕괴되어 봉건제적 분권제도로 대체되는 것이 부정적인 '퇴보'로 이어지기보다는 오히려 자본주의가 집중화되어 더욱 앞서나갈 수 있는 발 빠른 성숙의 조건이 되었다는 사실을 암시했다. 오늘날 이러한 자본주의적 집중화에서 해방되는 것('절연'을 통한)은 마찬가지로 보편주의를 새롭게 재현할 수 있는 조건이 된다. 왜냐하면, 문화의 수준에서 이러한 세 국면-자본주의적 유럽중심주의로 인한 보편주의의 훼손, 민족적·대중적 특수성의 인정, 더 나은 사회주의적 보편주의의 재구성-의 변증법적 운동이 세계자본주의 체제와의 '절연'을 요구하기 때문이다.

이러한 유사성은 문화의 영역으로 확장될 수 있다. 헬레니즘은 고대 동방의 지배계급에게 하나의 보편주의(물론 세계적인 수준이 아닌 지역적인 수준에서의)를 제공했다. 이러한 보편주의는, 비록 계급적인 이해관계로 인해 훼손되었으며, 또한 대중(기독교나 이슬람교를 신봉하던 혹은 지역의 토속 종교에 빠져있던)적인 차원에서 수용 불가능한 것이었다. 하지만 몇 가지 측면에서는 자본주의적 보편주의를 예시했다. 이것이 르네상스가 유독 헬레니즘의 영향을 받은 이유 가운데 하나이다. 그런데 오늘날의 자본주의적 보편주의는 본연의 유럽중심주의적 한계는 차지하고서라도 지배계급에게만 보편적인 '그러한' 문화가 아닌가? 대중의 참여로 인해 다소 모호해지긴 했으나, 그들의 입장에서 자본주의-서구는 대중의 '소비주의(consumérisme)'를 통해 어느 정도 풍요로워졌지만, 제3세계는 비참해졌을 뿐이다-는 강한 매력의 대상이지만, 동시에 그것이 초래하는 좌절로 인해 난관이 되는 것도 사실이 아닌가? 따라서 한편에서는 유럽중심적 보편주의에 대항한 문화주의적·민족적 거부반응이 표출되지만, 다른 한편에서는 높은 수준의 사회주의적 보편주의의 맹아가 형성되기도 한다. 만일 이러한 맹아가 상당히 빠르게 형성된다면, 부정적 문화주의가 넘쳐나는 이러한 빈곤의 시대는 단축될 수 있을 것이다. 우리는 이러한 빈곤의 시대 한복판에 존재하기 때문에 본 과업은 중요하다고 할 수 있다.

풍요로운 사회라고 해서 도덕적·정치적 위기가 없는 것은 아니다. 극복하기 어렵다고 막연하게 생각해온 과제에 맞서려는 근심뿐 아니라 그러한 도전이 초래할 재난적인 위험성은 오늘날 점성술을 재유행시키거나 네오파시즘을 출현시킬 정도로 비합리적인 태도를 조장할 수 있다. 그러므로 새로운 도전에 대한 반응은 초기에는 긍정적이기보다는 부정적이다. 남반구 사회는 새로운 보편주의로 나아가기 위해 자본주의라는 훼손된 보편주의를 비판하지 않는다. 이들 사회는 차이에 관한 판단을 회피하기 위해 보편주의에 대한, 요컨대 '차이에의 권리'에 도움이 되는 보편주의에 대한 모든 열망을 거부한다.

이러한 조건에서 외견상 대립적이지만 실제로는 대칭적인 두 종류의 문헌이 쏟아졌다. 한편에는 온갖 종류의 종교적 근본주의-이슬람교, 힌두교, 기독교 등과 같은-에 관한 문헌이나 온갖 종류의 지역주의-문화적 특수성의 '공약불가능성(incommensurabilité)'에 토대를 둔 -에 관한 문헌이 존재했다. 다른 한편에는 자본주의 사회에 대한 부르주아적 찬사를 평범하게 재연한 문헌이 출현했는데, 이것은 유럽중심주의적인 사고방식에서 한 치도 벗어나지 못한 것이었다.

유럽중심주의나 전도된 유럽중심주의에 대한 문화주의적인 비판은 이러한 소통의 난맥을 넘어서야 한다. 궁극적으로 우리는 더 나은 소통을 가능케 하는, 혹은 자본주의를 넘어 보편주의적 사회주의를 향한 전진을 가능케 하는 그러한 정치적 진화를 상상할 수 있을 것인가? 좌파 세력이나 사회주의 세력의 책임은 이것을 인지하고 이것이 가능하도록 실천하는 데 있다.

유럽중심주의는 정반대의 의미에서 강력한 요소이다. 오늘날 순풍을 타고 있는 반(反)제3세계주의는 우경화에서 비롯된 것이다. 서구 사회주의 운동의 일부 경향은 확실히 이러한 우경화를 거부한다. 그러나 그러한 경향의 대부분은 전통 노동조합주의, 즉 여전히 유럽중심주의적인 제3의 담론으로 도피한다. 이러한 담론에 의하면 오로지 성숙한 노동자계급(유럽의)만이 사회주의적 미래의 주역이 될 수 있다는 것이다. 그런데 이러한 주장은 가장 명백한 역사적 교훈과는 반대되는 무기력한 담론일 뿐이다.

주변부의 민족에게 있어서 다음의 선택은 불가피하다. 즉, 민족적·대중적 민주주의의 발전인가, 아니면 막다른 문화주의로의 퇴행인가 하는 것이다. '만일' 서구가 주변부의 진보에 장애가 되지 않고 오히려 그러한 변화를 지지한다면, '절연'이라는 주제에 함축된 '주변부 민족주의'라는 제약은 그만큼 줄어들 것이다. 그러나 이러한 가설은 오늘날 경건한 맹세에 불과할 뿐이다. 지금까지 서구는 사실상 모든 진보의 악랄한 방해자였다.

이러한 현실을 인정하는 것, 그것은 결과적으로 세계 변혁의 주도권이 상당 수준 주변부 민족에게 있다는 것을 인정하는 것이다. 바로 이들이 현재 진행중인 세계체제의 발전경로를 벗어나서 서구인에게 진정한 과제가 무엇인지를 인식시킬 수 있고, 그들의 좁은 시야를 더욱 넓힐 수 있다. 1917년 이후로 어떠한 사실도 이러한 가설에 흠집을 내지 못했다. 그리고 이는 입증된 사실이다. 물론 대중적·민족적 민주주의로의 긴 여정은 진보와 퇴보를 반복하며 불가피하게 갈등할 것이라는 사실도 인정해야 한다.

물론 서구 진영을 상대적으로 부정적으로 평가한다고 하여 그것이 서구가 변할 수 없다는 것을 의미하는 것은 아니다. 서구에서조차 '다른 발전경로'에 대한 토론이 개시되고 있고, 그것이 남반구 사회의 발전에 호의적인 결론을 가져올 수도 있다. 그래서 필자는 서구 좌파의 책임과 이들이 불러올 가능성을 강조하고자 한다. 이때 유럽중심주의가 초래한 폐해를 분명하게 이해하는 것은 바람직한 변화의 선결 조건이다. 보편주의적 야망은 애초부터 좌파 이데올로기의 자양분인데, 특히 진보·이성·권리·정의 등의 개념에 공을 들여왔던 부르주아 좌파 이데올로기의 자양분이다. 이들의 노력이 성공한다면, 중국의 어떠한 성벽도 세계체제의 중심부에서 주변부를 분리하지 못할 것이다. 서구에서 진보적인 청년들의 영웅은 한때는 마오(Mao), 체 게바라(Che Guevara), 파농(Fanon)이 아니었던가?

단일한 세계경제의 논리에 복종하는 것은 세계체제의 희생자인 주변부 민족의 봉기를 공권력을 동원해 억압하는 것이고, 21세기형 사회주의의 재건을 위한 새로운 혁명의 가능성을 배제하는 것이다. 그런데 이러한 기능은 미국이 아닌 다른 나라가 수행할 수 없다. 미국의 헤게모니를 대체할 유럽의 신제국주의 건설은 가까운 미래로서는 불가능한 희망이다. 그러므로 이러한 순수 자본주의 논리를 함축하는 대서양 동맹(ralliement atlantiste)은 유럽의 기획을 운명적으로 유럽·일본·미국 사이의 상업경쟁이라는 가혹한 제약 속에 몰아넣으며, 따라서 이러저러한 문화적·이데올로기적·정치적·군사적 자율성에 관한 열망을 제거한다. 이러한 전망에서 유럽의 기획은 미국이 주도하는 대서양주의의 유럽식 기획에 불과할 뿐이다.

이처럼 어두운 전망–약화된 유럽을 재건하기 위한 노력이 매 순간 좌초될 위기에 직면해 있다는–에 맞서 유럽은 진정한 의미에서 다중심적인 세계, 요컨대 다양한 방식의 사회적·경제적 발전을 존중하는 세계의 건설에 이바지할 수 있을 것인가? 만일 우리가 '경쟁'이라는 단 하나의 가혹한 논리에 갇혀 있다면, 새로운 국제질서는 유럽의 사회진화를 불가능하게 만들 것이라고 상상해볼 수 있다. 그러한 국제질서는 탈시장적인 사회 공간의 확장–서구에서 사회주의적 진보의 유일한 노선이라고 할 수 있는–을 통해 성과를 거둘 수 있다. 그러할 때, 남북관계의 다양성이 촉진될 수 있으며, 제3세계의 민족적·대중적 이행이 지지를 받을 수 있다. 이러한 선택, 요컨대 '유럽식 비동맹주의(non–alignement européen)'라는 선택–해당 지역의 역사적 조건에 따라 '절연'의 형태를 취하는–은 쇠퇴를 막을 수 있는 유일한 수단이다.[18] 그렇지 않다면 쇠퇴는 필연적일 수밖에 없다. 이러한 쇠퇴는 신뢰성 있고 결집력 있는 진보적인 사회기획을 포기하는 것을 의미하며, 따라서 외부의 힘에 하루하루 '적응'하고 사안을 뒤쫓는다는 것을 의미한다.

선택의 여지는 남아있다. 사회주의적일 수밖에 없는 진정한 보편주의냐, 아니면 유럽중심의 야만적인 자본주의냐 하는 것이다. 사회주의는 이러한 긴 여정의 종착지에 있다. 자본주의에 내재한 불균등발전의

---

18 CEDETIM, *Le Non-alignement européen,* La Découverte, 1981.

문제를 해결할 사회가 사회주의 사회이며, 동시에 지구상의 모든 이들에게 더 나은 미래적 전망을 가능케 하는 사회 역시 사회주의라는 사실을 기억하자. 만일 사회주의가 세계적으로 확산하고, 그것이 서구인과 같이 역사적 여정을 달리했던 모든 이들의 기여를 요구하는 진정한 보편주의를 정초할 수 있다면, 해당 사회는 모든 측면에서 지금의 사회보다 우월할 것이라는 점은 분명하다. 거기에 도달하기 위한 긴 여정은 장차 넘어야 할 전략과 단계를 '결정화'하는 공식을 금해야 한다는 사실이 분명하다. 정치적·이데올로기적 갈등—예를 들어 '혁명 시기'와 '사회민주주의 시기'의 대립과 같은—은 이와 같은 장기적인 투쟁의 대파란(péripéties)일 뿐이었다. 이러한 인간사회의 본질은 미래학자나 공상과학 소설가도 예측할 수 없는 것이라는 점은 분명하다.

미래는 열려 있다. 그것은 이미 경험된 현실이 아니다.

제4부

역사의 비유럽중심적 전망을 위하여

제1장

비유럽중심적 사회이론을 위하여

유럽중심주의가 어떻게 지배이데올로기나 지배적인 사회이론을 왜곡했는지를 체계적으로 분석해야 한다. 그리고 그 기원을 추적해서 그것의 취약성을 드러내야 한다. 그러나 그것만으로는 충분치 못하다. 구시대적 패러다임은 자체의 결함을 극복하거나 보완한 새로운 패러다임이 등장하면 사라질 것이기 때문이다. 이러한 전망에서 필자는 새로운 패러다임의 구축을 위한 두 가지 필수 불가결한 이론을 제안한다.

첫 번째 이론(2~5장)은 '불균등발전론(hypothèse du développement inégal)'이다. 여기서 필자는 자본주의의 맹아가 유럽의 봉건적 사회구성체에서 출현했음을 설명할 것이다. 유럽의 봉건적 사회구성체는 사실상 공납제 사회의 주변부 양식과 다를 바 없는데, 발전된 공납제 양식이 질적인 진전을 이룩하지 못했다는 점과 매우 극명하게 대조된다. 역사적인 전망에서 이러한 가설은 왜곡된 현실을 해명할 수 있는 진정한 사회이론, 즉 진화의 법칙을 밝혀줄 보편주의적 명제를 가능케 한다.

두 번째 이론(6~7장)은 '세계가치론(hypothèse de la mondialisation de la valeur)'이다. 이 개념을 바탕으로 필자는 현실자본주의의 역동성을 설명할 것이다. 현실자본주의는 세계를 동질화했지만, 동시에 그러한 동질화를 불가능하게 만드는 양극화를 재생산했다. 이러한 가설은 오늘날의 세계관에 내재한 유럽중심주의적 허상에서 벗어나게 해주며, 체제의 위기에 대한, 혹은 '자본주의 이후'로의 진전에 대한 풍부한 재해석을 가능케 한다.

제2장

공납제 생산양식, 혹은 선진화된 전(前)자본주의 사회의 보편양식

역사학파들 사이에서 다음과 같은 논쟁이 지속되고 있다. 즉, 전(前)자본주의 사회(명확한 국가조직을 갖춘 선진 사회만 고려하더라도)를 단수로 말할 수 있는가? 아니면 해당 사회의 구체적이고 다양한 차이를 단지 기술하고 분석하는 데 만족해야 하는가? 유럽(과 일본)뿐 아니라 다른 지역에서도 유사한 것으로 밝혀진 봉건제를 자본주의에 선행하는 일반 양식으로 전제할 수 있는가? 이때 양자 사이의 차이는 형식적이 아니라 본질적인가?

이러한 논쟁과 관련하여 이 장의 제목이 요약해서 드러낸 가설을 발전시키도록 하자. 즉 공납제라 불리는 양식은 모든 선진적인 전(前)자본주의 사회에 일반적인데, 봉건제는 이러한 공납제 가운데 단지 하나의 특별한 사례일 뿐이다. 논의가 진전되면 밝혀지겠지만, 이러한 개념화는 자본주의 출현과정에서 나타난 불균등발전의 문제를 해결하도록 하며, 유럽중심주의로 인한 난관을 벗어나는 데 도움을 준다.

역사를 종합적으로 고려해볼 때, 연속적이고 보편적인 성격의 세 단계의 역사를 고려해볼 수 있다. 즉 원시공산제에서 시작되는 긴 이행기로서의 공동체 단계, 선진적인 전(前)자본주의 사회를 전체적으로 특징짓는 공납제 단계, 마지막으로 세계체제로 발전하는 자본주의 단계가 그것이다.

공납제 단계는 모든 문명이 거치는 역사이며, 다음의 요건에 근거를 둔다. 첫째, 상당한 수준의 생산력 발전이 나타난다. 예컨대, 생존 수준 이상의 생산력을 가능케 한 정착 농업, 실질적이고 확실한 잉여, 기술적 장비나 다양한 도구(엄밀한 의미에서 기계는 아니지만)를 만들어낸 비농업적(수공업적) 활동 등이 나타난다. 둘째, 이러한 잉여의 중요성에 상응하는 비생산적 활동이 발전한다. 셋째, 이러한 경제적 토대를 근거로 사회계급의 분화가 진전된다. 넷째, 촌락의 단계를 넘어 국가가 출현한다.

이 단계는 다음과 같은 특징을 드러낸다. 무엇보다 형태가 다양하다. 하지만 그러한 다양성 이면에 공통의 특징이 존재한다. 경제영역에서 사용가치에 의해 좌우되는 잉여노동의 추출은 항상 상부구조의 영향을 받는다. 그러므로 이 단계에서 근본적인 생산양식은 공납제 양식이며, 봉건제 양식은 공납제 양식의 하나의 변형일 뿐이다. 소위 노예제라고 불리는 양식은 이 단계에서는 예외적이며, 시장관계의 측면에서도 매우 예외적이다. 이 단계의 사회구성체가 복잡한 이유는 내·외부의 교환관계가 직접적인 생산관계 이면에 존재하기 때문이다. 여기서 내·외부의 교환관계는 시장관계를 조절하며, 따라서 사회구성체계(système de formations sociales)라는 개념을 도입시킨다. 그러므로 이 단계는 정체된 것이 아니라, 오히려 공납제 생산관계를 토대로 엄청난 수준의 생산력 발전이 진행된다. 이때 공납제적 생산관계는 온갖 종류의 사회구성체를 가로질러 작동한다.

자본주의는 그것이 이미 존재한다는 이유에서, 게다가 세계적인 수준에서 존재한다는 이유만으로 필수적인 단계는 아니다. 사실 모든 공납제 사회는 성장의 토대였던 생산관계를 의무적으로 문제 삼았으며, 향후에는 생산력을 더욱 발전시킬 수 있는 새로운 생산관계를 창조해야만 했다. 자본주의가 오로지 유럽의 것이라는 운명은 정해진 것이 아니다. 물론 유럽은 자본주의를 처음 만들어냈고, 계속해서 다른 대륙의 정상적인 발전에 제동을 걸었다. 그러므로 설명해야 할 부분은 단지 자본주의가 어떻게 유럽에서 창조되었는지만이 아니라, 자본주의가 왜 이곳에서는 상대적으로 조숙한 상태로 나타난 데 반해, 공납제가 더욱 발전한 다른 사회에서는 자본주의의 출현이 왜 그렇게 오랫동안 지체되었는지의 문제도 포함한다.

한 단계에서 다음 단계로의 이행은 각각의 필수단계를 통해 구분된다. 이행기에는 변화의 요소가 재생산의 요소보다 우세하다. 각각의 필수단계에 요구되는 재생산과정이 온갖 모순을 해결한 것은 아니다. 그렇지 않다면 어떤 필수단계가 영원하지 않은 이유를 해명할 수 없을 것이다. 그런데도 각각의 필수단계에서 계급투쟁은 재생산과정에 통합되는 경향이 있다. 예를 들어 자본주의 단계에서 계급투쟁은 경제적인 측면으로 환원되는 경향—적어도 중심부에서는—이 있고, 그 자체가 체제의 기능요소로 작동하는 경향이 있다. 이와는 반대로 이행기에 진행되는 계급투쟁은 역사적 변화의 동력이 될 가능성이 크다.

그러므로 모든 필수단계는 정체되어 있다는 인상을 줄 수 있다. 이 점에서는 유럽과 아시아, 그리고 과거와 현재 사이에 차이가 존재하지 않는다. 그런 의미에서 모든 공납제 사회는 부동적이며, 그렇기 때문에 마르크스가 아시아에 대해 말한 것이 중세 유럽 사회에도 잘 적용된다. 하지만 자본주의는 두 번째 단계인 공납제 사회와는 달리 근본적인 경제법칙을 바탕으로 결정적인 변화를 성취했다. 이러한 항구적인 생산력 혁명은 생산관계의 지속적인 적응을 요구했으며, 체제가 결국에는 뒤집힐 수 없다는 인상을 주었다.

그런데 이러한 요약정리는 역사유물론과 관련하여 몇 가지 핵심적인 질문을 제기한다.

일반적으로 생산양식은 생산관계와 생산력의 독특한 조합으로 정의된다. 그런데 이러한 정의에는 생산양식을 생산자의 위상으로 환원하려는 경향이 존재한다. 예를 들어 노예, 농노, 임노동자가 그것이다. 그러나 임노동은 자본주의에 수천 년 앞서며, 따라서 자본주의가 임노동을 일반화했다고 단정하기 어렵다. 사실 자본주의 양식은 생산력을 발전시키기 위해 임노동을 특정 단계에 연결했을 뿐이다. 노예제 생산이 출현했다고 하더라도, 만일 그것이 명시적인 생산력 수준에 도달하지 못한다면 이른바 노예제 생산양식을 정의하는데 충분하지 않은 것과 마찬가지이다.

노동의 관점에서 계급사회의 역사를 망라해볼 때, 해당 사회의 역사는 노예제, 농노제, 임노동제라는 세 가지 형태의 노동 양식으로 국한되지 않는다. 이러한 방식으로 이해했던 유럽중심적 마르크스주의자들은 결국 네 번째 양식을 만들어내야만 했다. 그것은 국가('일반화된 노예제')에 종속된 공동체('아시아적') 생산양식이었다. 불행은 이 네 번째 양식이 존재하지 않았다는 데 있다. 존재했던 것은, 심지어 노예제나 농노제보다 더 빈번했던 것은 바로 소규모 생산자(농민)의 노동이었다. 이러한 노동은 완전히 자유롭지도 상업적이지도 않았으며, 공동체 양식처럼 엄격하게 폐쇄적이지도 않았다. 다만, 공납제적 공제에 종속되었을 뿐이다. 이와 같은 위상에 걸맞은 어떠한 명칭이 필요한데, 필자는 공납제 양식이 그러한 명칭으로 더욱 적절하다고 생각한다.

만일 스탈린이 일반화한 다섯 단계론과 마찬가지로 두 가지 노선의 일반화, 즉 자본주의에 이르는 유럽의 노선과 아시아의 노선이라는 일반화도 잘못되었다고 한다면, 우리는 모든 이론을 포기해야 하는가? 여기서 필자는 공납제에서 자본주의로 이행했다는 가설을 제안한다. 이 가설의 이점은 전(前)자본주의적 계급사회가 널리 공유하는 현저한 유사성을 강조한다는 사실이다. 예컨대, 동업조합(corporations)은 왜 피렌체(Florence), 파리(Paris), 바드다드(Bagdad), 카이로(Caire), 페스(Fès), 광동(Canton), 캘거타(Calicut) 등지에서 공통으로 나타나는가? 태양왕(Roi Soleil)은 왜 중국의 황제와 유사해 보이는가? 금리 대출은 왜 세계 곳곳에서 금지되었는가? 이러한 사실은 이들 사회를 특징짓는 모순이 본질상 유사하다는 증거가 아닐까?

전(前)자본주의적 공납제 사회의 공통점은 무엇인가? 장구한 역사를 거쳤기에 외견상 엄청나게 다양한 사회조직처럼 보인다. 이러한 조건에서 이들 사회에 공통분모를 부여하는 것이 과학적이라고 할 수 있는가?

이와 관련하여 마르크스주의의 전통은 모순적이다. 강단 마르크스주의(marxisme académique)는 특수성을 강조하려고 한다. 이들은 문화권이 다르면 가끔은 사회를 같은 개념으로 규정하려 하지 않는다. 예를 들어 유럽(과 일본)을 봉건제로 규정하면서도 아시아는 이 개념으로 규정하지 않는다. 이에 비해 전투적 마르크스주의(marxisme militant)는 항상 포괄적인 용어를 사용하며, 따라서 현저할 정도로 덜 성숙한 다수의 사회를 봉건제로 규정한다. 만일 상기 의제가 마르크스학(Marxologie)을 통해 해결될 수 있다면, 이들의 해석은 마르크스를 표방할 수도 있을 것이다. 사실상 우리는 마르크스가 봉건제라는 개념을 오늘날의 학자가 완벽하게 이해할 수 있을 정도로 일반화해서 사용했다는 사실을 강조했으며, 적어도 그 개념을 유럽의 역사 전면에, 다시 말해 야만인의 침략에서 영국·프랑스의 부르주아 혁명에 이르는 모든 유럽의 역사에 적용했다는 사실을 강조했다. 봉건제에 대한 그의 시각은 후대의 부르주아 역사가의 시각과는 달랐는데, 후자는 몇 가지 제약요인을 들어 봉건제의 범위를 루아르강(Loire)과 라인강(Rhin) 사이에서 전개된 네 세기의 역사로 축소했다. 마르크스 역시 아시아적 생산양식이라는 개념을 만들어냈고, 때로는 발표하지 않은 글–『정치경제학 비판(*Gründrisse*, 1857~61)』과 같은–을 통해 아시아의 정체된 역사와 유럽의 활동적이고 빠른 역사를 대립시킨 몽테스키외(Montesquieu), 버니어(Bernier) 등의 가설을 일부 수용했다. 그 이후 양 진영을 대변하는 학자들 사이에서 활발한 논의가 규칙적으로 진행되었다. 그런데도 일반적으로 유럽이나 미주 학계의 지배적인 경향은 유럽사의 예외성을 강조하는 데 놓인다.

다양성 이면에 존재하는 단일성을 강조하는 연구는 오로지 생산력 수준이 비교 가능한 사회에만 적용된다. 이러한 전망에서 세 단계의 생산력 발전단계를 고려해볼 수 있는데, 각 단계는 서로 다른 계열의 생산관계에 각각 상응한다.

첫 번째 단계는 잉여가 계급이나 국가를 건설하기에는 너무 빈약한 단계를 일컫는다. 이 단계에서 혈족·씨족·부족의 형성과 국가의 형성을 같은 개념으로 설명하는 것은 무모하다. 이행 중인 아시아적 생산양식을 계급사회에 위치시켜 설명하는 가설이 그 사례이다. 11세기에 이미 18세기 유럽에 버금가는 수준의 철을 생산했고, 백만 명 이상의 도시를 다섯 개나 보유했던 중국이 어떻게 초기 계급사회로 분류될 수 있는가? 반면에 유럽은 어떻게 중국과 유사한 생산력 발전 수준에서 산업혁명을 이끌어냈는가? 이 단계에 드러난 미약한 수준의 발전은 혈족·씨족·부족 중심의 사회관계와 밀접한 관련이 있다. 후자의 관계가 원시공산제 단계(정주농업을 향해 나가는)를 극복하기 위해 생산력 발전에 시동을 걸지만, 어느 지점에는 그러한 발전에 제동이 걸린다. 따라서 혈족·씨족·부족적 관계가 유지되는 지역에서의 생산력 수준은 불가피하게도 미약하다. 하지만 그러한 관계를 찾아볼 수 없는 지역에서는 훨씬 높은 수준으로 생산력이 발전한다. 이러한 첫 번째 단계에서 소유의 형태는 공통적이며 근본적이다. 우리는 그것을 공동체적 소유라고 말한다. 이러한 소유의 사용은 지배적인 심급을 관리하는 친족체계에 의해 규제를 받는다.

두 번째 단계는 생산력 발전이 국가의 출현을 이끈 단계를 일컫는다. 요컨대, 생산력 발전이 친족의 지배를 넘어섰으며, 따라서 또 다른 합리성의 지배를 받았던 단계이다. 이 단계에서 소유는 농토를 관리하는 지배계급이 생산자인 농민에게서 수취한 공납의 형태를 취한다. 이 단계에 이른 사회는 동일한 형식의 이데올로기적 지배, 즉 국가라는 종교(혹은 유사종교)의 지배를 동원한다.

세 번째 단계는 자본주의라는 상급 수준의 생산력 발전단계를 일컫는다. 이 단계에서 소유는 자본주의적 소유를 의미한다. 한편에서는 생산수단에 대한 부르주아의 독점권이 행사된다. 이제 생산수단은 더는 토지만이 아니라 기계, 장비, 공장 등으로 확대된다. 다른 한편에서는 경제적 교환을 넘어서서 자유로운 임노동과 잉여(특히 잉여가치)의 추출이 진행된다. 노동의 거래가 진행된다는 것이다. 실제로 농업이 어떤 특정 단계를 넘어서기 위해서는 기계나 비료 등과 관련된 산업, 즉 자본주의가 요구된다. 결국 자본주의는 이러한 농업적 이행에서 비롯되지만, 다른 산업 분야로의 확산을 거친 이후 다시 농업으로 되돌아온다.

이러한 세 가지 형태의 소유에 대한 아주 일반적이고 추상적인 정의는 다음과 같다. 즉, (토지에 근거를 둔) 공동체적 소유, (토지에 근거를 둔) 공납제적 소유, (토지보다는 다른 생산수단에 근거를 둔) 자본주의적 소유가 그것이다. 이러한 정의는 사회적 조작을 통해 소유의 내용을 강조한 것이지, 그것의 법률적이고 이데올로기적인 형태를 드러낸 것은 아니다. 각 형태의 소유는 필연적으로 해당 단계의 생산력 발전에 상응한다. 첫 번째 단계에서 생산 조직은 혈족이나 촌락민에 한정된다. 두 번째 단계에서 그 조직은 본질상 상대적으로 규모가 큰 국가로 대체된다. 국가는 마을과는 공통점이 없다. 따라서 특화 수공업, 비생산 활동, 국가, 도시, 시장 등은 각각 잉여의 순환과정에서 자신의 중요성을 드러낸다. 더 높은 수준의 생산력 발전은 시장의 일반화, 즉 자본주의화된 시장을 요구한다. 이러한 추상화의 과정에서 각 단계는 하나의 보편적인 요구에 응답한다.

이들 가운데 두 번째 생산력 발전단계, 즉 공납제 생산양식의 첫 번째 특징은 잉여생산물의 추출이 경제 외적인 수단을 통해 얻어진다는 것이다. 이 단계에서 생산자는 생산수단과 분리되지 않는다. 이러한 특징은 초기 형태의 계급제적 생산양식과 그에 앞선 공동체적 생산양식을 대립시킨다. 여기서 잉여생산물은 착취계급에 의해 전유되지 않는다. 잉여생산물은 지배계급에 의해 집중화되지만, 그것은 전체적으로 소비되거나 혹은 재생산의 요청에 따라 재분배되기 위함이다. 두 가지 관계를 혼동하는 것은, 요컨대 협동과 지배라는 한편의 관계와 착취라는 다른 한편의 관계를 혼동하는 것은 전반적으로 소비되는 잉여생산물과 착취계급에 의해 전유되는 잉여생산물의 구분을 혼동하는 데 일조한다. 이때 착취관계는 공동체적 생산양식을 목가적인 원시공산제와 동일시하는 소박한 단순화에 맞서 투쟁해야 하는 어려움을 통해 설명된다. 결국 잉여생산물의 추출이 공납제의 본질적인 특성이며, 이것이 착취계급의 이익에 일조한다. 필자가 이것을 공납제 생산양식이라 명명한 이유가 바로 여기에 있다.

공납제 생산양식의 두 번째 특징은 생산의 근거가 본질상 교환가치가 아니라 사용가치에 있다는 사실이다. 생산자가 보관한 생산물은 그 자체가 소비-특히 자가소비-가 목적인 직접적인 사용가치이다. 착취계급이 추출한 생산물도 그들에게는 직접적인 사용가치이다. 이것은 공납제 생산양식의 본질이 이전(공납은 이러한 이전의 한 부분이다)이나 재분배를 배제하는 것은 아니지만, 교환이 없는 자연경제를 확립한다는 의미로 이해될 수 있다.

경제 외적인 방식으로 잉여를 추출하는 것이 사용가치의 지배와 결합하면 필연적으로 소외에 관한 숙고가 요구된다. 이 지점에서 역사유물론에 대한 두 가지 대립적인 해석이 도출된다. 첫 번째 해석은 사실상 단선적인 경제결정론으로 축소된 해석이다. 여기서 생산력 발전은 사회혁명을 일으켜 필연적으로 생산관계를 변화시킨다. 이때 혁명 참가자는 역사의 필연성에 반응하며, 정치·이데올로기적 상부구조는 그러한 생산관계의 재생산 요구에 맞춰 변화한다. 두 번째 해석은 생산력과 생산관계 사이의 변증법과 생산관계와 상부구조 사이의 변증법이라는 이중적인 변증법을 강조한다.

첫 번째 해석은 사회진화의 법칙을 자연의 법칙과 동일시한다. 이러한 해석은 부르주아적 관점에서 마르크스주의를 계몽주의 철학서에 맞춰 급진적으로 해석한 것이다. 이에 비해 두 번째 해석은 객관적인 자연법칙을 객관성과 주관성이 혼합된 사회법칙에 대립시킨다.

그런데 첫 번째 해석은 소외를 무시하거나, 아니면 그것을 인류사 전체에 적용하려 한다. 이 경우 소외는 사회 체제의 역사와는 무관한 인간 본연의 역사가 된다. 다시 말해 소외는 인류학적이며, 인간과 자연의 영속적 관계에 근거를 둔다는 것이다. 이 경우 역사는 '자연스럽게' 만들어진다. 따라서 인간(또는 계급)이 스스로 역사를 만든다는 것은 순진한 생각이 된다. 기술적 진보에 의지한 결정론이 약해지기 때문에, 그들이 누리는 자유는 그 여지가 매우 좁아진다. 두 번째 해석은 소외를 두 측면으로 구분한다. 첫 번째 소외는 인간과 자연의 영원한 관계에서 비롯된다. 이러한 소외는 사회양식과는 별도로 인간의 본성을 영원성의 관점에서 정의하기 때문에 사회사의 진화과정에 직접적으로 개입하지 않는다. 그러므로 그것은 인류학적인 소외가 된다. 두 번째 소외는 해당 사회의 이데올로기적 상부구조에 존재하며, 따라서 사회적 소외가 된다.

이러한 사회적 소외의 연쇄적인 내용을 명시해보면, 모든 전(前)자본주의 계급사회가 동일한 사회적 소외, 즉 자연에 의한 소외를 통해 설명될 수 있다는 결론이 도출된다. 이러한 소외는, 한편으로는 경제적 착취관계의 투명성에서, 다른 한편으로는 생산력 발전에 상응하는 자연에 대한 제한적인 통제에서 유래한다. 이러한 소외는 결국 절대적이고 종교적인 성격을 띠는데, 그러한 성격은 사회의 재생산과정에서 이데올로기가 지배적인 위치를 차지하기 위한 조건이 된다. 이와는 달리 자본주의에서의 사회적 소외는, 한편으로는 시장관계의 불투명성에, 다른 한편으로는 질적으로 더욱 발전된 자연통제에 근거를 둔다. 이러한 시장소외는 사회진화를 결정했던 외적인 능력으로서의 자연을 경제로 대체한다. 그러므로 착취와 계급의 폐지를 위한 투쟁은 경제결정론으로부터의 해방을 의미한다. 공산주의는 인류학적 소외는 차지하고서라도 사회적 소외만큼은 종식시켜야 한다. 확실히 모든 공납제 사회구성체에는 비화폐적인 교환뿐 아니라 심지어 화폐적인 교환도 존재한다. 그러나 이러한 교환은 단지 부수적으로만 시장적이다. 다시 말해 교환은 교환가치(가치법칙)가 아니라 사용가치(상대적 유용성)에 근거를 둔다는 것이다. 자본주의 사회구성체에서 토지에 대한 소유가 자본축적이라는 근본적 법칙에 종속된다고 한다면, 공납제 사회구성체에서 교환은 공납제 양식이라는 근본적인 법칙에 종속된다고 말할 수 있다.

공납의 추출은 폭력만으로는 결코 성공하지 못한다. 그 과정에는 어떠한 사회적 합의가 요청된다. 이 지점에서 공납은 '지배계급의 이데올로기가 사회의 지배이데올로기'라는 마르크스의 관찰을 상기시킨다. 공납제 양식에서 공납제 이데올로기는 기독교, 이슬람교, 힌두교, 불교, 유교 등과 같은 거대 형이상학을 통해 표현되며, 잉여의 추출에 도움이 되는 방향으로 기능한다. 반면에 공동체 양식의 지배이데올로기인 친족 이데올로기는 착취가 아니라 협력과 지배의 관계를 재생산하는 데 도움을 준다. 공납제 양식이 국교와 상응한다면, 친족이 지배하는 공동체 양식은 토착 종교와 상응한다는 것이다.

경제적 토대의 측면에서 사용가치의 지배가 초래하는 첫 번째 결과는 바로 상부구조의 지배이다. 이러한 지배는 이제 공납제 양식의 계급투쟁에 영향을 미친다. 일반적으로 피착취계급은 모든 착취를 한꺼번에 철폐하기 위해 투쟁하지 않는다. 오히려 생산력 발전단계–잉여생산물의 집단적 사용을 함축하는–에 따른 경제생활이 요구하는 한도 내에서 자신의 생존을 위해 합리적으로 투쟁할 뿐이다. 거기서 하늘의 권한을 부여받은 황제라는 개념이 도출된다. 서구에서 절대군주는 가끔 농민과 연대하며 봉건영주와 갈등한다. 물론 이러한 상황이 계급투쟁을 배제하는 것은 아니며, 모든 착취를 한꺼번에 폐지하는 성과가 없는 것도 아니다. 사실상 농민공산주의(communismes paysans)라는 개념은 유럽, 이슬람권, 중국 등 곳곳에서 발견된다. 이곳에서 계급투쟁은 일반적으로 해당 영역의 이데올로기를 문제 삼는다. 즉, 국교로서의 기독교는 알비파(albigeoise)나 개신교와 대립했고, 이슬람교의 수니파는 시아파나 카르마트(Qarmat) 공산주의와, 유교는 도교와 대립했다.

공납제 생산양식의 세 번째 특징은 안정성이다. 이것은 심지어 정체된 것처럼 보이기도 하는데, 결코 아시아에만 국한된 현상이 아니다. 이러한 의외의 모습은 자본주의와 대조적이다. 교환가치에 토대를 둔 자본주의의 내재적 법칙은 자본가 사이의 경쟁을 경제적 토대로 삼는데, 이것이 축적이라는 항구적인 생산력 혁명을 요구한다. 이에 비해 공납제 양식은 사용가치에 토대를 두며, 그것의 경제적 토대에는 축적이라는 내적인 요구가 존재하지 않는다.

그렇지만 공납제 사회는 정체된 사회가 아니다. 생산력의 발전과정에서 이 사회는 놀라운 진보를 성취했다. 이집트, 중국, 일본, 인도, 남아시아, 동방의 아랍과 페르시아, 북아프리카, 수단, 짐바브웨, 콜럼버스 이전의 아메리카 사회, 지중해 유럽이나 봉건제 유럽 등을 보라. 물론 이러한 진보가 생산관계를 질적으로 변화시켰음을 의미하지는 않는다. 1780년대의 미국과 영국은 공히 자본주의적 관계라는 토대 위에서 생산력을 극도로 발전시켰다. 새로운 생산관계는 이전의 생산관계가 야기한 장애를 극복하려 할 때 출현하며, 그때서야 비로소 새로운 발전을 성취한다.

이들 사회에서 계급투쟁은 생산자 농민과 착취적 공납계급 사이의 갈등에서 발생하며, 유럽이나 아시아, 아프리카, 콜럼버스 이전의 아메리카 등과 같은 모든 공납제 사회의 역사에 등장한다. 그러나 공납제 사회에서의 투쟁과 자본주의에서 전개된 투쟁, 즉 부르주아와 프롤레타리아 간의 투쟁 사이에는 근본적인 차이가 있다. 후자의 투쟁은 프롤레타리아의 승리와 무계급사회의 건설로 종결되어야 한다. 하지만 전자의 투쟁은 소작농의 승리로 종결될 수 없다. 소작농이 승리할 때마다 착취적인 공납계급은 실질적으로 약화했으며, 따라서 부르주아 계급이라는 제3신분의 출현에 도움을 주었다. 한편에서 이 부르주아 계급은 소작농과는 별개인 시장자본에서 출현했지만, 다른 한편에서 이들은 소작농의 내부에서 출현했다. 소작농의 분화는 비록 부분적이었을지라도 내적인 차별화로 이어졌다. 공납제 양식에서도 계급투쟁은 역사의 동인이 되었다. 왜냐하면 그것이 공납제 양식이 넘어서야 할 모순이었기 때문이다. 그러나 공납계급이 더 큰 잉여를 추구했던 것은 확실히 자본주의적 이익 추구와 같은 경제 내적인 법칙이 아니었다. 오히려 소작농이 투쟁할까 두려워 공납계급은 소작농과 함께 생산수단을 발전시켰기 때문이다.

공납계급의 대외정치를 설명하는 논리도 역시 계급투쟁—적어도 부분적으로는—이다. 공납계급은 다른 민족을 복속시켜 피지배계급으로 만드는 팽창정책을 통해 자신의 사회가 부족한 부분을 내적으로 벌충하려고 노력한다. 봉건 전쟁은 이러한 논리에서 발생한다. 공납계급은 이러한 종류의 모험에 사람을 동원할 수 있다. 자본주의 축적의 법칙은 이와는 본질이 다르긴 하지만, 이 법칙 역시 해당 자본주의 사회 내부에서 계급투쟁의 향방에 따라 대외정치가 결정된다는 점에서 병렬을 이룬다. 게다가 이들의 정치는 제국주의로 나아간다. 따라서 대외 팽창적인 국가에서 부르주아 계급과 프롤레타리아 계급은 동맹을 맺게 되는데, 마르크스와 엥겔스는 영국에서 이 사실을 간파했다.

공납제 사회의 다양한 특징을 다루기에 앞서 이론의 차원에서 교환관계(relations d'échange)와 순환관계(relations de circulation)에 대한 일련의 문제가 해명되어야만 한다.

현실에는 자율적인 상태의 '순수 소시장적 생산양식(mode de production petit marchand simple)'이 존재하지 않는다. 이러한 개념적 정의는 착취계급보다는 오히려 프롤레타리아 소생산자만을 함축할 뿐이다. 후자의 생산자는 자신만의 특화된 생산수단을 가지고 가치법칙에 따라 생산물을 교환하는 이들인데, 이러한 정의는 이들에 대한 독특한 인식론적 개념만을 잘 드러낼 뿐이다.

이미 오래전 마르크스는 교환이 가치법칙에 따라 움직이는 데 필요한 조건이 무엇인지에 주의를 기울였다. 그에 따르면, 이러한 교환은 우연적이기보다는 체계적이어야 하고, 독점적이기보다는 경쟁적이어야 하고, 한정적이기보다는 수요공급의 여건이 허용하는 규모에 토대를 두어야 한다. 그런데 이러한 교환은 인류학의 연구 대상인 이른바 원시 사회에서 진행된 평범한 교환을 말하는 것이 아니다. 공납제 사회는 생산수단의 거래가 빈약하지만, 자급자족의 비중이 높은 사회이다. 그 속에서 교환은 가치법칙보다는 오히려 가치에 관한 이른바 신고전주의 이론에 따라 수행되는데, 엄밀히 말해 그 이론은 교환을 변형된 형식으로 자본주의에 적용하는 이론이다.

교환이 전(前)자본주의 사회에서 과연 기존의 생산관계를 해체하는 힘을 지니고 있는지를 둘러싸고 학술적으로 많은 혼란이 존재한다. 여기서 놓치지 말아야 할 것은 교환이 부분적으로는 잉여에 근거를 둘지라도 공납제 양식의 지배를 받는다는 사실이다. 교환의 흐름, 시장의 조직, 도시 집중화 등과 관련된 상대적이고 비교적인 함의를 강조해온 온갖 역사이론은 무용하진 않을지라도 본질적인 질문에 응답하지 못한다. 어떠한 공납제 경제도 결코 '자연적'이지 않았다는 사실은 권력이 시장관계를 해체한다는 가설을 긍정하는 것도 부정하는 것도 아니다.

그렇다고 우리가 시장관계의 중요성을 과소평가하려는 것은 아니다. 우리는 아랍의 사회구성체에서 그것의 역할을 자주 강조했으며, 그 관계가 오히려 공납제 양식에서 결정적인 효과를 지녔다는 사실을 증명했다. 예를 들어 아바스왕조 시기의 이라크에서 그 관계는 그러한 영향력을 여실히 보여주었다. 실제로 시장관계는 마치 우리가 중심부 자본주의와 주변부 자본주의를 따로 고립적으로 검토할 수 없듯이 공납제 사회 안팍의 역동적인 관계를 검토하도록 이끈다. 그러므로 공납제 사회의 역사와 특히 자본주의로의 이행의 역사에서 내·외부의 동력 사이의 변증법에 대한 분석은 요구된다고 할 수 있다.

제3장

유럽의 봉건제, 혹은 주변부 공납제 양식

봉건제 양식은 일반적으로 공납제 양식이 지닌 모든 특징을 보여준다. 그러나 이 양식은 적어도 태생적으로는 다음과 같은 특징을 지니고 있다. 즉, 소작 노동이 진행되는 일정한 봉토 내의 생산제라는 사실과 영주가 정치적 분권을 실현할 정도로 정치적·사법적 특권을 행사한다는 사실이다. 이러한 특징은 야만인의 침략으로 형성된 봉건적 사회구성체의 기원을 보여준다. 다시 말해 이들은 좀 더 발전된 사회를 점령하면서 지배계급이 되었다. 그런 의미에서 봉건제 양식은 원시적인 미완의 공납제 양식일 뿐이다.

봉건제는 노예제에서 유래한 것이 아니다. 그것의 시차적 연속성은 일종의 허상이다. 봉건제는 공동체 단계에서 공납제 단계로 이행하는, 즉 무계급사회에서 계급사회로의 이행하는 일반법칙을 보여준다. 일본의 봉건제는 공동체 단계에서 유래했지 결코 노예제에서 이행했던 것이 아니다.

야만인이 공동체 단계에 머물렀다는 사실은 잘 알려져 있다. 슬라브인, 게르만인, 인디안 등과 같은 다양한 공동체는 잉카, 아즈텍, 마야, 마다가스카르, 이슬람화 이전의 아랍 공동체, 그리고 족히 백여 개가 넘는 아프리카의 문명 공동체와 본질상 다른 실체인가? 만일 게르만인이 공동체 단계에서 공납제 단계로 이행하는 과정에서 토착 종교를 버리고 제국의 종교인 기독교를 받아들였다면 그것은 우연인가? 그렇다면 아프리카의 이슬람화도 우연인가?

봉건제적 소유는 공납제적 소유와 현저히 다른 것이 아니다. 봉건제적 소유는 정권이 미약하고 분권적이라는 측면에서 시원적인 성격의 공납제적 소유이다. 아시아에서 관찰되는 '국가의 독점적 토지 소유'와 이른바 봉건영주의 '사적 소유'를 대립시키는 것은 진실과 거짓을 뒤섞는 것이다. 왜냐하면, 국가의 독점적 소유는 생산조직이라는 기술적인 수준이 아니라 세금이라는 상부구조의 수준에서 정당화되기 때문이다. 그런데 유럽의 봉건제에서 신의 독점적 소유(토지에 대한 경작의무, 그러한 토지에의 접근을 허락받은 농민 등의 개념을 통해)라는 기독교적 관념은 그것이 마치 초기 국가에서처럼 미약하기 때문에 유사한 방식으로 작동한다. 그러나 생산력이 진전됨에 따라 초기의 정치적 분권 상태는 점차 중앙집권화한다. 따라서 유럽의 절대군주제는 완성된 공납제 유형에 상당히 근접하며, 초기의 봉건제 유형은 점차 발전된 공납제 유형으로 진화한다.

봉건제 양식의 불완전성은 권력이 분산되어 잉여가 집중되지 않는다는 데 있다. 이 때문에 유럽의 봉건제 양식은 절대군주제가 형성되면서 공납제 양식으로 이행한다. 다른 의미에서 이러한 이행은 성숙한 공납제 양식에서 분권적인 봉건제 양식으로 역행했던 다른 지역의 실질적인 퇴보에 비견된다. 사실상 잉여의 집중은 중앙권력의 현실적인 장악력은 물론이거니와 상대적으로는 이러한 잉여가 자극한 중상주의화를 동시에 함축한다. 외부 환경은 흔히 이들을 연계시키지만 퇴보하게도 만든다. 아랍 사회구성체의 봉건화는 후자의 사례이다. 이들의 봉건제는 중상주의적 세계체제에 기원을 둔 유럽의 초기 자본주의가 점진적으로 주류화될 때 성장했지만, 따라서 아랍 자본주의의 잠재적 맹아가 유럽 자본주의의 출현으로 인해 정체되었다는 필자의 가설을 입증하고 있다. 그러므로 봉건제 양식은 어떤 의미에서는 쇠락하는 공납제 양식이기도 하다.

결국 중심부의 완성된 공납제 양식과 주변부의 미완성된 봉건제 양식 간의 대립은 자본주의 체제의 중심부와 주변부 간의 대립과 동일한 것이 아니다. 공납제 사회구성체를 지배했던 것은 이데올로기이기 때문에, 그러한 사회구성체가 완성된 양식인지 아닌지의 특징이 나타나는 지점도 바로 이데올로기의 영역이다.

필자는 『계급과 국가』에서 유럽의 봉건적 사회구성체가 고대 동방과 지중해에서 출현하는 과정을 다루었다. 그리스·로마제국의 사회구성체는 제국적인 단계의 공납제 초안을 보여준다. 그러나 로마제국은 그 단계에 도달하기 이전에 멸망하고 말았다. 전반적으로 세 가지 유산이 이러한 폐허에서 탄생했다. 서구의 기독교 국가, 동방의 비잔틴제국 그리고 아랍·이슬람 국가가 그것이다. 비잔틴제국과 아랍·이슬람 국가는 확실히 공납제 구축의 측면에서 로마제국보다는 훨씬 더 발전했다. 이러한 진보는 아랍에서는 오늘날까지 그 흔적이 남아있지만, 서구에서는 야만인이 점령한 초기 유럽 사회에서만 그 흔적이 유지되었다.

봉건제 양식은 서구의 기독교 국가의 전반적인 특징이다. 그러나 모든 지역이 유사한 방식으로 발전했던 것은 아니다. 여기에는 세 가지 하위 지역군이 존재한다. 가장 발전한 지역은 이탈리아와 오늘날 서구로 편입된 지역(무슬림에 의해 정복된 스페인을 포함해서)이다. 이곳에서 봉건제 양식은 꽃피우지 못했는데, 그 이유는 이 양식이 요충지 도시들을 장악한 매우 견고한 고대 권력의 통제를 받았기 때문이다. 두 번째 지역(북부 프랑스, 영국, 네덜란드, 남서부 독일과 보헤미아 지역)은 평균 수준으로 발전한 지역이다. 자본주의가 가장 안정적으로 급속히 발전한 지역이 바로 이곳이다. 동부와 북부(동부 독일, 스칸디나비아, 헝가리, 폴란드, 러시아)로 갈수록 원래의 발전 수준은 매우 낮았는데, 그 이유는 전(前)공납제적 공동체 양식이 남아있었기 때문이다. 이곳에서 봉건제는, 한편으로는 유럽 전체–한자동맹국(Hanse), 스칸디나비아, 프러시아, 폴란드를 포함하는–의 통합방식과 연계되면서, 다른 한편으로는 외세(헝가리를 점령한 터키, 러시아를 점령한 몽골, 발트지역을 점령한 튜튼족 등)의 통치방식과 연계되면서 훗날 독특한 유형으로 발전했다.

이상에서 언급한 모든 공납제 양식에서 이데올로기는 사회적 재생산을 직접적으로 통제했기 때문에 지배적인 심급이 된다. 이러한 이데올로기는 완성된 공납제 양식에서는 국가이데올로기(idéologie d'État)가 된다. 이 경우 생산관계와 상부구조의 접합은 완벽에 가깝다. 반면, 봉건제 양식에서 이데올로기–유럽의 경우에는 가톨릭교–는 국가이데올로기처럼 작동하지 않았다. 기독교가 국가이데올로기로 부적합했던 것은 아니다. 로마제국에서 기독교는 국가이데올로기였고 비잔틴제국에서도 그러했다. 요컨대 완성된 공납제 양식에 근접한 지역일수록 그러했다. 그러나 서구 봉건제에서 가톨릭교는 공납계급의 해체에 직면했고, 본디 공동체 사회의 이데올로기적 잔재라고 할 수 있는 소작농의 저항에 부딪혔다. 교회의 독립은 생산관계와 상부구조의 조야한 접합을 반증한다. 그런데 이러한 조야함이 더욱 유리한 환경을 만들어냈는데, 생산관계의 변형을 요구하는 차후의 진화나 조정에 대하여 더욱 유연하게 대처할 수 있었기 때문이다. 이러한 조정은 종교이데올로기(개신교)의 내용을 변화시키기도 했으며, 또는 중상주의 이행의 시기에 절대주의 왕정이 공고화되면서 점차 국가이데올로기로 승격(예를 들어 프랑스나 영국과 같은 방식으로)되기도 했다.

내·외부의 지속적인 시장관계는 유럽의 봉건제를 자급자족을 특징으로 하는 봉토의 경제로 내버려 두지 않았다. 이러한 시장관계는 유럽의 관내무역이나 향토무역의 발전을 통해서뿐만 아니라, 비잔틴제국이나 아랍 권역, 혹은 그 너머 열대 몬순의 아시아나 흑아프리카 등과의 장거리 무역을 통해서도 구축되었다. 비교적 도시화가 덜 된 농업지역이 상업이나 수공업이 집중화된 지역과 서로 공존했던 것이 이를 입증한다. 중세 기독교 세계에서 상업과 수공업이 발달한 도시(베니스, 피렌체, 피사, 제노바 등)를 가진 이탈리아, 남부 독일, 한자동맹국 등은 이러한 시장관계를 빼놓고는 이해할 수 없다. 이들 지역–특히 이탈리아–은 생산력(공장)이 가장 발전했을 뿐만 아니라, 자본주의의 맹아가 조숙한 지역이었다.

그러므로 유럽의 봉건제는 보편화된 공납제 양식의 특수한 유형에 불과하다. 이러한 특수성이 봉건제의 원시적이고 불완전하고 주변적인 특성을 보여준다. 뒷장에서 필자는 유럽의 봉건제가 지닌 또 다른 명백한 특징(도시의 자율성, 농민의 자유, 계급투쟁에 직면한 절대군주들의 정치 게임 등)이 어떻게 이처럼 원시적이고 불완전한 공납제적 성격에서 기원하게 되었는지, 그리고 어떻게 이러한 뒤처짐이 약점이 되기보다는 세계의 다른 지역(이제는 오히려 불리해진)과의 경쟁에서 유럽이 성공할 수 있었던 만능열쇠로 작동했는지를 살펴볼 것이다. 기존의 가설이 모두 유럽중심주의의 아류처럼 보이는 이유는 그것이 유럽의 특수성을 이러한 뒤처짐에서 설명하는 것이 아니라 신화적인 방향에서 해명하기 때문이다.

유럽 봉건제의 이러한 특수성은 다른 주요 공납제 문명권의 특수성과 각각 대비되어야 한다. 예컨대, 필자가 『아랍 국가(*La Nation arabe*, 1976)』에서 분석했던 아랍 문명의 특수성이나 발칸지역에서 인상적인 발전을 성취한 오스만제국의 특수성이 그것이다.

각각의 공납제 사회는 서로 다른 양상을 드러낸다. 그런데도 이들 사회는 모두 공납제 양식이라는 개념과, 착취적인 공납계급과 피착취계급인 생산자 농민 사이의 대립이라는 개념을 바탕으로 통일적으로 분석될 수 있다. 인도의 카스트제도가 그 사례이다. 힌두교의 이데올로기가 반영된 이 개념은 인도에서 절대적인 지배력을 갖춘 국가이데올로기로 기능했을 뿐만 아니라, 착취계급−크샤트리아 전사 및 브라만 성직자−에 의한 토지의 공납제적 전유, 수드라(Sudra) 농노에 대한 착취, 착취계급에 조력하는 사람들 사이에서의 재분배−자즈마니(Jajmani) 체제− 등과 같은 현실을 은폐한다. 필자는 인도의 카스트제도가 이데올로기 수준에서 존재할 뿐 현실적으로는 공납제적 착취규범만 작동한다는 사실을 증명한 바 있다. 중국의 귀족제적 착취체제와 거기에 동반된 유교 이데올로기는 확실히 나름의 독창성을 드러낸다. 그러나 착취계급과 피착취계급 사이의 계급투쟁이나 그것의 역동성이라는 근본적인 수준에서는 그 유사성이 인상적이다. 이러한 유사성은 아랍이나 오스만제국의 동방 무슬림에게서도 관찰되는데, 특히 그 지역의 토대적인 공납제 관계와 시장관계 사이의 분절 양상이 상인·전사계급의 형성이나 토지에 대한 사적 소유 등과 같은 유사한 결과를 끌어낼 정도였다.

제4장

중상주의에서 자본주의로의 이행: 불균등발전, 혹은 유럽의 특수성이라는 만능열쇠

르네상스가 전개된 16세기부터 산업혁명이 개시된 19세기 초반에 이르기까지의 기간은 명백히 봉건제에서 자본주의로의 이행기이다. 여기서 필자는 유럽 자본주의의 점진적인 형성과정을 해명하는 다양한 명제를 재검토하진 않을 것이다. 단지 이러한 신속한 이행과정이 어떻게 유럽 봉건제의 불완전성에서 비롯될 수 있는지를 해명하고자 한다.

유럽의 중상주의 문학은 풍부하면서도 상세한데, 이것은 경축할만한 일이다. 사실상 이행기는 다채롭다. 어느 양식이나 해당 단계를 안정적으로 정의할 고유의 일반법칙이 존재하지만, 이행을 정의할만한 일반법칙은 존재하지 않는다. 이행은 퇴장하는 양식이나 혹은 그러한 양식이 외부 환경과 맺는 상호작용이라는 구체적인 연관성을 바탕으로 귀납적으로 분석될 뿐이다.

그러므로 중상주의 이행에 대한 분석은 봉건제적 생산관계의 침체

뿐 아니라 대서양 시장경제의 발전을 자본주의 탄생의 관점에서 제각각 평가해야 한다. 따라서 중상주의 체제에 대한 하나의 포괄적인 이론이 필요하다. 이 이론은 자본주의의 개화를 불가피하게 만든 추동인자를 명백하게 드러내야 하며, 동시에 이 기간에 유럽 내부에서만큼이나 유럽과 식민지(복속국과 해외 영토를 포함하는) 사이에서 점차 심화하는 불균등과 비대칭까지도 설명해야만 한다.

여기서 중상주의 시기가 봉건적인지 혹은 자본주의적인지를 질문하는 것은 아무런 의미도 없다. 진정한 질문은 다음과 같다. 이 당시 서로 대치하던 계급은 누구인가? 그들 사이의 투쟁과 동맹은 어떻게 조직되는가? 이들 계급 사이의 경제적 투쟁과 정권을 향한 이들의 이데올로기나 행동은 서로 어떻게 연결되는가?

이 시기는 봉건제 양식과 자본주의 양식이 공존하는 이행기가 분명하다. 영국의 경우 17세기의 명예혁명까지, 프랑스의 경우 1789년 대혁명까지, 그리고 독일과 이탈리아의 경우 19세기 통일의 시점까지 봉건제가 그들 사회의 지배적인 특징이었다는 것은 이 당시까지 해당 정권의 본질이 봉건적이었음을 입증한다. 그런데도 부르주아 혁명이라는 단절에 절대적인 의미를 부여한다면 형식주의에 빠질 위험이 크다. 왜냐하면, 봉건지주와 부르주아 간의 계급투쟁은 이러한 단절에 앞서 시작되어 그 이후에도 지속되었으며, 게다가 이 투쟁이 권력조직과 충돌하면서 해당 조직을 변화시켰기 때문이다. 크롬웰(Oliver Cromwell, 1599~1658)의 혁명은 사실상 왕정복고로 이어졌고, 1832년의 선거권 확대를 명시적으로 추구한 두 번째의 유연하면서도 불완전한 혁명을 초래했다. 또한 1793년 절정에 다다른 프랑스혁명도 장기간의 왕정복고로 이어졌다. 1848년 혁명은 여전히 반은 부르주아적이고 반은 프롤레타리아적인 성격-그런데도 1793년 프롤레타리아의 요구는 부르주아 혁명 너머를 가리키는 맹아적인 요소였다-이었으며, 이 또한 제2차 왕정복고로 이어졌다. 독일과 이탈리아의 통일은 많은 부분 혁명은 아니었지만, 사회변화를 위한 놀라운 조건을 만들어냈다. 상황이 이러한데도 러시아의 1861년 농노제의 폐지를 부르주아적 단절이라고 칭할 수 있을까? 혹은 1917년 2월혁명을 그러한 단절로 볼 수 있을까?

이러한 봉건적 대응은 서구의 절대권력을 봉건제로 규정하기에 충분하지 않음을 보여준다. 오히려 이 시기에 우리는 자유농민의 성장, 자유농민의 자본주의 계급으로의 분화('경작인', '하층민', '자작농', '농업노동자' 등과 같은), 제조업의 확대, 동업조합을 탈퇴한 자유 수공업자의 분화 등을 확인할 수 있다.

유럽중심주의의 지배적인 가설은 다채로움을 말하기보다는 항상 유럽에 고유하다고 여겨진 특징만을 강조한다. 예를 들어 도시의 자율성과 시장관계의 대내외적 팽창이 그것이다. 확실히 봉건사회의 도시는 지방과 마찬가지로 자율적이었다. 게다가 처음에는 거의 존재하지 않았던 중앙권력에 의해 매우 느슨한 통제를 받았다. 그러나 봉건제가 공납제의 형태로 발전함에 따라 절대군주는 이러한 자율성을 축소했다. 도시화 현상은 유럽 봉건제의 전유물이 아니다. 사실상 이것은 유럽의 봉건제보다 오래된 것이다. 전통적인 고대 시대는 특히 도시적이다. 이들 도시가 자율적이었는가? 그렇게 파악되지 않는다. 한편에서는 해당 도시가 부동산 소유자의 도시였기 때문이고, 다른 한편에서는 대규모 무역(노예제 수공업과 접목된)을 통한 수혜를 직·간접적으로 확대할 수 있었기에 굳이 원거리 지방이나 외국을 지배하고 간접적인 방식으로 이득을 취할 필요가 없었기 때문이다. 이들에 대한 지배는 상업적인 물류나 유동적인 동맹을 통해서만 작동했다. 아랍의 도시는 거의 이러한 상태에 놓여 있었다. 중국의 매우 큰 규모의 도시에 대해 말하자면, 이들 도시는 완성되고 매우 발전된 공납제 양식에 해당하며, 잉여에 대한 이차적 분배가 매우 풍요롭고 복잡(수공업과 제조업이 번창했기에)했다. 그런데도 아랍의 도시와 마찬가지로 이들 도시에서 공납제적 중앙권력의 감시는 효과적으로 작동했다. 이러한 공납권력이 약화했을 때, 아랍 세계의 도시는 쇠락했다. 이와는 반대로 일본의 도시는 처음에는 거대하고 자율적이었으며, 봉건제적 중앙권력이 취약했다는 점에서는 서구와 마찬가지였다. 그러나 외부 세계에 진출하여 이득을 취했던 유럽의 도시와는 달리 일본의 도시는 외부 세계로 나가지 않았고, 이러한 현실 속에서 매우 자유롭게 활동했던 일본의 상인계급을 지방으로 이끌어 토지구매나 고리대금에 투자하도록 했다. 이 때문에 이들 도시는 결국 쇠락하고 말았다.

표면적인 다양성 너머에 주도적인 흐름이 관찰된다. 구(舊)봉건도시(정권에 비해 동업조직이 강하게 지배하는)나 신흥 봉건도시(정권은 물론이거니와 동업조직의 지배에서도 벗어난)의 촉진제 역할은 바로 중앙권력의 취약성 여부에 있다. 이러한 취약성이 드러나기 시작할 때, 봉건제적 생산관계는 절대군주제와 마찬가지로 지방에서조차 이미 광범위하게 붕괴하기 시작했다.

이러한 붕괴는 봉건권력의 쇠락을 의미한다. 계급투쟁은 장원경제를 재빠르게 넘어섰으며, 소농을 현물지대와 현금지대에 종속시켜 과세

토록 이끌었다. 이러한 변화는 공물의 비중을 약화했으며, 농민의 축적을 가속했고 농민계층의 분화를 촉진했다. 농민해방을 저지하려고 했던 절대군주제에 맞서 봉건지주가 대응하기 시작했을 때는 이미 오래전에 농노제가 사라진 뒤였고, 농민계층은 분화하고 시장은 성장하기 시작한 뒤였다.

자본주의 성장을 둘러싼 두 가지 노선의 변증법은 이러한 핵심적인 토대와 관련이 있다. 한편에서는 제조업과 선대제수공업(système du putting out)이 구축되었다. 이들 모두는 원거리 무역과 관련된 시장자본이 지원한 것이었다. 다른 한편에서는 농민지주층이 성장했고, 이들에 의해 소규모 산업시설이 구축되었다. 이들 두 노선 사이에는 때로는 중요한 모순이 발생했는데, 특히 대부르주아 계급이 봉건군주제에 가담하여 그 대가로 신변안전을 보장받았을 때, 게다가 도시와 지방에서 분화한 부르주아 계급과 투쟁하는 과정에서 그러한 보장의 혜택을 누리기 시작했을 때, 그러한 모순이 두드러졌다.

이행은 본질상 다양하다. 이를 설명할 수 있는 일반법칙은 존재하지 않는다. 따라서 같은 종류의 원인일지라도 정반대의 효과를 초래할 수도 있다. 이탈리아는 자본주의적 맹아의 조숙한 출현이 오히려 고통을 초래했고, 스페인은 미주 대륙을 경영한 것이 짐이 되었다. 반면 프랑스나 영국의 경우, 절대주의 봉건국가는 농노제의 종말에 힘입어 등장했고, 발전된 도시를 바탕으로 성장했다. 그러나 동유럽에서 절대주의는 도시의 부재에서 출현했고, 도시의 생산력이 매우 취약하고 농지가 부족했기 때문에 농노제를 구축하는 데 박차를 가했다.

그러므로 유럽이 봉건제에서 자본주의로 이행하는 데 걸린 신속함

(겨우 삼백 년밖에 걸리지 않은)은 유럽인이나 유럽문화의 특수성에 토대를 둔 이론이 요청하는 어떤 신비로움 덕분이 아니다. 그것은 단지 유럽의 봉건제가 지녔던 후진성이 만들어낸 이점을 통해 설명된다.

모든 생산양식은 고유의 모순뿐 아니라 고유의 운동법칙에 의해 설명된다. 공납제 양식의 한 종류인 봉건제 양식은 타 종류의 공납제 양식과 동일한 근원적인 모순(공납계급의 착취에 대항하는 생산자 농민)에 의해 특징지어진다. 봉건제 양식의 불완전성에서 비롯된 더욱 큰 유연성은 자본주의적 맹아의 발현을 재촉하여 이행을 더욱 빠르게 이끌었다. 중상주의 시기에 대립했던 계급은 실제로는 세 부류이다. 농민, 봉건영주, 부르주아가 그들이다. 삼자 간의 계급투쟁은 한 집단에 대항하는 두 집단의 유동적인 연대를 함축한다. 봉건영주에 대항했던 농민투쟁은 농민계급을 분화시켰고, 소규모 농업 자본주의를 성장시켰으며, 더 나아가 대지주의 농업 자본주의와 봉건제를 화해시켰다. 봉건영주에 대항하여 도시에서 활동한 시장 부르주아의 투쟁은 농민투쟁과 연대하며 공장을 출현시켰다. 부르주아 계급은 타협(왕에게 공장이나 시장조직에 대한 보호를 요청하면서, 혹은 영주권에 상응하는 작위의 서임을 요청하면서)을 추구하는 상위계층과 스스로 과격화를 선택한 하위계층으로 분열되었다.

봉건제가 분열하여 절대주의로 진화하는 방식은 이러한 투쟁의 토대 위에서 설명된다. 각 집단의 상대적 세력에 따라 이러한 진화는 가속되거나 무산되며, 이런 유형이 되거나 저런 유형이 된다. 그 속에서 권력은 마르크스와 엥겔스가 관심을 기울였던 어떤 자율성, 즉 어떤 모호함을 획득한다. 만일 중앙집권화된 국가가 자본주의로의 진화를 차단하지 못하고 오히려 가속한다면, 그것은 그 국가 내부에서 계급투쟁이 첨예하게 진행되었기 때문이다. 유럽에서 공납제 양식이 절대군주제와 함께 존재할 때, 신생 계급(농업 자본주의나 공업 자본주의와 연계된)의 모순은 그 진화과정을 효과적으로 늦추기에는 이미 너무 발전한 상태였다. 이들의 개별적인 특수한 조합을 염두에 두면서, 한편에서는 중상주의로 이행한 유럽지역 간의 노동 분화 양상뿐 아니라 일부 유럽 국가와 그들이 정복한 해외 주변부 간의 국제적인 노동 분화 양상을 분석해야만 하며, 다른 한편에서는 대부르주아, 소부르주아(농업과 수공업에 종사하는), 농민, 그리고 때에 따라서는 맹아 상태의 프롤레타리아를 다양한 방식으로 결합하는 주류 이데올로기의 내용(종교개혁, 르네상스, 계몽주의 철학 등)을 분석해야만 한다. 영국은 중상주의의 중심부 유형에 해당한다. 그러나 영국은 상업적이었을 뿐만 아니라 공업적이었다. 따라서 자국 중심의 발전을 강화하기 위해 수입을 엄격하게 제한했으며, 그런 이유로 자립적이기보다는 정복적이었다. 그러므로 이 절대주의 국가의 진정한 종교는 개신교가 아니었다. 오히려 영국성공회가 입증하고 있듯이 민족주의가 진정한 종교였다.

중상주의 시기의 말미에는 앞선 시기(공납제)의 불균등발전과는 성격이 다른 새로운 유형의 불균등발전이 나타났다. 그것은 바로 중상주의 시기의 불균등발전이었다. 1800년대에는 한편에는 중심부 자본주의가, 그리고 다른 한편에서 주변부 자본주의가 존재했다. 후자는 주로 전자의 출현에 기인한 것이었다. 그러나 중심부 자본주의 가운데에서 영국과 프랑스(물론 영국만큼은 아니었지만)만이 완성된 형태였다.

앞서 소개한 공납제 사회는 해당 양식의 골격인 공납제 생산양식을 통해 임의로 분석되었다. 이러한 분석은 다양한 유형의 공납제 양식에 내재한 공통의 특징을 드러내거나 혹은 각 유형의 특수성(특히 유럽 봉건제의 특수성)을 적절히 설명하는 데 유효했을 뿐만 아니라, 이들 사회가 가지고 있는 공통의 핵심적인 동력을 도출하는 데 유효했다. 예를 들어 이들 사회를 특징짓는 계급투쟁의 유사성이나 혹은 공납제적 모순을 극복하기 위한 자본주의로의 이행의 객관적 필요성 등이 그러한 동력의 사례이다. 우리가 유럽중심주의의 지배에서 해방되는 것은 이러한 분석을 통해서이며, 이러한 분석을 통해서만 가능하다.

그러나 공납제 양식에서 자본주의로의 이행을 구체적으로 분석하려고 하면, 단지 골격에 대한 분석만으로는 불가능하다. 이 단계에서 필자가 사회구성체(formation sociale)와 사회구성체계(système de formations sociales)라는 두 개념을 도입했던 이유가 거기에 있다. 여기서 이것들의 개념이나 실제적인 용법을 다루지는 않을 것이다. 단지 지배적인 생산양식을 둘러싸고 형성된 복합체가 사회구성체라는 사실과 그러한 사회구성체 사이의 관계가 이들 구성체의 내부적 발전조건을 변화(특히 시장거래를 통해서)시킬 만큼 충분히 중요할 때 사회구성체계가 존재한다는 사실만을 상기하도록 하자. 한 사회구성체의 계급적 대립과 동맹은 다른 사회구성체의 계급적 대립과 동맹에 상당한 영향을 미친다. 그러한 영향은 다소간 균형적이고 균등한 방식(이 경우 사회구성체계를 구성하는 사회구성체는 자율적이다)일 수도 있고, 혹은 불균등한 방식(이 경우 사회구성체계는 중심부와 주변부로 나뉜다)일 수도 있다. 세계자본주의 체제는 불균등한 두 번째 방식의 완성된 모델이다. 그러나 그것만이 유일한 모델은 아니었다. 필자는 다양한 기회에서, 특히 고대 동방(헬레니즘과 고대 로마제국 시기의)에 대한 분석과 아랍 세계에 대한 분석에서 세계체제적 수준의 분석을 제안했다. 그러한 분석은 각각의 사회구성체에 한정하여 고립된 방식으로 분석해왔던 기존의 난관을 넘어설 수 있다. 뒷장에서 우리는 노예제라는 현상이 보편적이고 필연적인 단계가 아니라, 시장체계의 기능에 따라 특수한 형태로 발전하지 않을 수 없었다는 사실을 보게 될 것이다.

사실상 사회구성체계라는 개념은 시장관계(특히 원거리 무역)를 고려하도록 이끈다. 그동안은 일개 사회구성체 내부의 시장관계만을 살피느라 이러한 외부적 시장관계의 중요성을 너무 쉽게 경시해왔다. 그러나 내·외부 시장관계의 상호적인 영향력은 어느 한 사회구성체의 내적 변화를 이해하는 데 종종 결정적이다. 필자의 가설은 당시 대다수 서구 마르크스주의자에 의해 심하게 곡해되었다. 그들의 특징적인 분석은 생산양식, 계급관계 혹은 착취 등과 관련된 교조주의를 넘어서지 못했다. 필자의 제안을 '유통주의적 일탈(déviation circulationniste)'로 몰아간 그들의 평가—생산이라는 가치를 창출할 능력을 오로지 중심부와 주변부 간의 유통과정(circulation)에만 부여하고 있다고 하면서—는 대단히 교조주의적이었다. 물론 이러한 비평의 상당수는 20년 뒤 사회구성체계라는 관념의 중요성을 인정했다. 그런데 그 순간 이들은 마르크스주의를 완전히 포기하지 않을 수 없다고 단정하는 실수를 저질렀다. 만일 그들이 교조주의를 넘어설 수 있다면, 아마도 그들은 사회구성체계라는 개념이 역사유물론의 발전과정을 완벽하게 설명할 수 있음을 이해할 수 있을 것이다.

유럽중심주의는 유럽의 중상주의만이 자본주의로 이행했다는 사실을 강요한다. 같은 방향으로 진화하고 있거나 진화한 다른 지역에 대한 검토는, 일단 이 문제가 아시아적 생산양식이라는 문제적 가설을 통해 선험적으로 해결되어버리자 고려조차 되지 않았다. 그러나 오늘날 몇몇 사회에 대한 포괄적인 분석은 정복자 유럽의 제국주의적인 지배가 위축되는 시점에 자본주의가 발흥했다는 사실을 보여준다.

무케르지(Ramkrishna Mukherjee)나 박치(Amiya Baghi)는[1] 인도의 자생적인 자본주의 발전사를 제시했고, 영국 식민주의가 체계적으로 파괴한 그들의 역사를 부분적으로나마 극복했다. 필자가 독자에게 소개한 이들의 연구는 영국의 인도 경영과 관계된 마르크스의 그 유명한 불행한 구절을 결딴내고 말 것이다.

두 번째 사례는 이집트 중상주의이다.[2] 아랍 공산주의, 특히 이집트 공산주의는 이 주제와 관련하여 풍부한 논점을 제공한다. 그러나 불행히도 이 사례는 거의 전적으로 아랍권 독자에게만 알려져 있을 뿐이다. 이집트의 사료는 모든 측면에서 맘루크 체제가 보나파르트(Napoléon Bonaparte, 1769~1821)의 원정에 앞서 발전했다는 사실을 보여주며, 자본주의로 이행할 수 있었던 모든 특징을 보여주었다. 예를 들어 (1) 시장관계의 내부적 발전(대외관계와 연계된), (2) 사적 토지 소유(삼각주

1 Ramkrishna Mukherjee, "The Rise and Fall of the East India Company", *Monthly Review*, New York, 1974; Amiya Bagchi, *Perilous Passage*, Cambridge University Press, 2006.

2 아랍어로 된 여러 편의 논문과 문헌에서 필자는 이 문제를 다루었다. 특히 *La Crise de la société arabe*, Le Caire, 1985; *L'après-capitalisme*, Beyrouth, 1987; "Réflexions sur la crise de la pensée arabe contemporaine", *Al Fikr Al Arabi*, n° 45, 1987. 다음의 글도 참고하길 바란다. Fawzy Mansour, "Le blocage du capitalisme dans l'histoire égyptienne", en arabe, *Qadaia Fikria*, n° 2, 1986. "Contradiction in the Capitalist Development of Egypt", *Monthly Review*, n° 4, 1984.

내에서의)와 프롤레타리아화, (3) 임금제와 공장의 발전, (4) 유럽의 절대군주, 부르주아 계급, 민중 사이의 정치적 삼각관계를 연상시키는 국가적 공납계급(mamelouk), 지방의 부르주아 계급(koulak), 그리고 상인·민중(지방 및 도시의) 계급 사이의 정치적 삼각관계, (5) 기독교권의 종교개혁과 관련된 이데올로기 논쟁과 마찬가지로 이슬람권에서 시작된 이데올로기 논쟁 등이 그것이다. 필자는 보나파르트의 원정이 유럽(여기서는 프랑스)의 중상주의와 이집트의 중상주의가 경쟁하던 시기에 전개되었다는 사실을 지적했다. 게다가 19세기 전반 모하메드 알리(Mohamed Ali)에 의해 건설(여러 측면에서 일본의 메이지유신에 의한 이행과 비슷한)되었으나 1840년 유럽의 간섭으로 해체된 사회구성체계–엄밀히 말해 중상주의적인–의 모순과 한계에 대한 분석을 제안했다.

그러므로 논쟁은 이집트 이행의 특이성, 이러한 이행의 모순과 한계, 그리고 유럽의 초기 자본주의라는 외적 갈등과 이것들 사이의 결합 방식에 집중된다. 포지 만수르(Fawzy Mansour)는 이집트 중상주의가 자본주의로의 발전이 지체된 이유를 밝히는 데 몰두했다. 그리고 이러한 지체를 권력(공납제적)이 특히 신흥 경제권력(다량의 상품이나 토지를 사적으로 소유한)의 자율성을 끊임없이 간섭해왔다는 데에서 찾았다.

그런데 이러한 갈등은 전 세계의 모든 중상주의적 이행에 내재해 있다. 곳곳의 공납권력은 유사한 방식으로 자본주의적인 경제권력의 자율적이고 비약적인 발전을 제한하려고 했다. 유럽의 경우, 절대군주제의 통치행위가 그러했다. 그러나 그러한 군주제가 너무 늦게 형성–먼저 출현한 다른 지역의 완성된 공납권력에 비해–되었다는 점이 상황의 차이를 불러왔다. 실제로 유럽의 중상주의는 수 세기에 걸친 봉건제를 경험한 이후에 출현했고, 중앙권력의 허약성에 의해 영향을 받았다. 이러한 허약성이 자율적인 부르주아(도시나 동업조합에서 사적으로 소유한)를 형성시켰다. 절대군주제는 새롭게 부상한 자본주의 사회세력을 철저히 파괴하지 못했고, 따라서 이들을 정치적으로 지배하는 대신 봉건영주와의 세력다툼 과정에서 이들의 지지를 얻는 방식으로 이들과 동맹하지 않을 수 없었다. 이 전략은 단기적으로는 효과적–2~3세기에 걸쳐 절대군주는 이 전략을 사용했다–이었으나, 결국에는 군주제의 주역을 황폐화하고 말았다. 요컨대, 군주제하에서 점진적으로 성장하고 있던 자본주의 세력은 속박에서 벗어나기 위해 군주제에 난폭하게 저항하기 시작했으며, 구체제의 속박에서 자유로운 정권을 설립하려고 했다. 이에 비해 훨씬 더 오래된 공납제 국가, 즉 중국이나 동방의 오스만제국 등의 전통은 다양한 측면에서 불가피했던 자본주의 운동을 늦추는 능력을 보여주었다.

유럽중심적 편견에서 벗어나 모든 선진적인 공납제 사회에서 추동된 중상주의적 이행을 비교하는 작업은 곧바로 불균등발전이라는 가설을 상기시킨다. 이 개념은 다음과 같이 공식화될 수 있다. 즉, 생산관계가 가장 잘 확립된 체제의 중심부에서는 생산관계가 요청하는 생산력의 발전이 체제 전체의 정합성을 강화하는 반면에, 그러한 생산력의 발전이 불충분한 주변부에서는 그러한 현실이 체제의 정합성을 더욱 유약하게 만든다. 그런데 이러한 유약함이 이른 시기에 혁명을 일으키게 만든다. 이러한 가설은 모든 발전이 경제적 토대를 바탕으로 최종 심급에서 결정된다는 점을 상기시키며, 따라서 역사유물론의 원칙을 부정하는 것이 아니라 오히려 확장한다.

제5장

유럽중심주의와 노예제 논쟁

일반적인 여론에서뿐만 아니라 대학 강단의 학술연구에서조차 가장 널리 유포된 생각 가운데 하나는 노예가 농노를 거쳐 자유로운 개인으로 성장하는 일련의 역사가 보편적인 진화과정이라는 생각이다. 이러한 일련의 역사를 전제로 마르크스주의는 노예제가 필수적인 단계이며, 일정 수준의 생산력 발전단계에 도달한 사회(모든 사회)의 내부 역량을 통해 이를 설명할 수 있다고 생각했다. 마르크스가 맷돌을 노예제에, 물레방아를 농노제에, 증기기관을 임금제에 비유했던 이미지는 피착취 노동자의 위상이 이와 같은 일련의 '세 단계'로 구성된다는 관점을 강화한다.

이러한 연속성은 관념상 매우 매력적이다. 이 관념이 진보의 지속성이라는 철학을 지원하기 때문이다. 여기서 자유로운 임노동자(그리고 시민)의 위상은 농노(거주지 토지 접근권 등과 같은 몇 가지 권리를 지니고 있는)의 위상보다는 덜 열악하며, 농노의 위상은 노예의 위상보다는 양호하다는 사실은 잘 알려져 있다.

그러나 난관은 다음과 같은 사실에 있다. 즉, 이집트, 중국 등과 같이 원시성을 넘어선 생산력이나 문명의 수준에 도달한 많은 민족의 역사에서 노예제가 필연적으로 요청된다는 흔적을 발견할 수 없다는 사실이다. 오히려 유럽인이 자신의 문화적 조상으로 믿고 싶어 했던 고대 그리스·로마의 사회가 노예제에 토대를 두었다는 사실은 익히 잘 알려져 있다.

이러한 어려움에 직면하여 유럽중심주의는 확실히 두 가지 모순을 드러낸다. 한편에서는 드러난 증거를 무시하고 노예제 생산양식의 보편성을 주장한다. 다른 한편에서는 노예제의 지리적 한계를 인정하면서도 꿋꿋하게 그 주장을 고집한다. 따라서 유럽인에게 있어서 노예제라는 선행단계는 그리스·로마 노예제, 유럽 봉건제, 서구 자본주의로 연결되는 유럽 역사의 특수하면서도 배타적인 경로가 된다. 이 경로는 노예제를 거치지 않은 정체된 사회와 대비되는 유럽만의 영광스러운 진보의 노선이다. 그러나 불행히도 유럽의 봉건제는 노예제가 번성했던 지중해 연안에서 발전하지 못했고, 오히려 북방 야만 민족의 영토에서 발전했다. 노예제와 봉건제 사이의 연속성은 그리스·로마인과 유럽인이 하나의 민족이며, 따라서 사실상 각각의 단계가 연속적이라고 인정될 때만 의미를 획득한다. 그런데 그리스는 급작스럽게 서구에 편입되었다. 게다가 이러한 편입은 동어반복적인 추론을 통한 것이었다. 즉, 그리스는 노예제의 발상지이며, 노예제는 봉건제에 선행(그리스를 포함한 유럽에서)한다. 그러므로 그리스는 유럽에 속한다는 추론이다. 이러한 논리를 바탕으로 고대 그리스와 동방(이집트, 메소포타미아, 시리아, 페르시아)의 관계는 단절된다. 마치 훗날 기독교와 이슬람교가 대립(기독교의 기원이 동방이라는 사실을 망각한 채)하고, 그리스의 후손과 오스만의 독재자가 대립하는 것처럼 고대 그리스와 동방은 대립–아시아적·야만적 페르시아에 맞선 유럽적·민주적 아테네(노예제의 존속에도 불구하고)라는 방식으로–한다는 논리와 마찬가지이다. 그러나 실상 그것은 19세기에 만들어진 속설에 불과하다.

이 지점에서 그리스·로마의 예외적인 성격은 일련의 주요한 혼동에서 비롯된다. 『정치경제학 비판(1857~61)』의 출간(특히 "자본주의적 생산에 선행하는 제 형태들"의 장)은 마르크스학(maxologie)의 부흥을 이끌었으나, 연구가 진행되면 될수록 더욱더 마르크스주의와 멀어졌다. 토카이(Ferenc Tökei)와 그의 추종자는 원시 공동체를 벗어나는 두 가지 노선을 제시했다.[3] 첫 번째는 아시아가 걸어온 노선이었다. 이 노선에는 공동체가 존재했고, 거기서 전제국가가 발전했다. 토지 소유는 공동체의 몫이었으며, 가족 단위의 생산자는 토지를 온전히 소유하지 못했다. 그러나 이 노선은 생산력의 발전이 지체됐고, 표면상 유사한 방식으로 아시아의 역사를 반복시켰기에 정체된 노선이었다. 두 번째는 공동체가 와해하고 토지에 대한 사적 소유가 인정된 노선이었다. 무엇보다도 이 노선은 토지기반의 재산을 상실한 이들을 노예로 환원시킨 급진적인 모델이었다. 따라서 처음으로 계급분화를 초래한 노선이었다. 거기에서 그리스의 기적이 나타났고, 그러한 기적의 연장선상에서 로마제국이 출현했다. 이어서 노예제가 농노제로 변형되었고, 예외적인 방식으로 봉건제

3 Ferenc Tökei, *Essays on the Asiatic Mode of Production*, Akademiai Kiado: Budapest, 1979(역주).

가 형성되었다. 봉건영주의 소유는 여전히 사적이었으며, 자본주의를 잉태할 모순(도시의 자율성, 사적 소유를 위한 농민투쟁 등과 같은)이 쉽게 출현했다. 그러므로 이 노선은 지속적인 변화의 노선이자 끊임없는 발전의 노선이었다. 이것이 바로 유럽의 노선이었고, 그 기원은 고대 그리스까지 거슬러 올라갔다. 이러한 독특한 노선에서 노예제는 출발점이라는 결정적인 위치를 차지한다. 그로부터 이른바 아시아적(정체된), 고대적, 봉건적, 자본주의적 생산양식이라는 연대기적 분류가 탄생했으며, 마지막 세 단계의 필연적인 연속성이 마련되었다.

그러나 이것은 과학적인 이론이 아니다. 이 이론의 토대는 보잘것없으며 의심투성이이다. 그런데도 이것은 상상계의 창조물이 아니기에 별다른 어려움 없이 앞서 분석한 바와 같이 '공동체 체제'와 '공납제 체제'의 연속성에서 자신의 가치를 발견한다. 그러나 이것은 유럽에서 발전한 자본주의로 인해 사후적으로 동원된 유럽중심적 목적론이다. 이것은 결국 다른 사회는 스스로 자본주의에 도달할 수 없음을 의미한다. 만일 이러한 모든 것이 사실이라면, 역사유물론은 서구에만 적용될 것이다. 여기서 헤겔의 관념론, 즉 서구의 역사는 이성의 실현이라는 관념론이 도출된다. 이러한 부류의 마르크스주의는 오늘날 제3세계 마르크스주의를 부인하는 관념론자들의 문화적 민족주의와 일맥상통한다. 왜냐하면 이들은 그들 사회의 특수성에 적용되지 않는다는 이유로 마르크스주의를 거부하기 때문이다. 유럽중심주의의 한 축은 마르크스주의에 내재한 제국주의 이데올로기이며, 다른 한 축은 문화주의적 민족주의이다. 이 둘은 서로 적군이지만 쌍둥이이기도 하다.

유럽중심주의의 또 다른 전통을 살펴보자. 외양상 이것은 노예제를 필수단계, 즉 일반적인 단계로 설정하기 때문에 보편주의적인 형식으로 표출된다.

소련이나 중국 등과 같은 지역에서는 어느 누구도 그러한 형식이 공식적인 교조주의로 표출되는 것에 거의 놀라지 않을 것이다. 실제로 이들 국가는 잉카인이나 이집트인과 마찬가지로 스키타이인이나 한자동맹국이 이 단계를 잘 이행했다는 것을 증명하려고 할 뿐이다. 관련 증거는 경전에서 발췌한 인용문을 통해 명백하게 관리되었고, 몇 가지 고고학적 발견을 통해 보강되었다. 이러한 발견은 대단한 것이 아님에도 불구하고 노예제를 필요한 단계처럼 해석할 수 있는 이점을 지니고 있다.

그러나 이것을 사회주의 진영의 배타적인 해석으로 치부하는 것은 잘못된 생각이다. 서구에도 유럽중심적 마르크스주의자가 있기 때문이다. 온갖 반론을 무시한 채 이들은 노예제 생산양식을 일반화하기 위해 종종 생산양식으로서의 노예제와 개인의 불평등한 위상으로서의 노예제를 뒤섞는 책략을 사용한다. 그러나 후자의 노예제는 공납제 사회에서만큼이나 공동체 사회에서도 매우 일반화된 현상이었다. 위상의 불평등성은 그 의미가 확장됨에 따라 다양한 언어권에서 다양한 내포를 지닌 서로 다른 용어로 번역되었다. 따라서 '노예제'라는 같은 단어로도 본질상 매우 다양한 사실이 거론되었다. 그러한 방식으로 공연은 실현되었다! 그러나 현실적인 의미에서 지위의 불평등성은 대부분 노동착취가 아니라 정치조직에 근거를 둔다. 그러므로 공동체 사회 내부에도 '노예'는 존재했지만, 그 노예는 원칙상 이러저러한 방식으로 배제된 노동착취(비록 맹아적일지라도)와는 아무런 연관이 없었다. 구체제 하에서의 국가, 카스트제도, 거대 왕국-맘루크왕조와 같은-의 속국이 그러했듯이 모든 공납제 정치조직에는 지위의 불평등성이 존재했다. 이러한 공납제는 더는 직접적인 노동착취를 요구하지 않았다.[4]

노예의 생산노동을 착취한 다양한 형태의 노예제 사회를 관찰한 이들은 한결같이 약탈성이라는 예외적인 착취양식을 지적한다. 그것은 노예가 어렵게 재생산되며, 토착민을 상대로 노예제를 운용하는 것이 쉽지 않다는 점을 의미한다. 그러므로 노예제는 해당 사회가 외부에서 약탈을 수행했다는 것을 의미하며, 그러한 약탈의 가능성이 줄어들 때 노예제 역시 약화한다는 것(이 점은 오랜 기간 노예제 사회를 유지했던 로마제국의 말기에 나타났다)을 전제한다. 달리 말해 노예제는 오로지 해당 사회 내부에 한정된 분석만으로는 이해할 수 없다는 것이다. 이 지점에서 사회구성체계라는 개념이 도입될 필요가 있다. 그 체계는 한편에서는 노예제적이지만, 다른 한편에서는 인신매매적이다. 그것은 노예제가 노예를 거래하는 대규모 무역을 통해 가장 빈번하게 출현했던 이유를 설명한다. 인신매매에 혈안이 된 무장 단체들–그리고 그들로 인해 불안정해진 사회–은 노예의 상업적 판로 없이 존재할 수 없었다. 이러한 사회 유형은 그 자체가 필수적인 단계가 아니다. 오히려 자신의 성격을 크게 벗어난 다른 동인의 부산물일 뿐이다.

고대 시대, 이라크 평원(Bas–Iraq), 미주 대륙 등에서 그러했듯이, 노예제와 점차 강화되는 시장관계 사이의 흥미로운 공존을 어떻게 인정하지 않을 수 있는가? 전(前)자본주의 생산양식에서 상품(노예) 거래는

---

4 노예제에 대한 논쟁과 관련하여서는 다음을 보라. Claude Meillassoux, *Anthropologie de l'esclavage*, PUF, 1986; Samir Amin, "The Class Struggle in the Greco–Roman Antiquity", Monthly Review, n° 5, 1984; "L'esclavage en Afrique", in *Impérialisme et sous-développement en Afrique*, Anthropos, 1976.

예외적인 현상이다. 그러므로 노예제가 존재한 지역은 해당 지역의 사정만으로 이해되지 않는다. 이들 지역은 더욱 광범위한 전체의 일부일 뿐이다. 예를 들어 아테네의 노예제는 그리스 도시 국가들이 무역하는 조건에서만 설명할 수 있다. 왜냐하면, 해당 제도는 노예제가 정착되지 않았던 동방 문화권 내에 존재했던 제도이기 때문이다. 서로마제국의 경우 노예제는 상업적 거래가 가능했던 인근 연안지역으로 한정된다. 프랑스나 스페인의 경우에는 운송비용 문제로 노예제가 확산하지 못했다. 이것은 노예제가 무역과 관련된다는 증거이다. 미주 대륙은 그 자체의 생산양식을 가지고 있지 않았다. 단지 중상주의적 유럽의 주변부일 뿐이었다. 그런 이유로 노예제는 가장 다양한 생산력의 발전단계, 즉 고대 그리스·로마에서 19세기 자본주의에 이르기까지, 게다가 미국과 브라질에도 존재했다. 어떻게 하나의 필수단계가 다양한 생산력 발전단계와 자유롭게 결합할 수 있단 말인가?

제6장

민족이론에 내재한 유럽중심주의

유럽중심주의는 사실상 사회사상의 거의 모든 영역에 스며들어 있다. 여기서는 그러한 사상 가운데 하나인 민족이론을 살펴볼 터인데, 이와 관련된 정치적 결론의 함의가 매우 중요하다.

사회적 현실은 단지 생산양식, 사회구성체, 사회구성체계, 국가, 사회계급이라는 현실만으로 분석되지 않는다. 물론 이러한 현실이 종국에는 전체적인 현실을 파악하는 데 필수 불가결의 요인일지라도, 전체적인 현실은 민족, 인종, 가족구조, 언어공동체, 종교공동체, 그리고 온갖 형태의 삶(현실적인 실재로서의 삶이나 인간의 의식에 존재하는 삶 등)을 포함하는 구체적이고 다양한 것이다. 이러한 요소는 전체의 현실을 하나씩 세분하는 이론적 가설을 통해 파악되어야 한다. 분석의 현장에서 이러한 현실을 제거하는 것은 역사유물론을 빈곤하게 할 뿐만 아니라 현실을 변혁하기 위한 투쟁을 빈약하게 만든다. 불행히도 일부 교조주의적 마르크스주의는 이러한 현실이 토대계급의 실상을 은폐할지도 모른다는 구실로 종종 그래왔다. 선험적인 차원에서 역사의 전면이 '토대 세력들' 사이의 갈등으로 채워져 있다고 지시하는 것은 아무것도 없다. 이들 세력은 다양한 환경에서 간접적으로만 행동하며, 직접적인 대치는 소위 비토대적이라 일컬어지는 다른 요인이 작동한 결과이다. 역사유물론의 관건은 이러한 전체적인 현실을 유기적으로 결합하는 방법에 달려 있다. 이러한 역사유물론은 부르주아 절충주의와 대립하지 않을 수 없다. 왜냐하면 후자의 절충주의는 복잡다기한 현실을 자율적으로 이해할 뿐, 여러 필수 법칙을 통해 구축된 전체적인 시각에서 그것을 파악하기를 거부하기 때문이다.

유럽중심주의의 요체는 다음과 같다. 즉, 민족, 국가, 계급으로 분절된 유럽의 독특한 발전경로를 자신의 천재적 우수성을 나타내는 모델(그런 이유로 타자가 가능한 한 모방해야 할 모델)로 간주하는 것이며, 더 나아가 그러한 경로를 다른 지역에서 운명적으로 재생산—물론 시차가 존재하겠지만—해야 할 일반법칙으로 간주하는 것이다.

유럽의 발전경로에서 오늘날 민족이라 불리는 실체의 성립은 국가의 형성뿐 아니라 국가의 수준에서 나타나는 자본주의 특유의 잉여의 집중(노동시장, 자본시장 등을 포함한 시장 단일화)과 밀접하게 연결되어 있다. 이처럼 독특한 이중적 결합은 미완의 공납제 양식으로서의 봉건제가 권력의 분산과 공납제적 잉여의 분산으로 특징지어진다는 사실을 전적으로 상기시킨다. 상품의 형태를 취하는 잉여의 작은 파편들은 유럽의 기독교 권역과 동방의 무슬림 권역뿐 아니라 이들 권역을 매개로 더욱 먼 지역으로 퍼져나갔다. 상품의 형태를 취했던 다른 소소한 생산품(일부의 생필품을 포함하여)은 해당 지역의 소규모 시장에서 교환되었다. 그러나 오늘날 민족시장(marché national)이라고 부를 수 있는 매개적 단계는 존재하지 않았다. 그런데 자본주의는, 한편에서는 생산물의 상업적 판로 확장을 통해 지역시장을 통합했고, 다른 한편에서는 대외시장('대외무역'으로 발전하는)을 통해 민족시장을 형성하면서, 바로 이러한 민족시장을 매개로 발전했다. 이로 인해 자본주의는 이 과정을 관리할 국가를 요청했고, 작금에는 적정 인구, 충분한 인구밀도, 운송, 방위수단 등의 개념으로 표출되는 시대의 물적 조건을 관리할 수단을 요청했다. 민족은 이러한 진화의 생산물이었다.

스탈린주의 민족이론은 민족을 자본주의 발전의 특수한 부산물로 여겨졌으나, 실상은 이러한 유럽의 흐름을 추상적이고 일반적으로 표현한 것에 지나지 않았다. 이 이론은 진정으로 유럽중심적이다. 그렇다고 특별히 스탈린주의적인 것도 아니다. 어떤 의미에서 이것은 마르크스, 엥겔스, 레닌의 이론이었으며, 제2인터내셔널(게다가 오스트리아 마르크스주의)의 이론이었으며, 또한 부르주아의 혁명이론('민족을 만들어낸' 프랑스혁명이나 독일·이탈리아의 통일 등과 관련된)에 함축된 것이기도 했다. 그런 의미에서 민족이론은 항상 지배적인 이론이었다.

아랍 역사에 대한 숙고에서 드러나듯이, 특히 중국이나 이집트 등과 같이 발전된 공납제 사회에 대한 관찰은 이처럼 협소한 유럽중심적 민족개념을 더욱 보편적인 개념으로 대체한다. 이 경우 민족개념은 인종개념-사실 양자는 동일한 언어공동체이다-과는 달리 국가 차원에서 중앙집권제의 성립 여부나 그러한 중앙집권제를 통한 과잉생산의 존재 여부를 통해 정의된다. 국가와 민족의 이러한 중첩이 존재하지 않았다면, 민족 현상은 국가에 대한 분석에서 분리되고 말았을 것이다.

이제 역사를 가로질러 민족적 사실을 탐구하는 체계적인 방법이 도출된다. 여기서 민족은 다음 두 가지 경우에 특히 선명하게 드러난다. 첫째는 발전된 공납제 사회(중국, 이집트)에서 그러하다. 이들 사회에서 공납은 국가에 의해 집중화되고, 공납계급은 국가계급이 된다. 이들 사회는 공납이 분산된 미완의 공납제 사회(유럽의 봉건제 사회)와는 대조적이다. 둘째는 자본주의 사회에서 그러하다. 이들 사회에서 자본 경쟁(뒤따르는 이익 분배를 포함하여)이나 노동력 동원은 국가의 간섭(법규, 통화체제, 국가의 경제정책 등)을 통해 관리된다. 이러한 공통의 민족개념에도 불구하고 유럽중심주의는 이를 유럽에 내재한 조건(민족이 부재한 봉건제 시기, 민족과 자본주의의 병존적 출현)을 반영하여 변형시켰다.

이러한 민족개념은 공납제 사회(중국, 이집트)이든 자본주의 사회(중심부 자본주의에 도달한 유럽 민족들)이든 간에 각각 완성된 사회에서 분명하게 나타난다. 미완의 주변부 생산양식에 도달한 인종 사회를 민족으로 규정하기에는 현실적으로 모호하다. 유럽의 봉건제 사회도 그러한데, 봉건제 역시 미완의 공납제에 불과하기 때문이다. 오늘날 주변부 자본주의 사회도 그러하다. 마찬가지로 사회와 민족의 일치는 이행기에도 종종 모호해진다.

이러한 분석은 조금 더 진척될 필요가 있다. 왜냐하면, 유럽의 역사는 두 가지 중요한 사실을 일러주기 때문이다. 첫째, 민족은 형성되기 이전에 잠재적으로 선재하지 않았다는 사실이다. 둘째, 민족과 국가가 일치한다는 민족국가 모델은 온전하게 실현된 적이 없는 이상적인 모델일 뿐이고, 그 모델이 자본주의 요구에 부응하는 것도 아니라는 사실이다.

민족주의 이데올로기는 민족이 국가에 앞서 선재했다는 신화를 바탕으로 형성된다. 그러나 현실적인 차원에서 농민 민중은 오랜 기간 민족적(민족적이라고 규정할 수 있는 용어의 성립은 나중의 일이다)이기보다는 지역적이었으며, 봉건 시기나 구체제 하의 부르주아 계급도 근대적인 의미에서 민족적이라기보다는 흔히 범세계적(특히 기독교 권역은 금전적 이해관계, 정치적 충성도, 종교적 신념 등을 공유하는 신도가 있었기에 한결 수월하게 성취할 수 있었던)이었다. 그런 의미에서 국가의 역할은 민족의 형성과정에서 항상 결정적이었다.

그러나 이러한 민족주의 이데올로기는 역사의 흐름을 굴절시킨 하나의 자율적인 힘이 되었다. 오스트리아 마르크스주의 이론에 관한 논의는 민족주의 이데올로기가 자본주의의 발전을 비판했던 정치 세력에 영감을 주었다는 사실을 보여준다. 그리하여 민족주의 이데올로기는 발원지(서유럽)로부터 동부, 남부, 오스트리아-헝가리, 러시아, 오스만제국, 아랍지역으로 퍼져나갔고, 이들 지역을 상당 수준 산산조각 내고 말았다. 만일 이들 지역이 민족의 발명이나 혹은 민족의 '재탄생(renaissance)'을 통해 국가가 해체되지 않았다면 자본주의는 더욱 정합적으로 발전했을 것이다.

第7장

현실자본주의와 가치의 세계화

루돌프 바로(Rudolf Bahro, 1935~1997)가 '현실사회주의(socialisme réellement existant)'라는 표현을 제안한 이후로, 이 사회주의의 운명은 잘 알려져 있다. 사실 이 표현은 현실사회주의를 옹호했으나 이제는 사라진 지지자(여하튼 사회주의자였으며 '일정 수준 긍정적인' 결과를 가져온)에게뿐만 아니라 그러한 사회주의를 비방했던 이들(현실사회주의를 추구한 정권이 저지른 모든 실책을 사회주의 탓으로 돌렸던)에게도 요긴했다. 그런데도 이들은 '현실자본주의'에 대해서는 결코 언급하지 않았다. 대중적 식견–식자층의 그것도 마찬가지이지만–에서 자본주의는 북아메리카와 서유럽을 뜻했으며, 그곳은 TV 연속극 '달라스(Dallas)'의 배경이자 섭리국가(État–providence), 즉 민주주의 국가였다. 브라질에서 버려지는 수백만의 아이들, 사헬지역의 기근, 아프리카의 유혈 독재자, 남아프리카공화국의 노예 광산, 한국의 전자제품 공장에서 고갈되는 젊은 소녀 등등, 이러한 모든 것은 자본주의가 아니라 단지 이전

사회의 흔적으로 묘사되었다. 최악의 상황은 이것이 비유럽적 형태의 자본주의로 인지되었다는 점이다. 따라서 해당 민중이 서구인과 동등한 혜택을 누릴 수 있는가는 그들이 비유럽적 형태의 자본주의를 청산할 수 있느냐의 여부에 달려 있게 된다. 이 경우 비유럽적 자본주의는 그것이 어떠한 형태이건 간에 세계를 유럽의 이미지에 맞춰 동질화하는 발전 노선상의 한 단계로 취급될 뿐이다.

결국 세계자본주의 체제는 누구나 아는 외형으로 드러난다. 그러나 그것의 참된 본질을 이론화하고 유럽중심적 시각이 강요한 왜곡을 드러내기 위해서는 간략하게나마 그것을 재검토할 필요가 있다.

이 체제의 가장 두드러진 특징은 세계적 규모의 불균등성이다. 이는 한 국가와 다른 국가의 소득격차를 통해 드러난다. 제3세계의 소득이 대략 1이라면 선진 자본주의의 소득은 15의 비율로 나타난다. 두 번째 특징은 소득의 내부적 혹은 민족적 배분의 불균등성이 중심부보다 주변부에서 훨씬 더 심각하다는 것이다. 그러한 관점에서 볼 때, 인구의 하위 25%는 중심부에서는 소득의 10%를, 주변부에서는 5%만을 소유한다. 인구의 하위 50%는 중심부에서는 소득의 25%를, 주변부에서는 10%만을 소유한다. 그리고 인구의 하위 75%는 중심부에서는 소득의 50%를, 주변부에서는 겨우 33%만을 소유한다.

또한 소득분배를 나타내는 다양한 곡선들은 대다수 선진국에서는 평균을 중심으로 밀집되어 있음을 확인할 수 있다. 그것은 오늘날 서구사회가 일상생활의 수준에서 서로 매우 근접해 있음을 반영한다. 반면, 제3세계의 곡선들은 더욱 넓게 분산된다. 따라서 이들 국가의 소득분배는 중심부에서보다 항상 더 불균등-대단히 드문 예외를 제외하고는-

함을 확인할 수 있다.[5]

그런데 이러한 사실을 지배적인 사회사상은 어떻게 해석하고 설명하는가?

첫째, 이들은 평균소득의 차이가 대략 비슷한 규모의 노동생산성의 차이를 반영한다고 쉽게 말한다. 달리 말해 선진국의 노동생산성이 제3세계의 평균보다 15배나 높다는 것이다. 이러한 생각은 다수의 민중이나 부르주아 경제학자만의 생각은 아니다. 주류 마르크스주의 경제학자도 이러한 생각을 공유하고 있다.

둘째, 이들은 세계체제 수준에서 명백하게 드러나는 내부적 소득분배의 차이가 노동착취의 전도성 수준을 감춘다고 주장한다. 이들의 주장을 몇 가지 마르크스주의의 개념을 통해 설명해보자. 선진자본주의 경제권에 고용된 실질 노동자의 수는 대략 4억 명에 불과하지만, 이들 전체의 노동 소득(대부분 임금으로 구성된)은 전체 소득의 절반에 달한다. 달리 말해 필수노동 대비 잉여노동(자산가와 기업의 수입)의 비율-노동착취의 정도를 가늠할 수 있는-이 대략 100%라는 것이다. 반면, 제3세계 자본주의 권역(약 12억 명의 실질 노동자가 결집해 있는)의 노동 수입(그들의 임금뿐 아니라 독립적인 소생산자, 농민, 수공업자 등의 수입을 포함하는)은 전체 소득의 대략 3분의 2에 해당한다. 이 경우 필수노동 대비 잉여노동의 비율은 단지 66%에 지나지 않게 된다. 따라서 주변부 노동자의 소득이 중심부 노동자의 소득보다 크게 열등할지라도,

---

5 Samir Amin, *Class et nation dans l'histoire et la crise contemporaine, op. cit.*, pp. 157–167을 보라. 로렌츠(Lorenz) 곡선이나 지니(Gini) 계수 등과 같이 여기서 제시된 결과의 수식에 대한 더욱 명확한 설명에 대해서는 *La Déconnexion, op. cit.*, 제3장을 참고하라.

선진국에서 노동착취의 강도가 더욱더 크다는 논리가 성립한다. 중심부와 주변부의 현실에 대한 이러한 발제는 노동착취의 강도가 자본주의의 발전과 함께 증가한다는 것을, 따라서 선진국 프롤레타리아의 사회주의적 사명이 무엇인지를 일러주는 것처럼 보인다. 따라서 주변부에서 더욱 심각한 소득분배의 불균등성은 일련의 다른 이유에서 비롯될 수 있다고 주장한다. 예를 들어 선진국보다 더욱 심각한 임금 격차, 대다수 제3세계의 불균등한 부동산 분배, 더욱 심각한 도농 격차, 더욱 높은 비율로 적체된 제3세계 대도시의 소외된 빈민층 등이 그것이다.

셋째, 이들은 매우 빈번하게도 진보의 일반적인 경향이 불균등성의 점진적인 축소에 달려 있다고 주장한다. 이러한 주장에서 오늘날 주변부의 위상은 여전히 자본주의로의 발전을 향한 미완의 이행과정으로 이해된다. 조금 덜 호의적인 어떤 이들은 소득분배를 설명할 수 있는 경향성 법칙은 존재하지 않는다고 주장하기도 한다. 분배는 단지 다양한 경제 활동과 사회 활동의 경험적 결과일 수 있으며, 이와 관련된 수렴적 혹은 분산적 활동은 나름의 자율성을 지닐 수 있다는 것이다. 이러한 명제는 다음과 같은 마르크스주의적 주장으로 표현될 수 있다. 즉, 소득분배는 모든 민족적 단위(부르주아·농민 동맹, 사회주의·민주주의 동맹 등과 같은)뿐 아니라 국제적 단위(노동의 국제적 분업이라는 위상에서 파생되는)의 계급투쟁에 달려 있다는 것이다. 따라서 자본주의 체제는 이러한 모든 상황에 적용된다는 논리를 앞세운다.

그러나 세계화된 가치개념은 다음의 사실을 이해시킨다. 즉, 노동생산성의 차이가 세계적 규모에서 나타나는 소득분배의 격차를 설명한다는 생각은 천진난만할 뿐만 아니라, 또한 가치이전이라는 진짜 문제가 가격구조에 은폐되어 있다는 사실을 손쉽게 비껴간다는 사실이다.

확실히 부르주아 경제학자에게 가격은 유일한 경제적 현실이다. 각 계급의 소득은 생산에 대한 기여에 상응하고, 각 부문의 생산성은 경쟁의 불완전성에도 불구하고 각 부문의 생산으로 측정된다. 그러나 마르크스주의는 착취개념을 단번에 제거하는 이러한 추론의 동어반복성을 고발한다. 그런데 놀랍게도 유럽중심적 마르크스주의는 세계체제를 마르크스주의의 근본 원칙에 따라 포괄적으로 분석하지 않는다. 그리고는 속류 경제학처럼 주변부에서 진행되고 있는 착취를 중심부의 착취분석에서 배제한다. 따라서 양자는 동일한 결론에 달하는데, 그것은 드러난 수치에 대한 즉각적인 주해의 다름 아니다.

이러한 방식의 분석은 세계체제의 통일성을 체계적으로 은폐한다. 가격은 사실상 소득을 포함하며, 실제의 노동 수당을 모두 합산한 즉각적인 경험적 수치가 된다. 이러한 가격이 착취의 조건을 양산하며, 특정(혹은 여러 가지) 비율을 중심으로 산출된 이익의 조건을 만들어낸다. 그러나 소득(임금과 이익을 합산한)을 비교하는 방식으로 비교생산성을 추론할 수 없다. 오히려 그 반대로 해야만 한다. 요컨대, 비교생산성과 추출된 잉여노동의 비율을 결정하는 노동조건을 비교하고 분석하는 데서 출발해야 한다. 왜냐하면, 이익의 적정화 경향은 노동 수당과 노동생산성의 조합으로 결정되는데, 이것이 착취의 조건에 따라 다양해질 수밖에 없기 때문이다.

결국 경험적 사실에 대한 즉각적이고 순진한 논평의 배후에는 오늘날 대중적인 인식이 간과한 하나의 방법론적 가설이 존재한다. 필자는 이 가설을 주류 경제학 이론을 통해 규명할 수 있다. 이것은 세계체제를 구성하는 개별 민족적 사회구성체의 사회구조, 즉 사회구성체계가 해당 사회구성체의 노동생산성 수준은 물론이거니와 그 사회를 구성하는 다양한 사회계급들 사이에서 실현된 소득의 재분배까지도 설명할 수 있다는 가설이다. 이처럼 세계는 병렬화된 민족적 사회구성체의 전체로서 개념화되지만, 그들 간의 관계나 상호 영향력은 아무리 좋은 경우라 할지라도 사후적으로만 파악될 뿐이다.

이처럼 세계화된 가치개념은 경험적 사실이 드러내는 즉각적인 함의를 상대화한다. 만일 노동생산성이 국가별로 매우 불균등한다면, 이러한 가치개념은 소득분배를 근거로 한 불균등성이 왜 기만적인지를 일러준다. 게다가 문제의 본질을 더욱 깊이 파헤치기 위해 피상적인 사실을 넘어서며, 내·외부적 상호작용을 해명하는 일련의 추론 틀을 제공하고, 이를 바탕으로 주변부 자본주의의 특수성을 이해시킨다. 결국 이러한 가치개념은 중심부와 주변부 간의 양극화가 왜, 게다가 어떻게 자본주의에 내재하여 있는지를 설명해준다.

가치법칙을 토론하고 그것의 행위 양식을 정의하는 것은 무엇보다 사회적 재생산의 객관적인 조건(임금, 소비, 이익, 저축, 투자 등 전체적인 균형에 필요한 경제적 조건)과 주관적이라 일컬어지는 조건(계급투쟁) 사이의 관계를 분석하는 것이다. 이들 두 요소 사이의 변증법적 관계를 말하는 것은, 한편에서는 이미 확정된 객관적인 범주 내에서 "인간이 스스로 역사를 만든다"고 말하는 것이고, 다른 한편에서는 인간의 행위가 역사의 범주 자체를 변화시킨다고 말하는 것이다.[6]

6 세계화된 가치와 '절연(déconnexion)'의 개념과 관련된 부가적인 보충 설명으로는 필자의 다음 글들을 참고하라. Samir Amin, *Classe et nation, op. cit.*, Ⅵ, Ⅶ, Ⅷ; *La Loi*

『자본론』 제2권은 순수경제학의 논증처럼 읽힐 수 있다. 이곳에서 마르크스는 축적이 순수 자본주의 체제(자본주의 생산양식 이외에는 아무것도 없는 체제)에서 가능하다는 것을 보여주려 하며, 기술적인 균형의 조건을 역동적으로 결정짓기 위해 노력한다. 이러한 공식을 바탕으로 할 때, 균형의 역동성은 임금의 증가를 수반하며, 이러한 증가는 분야별 생산성 향상 지수의 합을 통해 결정된다는 논리가 도출된다.

이러한 확대 재생산의 도식은 명시적인 경제법칙(모든 사회에 필요한)이 존재함을 드러내는 것처럼 보인다. 결국 『자본론』 제2권은 다음과 같은 사실을 일러준다. 즉, 착취구조가 명백한 전(前)자본주의 양식에서의 재생산은 상부구조의 직접적인 개입을 의미하지만, 자본주의 양식에서의 사회적 재생산은 무엇보다 경제적 재생산처럼 보인다는 것이다. 따라서 확대 재생산의 도식은 노동력의 가치가 생산력의 발전 수준과 무관하지 않다는 이러한 근본적인 법칙을 예증하며, 노동력의 가치 역시 생산력의 발전에 맞춰 향상되어야 한다고 일러준다.

그러나 지금까지의 설명은 계급투쟁의 문제를 다루지 않았다. 그렇다면 그것을 어떻게 고려하고 사회 결정의 메커니즘에 포함할 것인가?

첫 번째 방식은 생산물 분할을 위한 계급투쟁을 경제법칙에 종속시키는 것이다. 그러나 이 경우 계급투쟁은 최선의 경우라도 객관적으로 필요한 균형비율만을 드러낼 수 있다. 이러한 틀에서 계급투쟁은 부르주아 경제학의 '보이지 않는 손'과 유사해진다. 사회적 이해관계의 '보편

---

de la valeur et le matérialisme historique, op. cit., Ⅴ, Ⅵ, 결론; *L'Échange inégale et la de la valeur, op. cit.*; *L'Avenir du Maoïsm, op. cit.,* 첫 편; *La Déconnexion, op. cit.,* "L'État et le développement", in *op. cit.*.

적 조화'라는 언술은 '진보의 객관적 필요성'이라는 언술에 자리를 양보하며 사라진다. 이 지점에서 우리는 계급투쟁과는 상관없이 객관적으로 필요한 경제법칙이 존재할 수도 있다고 주장하는 마르크스주의의 경제적 환원주의와 마주하게 된다.

두 번째 방식은 첫 번째 방식에 대한 반작용으로서 계급투쟁의 패권을 주장하고, 그것을 무대의 전면에 내세우는 것이다. 이 경우 임금은 객관적인 확대 재생산 법칙을 통해 결정되지 않는다. 오히려 계급 간의 대립을 통해 직접적으로 도출된다. 만일 축적이 가능하다면, 그것은 투쟁의 결과에 따른 것이다. 그러나 축적이 불가능하다면, 체제는 위기에 빠질 것이다. 그리고 그것은 사실이다.

그러므로 경제의 객관적인 필요성과 사회의 투쟁적인 개입 사이의 변증법적 관계를 이해할 필요가 있다. 그러나 어떠한 방식으로 그렇게 할 것인가?

서로 다른 세 가지 방식이 가능하다. 첫 번째 방식은 자본주의 생산양식이라는 추상적 담론을 통해서이다. 두 번째 방식은 민족적 사회구성체라는 구체적인 방식을 통해서이다. 이를 통해 사회구성체의 특성-생산력 발전 수준, 노동생산성, 계급구조 및 계급들 사이의 동맹과 갈등 등-을 파악하고, 그것을 분석의 핵심적인 기초단위로 고려하는 것이다. 세 번째 방식은 이러한 사회구성체를 세계체제의 수준에서 실질적인 근본 단위로 즉각 고려하는 것이다. 이때 민족적 사회구성체는 세계체제의 구성요소로만 고려될 뿐이다.

강단 마르크스학(marxologie acaémique)은 첫 번째 방식에, 유럽중심주의는 두 번째 방식에, 그리고 필자가 제안한 담론은 세 번째 방식에 위치한다. 마지막 방식은 민족적 형태의 가치보다는 세계화된 가치에 우선권을 둔다. 또한 세계화된 계급적 동맹과 갈등에 우선권을 두고, 이로 인해 야기되는 민족적 동맹과 갈등을 부차적인 것으로 취급한다.

그러므로 생산체제의 세계화를 일러주는 가치의 세계화라는 표현은 노동력이 세계체제에서 단지 하나의 가치일 뿐이라는 사실을 함축한다. 만일 이러한 가치가 생산력의 발전 수준과 관계를 맺어야만 한다면, 그 수준은 세계적 생산체제 전체를 특징짓는 수준이지, 서로 다른 민족적 생산체제를 특징짓는 수준이 아니다. 민족적 생산체제는 체제가 세계화됨에 따라 자체의 실재성을 점진적으로 상실할 것이기 때문이다. 하지만 노동력은 특히 국가별로 서로 다른 가격이 설정된다. 이 가격은 각각의 민족적 사회구성체에 고유한 정치적·사회적 조건을 통해 결정된다. 이 가격은 노동력의 재생산이 비자본주의적인 소규모 상업적 생산이나 비상업적 생산에서 유래하는 가치이전을 통해 부분적으로나마 회복될 수 있을 정도로 낮은 수준일 수 있다. 이 경우 주변부에서 활동하는 상당한 규모의 비자본주의적 상업노동자(농촌 생산자)나 비상업노동자(생존경제 및 내수경제에 종사하는)는 주변부에서 생산된 가치를 지배적인 중심부로 이전하는 임무를 수행할 것이다.

세계화된 가치개념의 탁월성은 논쟁의 여지 없는 한 가지 사실에 주요한 함의를 부여한다는 사실에 있다. 그것은 노동 수당(소생산자의 임금과 소득)의 차이가 중심부에서보다 주변부에서 훨씬 더 열악할 뿐만 아니라, 비교생산성의 격차가 드러내는 수준보다 훨씬 심각하다는 사실이다. 달리 말해 세계화된 가치개념은 체제의 중심부와 주변부에서 모습을 달리하는 자본에 의한 노동착취의 차별성을 설명하며, 거기에 정치적 함의를 부여한다. 착취의 비율—유효 가격이나 소득 체제의 측면에서 측정된—이 중심부보다 주변부에서 더욱 미약해 보임에도 불구하고, 노동은 주변부 사회에서 더욱 심하게 착취된다. 왜냐하면 주변부에서 노동 수당의 격차는 생산성의 격차보다 더욱 크기 때문이다.

이제 우리는 경험이라는 즉각적인 사실을 넘어설 준비를 마쳤다. 왜냐하면, 노동 소득의 수준과 생산성의 수준을 비교할 수 있기 때문이다. 주변부 산업의 노동생산성은 중심부 유사 산업의 그것과 비교할 수 있다. 그런데도 주변부의 농업 생산성은 10배나 열악(이것은 일반적으로 인정된 추정치이다)하며, 주변부의 제3차 산업의 생산성은 중심부 유사 활동 분야의 3분의 1에 불과하다. 여기서 필자는 세계화된 가치와 그 결과로서의 가격 사이의 교환체계를 구체적으로 살피지는 않겠지만, 1980년대 당시 주변부에서 중심부로 이전된 가치가 상기한 조건에서 대략 4,000억 달러 수준임을 짐작할 수 있었다. 그런데 이것은 세계적인 가격구조 안에 감춰져 있으므로 보이지 않는 가치의 이전이라 할 수 있다. 다시 말해 이것은 외국자본을 통한 수출이익의 측면에서도, 대외부채로 인한 이자(주지하다시피 오늘날 대략 1,000억 달러에 달할 정도로 어마어마한 총액의)의 측면에서도, 그리고 매판적인 토착 부르주아에 의한 수출자본의 측면에서도 보이는 이전의 문제가 아니다. 그 이후에도 4~5배가량 증가한 어마어마한 규모의 이전은 세계화된 자유주의가 자행한 제3세계에 대한 약탈의 규모를 보여준다.

이러한 가치이전은 제국주의 국가의 중간계층과 부르주아 계급의 실질 소득을 증대시킨다. 이러한 이전이 없다면, 중심부에서 필수노동에 대한 잉여노동의 비율은 100%가 아니라 단지 60%에 지나지 않을 것이다. 주변부에서의 착취 비율에 대해 말하자면, 이것은 표면적으로는 66%에 불과할지라도 현실적으로는 180%에 이른다. 주지하다시피 격차는 심각하며, 중심부와 주변부에서 노동착취의 정도를 정의하는 비율은 단지 뒤집혀 있을 뿐이다.

유럽중심주의는 하나의 사회구성체에서 다른 사회구성체로 가치가 이전될 수 있다는 생각 그 자체를 거부한다. 일찍이 마르크스는 유럽인이 다른 민족을 착취하는 방식을 전혀 이해하지 못한다고 강변하면서 이러한 무감각에 대응했다. 사실 유럽인은 한 계급이 다른 계급을 어떻게 착취하는지조차 이해하지 못한다.

이처럼 이전된 가치를 양산하는 과잉착취(surexploitation)는 어떻게 작동하며, 이것의 결과는 무엇인가? 이 질문에 답하기 위해서는 세계체제 그 자체를 주요한 분석단위로 설정해야 한다. 사회계급은 역사의 주체이다. 세계적인 차원에서 이들의 대립과 동맹은 세계적인 수준에서 잉여가치의 비율, 중심부와 주변부에서 이들 각각의(혹은 서로 다른) 비율, 통제된 비자본주의 양식에서 추출된 잉여노동, 이러한 잉여가치가 재분배된(혹은 제국주의 자본과 거기에 기생한 부르주아 계급의 자본이 공유한) 가격 및 상품의 세계적 구조, 세계적 수준의 실질적인 평균임금, 중심부와 주변부의 실질적인 평균임금, 자본주의화 되지 않은 토착계급의 지대 규모(특히 주변부에서의), 중심부와 주변부 간의 무역균형, 상품과 자본의 흐름(그리고 환율) 등을 결정한다.

이처럼 세계적인 규모에서 작동하는 계급적 동맹과 대립(민족적 동맹과 투쟁은 여기에 종속된다)은 노동을 불균등하게 분배하면서 발전구조를 왜곡시킨다. 따라서 주변부에서 그러한 동맹과 대립은 '내부적 저해 요인'을 양산하는 물적 조건이 되며, 그들 사회의 진보에 대한 희망을 훼손한다. 이에 비해 중심부 노동자에게 이러한 동맹과 대립은 그들의 경제적 계급투쟁을 더욱 우호적인 환경에서 진행케 하며, 장기적인 차원에서는 임금과 생산성의 병행적인 증가를 가능케 한다. 따라서 중심부 노동자에게 이러한 조건은 부르주아 이데올로기가 패권화될 수 있는 정치적 허상을 제공한다. 유럽중심적 이데올로기의 헤게모니는 바로 이러한 이데올로기를 통해 재생산된다. 예를 들어 중심부의 어느 민족이 중심부의 규칙적인 성장을 위해서는 결정적으로 주변부의 원자재가 중요하다고 인식하고, 이를 바탕으로 이들 민족 내부적으로 계급연대를 실현하는 것이 그 사례이다.

가치의 세계화라는 개념은 이처럼 자본주의 체제 내에서 소득분배가 역사적으로 전개되는 주류의 경향을 문제 삼도록 이끈다.

선진화한 중심부 자본주의에서 축적의 구체적인 역사는 상대적으로 잘 알려져 있다. 지역의 다양성에도 불구하고, 다음과 같은 하나의 일반화로 공식화할 수 있다. 농민혁명은 종종 자본주의 시대를 열어젖혔지만, 그것이 급진화될 때는 지방에서의 불균등을 감소시켰다. 이러한 감소는 봉건영주에게 불리하게 작동했음에도 불구하고, 동시에 도시나 해외로 떠난 소수의 가난한 농민을 빈곤으로 몰아넣었다. 노동자의 임금이 처음에는 가난한 농민의 수입에 맞춰 낮은 수준에 고정되었기 때문이다. 이들의 임금은 무토지 농민의 이주가 잦아든 침체기(심지어 하락기) 이후에 상승하곤 했다. 이 당시(1860년경이 아닐까?)를 기점으로 노동자의 임금과 농민의 평균적인 실질 소득은 생산성의 상승과 함께 병행적으로 증가하곤 했다. 따라서 평균임금과 농민소득 사이에 평등성이 관찰되기도 했다. 그러나 이러한 경향이 매 단계의 축적(이러한 축적은 패권 계급의 동맹구조에 달려 있다)에 필수적으로 나타난 것은 아니었다. 후기 자본주의 단계에는 불균등을 축소하려는 사회민주주의적 경향이 존재했다. 그러나 이러한 시도는 제국주의와 함께, 요컨대 국제적 노동 분업에서 자신들의 우호적인 지위가 사회적 재분배에 유리할 때만 작동했다.

유럽중심주의는 주변부가 중심부를 '따라잡는 중'이라는 (혹은 그렇게 할 수 있다는) 낙관적인 가설을 정당화하려고 하며, 중심부의 사회동맹이 진보의 이익을 확산하고 사회를 동질화했던 것처럼 주변부의 발전 과정에서도 그러한 동맹이 재생산된다는 (혹은 그렇게 될 수 있다는) 가정을 강요한다. '발전을 향해 이행 중인' 사회의 이중성을 다룬 아더 루이스(Arthur Lewis, 1915~1991)의 고전적 가설은 마치 1950년대 라틴아메리카의 '발전주의(desarrolismo)' 이론과 마찬가지로 별다른 것을 언급하지 않는다.[7] 이 이론에 따르면 불균등은 빈곤의 몸값-일시적인-이다. 여기에 잠재된 가설은 외재적 요소로의 통합, 즉 세계경제체제로의 통합은 근본적으로 바람직하다는 것이다. 여기서 제3세계는 자신이 처한 다양한 내부 조건에 따라 다소 신속하게 발전의 기회를 포착할 것이기 때문이다.

그러나 현실은 이러한 가식적인 낙관주의를 부인-주변부의 발전과정이 불균등의 증가(감소가 아닌)로 드러나기 때문에-하는데, 그것은

7 발전주의 이론의 주요 가설에 대한 비판은 주로 다음 책에서 소개되었다. Arthur Lewis, *The Theory of Economic Growth*, London, Allen & Unwin, 1963. 또한 Samir Amin, *La Déconnexion, op. cit.*, 제1장과 제4장에 기술된 "발전주의(desarrollismo)" 내용을 참고하시오.

세계적인 규모의 자본축적 법칙이 구조들 사이의 대립을 보완할 것을 요청하기 때문이다. 이 점을 이해하기 위해서는 생산구조를 재검토할 필요가 있다. 만일 다양한 희소자원(숙련 노동이나 자본 등과 같은)의 배분이 소득수준에 따라 계급화된 다양한 계층의 최종적인 소비수준에 달려있다면, 중심부에서 이러한 자원은 이들 계층의 소비수준과 엇비슷한 비율로 각 계층의 소비수준에 비례하여 배분된다. 하지만 주변부에서 이러한 자원은 최상위 계층의 소비수준에 비례하여 배분되며, 게다가 최상위 계층이 전체 소비수준에서 차지하는 소비수준보다도 훨씬 더 큰 비율로 배분된다. 상위계층에 유리한 이러한 분배의 왜곡성은 분배가 불균등하다는 정의보다 더욱 강렬한 현실이다. 주변부 국가의 생산장치는 중심부 국가의 이전 단계의 생산장치가 아니다. 이들은 질적으로 서로 다르다. 주변부에서는 자본주의의 발전이 진행되면 될수록, 이러한 왜곡은 더욱 분명해지며, 소득분배는 더욱더 불균등해진다.[8] 세계체제는 전 세계적인 확산과정을 통해 단일화되지만, 그 안에서 중심부와 주변부 사이의 차이, 즉 양극화는 재생산된다. 이때 가치법칙은 고립되지 않고 전 세계적 수준에서 포착된 자본주의 사회구성체들을 배경으로 작동한다.

소득분배에 나타난 이러한 불일치는 환경이 아니라 세계적인 수준에서 작동하는 근본적인 축적법칙에서 비롯되며, 이것이 정치와 사회에 근원적인 결과를 초래한다.

유럽중심적 편견(믿기 힘들 정도로 견고한)은 '불균등 교환(échange

8 아랍권의 사례는 이에 관한 좋은 사례이다. Samir Amin, *L'Économie arabe contemporine,* Minuit, 1980을 보라.

inégal)'과 관련된 토론의 장에서 가장 강렬하게 표출된다. 비록 아기리 엠마뉴엘(Arghiri Emmanuel, 1911~2001)의 기여는 충분하지 못했을지라도, 그는 마르크스주의가 국제무역을 다루지 않았다는 사실을 분별력 있게 지적함으로써 문제 제기에 앞장섰다. 그런데 만일 그가 마르크스주의의 원칙(즉 가치)을 바탕으로 세계무역에 관한 정합적인 이론을 정초하려 했다면, 그는 자본주의 생산양식에 대한 분석만을 끊임없이 반복하는 편협한 마르크스주의에서 벗어나야 했으며, 세계적인 규모에서 작동하는 자본주의 체제의 가치법칙을 자신의 분석에 포함시켜야 했다. 즉, 유럽중심적 환원주의와 결별하고 마르크스주의에 내재한 모든 보편주의적 잠재력을 펼쳐 보였어야 했다는 것이다. 오늘날 리카르도(Ricardo)의 비교우위 개념은 매우 유용한데, 왜냐하면 이 개념이 국제질서뿐만 아니라 주변부에 대한 간섭을 정당화하는 데 이바지하고 있기 때문이다. 엠마뉴엘의 가설이 파장을 일으켰던 이유가 바로 여기에 있다.

세계화된 가치의 토대가 무엇인지를 둘러싼 세계체제적 분석은 불균등 교환을 정당한 자리에 자리매김했다. 가격이라는 실천적 토대에서 경험으로 확인되는 불균등 교환은 빙산의 일각에 불과하다. 불균등의 본질은 가격구조 그 자체에 은폐되어 있다. 게다가 세계자본주의 체제에서 양극화가 초래하는 영향력은 그것이 명시적(불균등 교환처럼)이든 암묵적(가치의 이전처럼)이든 간에 계량경제의 범주로 축소되어서는 안 된다는 점을 추가해야 한다. 그러한 계량경제의 너머에는 지상의 모든 천연자원에 대한 중심부 국가의 접근권, 독점 기술을 통한 임차료 수입, 그들에게 유리한 국제적 노동 분업(번영기에는 완전고용뿐 아니라 중간계급까지 성장시킬 수 있는) 등의 이점이 존재하기 때문이다.

유럽중심주의로 인해 왜곡된 환경은 오늘날 세계화된 가치개념을 바탕으로 세계에 대한 전망을 재확립하려는 제안을 모두 거부할 수 있다. 그러므로 사회과학은 '불가피한 외부적 제약'이나 '민족의 상호의존' 등에 관한 담론을 '내부 요소'의 우월성이라는 가설, 요컨대 세계화의 측면을 사실상 소외시키는 가설과 융합시켜야 한다.

기존의 평범한 사실만을 원용해온 일련의 허술한 담론에도 불구하고 이러한 융합은 점차 그 가능성이 부각되고 있다.

예를 들어 (1) 혹자는 주변부가 복수이고 다양하다는 핑계를 대면서 주변부를 단수로 정의하는 것이 아무런 의미도 없다고 결론 내린다. 현시점에서 이들의 주장은 대중성을 확보하고 있고, '제3세계의 분열과 종말'을 확신하는 논문과 저작은 셀 수 없을 정도로 많다. 그러나 여기에는 독창적인 것이 아무것도 없다. 왜냐하면, 개념상 주변부는 항상 복잡하고 다양했으며, 부정–중심부가 되지 못한 세계체제의 나머지 지역–의 방식으로 정의되었기 때문이다. 사실 주변부는 세계적 규모의 축적 요구에 다양한 방식으로 대응한다. 주변부의 기능은 세계체제를 한 단계에서 다음 단계로 진화시키는 것인데, 이때 각 단계는 주변부의 여러 가지 기능에 의해 결정된다. 그런데 이러한 진화의 각 단계에는 세계체제가 작동하는 데 쓸모없는 소외계층이 존재한다. 실제로 자본주의 체제는 파괴적인 체제–유럽중심주의가 인정하지 않는 부분이 이 부분이다–이기 때문에, 그것의 세부 활동은 각 단계의 자본주의에 아무 쓸모 없어진 주변부 지역을 자본 착취를 위해 필연적으로 소외시킬 것을 함축한다. 이미 오래전 중상주의 단계의 주요 주변부였던 브라질(그런데도 부유했던!)의 동북 지역이나 앤틸리스 제도(les Antilles) 등은 아직까지도 회복이 어려울 정도로 황폐해졌다. 많은 아프리카인이 중상주의와 연결된 흑인 노예무역으로 인해 죽임을 당했고, 그들의 대지는 (신)식민주의적 약탈을 거치면서 파괴되었다. 이처럼 아프리카의 많은 지역은 오늘날 유사한 방식으로 소외화의 길을 걷고 있다. 서구의 발전전문가가 제4세계를 발견한 것은 비교적 최근의 일이다. 30년 전 필자는 안드레 프랑크(André Frank, 1925~2005)와 함께 당대의 위기와 관련된 두 가지 시나리오(1984A와 1984B라고 명명된)를 상상했다. 하나는 주변부의 재편성이고, 다른 하나는 주변부의 소외화이다. 우리는 이들 각각이 지역이나 투쟁의 정도에 따라 입증될 수 있다고 결론 내렸다![9]

(2) 혹자는 가치의 세계화가 여전히 완수되지 않았다는 핑계를 대면서 가치는 본질상 민족적인 사회구성체 내에서 정의되는 실재라고 결론을 내린다. 그런 이유로 누군가가 세계화는 세계체제의 한 경향일 뿐이라고 주장하거나 혹은 세계화 역시 역사―점진적으로 형성되는―가 있으며 4~5세기 전 자본주의의 '탄생일'에 갑자기 마법지팡이를 통해 실현된 것이 아니라고 주장하는 것은 진부한 현실이 된다. 그러나 이러한 현실을 넘어서기 위해서는 세계화 경향이 시작(중상주의 시기)부터 강렬했으며, 그것이 민족과 세계라는 변증법적이고 모순적인 단위체의 주요한 측면이었다는 사실을 인정해야만 한다. 따라서 계속해서 진화하는 세계체제의 각 단계를 자본주의가 민족적인 수준이 아니라 세계적인 수준의 계급투쟁에 맞서 어떻게 대응했는지를 주요하게 살피면서 분석해

9 Samir Amin & A. G. Frank, *N'attendons pas 1984*, in A. G. Frank, *Réflexions sur la nouvelle crise économique mondiale*, Maspero, 1978.

야 한다는 결론이 도출된다. 그런데도 유럽중심주의는 중심부의 기술적·경제적 역동성만을 토대로, 즉 중심부의 계급투쟁에 자본주의가 어떻게 대응했는지를 중심으로 세계체제의 진화를 설명한다. 따라서 주변부에서 전개되는 일은 순전히 장식품에 불과한 것으로 취급한다.

결국 세계자본주의 체제를 특징짓는 양극화를 분석하기 위해 우리는 민감한 문제를 회피하는 이처럼 다채롭고 능란한 술책을 넘어서야 하며, 국가(정치)를 이러한 분석의 중심에 위치시켜야 한다.

중심부에서 자본주의 경제는 자력적이다. 이 말은 중심부의 경제가 설비 생산과 소비재 생산 사이의 결정적인 결합을 바탕으로 조직된다는 것을 의미하며, 외부와의 관계가 이러한 결정적인 결합을 따를 수밖에 없다는 것을 함축한다. 그 결과 중심부의 노동 수당은 생산성의 진보를 따라갈 수 있다. 그러므로 중심부의 자력적인 대외관계는 자급자족적이 아니라 단연코 팽창적·공격적이며, 가치의 이전을 수익화함으로써 생산성을 현저히 증가시킨다. 이에 비해 주변부에서 축적은 처음부터 중심부의 축적 요구를 통해 이루어지며, 끊임없는 조정이 주변부의 축적을 간섭한다. 이처럼 '중심부'와 '주변부'가 대립적이라는 필자의 공식은 저발전 경제가 1차 생산의 특수한 양태라는, 달리 말해 그것이 해당 단계에서 드러난 주변화의 한 형태라고 일러주는, 혹은 내부 시장과 외부 시장의 대비적 차이만을 일러주는 거짓된 문제설정을 회피하도록 이끈다. 왜냐하면, 주변부의 축적은 그 역시도 내부 시장의 확대에 토대를 두고 있지만, 이들의 내부 시장은 결정적으로 '설비 생산'과 '대중의 소비재 생산' 사이의 결합에 근거를 두지 않으며, 그 결과 소득의 내부적 분배가 사회적 불균등을 드러내며 구조화되기 때문이다.

그러므로 중심부에서는 자력 경제를 구축게 하면서도 주변부에서는 세계경제체제를 강조하는 것은 정치의 영향에서 벗어난 순수 '경제법칙'이 작동한 결과가 아니다. 이 상황에서 국가의 역할은 오히려 결정적이다.

중심부 자본주의 사회에서 국가는 축적의 관리자로서 그 존재를 강하게 드러낸다. 그러나 그 존재가 직접적으로 감지되지 않는다. 국가는 세계체제가 만들어낸 이데올로기 그 자체에서 사라지며, 마치 국가 없이도 시민사회나 경제생활이 존재하고 기능하는 것처럼 가장한다. 이에 비해 주변부 자본주의 사회에서 시민사회는 허약하다. 경제생활은 미미하며, 더 나아가 무대의 전면을 차지하는 국가의 직접적이면서 가시적인 부속물처럼 여겨진다. 그러나 그것은 허상에 불과하다. 주변부 국가는 사실상 중심부의 강한 선진국과는 달리 허약하기 때문이다. 오히려 이들의 경제생활은 중심부의 축적 요구에 적응하면서 축소되어 버리고 만다.

결국 세계자본주의 체제를 중심부와 주변부 사회로 분류하는 질적인 기준은 이들 국가의 본질이 결정적인 요인이다. 중심부 자본주의 사회는 부르주아 민족국가의 형성으로 특징지어진다. 엄밀히 말해 이들 국가의 본질적인 기능은 지배자본의 단순한 보유가 아니라, 그것을 넘어 노동력의 재생산, 시장, 잉여의 집중화, 천연자원, 기술 등을 민족적으로 통제하면서 축적의 조건을 관장하는 데 있다. 이때 국가는 자력적인 축적의 조건이 되며, 이러한 축적의 논리에 대외관계를 종속시킨다. 이에 비해 주변부 국가는 다른 국가와 마찬가지로 내부 지배계급의 유지에 봉사할 뿐 국가 차원에서 축적을 관장하지 않는다. 따라서 주변부 국가는 세계화된 축적 요구에 자국을 적응시키는 수단-객관적인-이 될 뿐이다. 이때 세계화된 축적 요구는 중심부의 축적 요구에 따라 이미 진화의 방향이 결정된다. 이러한 차이는 중심부 국가가 왜 강한 국가이고(게다가 이들 국가가 부르주아적 개념의 민주주의가 될 때, 국가는 이러한 힘의 보완적인 표현이 된다), 주변부 국가가 왜 약한 국가인지(게다가 진정한 부르주아적 민주화가 이들에게 실질적으로 차단된 이유가 무엇인지, 또한 이들 국가에서 시민사회가 필연적으로 제한되는 이유가 무엇인지)를 이해시킨다.

달리 표현하면, 일부 국가의 부르주아 민족국가로의 성장은 다른 국가의 그러한 성장을 방해한다는 것이다. 또한 일부 국가의 저발전은 다른 국가의 발전에 따른 결과라는 것이다. 여기서 이러한 명제가 대칭적이거나 혹은 뒤집힐 수 없다는 사실을 명심해야만 한다. 왜냐하면, 그것의 반대(예를 들어 일부 국가의 발전이 다른 국가의 저발전의 결과일 수 있다는 논리)가 사실이라고 말할 수 없기 때문이다. 이러한 관찰은 침묵 속에 너무 자주 은폐되었으며, 필자의 명제와 그 반대 명제 사이에서 야기된 혼란은 심각한 오해와 무익한 논쟁을 초래했다.

그렇다면 일부 국가에서 부르주아 민족국가의 형성이 유리했던 역사적 조건은 무엇이었으며, 그러한 역사적 조건이 다른 국가에서는 동일한 국가 모델이 재생산되지 못한 이유가 무엇인가?

역사는 다음의 사실을 일러준다. 중심부의 경우, 신생 부르주아가 권력의 패권을 쥐게 된 것은, 예를 들어 소농, 지주(때에 따라서는), 상업 및 수공업 분야의 소부르주아 등과 같은 여러 계급과 이들 신생 부르주아 계급 사이의 광범위한 동맹을 함축했다. 이러한 동맹은 영국의 차티스트운동(Chartisme, 1840년경)에서 프랑스의 파리 코뮌(Commune de Paris, 1871)에 이르기까지 19세기 유럽사가 드러낸 혁명적 국면에 있어서 신생 노동자계급이 표출했던 사회적 위협에 대응하기 위한 것이었다. 그때부터 이러한 성격의 패권 부르주아는 사회·경제정책을 만들어냈고, 이를 통해 농촌 및 도시 중류층의 소득을 보호하면서 사회적 동질화에 시동을 걸었다. 그다음 단계인 19세기 말엽(오늘날에도 중심부 자본주의로 평가할 수 있는 시기)에는 안정화된 노동자계급도 패권 부르주아로 편입되었다.

이 당시 사회적 합의는 사회민주주의의 임금정책이 포드주의(Fordisme)와 결합하는 방식으로 일반화되었다. 노동의 기계화 과정을 조직하는 주요 양식인 포드주의는 대량생산을 가능케 했으며, 사회민주주의의 임금정책은 대량생산을 위한 판로를 확장했다. 이러한 합의가 계급투쟁을 배제했던 것은 아니다. 그러나 계급투쟁의 초점은 생산물의 경제적 분배 문제에 집중되기 시작했고, 포괄적인 사회조직-오늘날의 방식으로 선거 민주주의를 작동시킨-을 문제 삼는 데 이르지 못하였다.

사회통합이 세계적으로 점차 확장된다는 가설은 오늘날 세계체제에서 주변부가 차지하는 열등한 지위 때문에 의심을 받는다. 뒤늦게 출현한 부르주아 계급은 그들 내부의 계급동맹을 확장하려고 할 때 큰 어려움에 직면한다. '중심부/주변부'라는 이분법은 처음부터 중심부 지배자본과 주변부 농촌 지역의 구(舊)지배계급(봉건영주나 대지주 등) 간의 동맹에 토대를 둔다. 라틴아메리카의 경우, 이들 국가의 독립은 엄밀히 말해 19세기 초반 대지주 계급에 의해 실현되었다. 그러나 지배자본과 과두적인 대지주 권력 간의 동맹으로 이들 국가는 지금도 그 대가를 치르고 있다. 아시아와 아프리카에서 식민주의는 더욱 폭력적이었으며, 라틴아메리카와 비교되는 이들 두 대륙의 후진성을 더욱 강화했다. 오늘날 이들 국가가 민족해방 투쟁을 통해 부르주아 국가를 건설할 때, 그리하여 토착적인 대지주 권력을 몰아낼 때, 맹아적이었던 이들의 산업화는 세계체제에 편입됨으로 인해 토착 사회의 사회적 기반으로 자리매김하지 못했다. 그리하여 이들 사회에서 포드주의는 노동자에게 사회민주주의를 가져다주지 못했다. 새로운 산업이 생산한 생산품의 판로는 중간계급의 점증하는 요구에 초점을 맞추었다. 오늘날 기술적 제약은 경쟁에서 살아남기 위해 설비나 기술정보를 엄청난 규모로 수입할 것을 요청하며, 또한 수출력을 확보하기 위해 산업 노동자에게 매우 열악한 수준의 급료를 지급하는 자본 운용정책을 요구한다. 그러므로 필자는 세계체제 수준에서 세계경제의 모든 (혹은 거의 모든) 메커니즘이 주변부의 사회적 진화를 방해한다는 가설을 제시한다. 이러한 가설을 입증하는 분석은 무한대로 늘어날 수 있다. 예를 들어 부문별 생산의 이질성–저발전을 묘사할 때마다 강조해온–은 사회적 동질화의 가능성을 파괴하는 경제적 지대(situations de rente)–토지, 노동 등 공급탄력성이 낮은 생산요소에서 발생하는 추가 소득(역주)–의 격차를 정초하고 재생산한다. '중심부/주변부' 사이의 대립이 단지 경제적·사회적 메커니즘에서만 비롯된 것이 아니라는 사실을 보충하도록 하자. 여기에는 해당 국가나 중립적인 것처럼 보이는 세계정치의 개입도 큰 영향을 미친다. 19세기를 돌이켜보면, 패권국이었던 영국은 자율적인 중심부의 출현을 모든 수단을 동원해 막으려 했다. 그러나 영국의 정책은 1815년경 유럽에서 해당 국가들 사이의 군사적 세력균형을 통해 제한받았다. 그렇기 때문에 유럽 국가들은 오대양 경영을 함께 추진했고, 동방, 아시아, 남미에 효과적으로 개입했다. 1840년 이집트에 대한 유럽 열강의 간섭(영국이 주도했던)이 이집트의 자본주의적 근대화를 좌절시키는 데 결정적이었던 이유가 그것이다. 남미의 상황도 비슷했는데, 그곳에서 영국의 자본과 대지주 과두권력 사이의 동맹은 토착 지역의 진보적인 사회동맹–이론상 가능했을 뿐만 아니라 심지어 시도되기도 했던–을 심각하게 위협했다.

상황은 변화했는가? 실제로 어떤 이들은 새로운 부르주아 민족국가의 형성을 방해했던 정치적 조건이 오늘날의 세계에 더는 영향을 미치지 못한다고 주장한다. 따라서 서구는 제3세계가 독자적으로 발전하는 것을 방해할 수 없으며, 세계체제에서 그들을 동등한 동반자로 인정해야 한다고 역설한다. 그리고 이를 입증하기 위해서는 반주변부(semi-périphéries)나 신흥산업국이 실현한 발전을 확인하는 것으로 충분하다고 말한다. 이들 반주변부나 신흥산업국의 존재는 주변화가 운명적이지 않다는 것을 증명하며, 설사 그러한 주변화가 진행될지라도 그것은 주로 내부 요인과 관계된 것일 뿐 신흥 중심부로 진입할 가능성–외부 장애가 있을지라도–을 동시에 암시한다는 것이다.

'반주변부'–오늘날 '개발도상국(pays émergents)'이라 불리는–에 대한 이러한 주장은 학술 논쟁에 규칙적으로 등장하는 정체불명의 속설이다. 왜냐하면, 오늘날 우리는 반주변부가 신흥 중심부로 이행 중이라고 말할 수 있지만, 100년 전에도 우리는 신흥 중심부로 이행하지 못했던 다른 반주변부에 관해서 똑같이 말해왔기 때문이다.

생활이나 사회에서 항상 중간적인 상황이나 대략 그러한 것이 존재한다는 사실은 의심의 여지가 없다. 그러한 사실 자체에 의문을 제기하기는 어려울 것이다. 그러나 진정한 질문은 그것이 아니다. 세계자본주의 체제는 양극화라는 강력한 동인을 통해 움직인다. 자본주의 생산양식에서 그것은 부르주아 계급과 프롤레타리아 계급이라는 두 근본 계급 사이의 양극화에 일치한다. 한 극단에는 중심부가, 다른 극단에는 주변부가 형성되는 것은 언제나 그렇듯이 반주변부의 출현을 배제하지 않는다. 마찬가지로 자본주의적 축적이 진행되는 구체적인 과정에서 중간계급이 잉태될 수 있다. 이러한 가능성을 영원히 배제하는 것은 무모한 전략이 될 것이다. 그러한 배제는 '중심부/주변부' 사이의 양극화가 엄밀히 말해 세계체제의 구체적인 활동의 결과인데도, 마치 양극화가 처음부터 절정의 상태로 기적과도 같이 출현했다는 논리를 함축하고 있기 때문이다.

반주변부의 출현은 내부 요인(때에 따라 유리하거나 불리하기도 한)과 외부 요인(항상 불리할 뿐만 아니라 심지어는 더욱 극복하기 어려운) 사이의 화합이나 갈등을 부추기는 변증법의 진정한 본질을 보여준다. 예를 들어, 19세기의 독일은 비록 출발은 늦었지만 수십 년 만에 영국을 따라잡아 추월했다는 사실은 분명하다. 그런데 브라질이 미국을 따라잡고 추월하기 위해서는 얼마나 많은 시간이 필요할 것인가? 이러한 전망이 가시적인 미래에 실현 가능한 일인가? 언제가 되어서야 우리는 브라질이 초일류 강대국으로 성장해서 중심부가 될 수 있을 거라고, 누가 그것을 의심할 수 있냐고 말할 수 있는가? 만일 브라질에서 사회혁명이 일어났다면, 그 나라는 틀림없이 완전히 새로운 전망을 제공했을지 모른다. 그러나 그것이 문제는 아니다. 문제는 브라질의 부르주아 계급이 이와 같은 규모의 개혁을 실행할 수 있는지를 아는 것이며, 또는 그게 아니라면 가장 심각한 수준의 사회적 대립이 온전히 자본주의적 발전만으로 점진적으로 개선될 수 있을지를 아는 것이다. 실제로 우리는 반주변부가 내부의 축적을 지배할 수 있고 거기에 맞춰 대외관계를 설정할 수 있는 부르주아 민족국가를, 요컨대 세계적인 팽창의 요구라는 무거운 현실에서 벗어날 수 있는 부르주아 민족국가를 효과적으로 게다가 성공적으로 건설할 수 있는지를 단정하기 어렵다.

이런 이유로 일부 학자들이 '개발도상국'을 자본주의의 세계적인 팽창이라는 현실에 맞서는 진정한 주변부로 칭하는 것은 바람직한 규정처럼 보인다. 여타의 제4세계는 오늘날 진정한 의미의 주변부라고 할 수 없기 때문이다. 오히려 이들은 과거에는 세계체제적 요구에 대응했으나 오늘날에는 붕괴 중인 국가라고 보아야 한다.

그러므로 이들이 자력적인 민족경제를 건설하려는 계획은 말하자면 시대착오적일지 모른다. 오늘날 민족국가는 심지어 중심부에서조차 약화하고 있다. 따라서 유럽중심주의는 세계가 자본주의를 통해 동질화하고 있다는 전망을 바탕으로 '개발도상국'이 이미 형성된 중심부 사회를 따라잡는 중임을 증명할 필요가 있었다. 그러나 이러한 증명은 이뤄지지 못했고, 이뤄질 수도 없다. 가시적인 범위 내에서 진행되고 있는 이곳저곳의 사회진화는 매우 다양하다. 다시 한번 강조하지만, 필자는 현실적인 모순과 그것의 역동성에 대한 분석을 제안하면서, 그러한 모순을 극복한 어떤 조화로운 선험적 전망을 대체하고자 한다. 이때 자본주의를 통한 문제 해결은 사실상 용인할 수 없는 추론이라고 전제해야 한다.

만일 모든 국경이 개방되어 노동자의 이주에 제한이 없다면, 실질적으로 자본주의 체제(생산물 및 자본에 대한 세계적인 시장 규칙을 통해 정의된) 내에서 문제는 해결되어 '중심부/주변부' 사이의 대립은 철폐될 수 있을지 모른다. 오직 이러한 조건에서만 상품, 자본, 노동 등에 대한 일반시장은 지구적 차원에서 사회적·경제적 조건을 이론적으로 동질화할 수 있을 것이다. 이러한 가설은 오늘날의 세계를 구성하는 현실 그대로의 사회로서는 도저히 수용할 수 없는 가설이라는 것이 더욱 명백하다. 그러므로 이러한 가설을 추구하는 것은 허구를 구성하기 위해 정치의 영역을 벗어남을 의미한다.

기력을 다한 국제노동운동은 자본주의의 세계적 팽창과정에서 전 세계적 노동조건을 국제적으로 동질화할 수 있다는 성급한 환상에 근거를 두고 있다. 그러므로 그것은 역사의 시험을 견뎌내질 못한다. 국제민중주의(internationalisme des peuples)가 제거된 그곳에는 세계체제의 수준에서 자유롭게 작동하며 민중과 노동자의 분리를 전략화하는 자본이 들어선다. 그러므로 민중과 노동자의 연대는 단지 '절연'이라는 대중적이고 민족적인 상호적 전략을 통해서만 건설될 수 있을 것–만일 우리가 민족과 국경이 즉각적으로 폐지된 유토피아를 부인한다면–이다.

결론

결론

세계화된 가치개념을 바탕으로 자본주의적 정치·경제를 정교화하는 작업은 자본주의 체제의 세계화라는 현실 분석에 결정적으로 중요하다. 이러한 세계화는 오늘날의 사조가 얘기하는 새로운 현상으로서가 아니라 처음부터 현실자본주의의 형태로 지속해서 팽창했다. 그러므로 이러한 정교화는 민중이 직면한 도전의 내용이 무엇인지를 판별하는 과정에서 '중심부/주변부'의 대립을 복원시키며, 본질상 제국주의적인 세계체제가 전개되는 매 단계의 특수성을 밝혀주며, 따라서 오늘날의 본질적 과제가 무엇인지를 명확하게 판별시킨다. 그러므로 그러한 정교화는 인간성 해방을 위한 투쟁에 필요한 첫 번째 전략적 조건을 구성한다.

효과적인 전략적 대안이 무엇인지를 세세하게 언급하는 것은 이 저작의 목표가 아니다. 필자는 단지 모든 문제가 이러한 관점에서 분석되어야 한다는 점을 말하고 싶다. 따라서 이 문제가 오늘날 주요 신흥 강대국인 중국(과연 중국이 자본주의 내에서 '따라잡기'라는 환상을 떨쳐낼 수 있는지)의 문제인지, 유럽(유럽은 유럽중심주의에서 해방될 수 있는지, 혹은 유럽의 기획이라는 자유주의적이고 대서양적인 족쇄에서 벗어날 수 있는지)의 문제인지, 시대착오적인 문화주의적 선택지에 내팽개쳐진 남반부 국가의 문제인지가 분석되어야 한다는 것이다. 여기서 필자는 『다극적 세계를 향하여』[1]를 인용하고 싶다. 이 글에서 필자는 탈세계주의운동(mouvement altermondialiste)이 사회주의적 야망('21세기 사회주의')을 통해서만이 모색될 수 있다고 주장하면서 국제민중주의 운동에 호의적인 지지를 보냈다. 그것이 끔찍하면서도 제국주의적인 자본주의 기획이라는 왜곡된 보편주의를, 따라서 숙명적이게도 유럽중심적이고 문화주의적인 보편주의를, 지구상의 모든 민중의 창조적인 천재성에 부응하는 더욱 상위의 보편주의로 대체하는 조건이기 때문이다.[2]

근대성, 종교, 민주주의는 이러한 일반적인 해방의 전망 속에서 논의되어야 한다.

1 Samir Amin, *Pour un monde multipolaire*, Syllepse, 2003.

2 Samir Amin, *Pour la cinquième Internationale*, Le Temps des cerises, 2005.

찾아보기

주제어

ㄱ

ㄴ

ㄷ

ㄹ

ㅁ

ㅂ

ㅅ

ㅇ

인물명

도서명